高等学校经济与工商管理系列教材

# 广 告 学
## （第 2 版）

田明华 编著

清 华 大 学 出 版 社
北 京 交 通 大 学 出 版 社
·北京·

## 内 容 简 介

本教材共分 3 篇 15 章，基础篇包括第 1～3 章，重点介绍广告的基本知识、中外广告业发展、现代广告运作模式；运作篇包括第 4～12 章，以广告策划为引领，以广告运作过程为主线，全方位介绍广告活动的各个环节，包括广告策划、广告调查、广告创意、广告定位、广告表现、广告文案创作、广告设计与制作、广告媒体策略、广告效果测评；管理篇包括第 13～15 章，涉及广告组织、广告管理、国际广告等内容。

本书适合经济管理类专业如工商管理、市场营销、国际贸易等专业的本科在校学生使用，也可为对广告感兴趣的人士提供参考。

本书封面贴有清华大学出版社防伪标签，无标签者不得销售。
版权所有，侵权必究。侵权举报电话：010-62782989　13501256678　13801310933

### 图书在版编目（CIP）数据

广告学/田明华编著. —2 版. —北京：北京交通大学出版社 ：清华大学出版社，2020.10（2024.4）
ISBN 978-7-5121-4339-5

Ⅰ. ①广… Ⅱ. ①田… Ⅲ. ①广告学-高等学校-教材 Ⅳ. ①F713.80

中国版本图书馆 CIP 数据核字（2020）第 187070 号

**广告学**
GUANGGAOXUE

责任编辑：黎　丹
出版发行：清 华 大 学 出 版 社　邮编：100084　电话：010-62776969
　　　　　北京交通大学出版社　邮编：100044　电话：010-51686414
印　刷　者：北京鑫海金澳胶印有限公司
经　　　销：全国新华书店
开　　　本：185 mm×260 mm　印张：18.25　字数：467 千字
版 印 次：2013 年 4 月第 1 版　2020 年 10 月第 2 版　2024 年 4 月第 2 次印刷
印　　　数：4 001～5 000 册　　定价：49.00 元

本书如有质量问题，请向北京交通大学出版社质监组反映。对您的意见和批评，我们表示欢迎和感谢。
投诉电话：010-51686043，51686008；传真：010-62225406；E-mail：press@bjtu.edu.cn。

# 前　言

商场如战场，广告作为开拓市场的有效武器，改革开放后，随着我国市场经济体制的逐步建立和完善，已越来越广泛地被企业应用。"优质产品＋优质服务＋优秀广告"成为企业征战市场的理想模式，我国广告业迅猛发展，现已跻身全球广告市场的前列。

自 1983 年厦门大学新闻传播系创办我国第一个广告学专业以来，我国目前有 300 多所高校开设了广告学专业，为广告业输送了大批优秀人才。然而，广告不仅仅是广告人的事，广告业是服务性行业，优秀的广告策划创意被低广告素养的企业人员"毙"掉的情况经常发生，企业各级管理者的广告素养问题逐渐成为制约我国广告水平提高的一个瓶颈。特别是在新媒体时代，随着社交网站、微博、微信、博客、播客、网络论坛等社交媒体的兴起，个人、企业都可以是内容创造者而成为自媒体，广告运作重心有向广告主偏移的趋势。因此，广泛提高可能涉猎广告活动的企业各级管理者乃至普通大众的广告素养，成为提高我国广告水平的重要内容。而这是单纯靠提高广告从业人员专业素质（即广告专业教育）所不能解决的。为此，广告教育必须两条腿走路，在继续不断深化广告专业教育的同时，积极开展广告普及教育。在校的经济管理类专业的学生的培养目标是未来的企业各级管理者，加强对在校学生的广告普及教育，使他们正确认识、熟练掌握、有效运用广告这一现代营销手段，将有助于提高我国广告水平，促进我国广告高质量发展。

本书的使用对象为非广告类专业，如工商管理、市场营销、电子商务、国际商务、国际经济与贸易、贸易经济等经济管理类专业的学生，课程学时为 40~50 学时。本书以广告运作过程为主线，坚持理论与实践相结合的原则，各章内容充分注意到实践过程中的系统性和可操作性，让学生经历广告运作的全过程，领略创意的魅力，感受策划的精髓，洞悉广告管理的真谛，致力于使学生在掌握基本理论知识基础上拥有更强的业务操作能力，符合培养 21 世纪"宽口径、厚基础、重能力、求创新"的人才培养要求。

本书力求简洁，不展开大量的常识性介绍，将理论知识融入广告运作中，避免了大而全式教材过于庞杂的弊端，除小的举例外，书中不使用中、大型案例和图片，而留待教师在教学中利用作者提供的包含大量广告图片、视频和大型案例的配套课件采用案例教学来补充讲解。本书配合课件，也是对广告学感兴趣的普通民众自学广告学的有效途径和工具。

本书自2013年出版以来，受到了广大读者的一致好评。在第2版的编写过程中，本书在传承原有体系结构的基础上，补充了大量顺应时代发展的新内容。此外，本书在编写过程中也参阅了大量中外专家学者的著述，在此对原作者致以由衷的敬意和感谢。

本书配有教学课件和相关资源，有需要的读者可以从以下网址下载：http//www.bjtup.com.cn 或者发电子邮件至 cbsld@jg.bjtu.edu.cn 索取。

田明华<br>2020年7月

# 目 录

## 第1篇 基 础 篇

### 第1章 广告和广告学 (3)
1.1 广告及其特性 (3)
1.2 广告的分类 (8)
1.3 广告的功能 (12)
1.4 广告学及其与其他学科的关系 (16)
思考题 (22)

### 第2章 广告的起源与发展 (23)
2.1 世界广告发展历程 (24)
2.2 世界广告业发展概况及趋势 (29)
2.3 中国广告发展概况 (36)
思考题 (41)

### 第3章 现代广告概述 (42)
3.1 现代广告活动的模式和要素 (43)
3.2 广告代理制度和广告公司选择 (48)
思考题 (55)

## 第2篇 运 作 篇

### 第4章 广告策划 (59)
4.1 广告策划及其程序 (60)
4.2 广告机会分析和广告目标确定 (64)
4.3 广告计划 (70)
4.4 广告预算 (74)
思考题 (80)

### 第5章 广告调查 (81)
5.1 广告调查概述 (82)
5.2 广告调查的方法 (84)
5.3 广告调查问卷的设计与询问技术 (90)
思考题 (95)

I

## 第6章 广告创意原理与方法 ········································ (96)
### 6.1 广告创意概述 ················································ (97)
### 6.2 广告创意的基本过程 ········································ (100)
### 6.3 广告创意思维 ················································ (103)
### 6.4 广告创意的培养和开发 ······································ (107)
### 思考题 ···························································· (112)

## 第7章 广告主题与广告定位 ········································ (114)
### 7.1 广告主题 ······················································ (115)
### 7.2 广告定位理论 ·················································· (117)
### 7.3 广告定位分析方法与策略 ······································ (125)
### 思考题 ···························································· (135)

## 第8章 广告表现策略 ················································ (137)
### 8.1 广告表现的重要性和广告艺术创作的特点 ····················· (138)
### 8.2 广告信息构成和传播障碍 ······································ (140)
### 8.3 广告表现策略 ·················································· (143)
### 思考题 ···························································· (147)

## 第9章 广告文案创作 ················································ (148)
### 9.1 广告文案概述 ·················································· (149)
### 9.2 广告文案的创作 ················································ (150)
### 9.3 不同媒体广告文案的特点 ······································ (159)
### 思考题 ···························································· (161)

## 第10章 广告设计与制作 ············································· (163)
### 10.1 广告设计的视觉构成 ·········································· (164)
### 10.2 平面广告的设计与制作 ········································ (171)
### 10.3 电子广告的设计与制作 ········································ (175)
### 思考题 ···························································· (182)

## 第11章 广告媒体策略 ··············································· (183)
### 11.1 广告媒体的类别和特点 ········································ (184)
### 11.2 广告媒体计划和媒体选择 ······································ (201)
### 11.3 广告媒体策略 ·················································· (209)
### 思考题 ···························································· (214)

## 第12章 广告效果测评 ··············································· (215)
### 12.1 广告效果概述 ·················································· (216)
### 12.2 广告表现效果测评和广告媒体效果测评 ······················· (219)
### 12.3 广告整体效果测评 ············································· (222)
### 思考题 ···························································· (228)

# 第3篇 管 理 篇

## 第13章 广告组织 ····················································· (231)
### 13.1 广告公司 ······················································· (232)

  13.2 企业广告组织、媒体广告组织与广告团体 ……………………………………… (237)
  13.3 广告人才培养 …………………………………………………………………… (243)
  思考题 ……………………………………………………………………………………… (245)
**第 14 章 广告管理** ……………………………………………………………………… (246)
  14.1 广告管理概述 …………………………………………………………………… (247)
  14.2 广告法规管理与行政监督管理 ………………………………………………… (250)
  14.3 广告行业自律与社会监督 ……………………………………………………… (255)
  14.4 国外广告管理概况 ……………………………………………………………… (258)
  思考题 ……………………………………………………………………………………… (261)
**第 15 章 国际广告** ……………………………………………………………………… (262)
  15.1 国际广告概论 …………………………………………………………………… (263)
  15.2 国际广告策划和实施 …………………………………………………………… (266)
  思考题 ……………………………………………………………………………………… (272)

**附录 A 中华人民共和国广告法** ……………………………………………………… (273)
**参考文献** ……………………………………………………………………………………… (284)

# 基 础 篇

第 1 章　广告和广告学
第 2 章　广告的起源与发展
第 3 章　现代广告概述

# 第1章 广告和广告学

**学习目标**
- 理解广义广告的概念,掌握其基本属性;理解狭义广告的概念,掌握其特点;
- 了解广告的常见分类;
- 了解广告的经济功能和社会功能;
- 了解广告学的性质及与其他学科的关系。

**引言**

### 我们生活在广告的世界中

当我们使用手机,打开电视,翻开报刊,收听广播,登录互联网,抑或是游走在大街小巷中,坐在公共汽车、地铁里,奔忙在高档办公楼宇间,甚至飞行在两万英尺的高空上,五光十色的广告像一股股无法阻挡的热浪扑面而来,毫不留情地涌入我们的眼睛,阻滞我们的呼吸,渗入我们的身体。繁忙的都市、宁静的乡村、边远的城镇……在全球每一个角落,广告无孔不入,令人眼花缭乱。

社会、经济、文化的发展将人们裹挟着卷入了一个广告如林的时代。"我们呼吸的空气由氧气、氮气和广告组成。"法国广告评论家罗贝尔·格兰的话已经成为眼前的现实,广告已经成为社会发展中不可缺少的一部分,我们生活在广告的世界中。

广告到底是什么?是不是就是简单的广而告之?广告对社会、经济、文化发展,对企业、消费者有何作用?只有全面地认识广告,树立正确的广告观念,我们才能最终驾驭广告,成为聪明的消费者、合格的经理人。

## 1.1 广告及其特性

### 1.1.1 广告含义的演变

广告一词源于拉丁文 "advertere",意为 "大喊大叫以吸引或诱导人们注意"。在中古英语时期(1150—1500年),演变为英语 "advertise",其含义衍化为 "引起或通知某人注意到某事"。直到17世纪末英国商业兴盛时期,"advertise" 一词才广为通用。现在一般用静态意义的"advertisement"表示广告作品,动态意义的"advertising"表示广告活动。

> **相关链接**
>
> **中国"广告"一词的出现**
>
> 在我国较早的字典《康熙字典》中,并没有"广告"一词;在我国以介绍文字源流为主、收词一般截止于鸦片战争(1840年)的《辞源》中,也没有"广告"一词。《辞源》中只有"广""告"的单独使用。比如,《诗·小雅·六月》中有"四牡攸广"之句,"攸、长也,广、大也"。《汉书·艺文志》中有"大收篇籍,广开献书之路","广"乃普遍、众多之意。《孟子·公孙丑上》有"子路,人告之以有过则喜"之句,"告"乃是"告诉、告知"之意。在当时,具有广告性质的文书称之为"告白、告示"或"传单"。比如:《后汉书·隗嚣传》中有"因数滕书陇蜀,告示祸福"。鸦片战争之后,封闭的国门被打开,现代意义上的"广告"在中国当时"西学东渐"的背景下诞生。据考证,1898年《申报》等报纸开始出现"广告"一词,在官方文件中"广告"一词最早出现于1906年(光绪三十二年)清朝的《政治官报章程》中"……如官办银行、钱局、工艺陈列各所,铁路矿务各公司及经农工商部注册各实业均准送报代登广告,酌照东西各国官报广告办理。"

广告产生的历史虽然非常悠久,但是悠久的历史并没有孕育出一个统一而权威的广告定义。根据中外广告专家对广告的定义,大体可以划分为狭义广告和广义广告两大类。狭义的广告,是指商业广告,亦称经济广告或营利性广告,这种广告只传播有关促进商品和服务销售的经济信息。广义的广告则除商业广告外还包括非商业广告,如政党宣言、政府公告、宗教声明、教育启事、社会救济等,以及个人的遗失声明、寻人启事、征婚启事等。

## 1.1.2 广义广告及其基本属性

### 1. 广义广告

有关广义广告的定义很多,比较有代表性的有以下几种。

——美国广告委员会的定义是:"所谓广告,就是向大众传递某种信息,它是靠购买印刷媒介物的篇幅或广播媒介物的时间发表的。"

——美国《广告时代周刊》在1932年公开征求得到的一个定义是:"个人、商品、劳务、运动以印刷、书写、口述或图画为表现方法,由广告者出费用做公开宣传,以促进销售、使用、投票或赞成为目的。"

——1985年版《简明不列颠百科全书》的广告定义是:"广告是传递信息的一种方式,其目的在于推销商品、劳务,影响舆论,博得政治支持,推进一种事业或引起刊登广告者所希望的其他反应。广告的信息通过各种宣传工具,其中包括报纸、杂志、电视、无线电广播、张贴广告及直接邮递等,传递给它所想要吸引的观众或听众,广告不同于其他信息传递形式,它必须由登广告者付给传播信息的媒体以一定的报酬。"

——1987年陈培爱在《广告原理与方法》一书中认为:"广告是把由广告主付出某种代价的信息,采用艺术手法,通过不同媒介向大众传播,达到改变或强化人们观念和行为的目的。"

——2018年丁俊杰主编的《广告学概论》中的定义是:广告是一种由特定主体付出某种代价,通过媒介将经过科学提炼和艺术加工的特定信息传达给目标受众,以改变或强化人们认知和行为为目的，公开的、非面对面的信息传播活动。

综上所述，可以简单总结：广告是由广告主以付费方式，运用媒体劝说公众的一种信息传播活动。

**2. 广义广告的基本属性**

（1）广告是一种信息传播活动

无论广告的目的、内容、方式如何，广告都是为了将各种信息广泛地发散于众。这是广告的本质属性。

（2）广告是付费的

广告是一种付费方能获得使用的信息传播活动。付费这一特征是广告区别于新闻、公关、宣传、推销、叫卖、展览等传播活动的一个显著标志，是广告的本质属性。通过付费，广告主获得了对媒体的控制权、主动权，它可以控制广告的内容、形式、具体推出时间和推出方式。

（3）广告是一种非个体性传播

通过公开的、非面对面的、非人际传播的大众媒体等非个体性传播，广告能够大量地、高密度地传递信息，迅速提高广告主及其广告内容的知名度；在传递过程中几乎不失真，能够把内容完全相同的信息传达到每一个接触到它的受众。这是个体传播、人际传播所无法比拟的。

**相关链接**

## 个体传播优缺点

任何一种传播活动，都必须借助一定的传播方式和传播媒体。传播方式大体上可分为个体传播和非个体传播两大类。

所谓个体传播，是指一个人对一个人，或者一个人对几个、几十个人的信息交流。比如，两个人谈话、老师给学生上课即属于面对面的个体传播，其传播媒体是语言、声音、动作、表情、文字等。又如，两个人打电话、逢年过节领导给员工家属发慰问信，这属于非面对面的个体传播，它所使用的媒体主要是电话、书信、电报、贺卡、明信片等。个体传播容易及时得到信息反馈，信任度高，是获取信息的最主要手段，也是最常见、最广泛的一种传播方式。

但是，个体传播有很大的局限性，其一是传播范围小，它只能靠一传十、十传百的口口相传来传递信息，在时间超强度缩短、空间奇迹般扩大的现代社会，很难满足广告主的需求。其二是这种口口相传的过程很容易加入主观的臆想和推测，使信息面目全非，失去真实性，极大地影响传播效果。所以，广告主一般乐于采用非个体传播的形式来传递信息。

（4）广告具有劝说性

广告的过程，实质上就是一种劝说的过程。很多人倾向于："所谓广告，是被管理地使用大众传播媒体，明示信息来源的一种说服。"有人说广告是传达说服性信息的艺术，甚至提出了"广告不是一门科学，它是一种劝诱术"的观点。可见劝说在广告中的地位和作用。广告劝说具有一定的诱导性，但它不同于宣传，不是把一种观念强加于人，而是诱导别人去接受自己的观念。因此，要使广告劝说更具有说服力、感染力，必然要借助艺术的表现手法，这是一则广告成功的关键所在。但劝说不能成为无中生有的欺骗，否则可能构成虚假广告。

（5）广告具有强制性

从广告受众的角度来看，广告是一种强制性的信息传播活动。广告受众在接受广告信息时，处于一种勉强、被动的境地。广告强行占用了人们的时间和空间，并且每天都铺天盖地地对受众进行狂轰滥炸。这正是广告"面目可憎"的一个重要原因。强制性是广告与生俱来的属性。因此，需要采取许多方法淡化这种强制性，以达到劝服消费者的目的。

(6) 广告具有功利性

广告主之所以愿意付出巨额资金购买一点播出时间和印刷版面，都是出于功利性的目的：或者推销商品，或者出卖服务，或者树立形象，或者沟通感情，或者获得信任，或者获得支持，其最终目的都是从中获益。广告不仅可以使广告的发起者获益，而且也可以使广告媒体和广告公司获益。一则广告必须使广告的这些多角关系同时获益，才是成功的广告；二则无效益的广告是广告功利性的失落，也就是广告本身的失败。

(7) 广告具有重复性

一则广告只有刊登或播放多次，对目标消费者反复刺激，才能累积起一定的广告效果，达到广告的最终目标。反复传播是广告发生效应的主要因素，也是广告的基本属性。重复性固然是做广告的一种必然趋向，而创新的重复才是广告追求的最高境界，一切成功的广告都是在重复的基础上不断创新的结果。

> **相关链接**
>
> **人的记忆规律**
>
> 根据人的记忆规律：一个人在接受某一信息5分钟后只能记忆60%，一天之后只能记忆30%，一周后就只有20%的记忆了。由此可见，昙花一现的广告是很难产生广告效应的。可口可乐之所以成为全球知名度最高、最受欢迎的饮料，与它几十年如一日的反复宣传是分不开的。

## 1.1.3 狭义广告及其特点

### 1. 狭义广告

狭义广告的范围只包括商品和服务等方面的经济信息，它是指广告在经济领域的应用，又称经济广告、商业广告。关于狭义广告的定义也是众说纷纭。

——美国人格林沃尔德在《现代经济词典》一书中认为："广告是为达到增强销售额这一最终目的，而向私人消费者、厂商或政府提供有关特定商品、劳务或机会等消息的一种方式。"

——美国市场营销协会（AMA）对广告的定义是："广告是由明确的广告主在付费的基础上，采用非人际的传播（主要指媒介）形式对观念、商品及劳务进行介绍、宣传的活动。"

——美国《哈佛管理百科全书》中认为："广告是一项销售信息，指向一群视听大众，为了付费广告主的利益去寻求经由说服来销售商品、服务或观念。"

——1996年韩光军在《现代广告学》一书中认为："广告是由可资识别的倡议者，有计划地通过公开偿付费用，取得可控制任何形式的传播媒体，以劝说的方式向目标市场宣传有关产品或服务的优点及特色，唤起消费者注意，向消费者促销产品或服务的一种方式。"

——1995年版我国《广告法》这样定义："本法所称广告，是指商品经营者或者服务提供者承担费用，通过一定媒介和形式直接或者间接地介绍自己所推销的商品或者所提供的服务的商业广告。"

——2015年版我国《广告法》未下定义，但说明："在中华人民共和国境内，商品经营者或者服务提供者通过一定媒介和形式直接或者间接地介绍自己所推销的商品或者服务的商业广告活动，适用本法。"

最初意义上的广告都是指将非商业性的信息广泛地发散于众，只是随着商品经济的进一步发展，广告才被用来传播商业信息。由于商业信息在广告中的形式和数量日益占主导地位，如美国的商业广告占广告费用的 90%，以至于使人们在头脑中产生了"广告就是为了促进商品销售的一种宣传活动"的固定看法，因此许多人把商业广告等同于现代广告。

由于商业广告在现代广告中的位置如此重要，相对于广义广告又具有相当多的自身的特点，是现代广告学研究的主要领域，是经济工作者学习、掌握、运用的对象，因此本书此后除特别说明，广告一般指商业广告。

### 2. 商业广告的特点

作为商业广告，除具备以上广义广告的基本属性外，还具有自身的特点。

（1）商业广告是一种经济活动，最终目的是获得利润

商业广告是一种经济现象，它具有一切经济活动所具有的投入产出特征，即广告费用是一种投入，它的产出最终是为了增加销售利润，具有营利性特点。这是商业广告的本质特征，是与公益广告、社会广告等非营利性广告的根本性区别。

**相关链接**

#### 在实践中，投入产出特征经常被忽视

这是因为广告效果具有间接性、复合性、累积性、难测定性等特点。①广告产出的效益不是直接的。广告促进了销售，销售扩大带来利润扩大，广告起了"作用"，但并没有直接带来利润。②促进销售增长的因素很多，销售增长中广告到底起了多大的作用，在技术上很难准确测算。③有时做不做广告对销售似乎影响不大，以致认为广告成功带有偶然性。④广告效果有时产生的不是即时效应，而是累积效应。这些使广告效果变得不明显。因此，一位广告主喊出了一句"名言"："明知花在广告上的钱有一半是浪费了，但我从来无法知道浪费的是哪一半。"这位广告主已认识到广告是一种投资。

（2）商业广告费用具有不变费用性质

做广告就要投入费用，这不同于新闻报道。很多人认为，广告费用的增加会加大商品成本。实际上并非如此，原因就是广告费用具有不变费用性质，一次投入后，在一定时期内是不变的。不变费用的一个特点就是随着商品销售的增加，单位商品成本就会下降，如图 1-1 所示。但前提是，只有成功的广告才会使单位商品成本下降。认识这个特征有利于对广告投入产出性质的进一步理解。

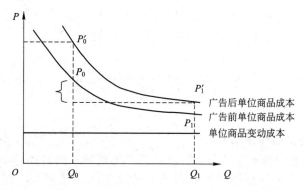

图 1-1　广告费用具有不变费用性质示意图

> **应用案例**　　　　　　　**广告与眼镜的价格**
>
> 　　经济学家李·本哈姆（Lee Benham）在1972年发表于《法学与经济学杂志》上的一篇文章中检验了广告的两种观点。20世纪60年代的美国，各州政府对配镜师做广告有极为不同的规定。一些州允许眼镜和验光服务做广告，但是也有许多州禁止这种广告。例如，佛罗里达州的规定如下：任何个人、企业或公司直接或间接地对治疗或矫正用镜片和镜架、完全治疗或矫正用的眼镜或任何验光服务做广告，无论是否有确定或不确定的价格与信用条件，都是违法的……这项规定符合公众健康、安全和福利的利益，而且其规定在字面上体现了它的精神与目标。专业配镜师热烈地支持这些对广告的限制。
>
> 　　本哈姆把各州法律的差别作为检验两种广告观点的一个自然实验，结果令人惊讶。在那些禁止广告的州里，一副眼镜支付的平均价格是33美元（这个数字并不像看起来那么低，因为这是1963年的价格，当时所有商品的价格都比现在低得多。把1963年的美元折算成现在的美元，你可以乘以5。）在那些不限制广告的州里，平均价格是26美元。因此，广告使平均价格下降了20%以上。在眼镜市场上，也许还在许多其他市场上，广告促进了竞争并使消费者得到了降低的价格。

（3）商业广告必须明确广告主

广告主又叫广告客户，是指广告的发布者。任何商业广告都必须明确广告的信息是由"谁"发出的，也就是说要向社会明确这则广告的"主人"是谁。确定广告主：①可以让消费者了解广告的真实动机，以便理智地判断广告的内容，确保商业活动中的公平性；②便于消费者进行选择和购买，使广告所产生的效果直接为广告主带来经济利益，而不致出现为他人做嫁衣的情况；③如果出现欺骗性广告，有利于追究广告主的法律和道义上的责任。因此这一点被作为法律规定下来。广告和新闻宣传不同，如果新闻出现错误，法律责任要由消息发布者和提供者负责，而不是被报道的个人负责。

（4）商业广告是对特定目标市场的信息传播

广告必须根据企业或商品的目标市场来确定广告对象。广告并非传播的范围越广越好，时间越长越好，这样只会造成费用的浪费。这也决定了广告在媒介选择上、在广告定位分析中、在表现创作中必须符合特定对象的特点及心理特征。正确确定广告对象是以尽可能少的广告支出，获得尽可能大的广告效益为条件。

（5）商业广告是有计划、被管理的活动

现代广告活动已从过去的单纯向大众传递商品、服务信息的推销活动，发展为具有明确目标性、强烈竞争性和高超艺术性的整体战略活动。只有对广告运作的前、中、后期展开周密的思考和系统的策划，才能获得理想的广告宣传效果。

## 1.2　广告的分类

**1. 按广告的最终目的和性质分类**

在现代社会，广告内容不仅是单一的商品信息的范畴，而且还涉及政治、经济、社会、文化等各个方面。按广告的最终目的和性质，可以把广告划分为：商业广告（commercial advertising）和非商业性广告（uncommercial advertising）。

商业广告是指以促进销售和盈利为目的的广告，主要内容是推销商品或服务，包括商品广告、形象广告、观念广告等为企业商业目的服务的一切形式广告，它的最终目的是盈利，又称经济广告、营利性广告。

非商业性广告是指不以营利为目的，旨在说服公众关注某一社会问题、公益事业或政治问题等内容的广告，也就是说，做广告的目的是着眼于陈述意见或免费服务而不是为了营利。通常，宗教组织、慈善组织、政府部门、社会团体等非营利性组织的广告，如政治宣传广告、社会公益广告、公民服务广告、社会教育广告及寻人启事、人才招聘、征婚、挂失、求职等以启事形式发布的广告都属此类。

**相关链接**

### 我国有关公益广告的规定

2016 年，我国《公益广告促进和管理暂行办法》规定，公益广告内容应当与商业广告内容相区别，商业广告中涉及社会责任内容的，不属于公益广告，政务信息、服务信息等各类公共信息及专题宣传片等不属于公益广告。各类广告发布媒介均有义务刊播公益广告，并具体规定了发布数量。

企业出资设计、制作、发布或者冠名的公益广告，可以标注企业名称和商标标识，但不得标注商品或者服务的名称，以及其他与宣传、推销商品或者服务有关的内容，包括单位地址、网址、电话号码、其他联系方式等；平面作品标注企业名称和商标标识的面积不得超过广告面积的 1/5；音频、视频作品显示企业名称和商标标识的时间不得超过 5 秒或者总时长的 1/5，使用标版形式标注企业名称和商标标识的时间不得超过 3 秒或者总时长的 1/5；公益广告画面中出现的企业名称或者商标标识不得使社会公众在视觉程度上降低对公益广告内容的感受和认知；不得以公益广告名义变相设计、制作、发布商业广告。

#### 2. 按广告的内容分类

广告按其具体内容可分为以下几类。

① 商品广告。又称产品广告，是广告中最常见的形式，它是以销售为导向，介绍商品的质量、功能、价格、品牌、生产厂家、销售地点及该商品的独到之处，给人以何种特殊的利益和服务等有关商品本身的一切信息，追求近期效益和经济效益。这类广告根据商品的具体内容可作进一步的分类，如消费品广告和生产资料广告、化妆品广告、家用电器广告、汽车广告、房地产广告等。由于不同商品的目标市场、购买目的、购买者心理等方面有很大不同，所以广告的内容及形式等均应有所区别。

② 服务广告。又称劳务广告，如介绍银行、保险、旅游、饭店、车辆出租、修理、影剧院节目、房屋搬迁等内容的广告。这类广告以介绍服务的性质、内容、方式为主。

③ 企业广告。又称公关广告、形象广告。这类广告的目的是引起公众对企业的注意、好感和合作，从而提高知名度和美誉度，树立良好的企业形象。企业广告传播的内容非常广泛，主要是介绍有关企业的一些整体性特点，如发展历史、企业理念、经营方针、服务宗旨、人员素质、技术设备、社会地位、业务情况及发展前景等。

④ 观念广告。观念广告是指向目标市场灌输一种观念的广告。例如，"遵守交通规则""注意防火""不忘国耻"等观念性的广告，其目的在于形成良好的社会风气和良好的生活习惯。作为企业的观念广告，一般是说服人们接受某种观念或改变某种消费意识和习惯，从而

达到推销商品的目的的广告形式。例如人们对"补钙""头皮屑"观念的转变。实际上,企业广告也是观念广告的一种。

⑤ 综合性广告。如商品(或服务)、企业综合性广告,商品(或服务)、观念综合性广告等,具有商品(或服务)广告、企业(或观念)广告两方面的特点。这类广告比商品广告难。众多的广告内容使传播困难,使人们不易记住和接受,会削弱广告的冲击力。

### 3. 按广告媒体分类

根据媒体的自然属性即媒介性质,可把广告分为以下几类。

① 印刷品广告。又称平面广告,主要包括报纸广告、杂志广告、包装广告、邮寄广告、招贴画广告、传单广告、黄页广告等印刷媒体上的广告,具有保存时间较长、可反复阅读、费用较低的特点。

② 电子广告。主要包括广播广告、电视广告、电影广告、互联网广告(也称网络广告)等,具有生动、形象,传播面广、覆盖率大等特点,一般具有易逝性,费用较高。不同于传统媒体特性的网络广告发展很快,迅速超越电视、报纸、杂志、广播四大传统媒体,成为世界上最大和最活跃的媒体广告形式。

③ 户外广告。指在街道、车站、码头、建筑物等公共场合,按规定设置、张贴的招牌、海报、旗帜、气球、路牌、灯箱、霓虹灯、电子屏幕等宣传广告,它具有成本低、持久性强等优点,但辐射范围较小,对色彩、构图要求高。

④ 交通工具广告。指在车、船、飞机等交通工具的车厢、车身上张贴、喷涂的广告。它的优点是成本低、直观、醒目;缺点是流动性大,不易被人记忆。

⑤ 销售现场广告。指设置在商业街、购物中心、商店内及其周围的广告,包括橱窗广告、货物陈列广告、卡通式广告等。该类广告具有非常独特的功能和特点。

随着科技的进步,越来越多的传播媒体加入广告行列,如变幻莫测的烟幕广告、香味广告、会说话的杂志广告等。

### 4. 按广告的传播范围分类

① 国际性广告。指跨国传播的广告。国内商品要顺利打入国际市场,必须要利用国际广告做开路先锋,才能迅速提高商品在国际市场上的知名度和美誉度。做国际性广告的产品,一般是适应性很广的消费用品或最新技术产品。

② 全国性广告。指在全国性的传播媒体上发布的广告。这类广告宣传的商品也多具有通用性强、销售量大、选择性小的特征,或者是具有专业性强、使用区域分散的特点。

③ 地区性广告。指服务于一个比较小的市场,只在某一地区传播的广告。它又可以进一步区分为区域性广告(如在某省内发布的广告)和地方性广告(如在某市县范围内发布的广告)等,具有覆盖范围小但相对集中的特点。这类广告主要是促使人们使用地方性产品和认店购买,多适用于中小工商企业或者配合差异性的市场营销策略。

### 5. 按广告诉求方式分类

广告诉求方式是指广告采用什么样的劝说方式来表现广告主题。按照诉求方式,可把广告划分为以下两种。

① 理性诉求广告。即对消费者有理有据地直接说明提供的商品或服务所具有的优点和好处,让消费者用理智去权衡利弊、听从劝说,进而采取购买行为。这类广告适用于理性消费者、价值高的商品。

② 感性诉求广告。又称暗示广告、兴趣广告,主要是同消费者交流感情,从感情和情

绪等方面，动之以情，让他们对商品产生好感，听从劝说，进而采取购买行为。这类广告适用于感性消费者、低介入度产品。

感性诱导时，可以请明星来示范商品作用或介绍商品，以渲染消费者的情绪。

#### 6. 按商品生命周期分类

由于商品在不同的生命阶段具有不同的市场营销策略、竞争状态和消费需求，因此导致广告目标、诉求重点、媒体选用和实施策略也有所不同。

① 开拓期广告。又称报道式广告，是指新产品刚进入市场期间的广告。广告主要介绍新产品的性能、特点、使用方法等，回答"我为什么要购买"这类问题，以创造消费者对新产品的初步需求，得到市场的认可。以创牌为目标，需要投入大量的广告费用，进行全方位、多媒体的广告宣传。

② 竞争期广告。又称劝导式广告，是指在商品成长期、成熟期所做的广告。广告主要介绍企业及商品与众不同的优点、特点，回答"我买哪一种同类商品"的问题，引导消费者认牌选购，进一步巩固和扩大市场份额，强化企业及商品的声誉。

③ 维持期广告。又称提醒式广告，是指在商品衰退期所做的广告。广告主要介绍商品的售前、售后服务和品牌商标，以保持企业或商品在消费者心目中的印象，提醒消费者继续购买使用本商品，尽量延长商品的寿命。

### 相关链接

#### 广告螺旋理论

"广告螺旋"（advertising spiral）理论，是由格勒纳（Kleppner）于 1925 年在其著作《广告创意》中最先提出来的。他认为，商品在市场上一般要经历一定的生命周期，从引入期到成长前期处于开拓阶段，从成长后期到成熟期属于竞争阶段，从饱和期到衰退期则属于保持阶段。

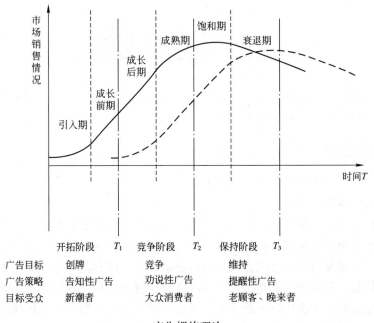

广告螺旋理论

在不同的阶段，广告传播的重点对象和策略是不同的。在开拓阶段，广告的主要目标是创新，广告的目标受众主要是新消费者，广告的策略性任务是认知性广告。在竞争阶段，广告的首要目标是打败竞争者，面向大众进行劝说性广告。在保持阶段，广告的目标主要是维持市场占有率，广告的对象是消费群中的老顾客、晚来者，广告应是提醒式的。这三个阶段是互相衔接、循环更替的。广告传播的诉求方式和表现内容应顺次进行，适应市场发展趋势，这样才能收到较好的传播效果。

**7. 按广告表现的艺术形式分类**

① 图片广告。主要指以摄影、绘画等手段制作的平面广告。它以诉诸视觉的写实或创作为形式。目前摄影广告的比重越来越大。

② 文字广告。指单纯以文字作为表现形式的广告，常见于标语广告、印刷品广告等。

③ 表演广告。用各种表演艺术形式来达到广告目的。电视广告和销售现场广告经常采用这种形式。

④ 演说广告。主要是用语言艺术来推销商品，主要有广播广告和销售现场广告等。

⑤ 情节广告。主要指用故事或事件作为内容的广告表现形式。这类广告几乎适用于所有媒体。

⑥ 链接广告。指在网页上利用链接的文字、图标、图片、视频等，点击就可以进入有关网页或网站的广告表现形式。它是目前互联网广告的最主要表现形式。

广告经常采用几种艺术形式相结合的表现形式，以弥补只用单一艺术形式的不足。

广告的分类标准非常多，其他如：按广告产生效果的快慢可分为速效性广告和迟效性广告；根据广告播放频率可分为高频率型广告、低频率型广告；根据广告的宣传对象可分为消费者广告（B2C 广告）、业务广告（B2B 广告）等；按广告是否直接传递广告信息可分为硬广告和软广告（广告软文，advertorial）。广告分类是现代广告学深入研究的基础，有利于准确使用具体概念，了解其使用范围和意义。

# 1.3 广告的功能

随着市场经济的不断发展，国际一体化市场逐渐形成与完善，广告的作用越来越明显。归纳起来，广告具有经济、社会两大功能。

## 1.3.1 经济功能

广告的经济功能主要表现在以下几个方面。

**1. 传播信息、沟通产销**

现代化的社会大生产足以生产数额巨大的商品，而且在质量、性能上日新月异、千变万化，从而使市场竞争异常激烈。同时，由于现代运输技术的发展和国际的广泛合作，使流通领域不断扩大，市场变得更加辽阔。庞大的市场造成了生产和消费之间的重重阻隔，企业极需要一条传播信息、沟通产销的纽带，把各种商品、服务、观念等信息传达到消费领域。而广告正是一种应运而生的最广泛、最迅速、最经济的工具与手段。广告传递信息的过程有准确度高、干扰小、迅速及时、覆盖面广、效果好等特点。

广告作为消费者获得商品信息的一个重要来源，是现代消费决策的一个重要组成部分。同时，广告还是企业市场信息来源之一，通过广告可以了解同行业生产与发展情况、价格情况、市场情况和竞争对手情况及市场资源情况等，为企业决策和计划提供依据。

**2. 促进销售、激励竞争**

做广告的直接目的，就是促进商品的销售，最大限度地获取利润。对于一个企业来说，广告并不能直接带来利润，而且还要支付庞大的广告费用和承担一定的社会责任，但是广告对商品信息传递的广泛性、有效性，则大大降低了商品销售、服务销售的实际成本，广告费用带有不变费用的性质。例如，可口可乐公司每年要投入巨额资金进行广告宣传，而平均分摊到每一位顾客身上的广告成本不过0.3美分。但用人销售时，成本则需要60美元，人员推销费用相当于广告推销费用的2万倍。由此可以看出，广告可以直接降低商品、劳动的销售成本，极大地促进商品的销售。P&G公司已故负责广告事务的副总裁罗伯特·戈尔斯坦曾说过："我们发现效率最高、影响最大的推销办法就是广泛地做广告。"该公司每推出一个新产品都要展开强大的广告攻势。

不仅推出一种新产品需要广告的帮助，就是一个成功的产品也不能忽视广告的作用。"必须花钱去保住钱。"在激烈的市场竞争中，必须开展广告宣传的持久战，才能保持较高份额的市场占有率。一项研究表明，在经济不景气时继续进行广告或增加广告的企业均在2～3年后增加了82%的销售量，而删减广告的企业平均只增加了45%。当然，广告并不是万能的，由于广告本身的性质所限，广告的作用也不能无限地扩大。广告只不过属于企业整体经营活动的销售环节的工作，它需要和其他因素共同合作，才能发挥更大的作用。

市场经济的主要机制是竞争，通过竞争优胜劣汰。广告使市场更有竞争性，必然使企业和产品更加适应消费者的需求，促进市场的良性循环。

**相关链接**

### 中小企业与广告

有人认为，由于广告在市场竞争中的作用越来越大，必然造成中小企业最终很容易被挤出市场，从而减少了竞争而增加了垄断。有很多中小企业认为自己即使倾家荡产做广告也不及大企业广告费的零头，似乎广告对中小企业已无作用。这种想法是缺少依据的。首先，广告并非费用越高就一定成功。中小企业只要在广告活动中多动脑筋，是肯定会成功的。广告的魅力就在于可以以较少的费用获得巨大的成功。"白加黑"感冒药仅凭一只成功的广告就使原来默默无闻的小药厂一举占据了感冒药市场的15%。其次，没有一家大公司可能垄断所有媒介。中小企业由于市场较窄小，在局部地区取得广告量上的绝对优势并不难。各地区名牌的存在就是明证。最后，一个企业要在竞争中取得优势，要靠整体营销战略和策略，广告在营销活动中占有重要位置，但它只是营销成功的一个因素。

**3. 满足需求、指导消费**

广告对消费者的消费指导主要表现如下。

（1）帮助消费者认识商品

在现代社会中，各类商品琳琅满目、五光十色，新产品层出不穷，难以胜数。广告正是消费者获得商品信息的一个重要来源。它通过对商品的厂牌、商标、性能、质量、价格、用途、特点及使用保养、服务措施等有关信息的有效传递，帮助消费者提高对商品的认识程度,指导消费者如何购买和使用商品,极大地方便了消费者的日常生活。

(2) 刺激消费者的消费欲望

广告是一门劝服的艺术,它通过对商品的各种优点进行集中的、连续性的展示,有效地调动和刺激消费者的潜在需要,使消费者产生一种"不足之感、求足之愿",从而诱发购买欲望,导致购买行为。广告刊(播)出的过程,就是对消费者的消费兴趣和消费欲望培养和刺激的过程。

广告对消费者需求的刺激主要表现在两个方面:刺激初级需求和刺激选择性需求。初级需求是指对商品类型的需求。刺激初级需求的广告宣传多以商品本身的优点、特点作为宣传内容进行劝说。选择性需求是指对特定商品品牌的需求,这是初级需求的深化和发展。刺激选择性需求的广告宣传多以厂名、商标、徽标品牌等形象要素作为重要内容。

(3) 培养新的消费观念,创造需求

在美国,曾有这样一则有趣的故事:某电视台播放的一则皮帽子广告,由于摄影人员不小心把帽带弄掉了,没想到广告播出以后,这种无带皮帽风靡一时,许多顾客纷纷指名要购买这种款式的皮帽,经销商无奈只好摘下帽带,与电视广告中流行的式样一致,以畅其销。由此可见,广告在创造流行时尚方面的巨大作用。所以有人说,广告是欲望制造家,通过广告,可以使消费者产生出根本不存在的欲望。

**4. 树立形象、创造名牌**

随着科技的发展,同类产品在质量、性能、价格等方面逐渐趋向一致,要想在竞争中获胜,必须依赖于良好的企业形象。在树立企业形象的诸多手段中,广告是一种最直截了当的塑形手段,尤其是近年来公关广告的兴起,更加强化了广告的塑形功能。公关广告不是以产品的推销为目的,而是以企业的推销为己任,通过对企业形象诸要素的宣传,迅速提高其知名度和美誉度,树立起名牌企业和名牌产品的形象,从而带动产品销售。

**相关链接**

**大卫·奥格威:广告是神奇的魔术师**

大卫·奥格威说:"广告是神奇的魔术师。它有一种神奇的力量,经过它的点化,不仅能卖出产品,而且能化腐朽为神奇,使被宣传的普通产品蒙上神圣的光环。"大卫所说的"蒙上神圣的光环"实际上就是指广告在树立形象、创造品牌等方面的重要作用。

## 1.3.2 社会功能

广告既是一种经济行为,又是一种社会现象。广告的社会功能,具体表现在以下 4 个方面。

**1. 美化环境、丰富生活**

广告是一门艺术。一则成功的广告作品就是广告人创作出的精美艺术品。它运用音乐、绘画、造型等艺术表现手法来传递商品或服务信息,在完成其基本使命——劝服消费者的同时,也以其丰富多彩的艺术感染力美化市容环境,优化城市形象。从某种意义上说,广告是现代城市的脸,它集中反映了一座城市从市容市貌到政治、经济和文化的整体形象。

**2. 影响意识形态、改变行为方式**

广告作为一种广泛有效的传播手段和宣传方式,对人们的思想意识、道德观念、精神状态等方面都起着潜移默化的影响作用。广告主宰着宣传工具，它在公众标准形成中起着巨大作用，促进了人的社会化。这是因为广告在传播商品、服务、观念等信息的同时，在广告的表现中也隐含着有关的社会准则和规范，以及广告传播者的阐释与态度。消费者接受广告信息的过程，其实也是接受社会化的过程。

**相关链接**

### 广告的社会影响力

美国历史学家大卫·波特曾指出："现在广告的社会影响力可以与具有悠久传统的教会及学校相匹敌。"据调查，一个美国青年从出生到18岁可在电视中看到的广告达1 800多个小时，相当于一个短期大学所用的学时。由此可见，广告对一个人的成长发挥着怎样的作用。

商品广告作为消费新潮流的引导者，直接影响着人们的价值观念和生活态度，使人们的经济意识、消费观念、审美观念、生活习惯和消费行为都发生了深刻的变化。而公关广告、公益广告、观念广告等作为一种新型的广告形式，更加突出地表现了现代组织开明的思维观念和崭新的行为方式。广告有意识地进行目标市场细分，利用各种独特的诉求和表现影响人们的态度，在客观上强化了社会人群、层次的区别，制造和细化了亚文化。广告通过不断地向公众传递种种与新的生活方式有关的信息，对消费者原有的消费观念和消费方式产生了影响。

### 3. 传播新知识、新技术

现代社会，广告已成为传播新知识、新技术的最主要载体和最有力手段。曾以"非为总统，即为广告人"为奋斗目标的美国前总统富兰克林·罗斯福曾说："若不是有广告来传播高水平的知识，过去半个世纪各阶层人民现代文明水平的普遍提高是不可能的。"由此可见广告对于传播新知识、新技术的巨大推动力。

任何一种新上市的新产品都是现代科学技术的研究成果，为了使这些新产品迅速被广大消费者所接受，生产厂家都要大张旗鼓地展开强大的宣传攻势，特别是通过广告向广大消费者介绍新产品的功能、质量、用途、工作原理和使用方法等。这样，广告就有意识地承担起一部分新知识、新技术的社会宣传和教育功能，成为人们开阔眼界、丰富思想、增长知识的一个有效来源。所以说，广告是传播新知识、新技术的一个重要手段。

### 4. 促进大众媒介、文化艺术发展

现代广告对促进大众媒介和文化艺术发展也具有重要作用。影响媒介发展的因素至少有4个主要方面：政治、军事、经济和科学技术。但追溯媒介产生的根源，在一般情况下，在人类历史中占重要地位的和平时期，经济因素占重要地位。现代广告作为社会经济的一个组成部分，对大众媒介的发现和利用，对它的商业化、市场化和企业化起着重要作用，甚至成为某些大众媒介生存与发展的条件之一。

**相关链接**

### 一年一度的央视黄金资源广告招标

央视黄金资源广告招标起源于1994年，素有中国经济晴雨表之称。没有人能忽视央视的权威，更没有企业能忽视央视广告宣传的力量。正因为如此，每年的11月8日下年度央

视黄金资源广告招标会也就成为各路商家预演来年商场厮杀的战场，被称为"广告业的年度盛典"，它决定了央视全部收入的70%。1995年，央视广告招标金额仅为3亿元左右，孔府宴酒以3 079万元在首届竞标会上一举夺魁；继而秦池酒以6 666万元、3.2亿元两夺1996、1997年度标王……2002年度央视广告招标金额为26.26亿元，此后开始迅猛增长，2007年度达到67.96亿元，宝洁以4.2亿元连续第三年获得标王；2010年度央视广告招标金额首次超过100亿元达到109.66亿元，蒙牛以2.039亿元时隔6年后再度问鼎标王；2011年度央视广告招标金额为126.68亿元，蒙牛以2.305亿元连续问鼎标王；2012年度央视广告招标金额为142.58亿元，茅台最终以4.43亿元的总投标额豪夺新标王；2013年度央视广告招标金额为158.81亿元，其中剑南春、五粮液、茅台、汾酒四家掷金17.22亿元给新闻报时，剑南春以6.08亿元抢占四个时段成为当年标王。据报道，央视2014年度招标签约总额稳中有增，首度没有公开招标总额。在电视广告整体不如以前的大环境下，央视有意识地淡化了招标会本身的事件意义，并不希望媒体投入太多的注意力在这个越来越难以出现惊喜的事件中，与此同时，央视把越来越多的广告资源放进了前期的签约认购环节。此后每年11月18日仍在北京梅地亚中心召开央视黄金资源现场招标会，但不再公布广告招标金额和年度标王。

由于广告的发展，使很多艺术形式产生了新的分支，形成了夺目的广告艺术。由于媒介的商品化，为了招徕更多的观众、听众，就必须使文字、新闻、表演、演说、节目等更具有吸引力。从一定意义上讲，广告对它们的发展起到了推动作用。

## 1.4 广告学及其与其他学科的关系

广告学是研究广告活动的过程及其规律的学科，包括广告传播的演进、广告运作的基本原理和规则、广告活动的管理等多方面的内容。从时间上说，广告学是一门年轻的学科；从内容上说，广告学是综合了多门学科的边缘学科。

### 1.4.1 广告学的产生与发展

广告作为一种社会活动古已有之，但是广告发展为一门学科理论，则是20世纪的产物。18世纪中叶以后，两次产业革命使资本主义商品生产空前活跃，19世纪中叶以后，广告已在经济发展中占有举足轻重的地位，研究广告的特点、规律等已成必然。有些学者首先从研究广告史开始对广告学的探讨。1866年，杰卡波·拉乌德和约翰·卡姆登·哈顿合著的《路牌广告史》在英国出版；1875年，亨利·萨博逊《早期广告史》在英国出版，英国成为广告发展的起源地。

**相关链接**

**最早的广告学理论**

1898年，美国的E. 路易斯提出了AIDA法则。他认为消费者在接受广告时的心理活动遵循如下顺序：attention（注意）、interest（兴趣）、desire（欲求）、action（行动）。后来，有人对AIDA法则加以补充，加上memory（记忆），于是就形成了AIDMA模型，并被普遍认可。

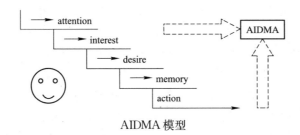

AIDMA 模型

AIDMA 模型此后不断改进，有人又加上了 conviction（可信）、satisfaction（满意）等内容。

广告学真正成为一门独立的学科，是在 20 世纪初。随着西方经济重心的逐渐转移，美国广告业蓬勃发展，美国成为现代广告发展与研究的中心，高校学者成为广告研究的新生力量，心理学、社会学、艺术学、传播学、营销学等学科的理论被引入，广告学的学科体系开始形成。1900 年，美国明尼苏达大学心理学家哈洛·盖尔出版《广告心理学》；1901 年，美国西北大学心理学家瓦尔特·迪尔·斯科特第一次提出"广告学"这一术语，1903 年出版了《广告原理》，首次较系统地阐述了科学的广告活动应该遵循的一般原则。1908 年他又撰写了《广告心理学》，从心理学的角度，初步构建了广告心理学的基本原理。随后，经济学家席克斯编著了《广告学大纲》，对广告活动进行了较为系统的理论探讨。从 1902 年开始，美国宾夕法尼亚大学、加利福尼亚大学、密歇根大学等一些高校相继开设广告学课程。1926 年，美国市场学和广告学教员协会成立，为开展广告学的研究提供了较好的条件和环境，一大批有关广告方面的著述相继问世，广告学逐步从同期发展的市场学中分离出来，成为独立的学科。

■ 相关链接

### 日本、英国、中国早期的广告学研究

这一时期，日本的广告活动和广告学研究也开始起步。1914 年，早稻田大学创建广告研究会，开设广告学课程，到 20 世纪 30 年代，初步形成具有现代意义上的广告学科体系。英国在这一阶段相继出版了《广告学》《实用广告学》等学术著作，标志着对广告学的研究也逐渐成熟起来。我国对广告学的研究开始于 1920 年前后，1918 年 6 月初，由商务印书馆出版的、甘永龙先生编译的《广告须知》是中国最早出版的广告学专著；1918 年 10 月，北京大学成立的新闻学研究会，把广告作为研究和教学的一项内容；1919 年 12 月，我国广告学研究第一人徐宝璜先生在其《新闻学》一书中，单独设立了"新闻纸之广告"一章，对广告学的知识和理论进行了阐述；20 世纪 20 年代开始，圣约翰大学、燕京大学等高校在报学系（新闻系前身）中单独开设了广告类课程；1928 年，大夏大学创办我国现代最早的广告系；1927 年，我国著名新闻学者戈公振在其《中国报学史》一书中，对广告的功用及其发展等内容作了详细、深入的论述；1929 年，蒯世勋出版《广告学 ABC》；1930 年，刘葆儒出版《广告学》；1931 年，孙孝钧出版《广告经济学》；1933 年，王贡三出版《广告学》。此外，当时的知名广告人陆梅僧著有《广告》，著名报人蒋裕泉著有《实用广告学》，还有经济学家苏上达著有《广告学纲要》；广告专业期刊开始出现，如徐百益创办的《广告与推销》。

20世纪20年代以后,市场竞争日趋激烈,生产导向时代发展到了销售导向时代。广告作为一种行之有效的促销工具,受到企业界的高度重视。1938年,一个世界性的广告研究组织——国际广告协会(IAA)成立了,随后"广告主协会""广告代理商协会""广告实践委员会"纷纷成立。他们从不同角度对广告理论和实践进行研究,促进了广告学的发展。

20世纪六七十年代以后,在世界经济形势的推动下,广告学的研究有了空前的飞跃。研究者们不再固于单一的经济学、市场学视野,而是从社会、文化、政治、伦理、心理、科技、传播等社会科学和统计学、预测学、电子学、声学、光学等自然科学的多角度对广告学进行了全方位研究,使广告学的发展进入了一个更高深、更广泛、更完美的境界。

### 1.4.2 广告学的性质

**相关链接**

广告学性质的争论

关于广告学是一门什么性质的学科,长期以来众说纷纭。一些人认为:广告是用艺术手法,如绘画、音乐、造型、摄影等传递信息、影响公众的活动。艺术性是广告活动的生命,广告是打破陈规的艺术而非建立定律的科学,因此广告学是一门艺术而不是科学。艺术派的代表人物首推詹姆斯·韦伯·扬和乔治·路易斯。另一些人则认为,广告是对商品生产和发展的客观反映,是以商品为宣传对象的宣传活动,而非人们的主观想象和艺术创造。广告虽然也运用了艺术,但艺术只是广告活动的一种表现形式,是广告活动的手段。广告需要建立在调研基础上,可以借助实验、统计、内容分析、事前事后对比测试、心理分析等辅助研究手段,形成系统的广告活动。因此,广告学是一门科学而非艺术。科学派的代表人物是美国广告大师克劳德·霍普金斯。目前,大多数人认为:广告学既是一门科学,又是一门艺术,广告往往以科学开始,以艺术结束。

广告学是一门综合性的、独立的边缘学科。

广告学的综合性表现在广告学综合了许多学科的研究成果,比如传播学、心理学、经济学、市场学、社会学、语言学、统计学、数学、摄影学、美学、声学、电学、光学等,广告学是一门包含了社会科学和自然科学的综合学科。

同时,广告学又是一门独立的学科,广告学本身有一整套完整的理论体系和分支学科。广告学包括:广告史、广告策划、广告管理、广告策略、广告媒体、广告心理、广告写作、广告摄影、广告设计、广告行业管理等一系列原理和理论。广告的分支学科包括:历史广告学、理论广告学、应用广告学,应用广告学又可以细分为广告策划学、广告创意学、广告心理学、广告摄影学、广告设计学、广告写作学、广告语言学等。

由此可以看出,在广告的整体运作过程中,既要运用各学科的理论知识进行广告调查、广告策划和广告创作,又要运用文学、音乐、书法、绘画、影视、戏剧、舞蹈、诗歌、曲艺等多种艺术形式进行广告设计、广告制作和广告表现,这表明广告学既是一门科学,又是一门艺术,是一门综合性的边缘学科。

## 1.4.3　广告学的构成体系及研究重点

### 1. 广告学的构成体系

广告学是一个整体概念，它是由相互联系的几个部分所组成的，共同体现广告活动的原则和规律，大体上包含下面几个部分的内容。

① 广告基础理论。这是广告学的核心内容和理论基础，研究广告学中带有根本性、指导性的理论和原则。涉及广告和广告活动过程的本质，广告的基本概念，广告的基本性质、社会功能、类别、表现形式、构成要素，广告运动的过程、规律、原则，广告学和诸学科之间的关系等方面，以及广告学的研究方法等。同时，广告学的一些基本范畴如广告主体与客体、广告信息与广告符号、广告创意与广告设计制作、广告传播与目标对象等基本理论的探讨也可包括在内。

② 广告传播的发展过程。主要探讨研究广告活动的产生、演进的过程及其规律，为广告活动的进一步发展提供历史经验。

③ 广告运作的基本原理和策略。主要涉及广告实务方面，包括广告战略的制定与实施、广告媒体的选择与运用、广告表现的策略方法、广告创意和广告定位、广告作品的设计和制作等。通过研究，对广告实践活动给予理论上的归纳和总结，为运用各种广告策略提供依据和方法。

④ 广告业的经营与管理。主要针对广告行业的经营和管理而进行的探讨和研究，需要运用现代市场经营理论、企业经营理论、组织管理理论等来开展研究。

⑤ 广告法规与伦理。主要探讨广告他律与自律的问题。广告他律主要是研究国家制定的法律、专门法规和行业法规及行政管理，包括消费者及其组织对广告活动所形成的社会监督管理机制如何有效地运行。广告自律主要是对广告业、传播业和广告主行为规范的行业道德约束方面进行探讨。

这些年来，广告学的研究不断向纵深发展，使广告学的构成和内容得到拓展和延伸，并衍生出新的分支学科，如广告社会学、广告美学、广告文化学、广告法学等，这些为广告学的发展增添了新的内容。

### 2. 广告学的研究重点

广告学的研究重点，主要应体现在两大方面：一是从经济领域来探讨广告活动的规律和方法，即根据市场营销学来认识、分析广告目标市场，了解消费者的需求状况，从而确定广告策略；二是从传播领域来探讨广告传播的过程及其效果，主要把握广告的受众对象（对谁广告）、广告的传播内容（广告什么）、广告的传播方法（怎样广告）、广告的传播效果（效果如何）、广告的传播控制（管理）等。

## 1.4.4　广告学与其他学科的关系

广告学是综合了传播学、心理学、经济学、管理学、社会文化、艺术、法律等多学科的知识后形成的独立学科，广告学与这些学科相互影响、互相渗透，彼此之间建立了密切的关系。

### 1. 广告学与新闻学、宣传学、传播学

传播学是一门研究人类一切传播行为、传播过程及其规律的科学。虽然早期的传播研究有很大一部分是宣传研究，新闻学对传播学的诞生也确实起过催产的作用，但从广义上讲，

广告学、新闻学、宣传学都是传播学的分支学科。一般认为，广告学、新闻学、宣传学偏重于特定业务研究或"术"的研究，传播学侧重于理论研究或"学"的研究。广告学、新闻学、宣传学是具体科学的研究，对传播学研究有提供材料、充实内容的作用；传播学是一般科学的研究，对广告学、新闻学、宣传学研究的内容和方法有规范、指导的作用。广告具有传播信息的基本职能，广告学作为传播学研究中的一项内容，必须以传播学所阐明的基本理论为指导。广告学是在传播学所揭示的信息传播整体运动的一般规律的基础上，进一步研究广告领域的特殊矛盾和特殊规律，传播学以理论研究为重点，广告学则以业务研究为重点。

广告学与新闻学、宣传学的最大差异是具体研究对象不同。

新闻是对新近发生的客观事实的报道。广告与新闻之间有着密切的联系，如果从传播的角度来讨论，它们都属于大众传播研究领域的学科。广告和新闻都是以大众传播媒介作为自己的载体，传播范围广泛、迅速、及时；传递的都是人们应知、欲知又未知的信息，都是从不同方面为社会服务；都必须坚持真实性的原则。但是，广告和新闻毕竟分属不同的学科，广告是有偿服务，新闻是无偿传播，这是二者最根本的区别，受众也会从不同的出发点来认识和接受广告或新闻信息。新闻是新近发生的有价值的事实的客观报道，具有很强的时效性，具有一次性的特点，重播或者滚动播出也有一定的时间限制；而广告是为广告主服务的，反映广告主的利益和意志，没有很强的时效性，可以反复播出以达到更好的传播效果。新闻是由专业的记者采写，专业的编辑整理，有专人把关；而广告主要是由创意人提出创意，创意总监和广告主认同。新闻是新闻媒体经营中的主业，广告是媒体信息服务的补偿与回报，同时为媒体的生存与发展提供经济保障。广告和新闻存在一种相互依存的关系，但其传播地位的不同也是显而易见的。

在许多广告定义中，都提到广告是一种宣传手段。宣传是社会组织通过传播一定的观念来影响或控制他人的信仰态度或行为的劝说活动。可见，广告和宣传有十分相似的地方。广告和宣传都是一种传播活动，两者都可以借助媒体将自己的信念传给受众，表现形式都具有多样化的特点。广告和宣传都允许在真实的基础上进行艺术加工，使之更具有感染力和影响力。但宣传的内容是思想，而思想灌输具有教育人的功能，传播手段更多样，不以营利为目的，多属于政治的范畴；广告的内容是信息，具有劝说的功能，是商业活动，多属于经济的范畴。

**2. 广告学与心理学**

心理学是一门基础理论学科，它研究的是人们在社会活动中的心理现象和心理活动规律，是广告学研究的理论基础之一。一则广告从策划、设计、制作到广告的时间、空间的选择，媒介的运用，都会遇到一系列的心理学问题。广告要取得理想的传播效果，研究、了解消费者的心理活动是十分必要的。消费者在购买过程中，具有什么样的心理状态，比如有哪些欲望和需求、会产生哪些购买动机、采取什么行动等；在接触广告信息过程中，消费者又有什么样的心理变化，如认知度、态度、理解度、记忆度、喜爱度等，都需要运用心理学的知识。广告传播者必须深入研究读者、听众、观众的认识规律和思维规律，针对不同社会习俗和不同个性的消费者的心理要求设计广告，使其具有使消费者注意、兴奋、联想、记忆的功能。心理学所提供的调查方法如直接调查法、间接调查法、谈话法等，都可以运用于各种广告效果的研究中，以不断提高广告制作水平。

**3. 广告学与美学、文学艺术**

美学主要研究人对现实（包括自然现象、社会现象）的审美关系，而且要研究作为这种关系集中表现的艺术的一般发展规律。美学理论是广告构思、设计的基本准则，也是评价各类广告作品的主要依据。一方面，审美情趣、审美价值对广告创意有很大的帮助；另一方面，广告丰富了美学的内容。

艺术是审美关系的集中表现。广告的表现形式可以借助文学艺术形式使其更富有感染力，广告也可以成为文学艺术发展的一部分内容，它丰富了文学艺术的内涵。但狭义的广告是营利性的，是商业活动，而文学艺术是非营利性的。广告是为广告主服务的，受众是大众，广告允许艺术化，但必须坚持真实性原则；而文学艺术可以虚构。

### 4. 广告学与市场营销学

市场营销学与广告学同期创建于19世纪末20世纪初，从一开始，这两门学科就紧密地结合在一起，相互影响，密不可分。

从研究内容上看，它们同属于经济范畴。市场营销是个人和群体通过创造并同他人交换产品和价值，以满足需求和欲望的一种社会管理过程。广告是一种信息传播活动，但它的起点和落点都是在经济领域，传递什么样的信息内容及如何进行传播，需要研究市场，了解营销环境，研究消费者，研究产品。研究广告学，离不开对市场营销学理论的探讨。

广告和市场营销是企业经营管理的重要组成部分。对于企业生产来说，市场营销的中心任务是完成产品销售，广告是为实现市场营销目标而开展的活动，是促进销售的组成部分，实际上二者之间体现了一种整体与局部的关系。从广告活动和市场营销活动的最终目的来看，二者也是一致的。因此，市场营销学的有关原理，对于把握、认识广告的基本理论和运作方式是很有帮助的。

但是，市场营销学把消费者及其需要作为研究的出发点和中心内容，广告学则把信息传播的过程和效果作为研究对象。广告只是市场营销学研究的一个内容，市场也只是广告活动天地中的一个场所。

### 5. 广告学与公共关系学

公共关系学也是一门新兴的、综合的、应用型的交叉学科。公共关系学萌芽于19世纪末20世纪初，兴起于20世纪50年代，融合了新闻学、传播学、社会学、经济学、管理学、心理学等多种学科。《大不列颠百科全书》认为：公共关系是旨在传递关于个人、企业、政府机构或其他组织的信息，以改善公众对他们的态度的政策和活动。

广告与公共关系有着密切的联系，都是以形象为核心，以传播为手段，以公众为对象。广告活动需要公共关系的指导，它们之间实际上体现了一种战术与战略的关系：广告活动需要公共关系的推动，以增强其说服力和传播效果；公共关系活动需要广告活动配合。特别是现代企业管理需要进行综合的信息交流，加强整合传播，公共关系和广告就好像帮助企业腾飞的两翼，相互配合，相互补充，促进企业稳定、长远地向前发展。但广告侧重产品形象，公共关系侧重组织形象；广告侧重竞争，公共关系侧重和谐；广告崇尚立竿见影，公共关系则以长远效果为目标；广告偏重利益，公共关系偏重感情；广告"硬性"使用媒介，公共关系"软性"使用媒介。

### 6. 广告学与统计学

统计学被认为是一门研究社会现象数量方面的理论和方法的科学。广告学对信息传播的过程和效果不仅要做质的研究，更需要做量的分析。因此，统计学的知识便成为研究广告学一个不可缺少的工具。统计学的许多方法如统计调查、统计整理、统计分析等对于探索广告的效果及广告发展的规律，具有重要的作用。

## 思 考 题

1. 狭义广告和广义广告的主要区别是什么?
2. 广告有哪些基本属性? 广告与新闻、宣传的主要区别是什么?
3. 商业广告与广义广告相比有哪些特点?
4. 广告的分类有哪些?
5. 广告的功能有哪些?
6. 广告学是一门什么性质的学科?
7. 广告学与市场营销学、公共关系学的联系和区别是什么?

# 第2章 广告的起源与发展

**学习目标**
- 了解世界广告发展历程；
- 了解世界广告业发展概况及趋势；
- 了解中国广告发展概况。

## 引言

### 文献记载的中国古代广告

中国有着5 000年的文明历史，中国的广告活动由来已久，从很多记载中可见一斑。早在公元前3000年前，中国就出现了以物易物的商品交换形式，《易·系辞》中有这样的记载："庖牺氏没，神农氏作，列廛于国，日中为市，致天下之民，聚天下之货，交易而退，各得其所。"这是我国最早的市场交易记载。正是在这种以物易物的交换中，最古老的广告——实物广告出现了。我国第一部诗歌总集《诗经》有许多记载（公元前11世纪至公元前6世纪），如《诗经·卫风·氓》："氓之蚩蚩，抱布贸丝，匪来贸丝，来即我谋。"在公元前475年至公元前221年的战国时代，屈原曾在《楚辞》中写道："师望在肆，昌何识？鼓刀扬声，后何喜？"这"鼓刀"和"扬声"便是音响广告和叫卖广告了。战国末年的韩非子在《外储说右上》写道："宋人有沽酒者，悬帜甚高。"这里"帜"就是酒旗。据《战国策·燕策二》记载："人有卖骏马者，比三旦立市，人莫知之。往见伯乐曰：'臣有骏马欲卖之，比三旦立于市人莫与言。愿子还而视之，去而顾之，臣请献一朝之贾。'伯乐乃还而视之，去而顾之。一旦而马价十倍。"名人广告效果明显。《史记·司马相如列传》说："相如买一酒舍沽酒，而令文君当垆。"这是在酒店门前垒土为垆，安放酒瓮，卖酒的坐在垆边，称为"当垆"，垆是卖酒标志。……在漫长的中国古代经济和商业活动中，出现了多姿多彩的广告形式：实物陈列广告、叫卖广告与音响广告、悬物广告与灯笼广告、旗帜广告、招牌与幌子等，直至最早的印刷广告出现在北宋时期，中国的广告活动可以说领先于世界，也是中国文明发展史的印证。

中国的广告发展史是世界广告史的组成部分，随着经济社会的发展，世界广告经历了以古埃及、古巴比伦、古中国、古希腊、古罗马等世界文明古国为代表的发端期，以英国等西欧国家为主的世界广告孕育期和初步发展期，进而达到以美国为中心的繁荣期，伴随商品经济的繁荣和传播媒体的进步而发展。要认识和研究广告就必须从广告的起源和发展的历史说起。

## 2.1  世界广告发展历程

广告是随着商品生产和交换的产生而产生的，随着商品经济与科学技术的发展而发展。纵观世界广告发展的历史，各个历史时期的广告表现形式各有所异。依据各个历史时期的广告技术发展水平，可以大致把世界广告的发展分为以下 4 个时期。

### 2.1.1  原始广告时期

随着生产力的发展，自原始社会末期产生商品生产和交换开始，广告就开始发挥其作用。因此，原始广告时期以世界文明古国为发端。早期的原始广告最早出现在尼罗河流域、底格里斯河和幼发拉底河流域的古埃及、古巴比伦，稍晚一些时间，在西方最早出现在地中海沿岸的古希腊、古罗马等国。史料记载，我国春秋时期就出现了叫卖广告和音响广告。在这一漫长的历史长河中，广告形式经历了从简单的实物陈列、悬物、口头叫卖到旗帜、招牌、门匾、幌子、门楼、彩灯、店堂装饰等的发展过程。在原始广告繁荣阶段，中国文明区和阿拉伯文明区占有主体地位。

原始广告时期广告活动的特点为：广告主、广告制作者、广告发播者基本上是三位一体的，广告的覆盖面小，传播速度慢，影响效果低。

**相关链接**

**世界上最早的文字广告**

人们现在能见到的最古老的"广告传单"实物，是现收藏在大英博物馆的公元前 1000 年前在古埃及首都特贝散发的一张写在纸莎草纸上的广告。据历史研究证明，这是世界上最早的文字广告。其幅面为 32 开大小，呈淡茶色，内容是悬赏寻找奴隶："奴仆谢姆从织布店主人哈布处逃走，坦诚善良的市民们，请协助按布告所说，将其带回。他身高 5 英尺 2 英寸，面红目褐。有告知其下落者，奉送金环一只；将其带回店者愿奉送金环一副。"落款是："能按您愿望织出最好布料的织布师哈布。"这是利用广告传单作为媒介进行寻人的广告，广告主为哈布，内容写得很巧妙，可以说是一则很好的广告了。

### 2.1.2  古代广告时期

我国隋唐时期出现了雕版印刷术，宋代庆历年间（1041—1048）毕昇发明了胶泥活字印刷，至此印刷广告开始出现。我国现存最早的印刷广告是北宋时期（960—1127）济南刘家针铺的广告铜板。该铜板是迄今为止发现的世界上最早的印刷广告。中国古代的印刷术传到西方后，极大地促进了西方广告的发展。大约在 1445 年德国人约翰内斯·谷登堡（Johannes Gutenberg）发明了金属活字印刷，后来传到英国。1472 年，英国第一个出版人威廉·坎克斯顿（William Caxton）印制了推销宗教书籍的广告，标志着西方印刷广告的开端。印刷术的广泛应用，为印刷广告的发展创造了条件，使人类的广告活动由过去的口头、招牌、文字广告传播进入到印刷广告的时代。印刷广告图文并茂，既可以用于包装，又可以广为张贴，大幅度提高了广告的覆盖范围。中国文明区进而以英国为中心的欧洲文明区是这个时期世界广告传播发展的主体。

古代广告时期广告活动的特点是：广告主、广告制作者、广告发播者不再是三位一体，广告活动开始有了分工，广告覆盖范围逐渐扩大，广告效果有所改善。

> **相关链接**
>
> **世界上最早的印刷广告和机器印刷广告**
>
> 北宋时期（960—1127）济南刘家针铺的广告铜板，13 cm 见方，上面雕刻有"济南刘家针铺"的字样，中间是白兔抱铁杵捣药的图案。图两侧竖刻"认门前白兔儿为记"字样，图下刻有"收买上等钢条，造功夫细针，不误宅院使用；客转为贩，别有加饶。请记白。"
>
> 1472年，英国印刷商威廉·坎克斯顿为了推销他开办的印刷所印制的《圣经》之类的图书，撰写了一份招贴广告，并用机器印刷，篇幅为 12.5cm×17.5cm，是世界上第一份用机器印刷的英文广告。

## 2.1.3 近代广告时期

### 1. 报纸广告出现阶段

近代广告最显著的标志是报纸广告的出现。17世纪初，德、英、法等一些资本主义经济较发达的国家陆续出现了定期印刷的报纸，开辟了报纸广告的新纪元。1609年，德国出版了世界上最早的定期印刷报纸《报道式新闻报》，同年荷兰安特卫普出版《新闻报》，1622年英国创办了第一份英文报纸《每周新闻》，1631年法国出版了第一份周刊《各地见闻》。其后，许多公报、新闻类的报纸相继面世，广告终于有了比以往任何时代都更好的传播媒介。在17—18世纪，英国、法国、美国等均已在报纸上刊登广告。18世纪60年代从英国发起第一次工业革命，英国逐渐发展成欧洲工商业中心，同时也成为当时世界的广告中心。

> **相关链接**
>
> **世界上最早的报纸广告**
>
> 世界上最早的报纸广告始于何时，目前尚有争议。有的认为在1622年英国《每周新闻》中有一张书籍广告，有的则认为，1650年英国《每周新闻》在"国会诉讼程序"栏里登载的"寻马悬赏启事"，是世界上第一篇名副其实的报纸广告。1666年，《伦敦报》正式开辟广告专栏，这是世界上第一个报纸广告专栏。17世纪后半期，英国报纸上开始刊登食品广告，如1675年7月 *Public Advice* 上刊登的咖啡广告，反映了当时的食品情况。广告的内容是："旧交易所后边的巴少鲁密街上，有种叫咖啡的饮料。这是一种医学上认为对健康非常有益的饮料，它具有助消化、提精神、使人精神愉快的作用，还能对眼睛溃烂、感冒咳嗽、身体衰弱、头痛、水肿、风湿等其他很多方面有疗效。每日早晨和下午3时出售两次。"以后各报争相效仿，并逐渐成为报业最重要的经济来源。
>
> 美国最早的报纸广告刊登在1704年4月24日创刊的《波士顿新闻通讯》上，创刊号上就刊登广告，内容是向读者征求广告的启事，在1704年5月出版的第3期上开始登付费广告，是美国最早登载有偿广告的报纸。
>
> 我国报纸的历史虽然悠久，如《邸报》起源于唐朝，但由于我国历史的原因，报纸广告

直到1872年在上海创办的商业报纸《申报》中才出现。

报纸广告的发展，促使广告代理商出现。1610年，英国出现了最早的广告代理，它是詹姆士一世让两个骑士建立的。1612年，法国J. 雷纳德创立了"高格德尔"广告代理店。广告业初现雏形。该阶段通常被认为是现代广告萌芽阶段。

2. 报刊媒体大众化阶段

1840年前后，英国的第一次工业革命基本完成，工业革命逐渐向西欧大陆和北美传播，报纸广告进一步发展。据考证，世界上有影响的报纸大都是在1850—1911年创办的，报纸的主要收入来自广告，广告也成了沟通产销信息的主要手段。报纸广告的繁荣，拉动了其他各种广告形式的发展，尤其是新技术在广告领域的应用，更促使广告形式日益多样化，如杂志广告、交通广告、摄影广告、日历广告、宣传画等。在此阶段，报纸、杂志成为最早的大众传播媒体，美国取代英国成为世界广告传播的中心。该阶段通常被认为是近代广告向现代广告的过渡阶段。

**相关链接**

**世界上最早的杂志广告、摄影广告、挂历广告**

世界上最早的杂志是创刊于1731年的英国《绅士杂志》。1844年，美国《南方信使》杂志刊登了世界上最早的杂志广告。1850年，美国纽约市一家名为洛德·泰勒的百货店，在用马拉的车厢外挂出一幅广告，被认为是美国最早出现的交通广告（或车厢广告）。1839年法国发明摄影术，1853年纽约的《每日论坛报》第一次用照片为一家帽子店做广告，开创了广告使用摄影技术作为重要表现手段的先河。1891年可口可乐公司在投产5年之后摄制了世界上最早的挂历广告，现在的收藏价值高达5 000美元。

这一阶段广告业发展的重要标志就是广告公司的兴起，广告逐渐形成了一个行业。1841年，伏尔尼·B. 帕尔默在美国费城开办了第一家广告公司，被认为是美国第一位广告代理商。1865年，路威尔广告事务所成立，成为典型的专业化广告公司。1869年，艾尔和他的父亲在美国费城建立了艾尔父子公司，已具有现代广告公司的基本特征，其经营重点从单纯为报纸推销广告版面，转到为客户提供多种服务。随着报刊广告代理业的兴起，其他媒体的广告代理业也应运而生。据统计，这一时期在美国建立的广告代理公司约有1 200家，以美国为代表的广告代理业正快速向成熟阶段发展。

随着广告竞争的日益加剧，广告公司和广告主在广告活动中开始注重广告策略的运用。各国政府也开始对广告进行管理。1907年，第一部较为完备的广告法在英国诞生。对广告原则和理论的探索也越来越受到社会的关注。1866年，Laiwood和Hatton合著《路牌广告的历史》；1874年，H. Sampson写作《广告的历史》一书；1898年，美国的E. 路易斯提出了AIDA法则；1903年，美国心理学家瓦尔特·狄尔·斯柯特写成了《广告原理》，1908年又写成《广告心理学》；随后经济学家席克斯编著了《广告学大纲》。这些都为广告学的建立奠定了基础。

近代广告时期广告活动的特点是：广告覆盖范围随着报刊发行量的增加而大大拓展。专业广告公司的成立，意味着广告行业分工革命的开始。各国政府也开始对广告进行管理。西方已有人开始进行广告理论的研究，广告学科基本形成。

## 2.1.4 现代广告时期

### 1. 传统四大媒体阶段

20世纪是人类科学技术飞跃发展的时期，也是市场经济空前繁荣的时期。特别是第二次世界大战后，资本主义从自由竞争到垄断，从国内到国际，形成了国际性的跨国经营，全球性的经济格局已形成。在这一时期，科学技术、经济相互促进，并得到了迅速的发展，新发明、新创造不断涌现，新的广告媒体层出不穷，更趋多样化。1920年美国出现了世界上第一座商业广播电台，1936年世界上第一座电视台诞生于英国……广播广告、电视广告相继诞生并迅猛发展，电影广告、户外广告、霓虹灯广告、售点广告、邮递广告等快速发展，广播、电视继报纸、杂志后很快确立了传统四大大众传播媒体的地位。

> **相关链接**
>
> **世界上最早的广播广告、电视广告**
>
> 1922年8月28日，纽约的一个房地产商用100美元向美国电话电报公司设在纽约的WEAF广播电台购买了10分钟广告时间，当日下午4点55分开始播出该房地产商的以"问候"顾客为主题的广告。这是迄今为止世界上最早的付费广播广告。
>
> 史上第一支电视广告是在1941年7月1日2:39在纽约市的全国广播公司（NBC）旗下的WNBC电视台播出的，由宝路华钟表公司（Bulova Watch Company）以9美元购买的棒球赛播出前的10秒钟时段。当时的电视广告内容十分简单，仅是一只宝路华的手表显示在一幅美国地图前面，并搭配了口号旁白："美国以宝路华的时间运行！"

随着广告公司的健全和发展，广告业务的范围不断扩大。广告公司摆脱了媒体掮客的角色，深深地融入企业的成长、经济的发展，成为现代信息产业的重要组成部分。这时的企业面对日益激烈的竞争，更加注重广告策略的运用，许多专业的调查机构应运而生。许多大型广告公司开始走上国际化的发展道路，广告公司出现集中化趋势，跨国企业和跨国广告公司的大量涌现加快了世界性广告形式的产生，各种行业性组织纷纷成立。

20世纪以来，现代广告适应现代营销的发展，经历了一系列发展过程，有20年代至30年代的理性诉求与情感诉求时代、40年代至50年代的USP时代、50年代至60年代的创意革命时代，还有起始于60年代的品牌时代、起始于70年代的定位时代、80年代的CIS时代，直至90年代的整合营销传播时代。广告学的研究有了空前的飞跃，研究者们不再固于单一的经济学、市场学视野，而是从社会、文化、政治、伦理、心理、科技、传播等社会科学和统计学、预测学、电子学、声学、光学等自然科学的多角度对广告进行全方位研究，使广告学的发展进入一个更高深、更广泛、更完美的境界。

> **相关链接**
>
> **整合营销传播**
>
> 整合营销传播（integrated marketing communication，IMC），是20世纪80年代中期由美国营销大师唐·舒尔茨提出和发展的。IMC是指将与企业进行市场营销有关的一切传播活动一元化的过程。IMC一方面把广告、促销、公关、直销、CI、包装、新闻媒体等一切传播活

动都涵盖于营销活动的范围之内，另一方面则使企业能够将统一的传播资讯传达给顾客。其中心思想是以通过企业与顾客的沟通满足顾客需要的价值为取向，确定企业统一的促销策略，协调使用各种不同的传播手段，发挥不同传播工具的优势，实现企业统一的传播目标，从而使促销宣传低成本化，以高强冲击力形成促销高潮。

这一阶段广告活动的特点是：广告媒体的增加与立体化，无论是广告的覆盖范围还是广告的视听效果都大大增强了；广告公司的专业水平与管理水平均大有改善，走向了国际化；各国政府通过立法等形式加强对广告业的管理，广告活动日益规范；广告理论研究进一步深入，广告学已成为一门独立的具有完整系统的综合学科。现代广告不断地运用现代理论和技术，推动广告活动朝着全方位、立体性、综合化方向发展。

### 2. 互联网新媒体阶段

20世纪80年代以后，数字化浪潮席卷全球，基于计算机和通信技术的互联网迅速崛起，全面渗透到经济社会的各个领域，成为生产建设、经济贸易、科技创新、公共服务、文化传播、生活娱乐的新型平台和变革力量，以互联网为代表的新媒体时代来临，推动着向信息社会不断发展。互联网广告（也称网络广告）的传播不受时间和空间的限制；互联网广告不仅可以面对所有网络用户，而且可以根据受众用户确定广告目标市场；互联网广告信息是互动传播的，用户可以获取自己认为有用的信息，厂商也可以随时得到宝贵的用户反馈信息；网络广告的内容非常丰富，并且以图、文、声、像等多种形式，生动形象地将商品或市场活动的信息展示在用户面前，能使商品信息更加直观有效地被用户所接受。诸多完全不同于传统媒体的特性使互联网广告在1994年诞生以后迅速崛起，2007年超越广播，2009年超越杂志，2011年超越报纸，2017年超越电视，成为世界上最大和最活跃的媒体广告形式，对传统媒体广告形成了巨大冲击。甚至可以说，互联网广告意味着广告进入当代广告时期。短短20多年间，互联网广告媒介出现传统互联网向移动互联网的演变，广告的模式呈现出从门户时代到搜索时代再到社区时代的发展趋势。

> **相关链接**
>
> **世界上最早的互联网广告及其形式发展**
>
> 1978年3月3日，Digital Equipment Corporation 公司的一位市场经理 Gary Thuerk，利用互联网的前身 ARPAnet 向400名收件人发出第一封广告邮件，介绍他们的新产品 Decsystem—20。
>
> 1994年10月14日，美国《热线》(*Hotwired*) 杂志，推出了包括AT&T在内的14个广告主的图像和信息（banner，网络横幅广告），宣告了互联网广告（Internet advertising）的诞生。3个月的时间，花费3万美元，高达44%的点击率！
>
> 1996年，DoubleClick 公司将 Banner 广告与 Cookies 技术集合，通过记录使用者的上网行为"瞄准"广告的目标群体，使广告投放更具效率，基于用户行为的第一则精准广告（precision advertising）诞生。
>
> 1996年7月，雅虎发布了搜索引擎广告（SEA, search engine advertising），搜索关键词后就会强制展示横幅广告，第一则搜索广告诞生。
>
> 2000年，Google 发布了 Adwords 广告平台，广告主可以采用关键词竞价的方式在 Google 搜索平台上投放推广信息，关键词广告（adwords）正式亮相。

2006年，Facebook推出了"信息流"（feeds）——它能按照时间顺序显示用户所有好友的活动，于是出现了第一则信息流广告。这种穿插在社交媒体（social media）用户好友动态或者资讯媒体和视听媒体内容流中的广告，用户体验相对较好，社交媒体广告来临。

2012年年底，原生广告（native advertising）提出，2013年成为全球媒体界爆红的关键词，随着互联网向移动端迁移，成为移动广告（mobile advertising）的标准做法，即将广告以内容的形式嵌入到信息流之中，让广告与投放环境完美融合，在保护用户体验的同时，也提升了推广效率。

2015年，微信"摇一摇"连接了央视春晚直播、线上讨论及线下场景，高峰期互动量达8.1亿次/min，嵌入线上和线下场景中的广告模式O2O（online to offline）引起广泛关注。

以互联网为代表的新媒体时代，催生了广告传播的多元化时代。互联网媒介以其广域性（或超时空性）和双向互动性特征与报纸、杂志、广播、电视等传统媒介形成了鲜明的对比，使这一阶段的广告传播方式、广告存在形态等发生了深刻的变革——广告运作由传统的以产品为中心向以消费者为中心转移，由传统的以传者为中心向以受众为中心转移，由"从传者到受众"的单向传播模式向"传者-受众"双向互动的传播模式转移；广告方式多样化趋势明显，迭代更新频繁；大数据和人工智能背景下的广告呈现出精准化、场景化、融合化发展趋势；数据成为广告业的基础资源，人工智能技术将普遍和深度应用于广告业，个人层面的态度、行为改变将成为广告效果评价的核心；广告主、广告公司、广告媒体三重角色的界限趋向模糊，传统广告公司不断变革，广告业竞争在互联网大鳄、咨询公司跨界竞争中出现泛市场化竞争态势。

## 2.2 世界广告业发展概况及趋势

### 2.2.1 世界广告业发展概况

随着经济的发展，国际广告业的规模日益扩大，其在社会经济生活中的地位也越发重要，广告渗透到整个社会的各个角落。1980年，全球用于广告的支出是1 114亿美元，1990年为2 650亿美元，2000年为4 110亿美元，2007年达到峰值4 648亿美元，2010年为4 444亿美元，其后稳步增长，2017年达到5 526亿美元。广告业已与旅游业并称为世界上最大的无烟工业。

**1. 世界主要广告市场**

世界广告业的中心是美国。作为全球经济实力最强的国家，美国的广告业也是世界广告业发展的旗帜和标志。美国自1704年首次刊出付费广告开始，经历了20世纪广告业的全面发展，最早形成了现代广告市场的架构。自20世纪50年代起，在世界广告市场中，美国一直独占鳌头，长期占据4成左右；2017年达到1 975亿美元，占其GDP的1.01%，人均广告费611.91美元。英国、德国、法国、意大利等国的广告市场规模多年来稳步低速上升，一直处于世界前列，在欧洲广告业中占有重要地位。自20世纪90年代以来，随着经济发展进入滞涨期，日本广告市场规模经历数次起落，增长较为缓慢，2017年广告市场规模为430

亿美元，占GDP比例为0.88%，人均广告费为339.06美元，在东亚广告业和世界广告业中都占有重要地位，东京是仅次于纽约的世界三大广告中心之一。由于经济的快速发展，中国、巴西、韩国、印度尼西亚等发展中市场日益在世界广告市场中显示出自己的力量。中国广告市场1996年排名世界第9位，2000年排名世界第6位，2010年排名世界第3位，2014年起排名世界第2位（见表2-1）。

表2-1 世界主要广告市场排名变化及2017年广告支出

| | 1980年 | 2000年 | 2010年 | 2017年 | 广告支出/亿美元 | 比重/% |
|---|---|---|---|---|---|---|
| 1 | 美国 | 美国 | 美国 | 美国 | 1 975 | 35.74 |
| 2 | 日本 | 日本 | 日本 | 中国 | 804 | 14.55 |
| 3 | 英国 | 德国 | 中国 | 日本 | 430 | 7.78 |
| 4 | 联邦德国 | 英国 | 德国 | 英国 | 244 | 4.42 |
| 5 | 法国 | 法国 | 英国 | 德国 | 221 | 4.00 |
| 6 | 意大利 | 中国 | 巴西 | 巴西 | 132 | 2.39 |
| 7 | 加拿大 | 意大利 | 法国 | 韩国 | 118 | 2.14 |
| 8 | 荷兰 | 巴西 | 澳大利亚 | 法国 | 117 | 2.12 |
| 9 | 澳大利亚 | 韩国 | 意大利 | 澳大利亚 | 116 | 2.10 |
| 10 | 巴西 | 加拿大 | 加拿大 | 加拿大 | 97 | 1.76 |

注：2017年数据来自Global Intelligence。

2017年全世界广告费占GDP的比重达到0.68%，人均广告费73.57美元，各发达国家的人均广告费基本在200美元以上。不难发现，全球广告市场发展极不平衡，基本与各国经济发展水平相适应，所以广告被誉为经济的"晴雨表"（见表2-2）。

表2-2 2017年世界主要广告市场广告占GDP比重及人均广告费

| | 广告市场规模排名 | GDP排名 | 占GDP比重/% | 人均广告费/美元 |
|---|---|---|---|---|
| 美国 | 1 | 1 | 1.01 | 611.91 |
| 中国 | 2 | 2 | 0.66 | 57.21 |
| 日本 | 3 | 3 | 0.88 | 339.06 |
| 英国 | 4 | 5 | 0.91 | 375.15 |
| 德国 | 5 | 4 | 0.60 | 277.08 |
| 巴西 | 6 | 8 | 0.64 | 64.39 |
| 韩国 | 7 | 12 | 0.77 | 233.85 |
| 法国 | 8 | 7 | 0.45 | 174.57 |
| 澳大利亚 | 9 | 13 | 0.87 | 471.54 |
| 加拿大 | 10 | 10 | 0.59 | 270.42 |
| 世界 | — | — | 0.68 | 73.57 |

注：数据来自Global Intelligence和快易数据。

由于文化背景和教育水平的不同，不同地区的广告费在各媒体上的比例是不同的。在世界广告市场中，电视长期是份额最大的媒体，但在2017年让位于互联网，互联网成为世界上最大和最活跃的媒体，电视虽然退居第二位，份额依然较高；报纸和杂志则前期受电视挤压，后期受互联网冲击，所占份额则一直呈下滑趋势；影院、户外所占份额呈缓慢上升趋势（见表2-3）。

表2-3 1987—2017年世界各种媒体的广告支出份额

|  | 1987年 | 1990年 | 1995年 | 2000年 | 2005年 | 2010年 | 2016年 | 2017年 |
|---|---|---|---|---|---|---|---|---|
| 报纸 | 57.7 | 55.7 | 50.5 | 47.0 | 29.9 | 21.5 | 11.0 | 9.5 |
| 杂志 |  |  |  |  | 13.3 | 9.8 | 5.8 | 5.2 |
| 电视 | 30.1 | 31.8 | 36.8 | 39.7 | 37.7 | 39.8 | 35.6 | 34.1 |
| 广播 | 7.6 | 7.6 | 7.7 | 8.8 | 8.6 | 7.2 | 6.4 | 6.2 |
| 影院 | 0.3 | 0.3 | 0.2 | 0.3 | 0.4 | 0.5 | 0.6 | 0.7 |
| 户外 | 4.4 | 4.7 | 4.7 | 4.2 | 5.5 | 6.7 | 6.7 | 6.7 |
| 互联网 | — | — | — | — | 4.7 | 14.4 | 33.8 | 37.6 |

注：2016年、2017年数据来自Global Intelligence。

从全世界范围来看，有些城市的广告业非常发达，比如美国的纽约、日本的东京、英国的伦敦、法国的巴黎、德国的法兰克福、意大利的米兰、澳大利亚的悉尼、巴西的圣保罗、韩国的首尔等。许多世界著名广告公司的总部都设在这些城市，美国的纽约更是被称为世界广告之都，世界前10位的广告公司（单体）中，有7家总部设在纽约，麦迪逊大街成为美国广告的象征。

**2. 世界主要广告集团**

20世纪80年代以来，国际广告市场开始发生巨变，其深刻的背景是跨国公司的兴起及其产品与服务的全球化发展。世界广告业的发展呈现集中化趋势，广告公司之间的合并与联合，一方面形成许多巨型国际性广告公司，如麦肯环球、BBDO环球、奥美环球等，另一方面产生了许多巨型广告集团，最著名的有五大广告集团：美国Omnicom Group（宏盟）、英国WPP、美国Interpublic Group（IPG）、法国Publics Group（阳狮）、日本Dentsu Group（电通）（见表2-4）。这些大广告公司（集团）为适应经济全球化的发展，通过兼并将数十家乃至上百家广告公司收归麾下，乃至广告集团之间兼并合作，借此在全球市场上扩充自身的业务领域和实力，以此为世界性客户服务。例如GREY（葛瑞环球）2003年、Cordiant（科戴安特传播）2004年被WPP收购，Aegis Group（安吉斯）2014年与电通集团合并更名为电通安吉斯网络，2018年WPP将旗下成立于1864年、有1万多名员工、300多个分公司及办事处、跻身于世界四大顶尖广告公司之列的传统广告公司智威汤逊（J. Walter Thompson）和数字营销公司伟门（Wunderman）合并，组建新的公司Wunderman Thompson。这些巨型集团公司都拥有更为知名的国际4A广告公司。

表2-4 世界主要广告集团

| 广告集团 | 总部所在地 | 2016年收入/亿美元 | 下属主要公司 |
|---|---|---|---|
| WPP Group | 伦敦 | 130.1 | Ogilvy（奥美）、Bates（达彼斯）、Y&R（扬罗必凯）、GREY（精信）、百帝广告、红线、Landor、Fitch传立媒体、尚扬媒体、迈势媒体、灵立媒体、伟门汤逊等 |

续表

| 广告集团 | 总部所在地 | 2016年收入/亿美元 | 下属主要公司 |
|---|---|---|---|
| Omnicom Group（宏盟） | 纽约 | 103.3 | BBDO（天联广告）、DDB（恒美环球）、TBWA（李岱艾）、OMD（浩腾媒体）、PHD、DAS、Interbrand、Ketchum、Fleishman-Hillard、Wolff Olins等 |
| Publicis Group（阳狮） | 巴黎 | 69.0 | 盛世长城、李奥贝纳、阳狮恒威、萨奇、实力媒体、星传媒体等 |
| Interpublic Group（IPG） | 纽约 | 52.6 | McCann（麦肯环球）、FCB（博达大桥）、Rushingbrand（灵狮广告）、优势麦肯、极致媒体等 |
| Dentsu Group（电通） | 东京 | 49.4 | 电通传媒、电通公关、Beacon Communications、360i、美库尔、麦利博文、凯络媒体、安索帕和安布思沛 |

注：2016年数据来自实力传播。

### 2.2.2 全媒体语境下的广告业

随着科学技术日新月异的发展，传播媒介的内涵也日渐丰富。微博、微信的诞生，社交媒体、自媒体的兴起，互联网对各行业的深层渗透，传统媒体的转型等，无不向我们显示着全媒体时代的到来。而与媒体结合甚是紧密的广告业更深受媒介变革的影响，广告业逐渐呈现出新的特点和状态。

**1. 技术变革引发传播形态变革**

技术与媒介是息息相关的。随着传播技术的革新，人类从原始的口语传播时代进入文字传播时代，再从印刷传播时代发展到电子传播时代，到现在的网络传播时代，经历了一个漫长而充满变数的过程。科学技术在不断革新，传播媒介也在不断变化。近年来，随着有线电视、卫星电视、计算机、数字技术的进步与发展，传播也呈现出数字化、超时空、受众空前广泛、传播信息极度丰富、传播迅速、交互性强等特征。总的来说，技术的变革引发了传播界的巨大革新。

全媒体是综合运用多种媒介表现形式，如文、图、声、光、电，全方位、立体化地展示传播内容，同时通过文字、声像、网络、通信等传播手段来传输的一种新的传播形态。近年来，全媒体聚焦了业界和学界的目光，在全球范围内掀起了一场传播的变革。

从媒介形态来看，全媒体整合了各类不同的传播媒介，形成了一种综合的媒介形态，包括报纸、广播、电视、网络、手机、户外视频、电子移动报纸等多种媒介，并且它不断兼容并蓄。互联网刚兴起时，BBS、博客等在网民中风靡；而当智能手机流行开来后，微信、微博、手机客户端又成为受众的新宠。

从媒体业务来看，全媒体表现为媒体组织重新架构报道模式与报道策略，即从原来的单一媒介、单一平台到现在的全媒体新闻中心——运用多种媒介手段和平台搭建的报道体系；传统新闻机构也开始建立多媒体数字技术平台及数字化传输网络，优化内部资源配置，开发全媒体产品。

从传播方式来看，随着全媒体进程的不断推进，传播系统更加复杂，传播方式也由大众传播走向窄播甚至是个播。为用户提供个性化服务、满足用户的个性化需求，成为全媒体时代媒体生存和发展的明智选择。

随着互联网用户规模的不断壮大,尤其是移动互联网用户群体的迅速崛起,互联网将在社会生产和生活中发挥越来越重要的作用。

**2. 传播形态变革推动广告业的变革**

在全媒体时代,随着以计算机技术和通信技术为代表的数字化浪潮的到来,互联网、云计算、物联网……这些日益革新的信息技术,推动着广告业进入了一个崭新的发展阶段。

首先,网络媒体与电子商务的出现,使得广告业减少了对传统媒体的依赖,开拓了新的发展方向。过去,传统媒体在广告业中占据着举足轻重的地位,虽然传统媒体对广告业营业额的提升起到了促进作用,但同时由于传统媒体在传播界的垄断地位,也限制了广告业的创新突破。而网络媒体无疑为广告业开辟了一片新的发展高地。网络媒体将信息传播平台与营销平台整合为一身,其与电子商务的结合不仅极大地丰富了广告信息传播的渠道,而且实现了营销与传播的统一,也使得广告传播效果的测量变得更具操作性。

其次,在全媒体时代,多元化、互动性的传播使得广告业需要向分众化、个性化的方向发展。当下的用户面对纷繁复杂的广告信息与琳琅满目的商品拥有更大的选择权,这时广告不能仅把用户看成传播对象,而应该认识到其面对的用户是一个个有独特需求的鲜明的个体。因此,针对受众的个性化需求提供商品和服务就显得尤为重要。全媒体给了广告一个很好的机会,一个发现用户需求与得到用户反馈的机会。过去,受限于传统大众媒体本身的传播特性和技术的短缺,广告主很难知道自己到底在与谁沟通,也很难得到精准及时的用户反馈,因此更多地倾向于表现艺术创意。如今,利用网络媒体,可以使广告代理公司从用户的个性需求出发,选择更有说服力的沟通方式,有针对性地与用户进行沟通、交流,并能够及时得到用户的反馈,不仅能通过科学的统计分析设计出经济可行的广告方案,还能及时调整自己的传播策略和整个营销计划。

最后,数据在广告业中占据越来越重要的地位,网络数字型的经营模式显示出强大的实力。广告业需要满足用户的个性化需求,也就是说,广告需要利用现有的客户需求,将其转化为实际交易。那么,如何才能发现当前的用户需求并锁定目标用户呢?答案就是行为数据。全样本采集和分析的大数据,其来源十分广泛,包括物联网、云端、移动互联网、PC、平板电脑、可穿戴设备等各种终端及传感器。这些终端既是广告信息来源地,也是广告信息推送目的地。这使得广告改变了传统的市场调查方式,转而借助 Cookies 和庞大的数据库系统,记录大量的用户信息,运用大数据技术搜集和分析用户在网络上留下的踪迹,从中精准地瞄准目标消费者,预测其消费需求和消费行为。这就是数据带给广告的巨大能量,而这也直接给广告产业链带来了新的变化。传统的广告产业链由广告主、广告公司、媒体和受众组成,如今广告公司在接受了广告主的业务委托后,通常会请专业的数据服务公司来帮助它们将数据变成有效的信息,以深入洞悉用户的兴趣和需求,把广告信息变成用户想要的信息。

在全媒体语境下,广告业自身发生了深刻的变革,无论是广告传播形态还是广告经营模式,都深受网络媒体的影响。虽然网络媒体给广告业的发展带来了新的机遇,但是在当下经济全球化、信息数字化、消费碎片化的时代,广告业仍面临着规模化、专业化不足的挑战。

## 2.2.3 世界广告业发展趋势

(1)传播媒体多样化,广告的形式推陈出新

随着科技的不断创新和人们思想观念的不断变化,广告传播媒介已经变得多种多样,任

何一种实体都可能成为广告传播的媒介。高新技术将进一步促进广告空间的扩大，广告媒介继续向多元化方向发展。即使一支独大的互联网广告，也正经历由传统互联网向移动互联网的演变，由门户时代、搜索时代向社区时代的发展，新的广告形式不断产生，网幅广告、文本链接广告、视频广告、Rich Media 广告、信息流广告，迭代更新频繁，广告形式多样化趋势明显。各种新技术、新工艺、新材料也不断被应用到广告中，使得广告的制作手段、制作工艺不断进步，广告制作更为专业，更具有视听效果，广告效果更趋显著。同时广告更新周期不断缩短，必须及时变换广告的表现形式，以保持新鲜感，吸引消费者。传统大众媒体依然保留一定影响力，广告的制作标新立异，努力使宣传与娱乐结合。

(2) 广告调查信息化，广告策划科学化，数据成为未来广告业的基础资源

广告调查是广告活动的先导，现代广告比以往任何时候都更加注重广告的效果测定和信息反馈，各种科学的调查方法和调查技术层出不穷。广告策划不仅为世界各国广告界所接受，而且已经形成了一种系统化的知识体系，是当代广告活动科学化、规范化的标志之一。信息化技术大规模应用，为开展更加有效的广告活动提供了科学依据。信息流广告、O2O广告、植入式广告、程序化购买及由其延伸的计算广告，都离不开数据的支撑。这些数据，不仅仅是与广告效果相关的数据，还包括用户数据、场景数据和内容数据。个人层面的态度、行为效果的测量和分析将成为广告效果评价的核心，人工智能技术将普遍和深度应用于广告业。

(3) 大数据和人工智能背景下的广告呈现出精准化、场景化、融合化的发展趋势

基于自动化系统（技术）和数据来进行广告投放的程序化购买逐步替代传统人工购买，极大地改善了广告购买的效率、规模和投放策略，促进了广告与用户的精准匹配。计算广告和计算广告学出现，其通过综合运用大规模搜索、文本分析、信息获取、统计模型、机器学习、实时计算等一系列互联网时代的大数据技术，实现语境、广告和消费者（用户）三者的最佳匹配，体现了广告业精准化的趋势。除电梯电视、电梯海报和影院视频等物理场景广告之外，信息流广告等虚拟场景广告也发展迅速，已成为微博、微信、QQ空间等社交媒体平台的基本组成部分，物理场景和虚拟场景相结合的 O2O 广告的爆发，凸显了广告的场景化趋势。融入电影、电视节目及在线视频等内容中的植入式广告及微信公众号软文广告的迅猛发展，使内容与广告更深层次融合，表现出融合化发展趋势。

(4) 广告服务趋于全方位化，广告经营泛市场化

由于大规模应用现代通信技术和计算机信息处理技术，广告活动朝着为广告主提供完善的信息服务方向发展。广告实施过程是一个完整的动态过程，广告公司为企业收集各种市场信息、分析消费趋势、提出产品开发意见并将产品推向市场，为企业提供形象策划，帮助企业进行决策分析，提供全面的咨询服务，这种全方位、立体化、综合化发展倾向的总体体现，就是广告活动的整体策划技术的普遍推广，广告公司、调查公司和公共关系公司逐渐出现了日益融合的趋势。在互联网时代，广告主、广告公司、广告媒体三重角色的界限趋向模糊，广告经营出现泛市场化的趋势。一波又一波新技术浪潮的到来促成了"去中介化"和"去渠道化"的趋势，使传统广告公司中间商价值日趋下降，传统媒体的注意力优势也丧失殆尽，传统广告公司在产业中曾经的专业核心地位难以为继。广告主本身就是广告公司，比如宝洁公司成立了内部创意团队，广告媒体本身就扮演广告公司的角色，如互联网企业集制作与发布于一身等越来越多。传统广告公司褪下光环不断调整，然而前方有互联网大鳄"去中介化"与广告主直接接触，后方有埃森哲、

普华永道、德勤等咨询公司纷纷开疆拓土发展广告业务,广告业的竞争演变为更激烈的泛市场化角逐,行业内洗牌进一步加剧。同时广告业的社会分工也越来越细,这也为那些小广告公司提供了生存的空间。

> **相关链接**
>
> **广告业进入巨大变革时期**
>
> 来自2018年全球广告行业收并购报告显示,全球广告收并购支出增长144%,达到330亿美元,科技公司是全球广告业的最大收购者。阿里巴巴因斥资22亿美元战略入股分众传媒及其控股方,广告收并购支出排名第二。阿里巴巴方面表示,将运用阿里新零售基础设施能力和大数据分析能力与分众传媒广泛的线下触达网络形成化学反应,为用户和商家带来全新体验和独特价值。咨询公司埃森哲则以收购了一系列中型广告代理商的举措在收并购排行榜上位列第五。
>
> 谷歌、Facebook、阿里巴巴合计超过互联网广告市场份额的60%,咨询公司正不断涉入广告行业,全球TOP15数字营销供应商排名中,占据前三位的并不是传统4A广告公司,而是埃森哲、IBM和德勤这些咨询公司。
>
> 全球最大的广告主宝洁公司一直在尝试新的广告代理模式,2017年将其全球范围合作的代理公司数量从6 000家砍到了2 500家,并计划继续砍到1 250家左右;尝试"开放式广告承包"(open-sourcing)和整合制作(pooling production)的形式,而不仅仅是单一的全案承包给某个广告集团;2018年成立了一家全新的广告创意代理公司,由多家不同广告公司的精选人才组成:Saatchi & Saatchi纽约分公司CEO领导着来自于与宝洁合作的各大广告控股集团(如WPP集团的Grey、宏盟媒体集团的Hearts & Science、Marina Maher Communications、李奥贝纳、阳狮集团的盛世长城等)的广告人才,他们仍挂着原广告公司的身份但只服务于宝洁公司。
>
> 传统4A广告公司2018年内部动作不断,业内一线老牌智威汤逊与数字营销公司伟门合并,共同成立了伟门汤普森;Y&R(扬罗必凯)与数字营销公司VML合并;奥美换下奥格威的手写体logo换上了更具现代感的新logo……传统广告公司彻底褪下光环,以大刀阔斧的改革来应对市场之变。

(5) 广告理论研究深入化,广告管理日益规范化

一方面,广告理论划分得越来越细,分支越来越多,另一方面,对广告学的研究也越来越综合化,广告学涉及的学科越来越多。多种学科的研究方法和理论被引入到广告学的分析之中,各类艺术形式也与广告进一步结合,一些新的广告理论不断被提出。信息流广告、O2O广告、原生广告等新名词层出不穷,程序化购买、计算广告(学)成为新的分支学科。各国政府通过立法管理等形式不断规范和约束广告经营者的行为,同时各国政府还设立专职的管理机构从事广告管理。各种行业性的广告组织也纷纷成立,通过行业自律方式对广告加强管理,从而达到规范广告行业使其健康发展的目的。

> **相关链接**
>
> **从传统的AIDMA法则到新媒体时代的AISAS模式**
>
> 在传统四大媒体阶段,广告采取的是由商家向消费者发布的B2C模式,遵循的是由

AIDA 法则发展而来的消费者行为学领域最成熟的理论模型之一——AIDMA 模型。然而，进入互联网新媒体阶段，由于互联网无可替代的信息整合与人际传播功能，所有的信息将在互联网聚合，并产生成倍的传播效果，以网络为聚合中心的跨媒体全传播体系随之诞生。随着互联网与移动应用爆发性的普及，信息发布由从前的 B2C 转化为 B2C2C，消费者不仅可以通过网络主动获取信息，还可以作为发布信息的主体，与更多的消费者分享信息。针对这种趋势，电通公司提出 CGM（consumer generated media，消费者发布型媒体）概念，例如个人 Blog 通过像 "Google AdSense" 这样的广告定向发布与利益共享机制，不断提高其作为广告媒体的功能。传播环境与消费者是营销过程中的一体两面。依据电通的接触点管理理论（contact point management），消费者因使用互联网及手机而产生的生活接触点，都将成为整合营销过程中不容忽视的传播媒介。电通公司针对互联网与无线应用时代消费者生活形态的变化，重构消费者行为模式，提出了一种全新的消费者行为分析模型——AISAS 模式：attention（注意）、interest（兴趣）、search（搜索）、action（行动）、share（分享）。

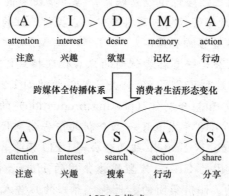

AISAS 模式

在 AISAS 模式中，有两个具备网络特质的 "S"——search（搜索）、share（分享），指出了互联网新媒体时代下搜索（search）和分享（share）的重要性，而不是一味地向用户进行单向的理念灌输，充分体现了互联网对人们生活方式和消费行为的影响与改变。

(6) 广告活动全球化，广告宣传国际化，国际广告合作进一步加强

广告的制作和宣传已经突破了地域的限制，互联网的发展为国际化提供了高效、廉价的媒体平台，出现了大量的国际广告活动，广告在世界范围内形成无国界扩张趋势。由于政治、法律、经济和文化背景的原因，国际广告面临着全新的课题。为了协调各国广告业的发展，国际广告界相继成立了各种行业性组织，开展各种国际合作活动，举办各种会议和展览，并经常举办各种培训班，促进了各国广告合作和交流。

## 2.3　中国广告发展概况

### 2.3.1　中华人民共和国成立前我国广告发展概况

中国是一个有着悠久历史的文明古国，中国的广告发展史既是世界广告史的组成部分，

也是中国社会历史发展的印证，经历了一个漫长而曲折的历程。

### 1. 我国古代的广告

早在公元前 3000 年前，中国就出现了以物易物的商品交换形式，《易·系辞》中有这样的记载："庖牺氏没，神农氏作，列廛于国，日中为市，致天下之民，聚天下之货，交易而退，各得其所。"这是我国最早的市场交易记录。

在交易过程中，人们把出售或交换的东西摆出来，或拿在手中，或悬挂在店铺门前，供人选择，正是在这种以物易物的交换中，最古老的广告——实物广告出现了。我国第一部诗歌总集《诗经》有许多记载，如《诗经·卫风·氓》："氓之蚩蚩，抱布贸丝，匪来贸丝，来即我谋。"

春秋时期，商贾独立成为一种行业后，广告的形式也有变化，走街串巷、沿途经商的商人，招徕顾客的方法主要是吆喝，于是出现了叫卖广告和音响广告。战国时屈原曾在《楚辞》中写道："师望在肆，昌何识？鼓刀扬声，后何喜？"这"鼓刀"和"扬声"便是音响广告和口头广告了。

在漫长的古代经济和商业活动中，广告的主要形式有以下几种：口头叫卖与实物陈列广告、音响广告、悬物广告与灯笼广告、旗帜广告、招牌与幌子、彩楼广告、印刷广告等。

### 2. 鸦片战争前后的近代广告

1840 年鸦片战争以后，帝国主义国家不断侵略中国，带来了鸦片和各类商品，也带来了西式的报馆和广告。至 19 世纪末，外国人来华创办的中外文报刊约有 200 余家，其中比较著名的中文报刊有《遐迩贯珍》《上海新报》《万国公报》《申报》《新闻报》等。《新闻报》创办于 1893 年，据《新闻报》30 周年纪念册载："近年广告几占篇幅十之六七"，又说"广告费的收入，每年几百万元。"

从 19 世纪 50 年代起，先是在香港，稍后是在广州、上海、汉口、福州等地也出现了中国人创办的最早的一批近代报刊：1858 年创刊于香港的《中外新报》，1874 年在香港创刊的《循环日报》，1884 年在广州创办的《述报》，《述报》每日出 4 页，第 4 版为广告、商业行情和轮船班期。报刊广告的出现和发展，标志着我国广告进入了现代阶段。

我国最早的橱窗广告是 1917 年 10 月 20 日开业的上海先施百货公司的橱窗陈列广告。1902 年开业的英美烟草公司，在上海的马路街头，遍设广告牌，大做烟草广告。摄影技术是 1850 年一名英国随军记者传入我国的。之后，许多人便把这一技术运用于广告活动。

从 19 世纪下半叶起专门从事广告经营活动的广告商也开始在我国出现。广告商是由报馆代理人演变而来的。1912 年上海出现的"合兴隆招牌店"专营招牌广告，1926 年上海成立的华商广告公司是我国最早的广告公司。

### 3. 五四运动后中国的现代广告

五四运动以后，中国的历史由近代转入现代，中国的广告事业也进入了一个新的时期。1923 年中国境内出现的第一个广播电台，节目中间插播广告，这是中国出现最早的广播广告。

20 世纪二三十年代，我国的报刊广告在走过初期的探索阶段后进入成熟时期，由于发行量不大，主要靠广告赚钱。1927 年，上海开始出现霓虹灯广告。公共汽车广告、杂志广告在当时也出现了。

随着商品广告的增多，广告公司也陆续出现。20 世纪 30 年代，上海有大小广告公司一二十家，天津、重庆也有大小不等的广告公司数十家。

随着广告业的发展，广告的研究和教学活动、广告书刊不断增多。1918年甘永龙编译的《广告须知》是较早的一部广告著作，1919年徐宝璜出版《新闻学》，1927年戈公振出版《中国报学史》，此后，《广告心理学》《新广告学》《广告与推销》等书也出版了不少。

1927年，上海有6家广告社组织成立了"中华广告公会"，这是中国最早的广告行业组织。

## 2.3.2 中华人民共和国成立后广告发展概况

1949年，中华人民共和国成立。中华人民共和国成立70多年来，我国的广告事业经历了一个曲折发展的过程。

### 1. 改革开放前的广告

中华人民共和国成立初期，成立了工商行政管理局，在广告业比较集中的上海、天津和重庆等地成立了相应的广告管理机构，并在全国相继成立了广告行业同业公会，对广告行业进行了整顿，发布了一批地方性的广告管理办法，解散了一批经营作风不正、业务混乱濒临破产的广告社。在这一段时间里，报纸、杂志、电台、路牌的商业广告业务依然很活跃，还举办过几次全国性展览会和国际博览会。

1953年，我国实行第一个五年计划并开展了对资本主义工商业的社会主义改造。在流通领域实行计划收购、计划供应和统购包销的政策，使广告公司的业务量骤减。同时，广告公司进行了大规模的改组，建立了国营广告公司。在当时，做广告的企业已经很少，报纸广告版面减少，一些城市的商业电台被取消，广播广告日益萎缩。

1958年"大跃进"开始，广告业严重受挫。1962年党中央提出"调整、巩固、充实、提高"八字方针，广告事业又有了一定的恢复和发展。

1966—1976年，广告被视为封资修、崇洋媚外的产物被打倒，广告活动基本处于停顿状态。

### 2. 改革开放后的广告

1978年12月，党中央召开了十一届三中全会，宣布全党把工作重心转移到经济建设上来，广告事业也随之出现了前所未有的发展局面，各地的广播、电视和报纸相继恢复广告业务，广告公司也相继成立。

> **相关链接**
>
> **1979年被称为新中国广告元年**
>
> 1979年1月4日，《天津日报》第三版刊登蓝天牙膏等广告，拉开了报纸广告的序幕；1月28日，上海电视台播出中国内地电视上第一条商业广告——上海药材公司的参桂补酒；3月15日，上海人民广播电台播发了全国第一条广播广告——春雷药性发乳；3月18日，上海电视台又播出了第一条外商广告——瑞士雷达表；4月15日，广东电视台正式设立"广告节目"。

在法规建设方面，1982年5月1日起实行的《广告管理暂行条例》是中华人民共和国成立以来第一个完整的广告管理法规；1987年12月1日，国务院命令全国施行新颁布的《广告管理条例》；1994年10月，第八届全国人民代表大会常务委员会第十次会议通过了《中华人民共和国广告法》，1995年2月1日正式实施。2015年4月24日第十二届全国人民代表大会常务委员会第十四次会议修订了《中华人民共和国广告法》，2015年9月1日施行，2018年10月26日第十三届全国人民代表大会常务委员会第六次会议修正。各种广告法规的颁布，为促进我国广告业的健康发展、保护消费者合理权益、维护社会主义市场经济秩序，提供了法律保障。

1981年，中国外贸广告协会成立；1983年，中国广告协会成立，该协会的成立有力地推动了我国广告业的迅速发展。广告公司从只能为客户提供简单的广告时间和版面买卖服务，逐渐转为以广告创意为中心，以全面策划为主导，提供全方位的优质服务。我国广告业从微弱的、无序的、自发的状态，逐步步入初具规模的、有序的、规范的发展阶段。

在广告教育和人才培养方面，自1983年厦门大学新闻传播系开办我国第一个广告学专业之后，各大院校相继开设了广告学专业或广告学有关课程，各种广告大专班、函授大专班和高、中级短期培训班也纷纷开办，迅速改变了1985年前广告工作者具有大专以上文化水平的人员所占的比例仅为13%的窘况。1993年，北京广播学院开始招收广告学硕士研究生，2000年开始招收博士研究生。出版界推出的广告新书越来越多，既有专论，也有系列丛书，外国广告论著译本也纷纷涌现。报刊方面，《广告人》《广告导报》（已停刊）等各有特点，《国际广告》（2010年改版为《国际品牌观察》）曾独领风骚。目前，《中国广告》《广告大观（理论版）》《现代广告》是中国最有影响力的三大全国性广告专业杂志。

40多年来，我国广告业取得了巨大成就。2019年，我国广告经营单位已增到163.31万家，广告从业人员593.51万人，广告营业额达8 674.28亿元，占GDP的0.88%，人均广告费达619.57元。1981—2019年，全国的广告经营额、广告经营单位、广告从业人员分别增长了7 350倍、1 360倍、365倍。表2-5展示了1981—2019年我国广告业的发展状况。

表2-5 1981—2019年我国广告业的发展状况

| 年份 | 广告经营额/亿元 | 广告费占GDP比重/% | 人均广告费/元 | 全国广告经营单位/万户 | 全国广告从业人员/万人 |
| --- | --- | --- | --- | --- | --- |
| 1981 | 1.18 | 0.024 | 0.117 | 0.12 | 1.62 |
| 1985 | 6.05 | 0.067 | 0.57 | 0.61 | 6.38 |
| 1990 | 25.02 | 0.135 | 2.19 | 1.11 | 13.20 |
| 1995 | 273.27 | 0.475 | 22.56 | 4.81 | 47.74 |
| 2000 | 712.66 | 0.808 | 56.23 | 7.07 | 64.11 |
| 2005 | 1 416.35 | 0.777 | 108.32 | 12.54 | 94.04 |
| 2010 | 2 340.51 | 0.588 | 174.50 | 24.34 | 148.05 |
| 2015 | 5 973.41 | 0.883 | 434.91 | 67.19 | 307.25 |
| 2016 | 6 489.13 | 0.872 | 469.31 | 87.51 | 390.04 |
| 2017 | 6 896.41 | 0.834 | 496.12 | 112.31 | 438.18 |
| 2018 | 7 991.48 | 0.887 | 572.71 | 137.59 | 558.23 |
| 2019 | 8 674.28 | 0.875 | 619.57 | 163.31 | 593.51 |

我国广告市场经历了20世纪80年代高速发展的成长期，90年代中后期低速发展的成熟期，在新世纪迅速进入变革期。近年来，我国广告业的发展呈现出以下特点。

① 广告主的市场营销费用在分流，广告费增长趋缓。在市场竞争越发激烈的情况下，市场营销的手段越来越多元化，过去主要投入在广告上的费用现在可能被公关、终端推广、业务咨询、互动营销等其他市场营销手段分解。

② 媒介朝多元化方向发展，并不断分化。传统四大媒体中除电视外，广播尤其是报纸、杂志均呈现下降趋势，互联网媒体凭借其多样的细分媒体形态、广泛的受众群体及丰富的广告形式日益受到广告主的青睐，成长迅速，继2015年超越长期一家独大的电视后，2016年一举超过了传统四大媒体广告经营额的总和，成为推动广告市场的最大力量。

③ 广告区域市场集中，向二、三线城市下沉趋势明显。多年来，北京、上海、广东3省市广告营业额占全国总营业额的一半左右，但最近几年份额持续下降，广告市场向二、三线城市下沉趋势明显，2015年江苏超越上海，2019年浙江超越上海，2019年排在前十地区的广告经营额占市场总额的88.37%。

④ 广告投放的品类格局稳定中有变化。广告投放前十大商品类别相对稳定，食品、房地产、汽车广告投放额多年来一直位居前列，化妆品及卫生用品、家用电器及电子产品排名基本保持稳定，信息传播、软件及信息技术服务、服装服饰及珠宝首饰排名上升，酒类，特别是药品排名下降。

⑤ 广告业务、从业人员构成发生较大变化。广告业务中设计、制作业务发展相对稳定，发布业务快速增长，代理业务增长趋缓甚至缩水；广告从业人员中创意设计人员增幅最为迅猛，表明了创意的重要性与代理业务渐衰的现实。在数字化、技术化大行其道的今天，程序化购买等技术的应用，一定程度上替代了媒体代理公司的部分工作，致使很多广告主无须依靠媒体代理公司就可以直接对接大量互联网媒体发布广告信息，因此依靠代理媒介资源生存的发展道路越加难走。创意设计人员的高增长，反映出市场对创意创新需求的增加，是媒介碎片化、信息碎片化和信息过载的必然反应。

⑥ 多种所有制成分并存分化，竞争不断加剧，趋向集团化、规模化、垄断化。私营、个体广告经营单位快速增长，居主体地位，2019年二者合计占比高达88.69%；国有、集体广告经营单位地位不断下降；外商投资企业已迅速成长为中国广告市场上的强势力量，在广告公司排名中占据前列。广告业内部不断掀起并购热潮，优势资源正在向大型广告公司集中，经营额的高度集中化趋势越发明显，广告行业朝着集团化、规模化、垄断化的方向发展。

⑦ 广告业态发生巨大变革，广告主、广告公司、广告媒体的界限趋向模糊，竞争泛市场化。一波又一波新技术浪潮的到来促成了"去中介化"和"去渠道化"的趋势，打破了传统广告业中广告主、广告公司及广告媒体分工明确、各司其职的作业链条，使传统广告公司中间商价值日趋下降，传统媒体的注意力优势也丧失殆尽，传统广告公司在产业中曾经的专业核心地位难以为继。未来广告主、广告公司、广告媒体的界限会更加模糊，广告主本身就是广告公司，广告媒体本身就扮演广告公司的角色，传统广告公司褪下光环不断调整，行业内洗牌进一步加剧。

## 思 考 题

1. 简述世界广告发展阶段及各阶段的标志和中心。
2. 简述世界广告业发展概况。
3. 简述全媒体时代传播形态变革如何推动广告业的变革。
4. 简述世界广告业发展趋势。
5. 试搜集最新资料和数据,分析我国广告业存在的问题。
6. 试以某国为例,研究广告费与国民经济的关系。

# 第3章 现代广告概述

**学习目标**
- 掌握现代广告活动的模式，了解现代广告的要素；
- 了解广告代理制的含义及其演变，广告主、广告公司和媒体的关系；
- 了解广告公司的类型，掌握选择广告公司的方法；
- 了解广告公司取酬方式，学会与广告公司处理好关系。

## 引言

### 广告公司的诞生

伏而尼·帕尔默是美国人，1841年，他突发奇想在费城开办了一家公司，专门为客户购买报纸广告版面。他自称"报纸广告代理人"，这还是报纸业兴起以来第一位从事此项工作的人。

当然，他不会白白出力，而是从广告费用中抽取25%作为酬金。这不会引起客户不满，因为不管他们请不请代理人，都会付同样的价格做广告，而且一旦聘请帕尔默做代理，他们就只管付钱，其他事务完全交给帕尔默就可以了。这样一来，厂家或个人大为省心。他还通过对各种报纸资料的汇集，向广告主提供无偿的咨询服务，然后对广告费做出估价。因此，业务开展以后，不少厂家或者个人寻上门来，请他代理广告业务。这令帕尔默大为高兴，他每天穿梭在客户和报社之间，工作非常积极。

然而，25%的酬金由报社从广告费中支付，引起报业不满。一开始，他们认为帕尔默只管联系客户，既不负责广告文字又不做设计工作，收取25%的酬金太多了，影响了他们的收入。当时，不少人这样评价帕尔默：妄想发财狂。所以，只有少数几家发行量不大的报社抱着试一试的态度跟他合作。

帕尔默没有因此灰心，而是坚持不懈地努力着。他说："这是一个新行业，终有一天，人们会看到它的魅力的。"果然，一段时间下来，情况令所有人大为震惊：那些与他合作的报纸发行量大大提高，而且由于广告增多，收入也明显增加。这一结果引起报业极大关注，他们纷纷寻找原因，一致认为这是帕尔默的功劳，是广告促进了报纸本身的效益。于是，报业改变以前的态度，主动与帕尔默合作。

1845年，短短4年时间，帕尔默已经成为美国非常有名的报纸广告代理人，他相继在波士顿、纽约开办了广告分公司，极大地促进了美国广告业的发展。到1860年，美国已有30多家广告公司为4 000多种出版物代理广告了。

现在人们一致认为，伏而尼·帕尔默开办的第一家广告代理公司标志着广告代理业的诞生，帕尔默的手续费制也一直延续至今。在他的影响下，美国广告代理业务发展迅速。1865年，乔治·路威尔在波士顿成立了广告批发代理公司——路威尔广告事务所（这成为一个划时代的广告代理事件）。他分别与100家报社合作，向广告主出售他们的版面，付给报社现金时回扣50%，从此创立了佣金制度。这种出卖版面的业务大获成功，成为今天广告公司的前身。1869年，路威尔发行美国新闻年鉴，公开发表全美5 411家报纸和加拿大367家报纸的估计发行份数，从此对于版面价值有了评价的标准。广告代理公司也脱离报社的代表身份，第一次获得了独立存在的地位。

1869年，F.W.艾尔和他的父亲N.W.艾尔在美国费城建立了艾尔父子广告公司，它具有了现代广告公司的基本特征，经营重点从单纯为报纸推销版面转为为客户提供多种服务。他们以客户为中心，向报社讨价还价，为广告主制订广告计划，从市场调查入手，协助企业开辟市场，还为客户撰写文案、设计与制作广告、测定广告效果，工作深入全面，大受客户欢迎。1870年为尼克尔斯·西博德公司制作了广告宣传专用资料，这是市场调查的开始。1876年，艾尔父子广告公司还采用公开订立合同的制度，与客户建立起更加紧密的联系。从此，广告商与企业营销紧密联结起来，并使广告起到了行销商品的先驱作用。随着报刊广告代理业的兴起，其他媒体的广告代理业也应运而生。

从广告公司的诞生和发展，我们认识到一个新问题，这就是在广告传播活动中，广告公司是否必要？广告的要素有哪些？广告代理中广告公司处于什么位置？它与广告主是什么关系？

## 3.1 现代广告活动的模式和要素

### 3.1.1 现代广告活动的模式

随着广告经营业的发展，广告主进行广告活动可以有3种模式，如图3-1所示。

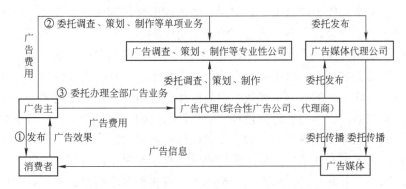

图3-1 现代广告主进行广告活动的3种模式

**1. 自实施模式**

自实施模式是指广告主直接向消费者发布广告信息，即广告主自行设计、自行创作一些较为简单的广告，如企业产品目录、新产品介绍、企业简介等印刷物广告，并直接邮寄或散发给消费者，或设立一些简单的户外广告。

在传统四大媒体阶段，自实施模式的广告活动相对比较少，规模也比较小。一是因为这种模式的广告水平较低、效果较差；二是根据规定，广告主不能直接通过传统大众媒体向消费者发布广告信息（分类广告除外），从而极大地限制了自实施模式的广告活动。

进入互联网新媒体阶段，随着社交网站、微博、微信、博客、播客、网络论坛等社交媒体（social media）的兴起，个人、企业都可以成为内容创造者，形成拥有独立用户号的自媒体（we media），如个人、企业网站、微博、微信公众号等，广告主可不依赖传统大众媒体而利用社交媒体、自媒体发布广告，广告主主宰内容和互动，信息发布实时，自实施模式的广告活动越来越多，而且现代信息技术提供了形式多样、表现丰富的制作手段，一些广告主大量招揽广告专业人才，自实施模式的广告也具有了比较高的广告水准。

2. 自组织模式

自组织模式是指由广告主自己完成或委托广告调查、策划、制作等专业性的广告公司分别完成广告调查、策划、制作等广告活动，然后委托专业媒体代理公司通过广告媒体把广告信息传播给消费者。自组织模式广告主处于主导地位，一般由广告主的广告部门组织完成。

一般而言，自组织模式广告活动的质量比自实施模式要好，尤其是在广告制作方面。进入互联网新媒体阶段，为了提高自主性，同时保证广告制作水平，越来越多的广告主开始采用自组织模式。

3. 委托代理模式

广告主将广告活动委托给广告代理，由广告代理完成全部广告活动。其运作步骤为：首先，广告主的广告部门或专职人员，根据企业的市场营销计划，特别是目标市场，做出初步的广告预算，然后将具体的广告策划委托给广告代理去做；其次，广告代理在接受广告主的说明、意图后，首先要为广告主进行广告市场调查，然后进行广告总体策划，包括创作方案、媒体选择、发布计划、确定广告费用预算，再选择媒体发布广告信息，最后还要为广告主进行广告效果的调查，提供反馈信息。

广告代理一般是综合性广告公司，可以为广告主提供全程代理服务。综合性广告公司有时也将其中的有些工作，如市场调查、广告效果测评、广告制作等委托给其他专门的市场调研公司或广告制作公司去做。广告代理也可以是广告代理商，广告代理商一般不具体完成某项广告业务，而是全权代表广告主，负责广告的组织监督，具体业务委托专业性的广告公司完成。这样就形成了广告业各种广告公司的分工协作关系。

广告媒体一般只接受广告代理已完成的广告，而不直接面向广告主。

在市场经济发达的国家，由于商品经济、科学技术、信息传播业等的发展和竞争日趋激烈，广告业自然形成了合理的分工和效率很高的经营体制，而且分工越来越细，现代化程度越来越高。广告主的广告部门、广告代理、市场调研机构、制作公司、广告审查（管理）机构、广告媒体相互依存、互为补充，为广告主提供高质量的广告服务。因此，在广告活动程序中，广告代理处于中心环节，广告的质量或效果直接取决于广告代理的工作。委托代理模式这种有机的密不可分的广告活动程序，构成了广告服务网络的良性循环，使广告宣传有序地进行，保证了广告的宣传效果，是一种比较理想的模式。

在传统四大媒体阶段，委托代理模式成为现代广告活动的主体和主要模式，但进入互联网新媒体阶段，委托代理模式的地位受到削弱，但广告主在传统大众媒体上发布广告基本上仍是采用委托代理模式，在新媒体上发布高水平的广告一般也采用委托代理模式。

从以上的分析看，无论广告活动由谁组织实施，确定广告目标、广告费用预算、广告调查、广告策划、广告制作、广告发布、广告效果评估是现代广告活动必不可少的程序。

## 3.1.2 现代广告的要素

> **相关链接**
>
> **传播过程的 5W 模式**
>
> 1948年，美国著名传播学者拉斯韦尔首先提出"5W模式"，他是传播学史上第一位提出传播过程模式的学者。他在《传播在社会中的结构与功能》的论文中，首次提出了构成传播过程的5种基本要素，并按照一定的结构顺序将它们排列，后人称之为"5W模式"或"拉斯韦尔模式"，这5个W分别是英语中5个疑问代词的第一个字母，即who（谁），says what（说了什么），in which channel（通过什么渠道），to whom（向谁说），with what effect（有什么效果）。
>
>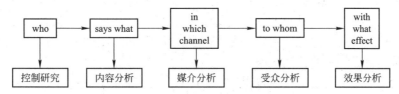
>
> 传播过程的5个基本要素
>
> 5W模式的提出在传播学史上具有重要意义，为人们理解传播过程的结构和特性提供了具体的出发点。整个广告活动宣传推广的过程完全体现了传播过程中的5W模式。后来大众传播学研究的五大领域：控制研究、内容分析、媒介分析、受众分析和效果分析，就是沿着5W模式的这条思路形成的。

根据拉斯韦尔提出的传播5要素理论，构成一则广告的基本要素可划分为七大项。广告七要素之间是相互制约的，这种联系构成了广告活动中的基本框架，如图3-2所示。

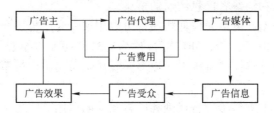

图3-2 广告构成要素框架图

**1. 广告主**

广告主是进行广告活动的主体，它通常是指付费购买媒体的版面或时间发布广告的企业，也可以是通过媒体发布广告的各种法人、团体或个人。正是由于广告主的存在，才产生了广告系统的其他要素。广告主是广告系统得以存在和发展的原始动力。由于广告主通常是通过广告公司代理广告业务的，所以广告主又称为广告客户，是指广告主是广告公司的客户。

在现代广告活动中，广告主的数量多寡和行为的活跃与否，直接关系着广告系统的生命力。事实表明，凡是广告主队伍庞大、广告竞争激烈的国家和地区，一定是市场经济发达、经济活跃的国家和地区，广告系统也是健康活跃的。

### 2. 广告代理

广告代理是指在广告经营过程中，代理广告客户广告业务的一种专业性广告组织，一般包括广告公司、制作公司、调查公司等，是专门从事广告代理、策划、设计的企业，它是在充分了解广告客户的要求之后，在充分发挥自己主观能动性的基础上，创造性地进行策划和形象、文案设计。

广告代理亦是现代广告系统结构的主体要素之一，与广告主一起构成了广告的主体要素。因为广告主虽然是活动的起点，但它只是以服务对象的身份提出自己的服务要求，至于广告以什么计划和什么形式发布，能够取得什么经济效益和社会效果，广告主是处于相对被动地位的。在现代广告系统中，只有广告代理处于核心和支配地位，它决定着广告的性质、特点和形式，决定着广告的最终效果。所以广告代理的状况决定着广告系统的状况。

广告代理在广告活动中最容易丧失主体性。因为广告业是服务性行业，从开拓发展业务的角度来讲，让广告客户满意地接受是最基本的。但是广告效果并不是在策划设计过程中，甚至也不是在发布以后马上就可以显示检验出来的。所以，客户赞同与否无形中就成了唯一的尺度。广告代理从经营的目的出发，轻易放弃自己较好的创意而屈从客户要求的情况屡见不鲜。广告代理在策划创意过程中放弃自我越多，就越不容易创作出成功的有独特风格的广告，最终影响到自己经营的长远效益。

因此，成功的广告应是广告主体要素——广告主与广告代理的高度统一。

广告代理主要是指广告公司，广告公司是广告代理的主体。为了不引起混淆，下文中出现的广告公司就是指广告代理。

### 3. 广告媒体

广告媒体是指传播广告信息的媒介物，例如报纸、电视、互联网等是广告传播的手段。

广告设计与制作出来以后并没有结束广告的全过程，广告如果不通过一定的方式向市场的消费者传达、显示其中的信息，便是一堆毫无意义的死东西，广告的生命就在于传播和流动。因此，广告媒介是不可或缺的要素。在广告系统中，广告媒介经营单位（即广告媒体）与广告代理、市场和消费者发生密切联系，广告主与广告媒体的联系是通过广告代理来实现的。广告媒体是广告主和消费者信息沟通的桥梁。

广告媒介有很多类型，可以说任何物质都可以用来作为广告媒介。一般地，广告媒体以大众媒体为主，电视、报纸、杂志和广播被称为广告的四大传统媒体。要有效利用广告媒体，必须在分析不同媒体特性的基础上，以多种媒体组合实施广告策略。

### 4. 广告费用

广告费用是指广告主支付给广告代理和广告媒体的费用。广告是一种有价的信息传播活动，一个广告主，若想占用广播或电视的播放时间或者使用报纸、杂志的印刷版面，都必须支付一定的费用购买其使用权，方可进行广告宣传。没有广告费用的支出，就没有广告的存在。因此，广告费用是开展广告活动最起码的保证，也是广告最具特色的特征，它使广告的商业性质更加突出，也使广告主、广告代理和广告媒体之间，因费用的存在而形成一种相互制约的经济关系。这种关系使三者之间达成一种合理的运行机制。

### 5. 广告信息

广告信息是指广告所要传达的具体内容，是广告的内涵要素，广告能否达到说服的目的，关键在于广告信息。广告信息包括两个基本方面。

① 实体内涵。是指广告主所要传达的主要内容，包括商品信息、服务信息、观念信息

等。实体内涵具有信息量大、准确性高的特点。实体内涵经过广告的宣传，重点突出，有助于消费者记忆，是消费行为的指导性资料。

② 形象内涵。是指经过广告主和广告商观念加工后的商业形象信息，如商品的造型、色彩，赋予商品的种种人格化、人性化特点，情感或观念象征特征，商品的某种附加值。形象内涵信息的感染力、说服力最强，个性突出，激发人的想象力，能调动人的情感，有助于强化商品与消费者之间的关系。

实体内涵和形象内涵成为对立统一的两个矛盾方面，实体内涵是广告内容的基础，它具有科学性，需要搜集、分析、对比、鉴别、验证才能明确，形象内涵则是广告内容的最富个性的创造，具有较高的艺术性，需要通过比喻、联想才能发现。一般来说，实体内涵是先行确定的、客观的，而形象内涵则是后来主观固定的。一种实体内涵存在从多个方面延伸艺术构思，产生不同形象内涵的可能性。反过来，形象内涵一经捕捉到了，实体内涵又因此而重新筛选、集中、强化，最后达到形象内涵与实体内涵的有机结合。

### 6. 广告受众

广告受众是指广告信息的接收者，它是广告活动的终点所在，也是广告进行劝说的主要对象。广告并非人们想象的那样，只是"笼统地漫无目的地把信息播放到大众市场上"，广告必须针对企业营销的目标市场进行有效劝说，才能取得预期的效果。因此，在广告活动中，对广告受众的分析是非常重要的。广告主、广告代理和广告媒体都会想方设法地打动广告受众。一般在策划广告活动时，首先要找出广告针对的目标市场，然后寻找联结目标市场的最佳传播媒体和传播方式，最后再针对这些特定对象的心理特征、消费习惯、消费能力等因素进行广告内容的创意，实施有针对性的广告策略，以期引起广告接收者的热烈反应。这是现代广告的一个基本要求。

### 7. 广告效果

广告效果是指广告信息传播后所引起的社会公众各种心理影响及行为变化的总和。它包括广告的经济效果、心理效果、社会效果等。广告效果一般要通过调查评估等手段获得，必须根据广告的目标来衡量广告效果。

### 相关链接

#### 广告效果 Bedell 模型

美国广告咨询专家 Clyde Bedell 在分析广告效果影响因素的基础上提出了一个复合表达式，以此来说明广告效果是若干相关因素综合作用的结果，称之为 Bedell 模型。

Bedell 认为，广告效果（advertising effectiveness，AE）可以看作是广告主题定位（proposition，P）、广告（advertising，Ad）本身的传播效果及广告之外营销因素（influence outside the Ad.，IOTA）综合作用的结果。因此，他提出了一个简式来表达这种因果关系：$AE = P_{3A} \cdot Ad \cdot IOTA$。

$$AE \begin{cases} P_{3A} \text{中的} 3A \begin{cases} \text{item appeal（产品本质魅力）} \\ \text{value appeal（物美价廉）} \\ \text{name appeal（品牌魅力）} \end{cases} \\ Ad \begin{cases} \text{II (interest impact，趣味性)} \\ \text{PP (persuasive power，说服力)} \\ \text{CQ (communication quality，传播内容)} \end{cases} \\ IOTA \begin{cases} \text{TF (timing factor，广告时机)} \\ \text{FT (follow through，广告之后的销售策略)} \\ \text{S/D (stimulants/depressants，相关的强化或抑制因素)} \end{cases} \end{cases}$$

Bedell 模型

进一步分析，广告主题又取决于产品品质、价格及品牌 3 个因素；广告本身的效果受其趣味性、说服力及传播内容 3 个因素的影响；而其他营销因素包括广告时机的把握、广告之后的销售策略及其他相关强化或抑制作用等。因此上述表达式可以细化为：AE＝$P_{3A}$·(II·PP·CQ)·(TF·FT·S/D)。

Bedell 把这些因素都用乘积关系加以表述，着重说明各因素不可缺少的相互强化关系。其实，所有这些因素对广告效果的影响在实际中是极其复杂的非线性关系。因此，确切地表述，应该用回归模型（模拟的函数关系式），即把广告效果看作是这 3 个复合因素的函数 AE＝$f(P, A, I)$。其中，每个复合因素又是若干因素的函数 $P=P(i, v, n)$，$A=A(i', p, c)$，$I=I(t, f, s)$。

在此基础上，可以引申出三大类型的广告理论，即广告定位理论、广告传播理论和广告营销理论。

## 3.2　广告代理制度和广告公司选择

### 3.2.1　广告代理制度

**1. 广告代理制的含义及性质**

广告代理制是目前发达国家广告业的通行做法，实行广告代理制也是一个国家广告业成熟或发达的主要标志。

所谓广告代理制，是指广告主把自己的广告业务全部或部分委托给广告代理来代理运作的一种商业模式。广告代理机构就是广告公司，所以广告业也称广告代理业（advertising agency）。广告公司业务最明显的特征是代理，即接受委托、提供服务。

广告代理具有双重代理的性质：一方面，广告公司全面代理广告主的各项广告活动，即客户代理。在广告代理制度下，广告主必须委托有广告代理权的广告公司代理其广告业务，不得与广告媒体单位直接联系发布广告（分类广告除外），这样可以有效地保证广告主的广告投入的效益。另一方面，广告公司又代理媒体的广告时间与广告版面的销售，为媒体承揽广告业务，即媒体代理。也就是说，媒体单位不能直接面对广告主承揽广告的发布、设计和制作等业务，这些活动都应该归属于广告公司的业务范围。

**2. 广告代理制的历史演变**

广告代理制度是伴随着广告经营活动的规模扩大和专业化分工而自然形成的制度安排，其间经历了版面销售经纪、专业技术服务和全面广告代理 3 个前后继起但并非完全替代的发展阶段。

广告代理制的雏形在 19 世纪初期就已形成。当时广告媒体主要是已相当大众化的报刊，一些报人或与报业有关的人士为了替报刊招揽广告生意，逐渐形成专事代理业务的专业化公司，广告公司便以"版面推销商"（space seller）或"版面捐客"（space broker）的形式应运而生。这些公司当时的主要代理业务，就是充当媒体的中介或代表，进行简单的版面销售，以买卖差价获取佣金收入，俗称"白版"（white space）服务，即为报社卖出一块空白的版面。这样既省去了媒体招揽广告的事务，为媒体确保了广告生意，又为广告主提供了方便，节省了交易费用。这一时期，也称为媒体服务时期或版面经纪人时代，主要业务活动是为媒体拉广告，出售报纸的版面。广告代理业经历了从媒体中分离到逐渐独立、为一家媒体服务到为多家媒体服务、从推销版面到经营批发版面的业务上的转变。广告公司扮演的是"媒体掮客"的角色。

随着广告日趋大众化、广告业务日益频繁及广告活动规模不断扩大，仅以报社业务代理者的身份推销"白版"的广告代理已不能满足广告客户的市场需求，于是以面向广告主、主要提供所谓"黑版"（black space）（即广告制作）服务的广告代理组织便应运而生，并逐渐取代白版代理，成为广告代理的主流。这样，广告公司经营的出发点就由为媒体推广版面，转变为主要向客户提供技术服务。比如为广告客户制订广告传播计划、设计与制作广告作品、从事有关广告商品的市场调查以及开展其他的服务项目等。广告界实行的"一种行业由一个公司代理"（one trade one agency system）和"一种商品由一个公司代理"（one product one agency system）的制度就是在这一时期形成的，这一制度是从保护广告主的利益出发的，树立了为广告主服务的观念。这一时期被称为为广告主服务时期或技术服务时代。

到20世纪五六十年代的所谓"营销导向时代"，以及其后的所谓"生活导向"时代，企业需要能够提供市场调查、产品策划、广告创作和效果研究等全方位服务。广告代理业逐渐成为能够提供多种服务的综合性机构，广告代理业务渐次扩展到营销所有领域。由专业性服务向为企业市场营销战略进行综合性服务扩展，不仅仅做广告，而且参与制定产品开发、销售和流通战略，帮助筹划大型文化活动及公共关系活动等。全面代理成为现代广告业的最主要特征，所以这一时期又称为全面服务时期。

1990年，美国的罗伯特·E.劳特朋在《广告时代》上提出以消费者为中心的新的市场营销观念，即4C，菲利普·科特勒在《市场营销管理》1994年版中予以引用，从而被广泛流传和应用，广告活动由此进入信息传播代理业时期。广告代理业进入了一个所谓的"新广告"（new advertising）时代，也可以称为整合传播时期。

**3. 广告代理制的基本运作机制**

现代意义上的广告代理制，就是广告主委托广告公司实施广告宣传计划，广告媒体通过广告公司承揽广告发布业务，广告公司居于中间为广告主和广告媒体实现双向、全面代理业务的一种制度安排。

广告代理制要求媒体不直接向企业承揽广告业务，而是通过广告公司这个桥梁来联系广告主和媒体，广告公司为广告主提供广告创意、制作、策划、购买等服务，并赚取佣金。在广告代理制中，广告公司可凭借其专业化分工的独特业务优势，向广告主提供全方位、立体化的服务。其主要经营理念是：以策划为主导、以市场调查为基础、以创意为中心、以媒体选择和媒体组合为实施手段、以促进客户营销为对象（目标）和主要任务。广告代理制的实施，理顺了广告主、广告公司、媒体之间的关系，有力地推动了广告业的发展，是广告经营现代化的标志，是国际通行的一种先进广告经营机制。

实行广告代理制，最大的受益者是广告主。对于广告主来说，实行代理制有利于减少企业成本开支，精简人员、机构；还可以借助广告公司的专业经营经验和技能，提高广告促销效果；同时也有利于在广告宣传中更好地"定位"，避免主观随意性，保证客观公正地树立其品牌形象。特别是现代企业的广告活动往往是一个涉及调查、策划、设计、制作、发布的营销系统工程，一些大中型企业的广告活动往往以整合营销传播运动的形式出现，这是企业本身所不能力及的；而专业广告公司具有全面的信息、知识和经验，凭借其人才、设备，能够帮助企业在广告宣传中更好地定位，还可以发挥其规模经济优势，提高资源利用率，从而保证广告宣传的效果。

对于媒体，实行代理制既可以解除广告设计创作负担，使其更好地做好自己的传播业务；又有利于减少商业运作和信用风险，降低业务成本；还能够更好地履行公众传媒功能，接受社会公众的业务监督。媒体通过广告公司承揽广告业务，不必直接面向极度分散的广告主，也不必承担广告设计与制作任务，从而减轻了从事广告业务的工作任务和成本。同时，媒体刊播广告的费用，由广告公司负责支付，媒体不必逐个对广告主进行信用审查，从而减少了商业信用方面的呆坏账风险。而且，在规范的代理制中，并不存在媒体与广告公司争夺客户的问题，因为所有的广告最终都是要通过媒体发布的，媒体直接与广告主交易也不能得到更多好处，这样媒体只要集中精力履行其社会职责、办好节目以赢得更多观众，就能获得更大的广告经营收益。

在规范的广告代理制下，广告主、广告公司和媒体是三位一体、合作博弈的关系。只有在三者之间形成共鸣、支持、默契的信赖关系，紧密合作，才能达成互惠互利的多赢局面，如图 3-3 所示。

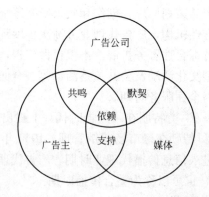

图 3-3　广告代理制中广告主、广告公司和媒体的合作博弈关系

**4. 广告代理制的类型**

国际上比较流行的广告代理制，可分为两大类型：西方模式，以美国为代表，实行"商品细分"的广告代理制；东方模式，以日本为代表，实行"媒体细分"的广告代理制。

商品细分的广告代理制，又称"一商品一客户"的广告代理制度，是指广告代理公司在同一种竞争性商品中只接受一个客户，对客户所委托的商品广告营销传播业务全权负责。这样，某一家公司生产几十种产品，为该公司提供服务的广告代理就有好多家；每家广告代理以同自己原有的客户不冲突的商品去接受广告代理，而且对所负责的商品不仅提供广告制作与宣传，还要参与商品销售计划、流通促销渠道设计和市场信息调查等全盘性的营销传播服务。

而日本的广告代理公司，传统上与媒体相互拥有股权，因此主要是以承揽与推销媒体为主，通常是数家广告代理对同一客户提供的服务是以媒体细分来分担。例如，按报纸类别分，《朝日新闻》《读卖新闻》属于甲代理商，《每日新闻》《产经新闻》属于乙代理商；以电视台分，A 电视台系列属于丙代理商，B 电视台系列属于丁代理商。这样，以媒体为中心，某一客户或某商品有好几家广告代理分别提供不同媒体广告服务；广告代理最关心的是属于自己掌握的媒体如何才能被广告客户大量地采用，而对于全盘性的市场营销服务自然不大关心。

与日本媒体细分制相比，商品细分广告代理制的最大优势是广告客户、广告代理与媒体三者共存共荣。

① 一家广告代理不能同时接受两家相互竞争商品的客户，这样有利于保守商业秘密；广告代理所拥有的客户相互间不冲突，因此可借用彼此经验对客户提供全过程的一致性服务，将最好的创意提供给唯一的商品客户。

② 广告代理在确定广告市场营销策略时，会与广告客户站在同一立场上考虑问题；如果广告代理的服务不能令客户满意，广告客户可解除契约，寻找新的广告代理；广告代理为了不被解除契约，会全力为广告商品开展各项广告促销活动，从而提高广告效果和效益。

③ 广告代理与广告客户的关系依契约而存在，从而在广告代理之间，因相互竞争的激励机制而提高广告服务品质；广告代理因自己负责的商品销售增加而获得更多的利益，广告客户也会因其服务良好而扩大其商品代理的范围。

可见，商品细分广告代理制度是较为有效、合理与合乎国际惯例的做法。

## 3.2.2 广告公司的类型和选择

### 1. 广告公司的类型

广告公司的分类方法有很多，根据职能，可分为全面服务型广告公司和专业服务型广告公司；根据所属关系，可分为独立型广告公司、媒体专属型广告公司、广告主专属型广告公司；根据规模，可分为大型广告公司、中小型广告公司；根据所有制性质，可分为国有或国营广告公司、外资或合资广告公司、私有或股份制广告公司；根据国家，可分为本土广告公司和跨国广告公司。本书主要介绍的是第一种分类。

（1）全面服务型广告公司

即综合性广告公司，它提供全方位的广告服务和非广告服务。广告服务包括广告策划、广告创意、广告制作、市场调查和媒体选择等；非广告服务包括从包装到公关、协助广告主制作销售推广材料、撰写年度报告、准备交易展会及销售培训材料等，范围非常广泛。随着整合营销传播的日益普及，很多全面服务型广告公司都在向整合营销传播代理方面发展。所以，全面代理是综合性广告公司的重要特征。综合性广告公司是广告经营业的主要企业形式，在数量上是少数，但在经营额中占大部分，其经营水平和专业水平是反映一个地区、一个国家广告发展程度的重要标志之一。

（2）专业服务型广告公司

即专业性广告公司，是指只做某一类广告或只提供某一类广告服务或只经营广告活动的某一部分的企业。专业性广告公司是广告发展后分工的产物，它为广告总体水平的进一步提高打下了基础。

① 广告调查公司。即专为广告主提供有关广告活动信息的公司。目前我国很多咨询机构和调查公司内也设有专门的广告调查部门。广告调查公司由于总是处于"第三者"位置，所以可以客观地提供有关广告的各类信息，有利于正确地进行广告决策。

② 广告策划类公司。即专门为广告主进行广告及营销策划和提供有关咨询的公司。这类公司善于为企业的自主性企划出谋划策，并熟知其他传播代理商的长处及短处，从而能为企业选择代理商做出正确决策。它与众多"下线"公司保持良好的关系，能按客户的整合传播要求，临时"整合"下线公司，满足客户的需求。

③ 创意公司。创意公司一般侧重于创意概念的开发、文案和广告表现艺术的服务。广告主可以利用这种公司，在信息主题或独立广告中注入更多的创意。另外，还有一种独立创意服务，广告客户可以聘用一些高级创意人员，以兼职或单个项目的形式，开展业务合作。许多创意工作人员也在他们的业余时间做一些自由职业性质的创意工作。

④ 广告设计、制作公司。即主要为广告主提供广告表现设计、制作的公司。这类公司一般具有较强的设计、制作力量，包括一些美术公司、摄影公司、装潢公司等，它们只负责广告的设计、创作和制作，而不负责广告的策划和发布，只收取制作费用。

⑤ 媒体购买公司。这是专门为广告公司和广告主购买广告时间或空间的一种独立的组织。由于媒体形式的日益丰富，媒体购买成了一项日益复杂的工作。广告公司或广告主可以将实际购买时间和空间的任务交给媒体购买公司，它们只承担媒体发布的战略策划工作。由于媒体购买公司购买的媒体数量多，所以常常可以拿到价格低得多的媒体时段或广告位置。媒体购买公司还可以利用与媒体的特殊利益关系，为广告主做一般广告公司做不到的事，比如在广告发布前的最后一分钟替广告主安排广告。

⑥ 互动广告公司。互动广告公司能协助广告主开展新媒体（如网络、手机、互动电视等）上的传播活动。这些新型广告公司拥有许多传统的全面服务公司所没有的专业人才和专家，还拥有由专业人才维护的文档服务器，这些服务器掌管着与客户的互动传播活动，为客户建立数据库，供客户使用。

⑦ 特定广告代理公司。这类公司一般以特定的广告业务为中心，提供有关服务内容，如房地产广告公司、公共交通广告公司、地铁广告公司、户外广告公司等。由于这些公司在客户源、运作经验、各类资源等方面颇有优势，因此在广告市场上占有一席之地。

**2. 选择广告公司应考虑的因素**

① 广告公司的类型。不同的广告公司，提供的服务范围均有很大的差别。广告主要根据本企业外委广告业务的范围，在预算允许的范围内选择相适应的广告公司。

② 广告公司的资信。无论什么样的广告公司，都要对其资信加以考察，要事先充分调查其服务能力、企业信用、实际业绩。一个合适的广告公司不仅要业务优秀，而且能为广告主保守商业秘密，可以长期信赖。另外，对广告公司的注册资本、年经营额也应清楚。

③ 广告公司的能力。主要包括：广告策划的能力、创意与制作能力、与媒体协调的能力、调研能力。

④ 广告公司主管代理人的能力和天赋。对于广告主来说，能否充分利用广告公司的潜在能力，关键要看主管代理人的天赋与组织协调能力。

⑤ 竞争性原则。即广告主决不要请自己的竞争对手所委托的广告公司来代理自己的广告业务。在德国、美国的企业界都非常强调"一种商品由一个广告公司代理"和"一个行业由一个广告公司代理"的原则。

⑥ 对广告主商品的熟悉情况。广告公司越是熟悉所做广告的商品，各项服务工作越是得心应手，则越省时省钱。在竞争原则下，广告主可以根据广告公司所拥有的客户情况进行选择，看其是否具有为本企业服务的经验。

⑦ 广告公司的地理位置。广告公司与客户的关系要求双方经常保持沟通，因此广告公司距离本企业的地理位置不能太远，即所谓近距离原则。通常选择大城市和交通便利的广告公司较有利。

⑧ 对于国际广告来说，熟悉当地的文化风俗习惯、市场需求、法律规定等是极其重要的。因此选择在国外市场有分公司的广告公司对有国际业务的广告主来说无疑是有利的。

根据以上因素在确定了相关选择标准后，选择广告公司可以借鉴德国企业常用的一种具体的选择方法，即"10-5-2-1法"。

> **相关链接**
>
> **德国企业常用的选择广告公司的方法——"10-5-2-1法"**

（1）"10"

广告主先预选10家广告公司。

① 预选。企业可以整理出一份广告公司名单，按选择标准逐一分析它们的资信、规模、服务范围等，从中挑选出10家。

② 信函联系。给预选中的10家广告公司发函：简单告知本企业的基本情况；要求代理广告业务的范围、目的；征询广告公司对合作的意向；对有意向的广告公司要求它们提出书面的申请，并附上它们所具备代理广告业务的条件及简要的设想和工作计划。

（2）"5"

根据预选的10家广告公司的反馈信息，对其态度、条件进行审查，从中挑选出5家广告公司。

① 继续信函联系。再次给选中的5家广告公司发函，向它们详细介绍本企业的情况，包括企业的经营现状、经营计划、经营目标及广告目标等信息。

② 走访。对这5家广告公司分别走访，目的是熟悉并了解以下内容：广告公司内部的组织机构、工作方法及与之协作的媒体和其他广告公司；广告公司的客户名单；抽样查阅广告公司以前的广告代理案例；听取广告公司内部各部门，特别是广告主管代理人对本企业所提要求的看法与建议等。

（3）"2"

再从上述5家广告公司中选取2家较满意的代理，并付给它们一定的费用，要求这两家广告公司为本企业提供一份书面报告，其内容包括：为解决本企业问题的广告策划方案；与本企业的协作方式；为实施方案而必需的广告费用预算（包括代理费在内）；或者将预先设计的试验性广告项目提供给各候选公司，在规定的时间内开展一场广告设计竞赛。

（4）"1"

根据上述2个广告公司的报告，最后选定1家广告公司为本企业正式代理广告业务。为了慎重，可先进行小范围的广告业务合作，进一步签订长期的和全面的广告代理合同。

"10-5-2-1法"选择广告公司的全过程要求在6～8周内完成，只要每一步都认真实施，一定能找到较为理想的伙伴。

## 3.2.3 广告公司取酬方式和关系处理

### 1. 广告公司取酬方式

广告公司在代理广告业务时采取什么样的计费方法，是广告公司和客户谈判的焦点问题，这直接涉及双方的利益。一般来说，广告公司可采取的计费方法有以下几种。

(1) 代理费制

又称佣金制，一般是指广告公司为广告主向广告媒体部门订购媒体时间与空间，从媒体部门取得特定比例的佣金的收费制度。

① 固定（标准）佣金制。各国一般都有法律规定，多为15％。实际上，一般广告公司均采取先扣除从媒体方面应得的佣金后，再支付给媒体公司的方式，因此是按广告主实际缴纳媒体费用的17.65％（15％/85％）得到广告代理费用。代理费制度有利于稳定广告公司与广告主的关系，广告主可灵活应用广告公司的全部资源。但代理费制一直受到广告主和广告公司的质疑。一方面，广告主认为广告公司的收入过高，广告公司的提案通常不是为广告主考虑，而是从广告公司的自身利益出发；另一方面，由于媒体购买工作从广告公司的业务中分离出来，广告公司面临利润减少的经营危机。目前采用传统代理费方式的广告主和广告公司已越来越少，而且代理费的比例也大大下降，甚至出现了"0代理"的现象。

② 协商佣金制。即针对一些媒体费用较高的广告业务，广告主和广告公司协商确定一个小于15％的佣金比率。按照协定的比率，广告公司应把差额部分返回给广告主。

(2) 加价费制

即广告公司在从其他公司那里购买来的各种服务上，加上一个百分比的加价。一般地，广告公司会把美术、插图、拍摄、印刷、调查及制作委托给其他公司，然后再按客户同意的条件，在这些服务费上加上加价费。国外通行外购服务加价费的比例一般为17.65％～20％。

(3) 服务费制

又称实费制，一般可以分为以下几类。

① 固定服务费。这是指广告主与广告公司共同认可的，由广告主按预定年工作量或者按某个项目，确定付给广告公司一定数量的酬金。由于存在众多变量，意料之外的事情时有发生，因此这种制度容易导致双方关系的破裂。

② 计时服务费。广告主和广告公司以小时为计价单位，商定不同服务的费用。计时费既可以各部门的平均工资来决定，也可根据双方认可的某种计时费率来决定。

③ 菜单式收费。即对于一些可明确的服务项目，明码标价，以菜单的形式提供给客户，由它们自己选择。

在实际执行中，服务费制还有各种各样不同的方法。服务费制虽然在操作上比较麻烦，但可避免佣金制的许多缺点，使买卖双方感觉公平合理。服务费制适用于广告主的核心要求不是媒体购买，而是创意、促销等工作，工作内容单一，工作计划是短期的情况下。

(4) 成果回报制

即将广告公司的报酬与双方预先商定的特定目标的完成情况绑在一起。在成果回报制度中，广告公司可以按销售水平的实际情况来获得报酬，如销售额提成制。当然，衡量成果的指标不仅包括营业额，还有品牌认知度和品牌识别度或品牌特征等。成果回报制很大程度地推动了广告公司的积极性，困难在于找出一个双方都接受的公平、公正的标准。

广告公司取酬方式可以单独采用以上某种方式，也可以综合采用。美国在20世纪90年代中期以后，服务费制取代代理费制成为主体，成果回报制也发展很快。

**2. 广告主如何与广告公司处理好关系**

广告主要想使其广告顺利实施并获得预期效果，除了要慎重地选择优秀的广告公司之外，还要与后者保持良好的关系。

① 确保企业负责与广告公司联络的行政人员具备相当的广告知识。
② 应当将广告公司看成是营销的左右臂，能够随时将有价值的情报提供给广告公司予以参考，要开诚布公，彼此交换意见。
③ 在获得广告公司服务时，应知如何对广告公司付款，而且最好能按照规定给付。
④ 不要将广告公司视为仆役。
⑤ 不要经常与广告公司举行不必要的会议，也不要经常要求改稿，更不要派许多人员与广告公司接洽，以免人多口杂，难有定论。
⑥ 不要滥用特权，将本身创作上或媒体方面的意见施加在广告公司头上，这样会使广告公司变得唯唯诺诺，不敢有所建议。
⑦ 不要干涉广告公司的人事。
⑧ 对广告公司的服务感到不满，而想结束彼此关系时，不可操之过急。
⑨ 要信任广告公司，可能广告公司并非营销专家，但在创作或媒体等方面却有专长，应当让它们尽量发挥专长。

## 思 考 题

1. 广告主进行广告活动的模式有哪些？
2. 广告构成七要素是什么？
3. 为什么广告代理在广告活动中最容易丧失主体性？
4. 广告代理制经历了哪 3 个前后继起但并非完全替代的发展阶段？
5. 广告代理制有哪两大类型？各自有何特点？
6. 广告公司有哪几种？如何选择广告公司？
7. 广告公司取酬方式有哪些？如何处理好与广告公司的关系？

# 运 作 篇

第4章　广告策划
第5章　广告调查
第6章　广告创意原理与方法
第7章　广告主题与广告定位
第8章　广告表现策略
第9章　广告文案创作
第10章　广告设计与制作
第11章　广告媒体策略
第12章　广告效果测评

# 第4章 广告策划

**学习目标**

- 理解广告策划的概念、性质和作用，了解广告策划的类型和构成要素，了解广告策划的内容和程序；
- 了解广告决策、广告战略和广告策略的概念、特点，学会广告机会分析方法，学会广告目标确定的方法；
- 理解广告计划的概念和特点，了解制订广告计划的步骤，了解广告计划书的格式和要求；
- 理解广告预算的意义、内容和影响因素，学会广告预算的方法和分配，了解广告预算书的格式。

## 引言

### 对广告策划的认识误区

在许多人的脑海里，广告不过是一幅电视画面、一篇广播词、一则文字说明，或者一种图文并茂的立体招牌。一些广告公司和广告客户也把广告看作是一种简单的信息发布活动。在开展活动时，仅仅设计、制作出一则广告作品就算大功告成。他们不进行广告调查，不拟订广告战略，不制订广告计划，只凭着艺术细胞进行广告创作。这是一种狭隘的、落后的广告观念。

那么，进行广告活动是否需要策划呢？有人认为"广告是写出来的，是文人的事"；"广告是画出来的，是画匠的事"；"广告是制出来的，是美工的事"；"广告是吹出来的，是新闻媒体的事"，因此无须策划，只需要创作。这是一种很普遍的看法，尤其是国内许多企业，在开展广告活动时愿意花几十万元、几百万元，甚至上千万元的费用，聘请影、视、体明星，却不愿在广告策划人员身上花一分钱。

还有人认为，策划是一种出智慧、出点子的工作，这项工作神秘莫测、高不可攀，非一般人所能为，与其花钱、费时费力，不如退避三舍，弃而舍之。

这些现象表明，许多人对广告策划的重要性还认识不足，对广告策划的真正内涵缺乏正确的了解，如果这一问题不解决，必将直接影响我国广告水平的提高和广告事业的发展。

## 4.1 广告策划及其程序

现代广告活动已从过去的单纯向大众传递商品、服务信息的推销活动，发展为具有明确目标性、强烈竞争性和高超艺术性的整体战略活动。只有对广告运作的前、中、后期展开周密的思考和系统的策划，才能获得理想的广告宣传效果。

### 4.1.1 广告策划的概念、类型

#### 1. 广告策划的概念

所谓"策划"，乃"策画"也，含有计谋、谋划、计划、筹划、打算等多种含义。策划是一种纯智力的活动，是对一个较为复杂的行为过程所做的思维性的"预言"和"彩排"。究其意义，可理解为"根据所希望的目标，订立具体可行的计划，谋求使目标成为事实"。

广告策划是一个现代概念。广告策划思想并不是与广告活动同时产生的，它是商品经济高速发展的必然产物，是现代广告活动规范化、科学化的主要标志之一。

所谓广告策划，就是广告人通过周密的市场调查和系统的分析，对未来时期的整体广告活动进行系统筹划和谋略性安排，从而合理有效地控制广告活动的进程，以实现广告目标的活动。

广告策划实质上是一个不断进行广告决策的过程，不同层次的广告决策形成广告战略和广告策略，广告战略和广告策略是广告策划的结果和实施指南，广告战略对广告策略的制定具有指导作用。广告策划、广告决策和广告战略、广告策略的关系可以用图4-1来表示。

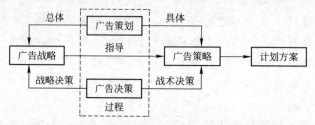

图4-1　广告策划、广告决策和广告战略、广告策略的关系

广告策划所要解决的任务包括广告的目标、广告对象、广告计划、广告策略等，也就是要解决广告"对谁说，说什么，如何说，说的效果如何"等一系列重大问题，使广告能"准确、独特、及时、有效、经济"地传播信息，提高广告活动的效果。

一个完整的广告策划，包括策划主体、策划代理、策划依据、策划手段、策划对象、策划实施和策划成果七大要素。广告策划的七大要素相互影响、相互制约，构成一个完整、系统的有机体系。

#### 2. 广告策划的类型

广告策划按其涵盖企业广告活动的范围可分为单项广告策划和整体广告策划；按其涵盖的活动区域可分为地区性广告策划、全国性广告策划和国际广告策划；按其服务的对象的特点可分为生产企业广告策划、流通企业广告策划、金融企业广告策划和服务企业广告策划，以及食品药品广告策划、家用电器广告策划、酒店旅游广告策划、房地产广告策划和新产品广

告策划等。不同类型的广告策划具有不同的特点和要求。随着整合营销传播的更加深入和广泛运用，整体广告策划越来越多地被企业和广告公司所运用，为综合的信息交流服务。无论是哪一种广告策划，都是一项极其复杂的综合性的系统工程，都是在深入调查的基础上，结合市场、企业、商品、消费者和媒体状况创造出来的智力成果。

## 4.1.2 广告策划的特性和意义

### 1. 广告策划的特性

① 目的性。广告策划必须明确选择本次广告活动的主要目标。广告策划目标的明确性是保证广告策划顺利进行的关键所在，也是评价广告效果的基本依据。

② 科学性。这首先表现在广告策划要遵循一定的程序，还表现在广告策划是一个多学科知识交叉融合的过程。

③ 整体性。一方面，广告策划要服务于整个营销系统；另一方面，它自身又包含了多个环节和多项内容。广告策划的整体性要求首先要保持广告策略与营销系统的一致性，其次是保持广告活动自身的整体一致性。

④ 创造性。一个成功的广告是建立在策划者的创意能力和非常规想象基础之上的，缺少创造性的广告策划，充其量是一个广告计划。

⑤ 动态性。虽然说广告战略策划必须具有相对的稳定性，但广告战术策划必须具有强烈的适应性，具有一定的弹性和灵活性。一个成功的广告策划是依据市场变化而变化的策划，而不可能是永恒不变的策划。

⑥ 效益性。广告策划是以追求效益为目的的活动。任何广告活动都讲求投入产出，讲求实际效果，这是广告策划的根本目的所在。

⑦ 可行性。不具有可行性的策划方案，不管是怎样新颖独特，都只能是异想天开的纸上谈兵，毫无实用价值可言。因此，广告策划必须具有能够付诸行动的计划和在市场活动中便于操作的方法。

⑧ 预见性。要能比较准确地把握广告投入后可能发生的情况，预测到广告传播后可能产生的效果。

### 2. 广告策划的意义和作用

广告策划是现代广告与现代管理科学相结合的产物。它把现代管理技术与现代广告活动的多样性、复杂性、系统性和定量化要求结合起来，使现代广告真正成为一门学科。广告策划的意义和作用主要表现在以下几个方面。

① 广告策划使广告真正成为企业战略计划的有机部分。企业要在竞争中取胜，必须重视和制订一整套行之有效的战略计划。企业经营管理中的任何行动，都应看成是实现战略的一部分。广告是企业营销中的一个重要组成部分，只有对企业广告活动进行整合规划，才能将其最终统一到企业战略计划的框架中。

② 广告策划使广告成为更加有效的商品促销手段。广告策划使广告能以最适当的内容，在最合适的时机，以最恰当的方式，最准确地送达事先确定的目标市场，从而最大限度地发挥广告的说服效果。没有经过策划的广告，或者偏离中心，或者无的放矢，或者与商品销售脱节，很难充分发挥广告对商品的促销作用。

③ 广告策划是现代企业成功推出新产品和创立名牌产品的基本手段之一。通过精心安排、错落有致、循序渐进的广告宣传与诱导，企业人为设计的良好形象才能在众多消费者的心目中有

效地形成,也才能确立一项产品、一个品牌甚至一个企业在市场中的理想位置。没有出色的广告策划,任何一个良好的产品形象、品牌形象或者企业形象的建立都是不可能的。

④ 广告策划是实现企业广告整体优化,杜绝和减少无效、低效广告,提高广告效益的有效途径。

⑤ 广告策划是广告经营者提高整体服务水平和竞争实力的重要途径。

### 4.1.3 广告策划的程序

广告策划的程序是指广告策划工作应遵循的方法和步骤,是为了使广告策划顺利进行和保证广告策划的成功而对广告策划工作自身提出的方法和原则要求。一般来说,广告策划可以依次分为4个阶段,即调查分析阶段、决策计划阶段、执行实施阶段和评价总结阶段,每个阶段又可细分为不同的步骤(见图4-2)。

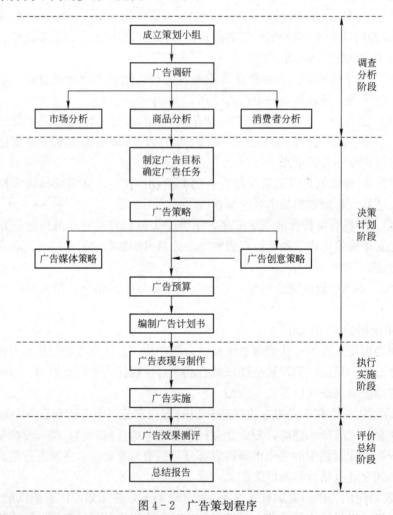

图4-2 广告策划程序

**1. 调查分析阶段**

这一阶段主要是进行市场调查与分析,收集有关信息和资料,在此基础上才能有针对性地制定出广告战略和广告策略。

① 成立广告策划小组。广告策划工作需要集合各方面的人员进行集体决策,因此首先

要成立一个广告策划小组,具体负责广告策划工作。小组成员一般包括:业务主管、策划人员、文案创作员、美术设计指导、美术设计员、摄影员、市场研究分析员、市场调查人员、媒体联络员、公共关系人员、心理学研究员等。其中业务主管、策划人员和美术设计人员三者是中坚力量。

### 相关链接

#### 广告公司的 AE

AE 是英文 account executive 的缩略语,一般译为"业务主管"或"业务经理""客户主管"或"客户经理""品牌服务人员"。AE 在公司的作业流程中是代表客户利益,并实施广告公司与客户之间沟通工作的专业人才。AE 的工作大致可以分为两个方面,即在公司内部"代表广告客户",传达广告客户的意图、想法,及时反馈客户的意见及修改提案,从客户的利益出发,参与创意提案和广告实施,建立客户档案,包括项目资料、客户会议记录、客户反馈意见等,与公司内部沟通、协调资源、分派工作、监督进程等;在广告客户面前"代表公司",与客户进行谈判、联络,向客户传达公司对市场营销和广告活动的想法,提供客户需要的市场信息,提交和解释提案,签订合同、收款等,确保公司的利益。一个真正的AE,并不像"拉业务"的业务员那么简单,他要熟悉销售、市调、企划、设计、制作、媒体等方面的专业知识,也要有一定的人际关系处理能力。好的 AE 不仅有利于广告公司与客户保持良好的关系状态,而且对提高业务质量和发展新的业务也很有帮助。

② 进行商品分析。由专案策划小组,将广告主所委托的商品,就其生产过程、品质成分、包装、售价、分销渠道、消费对象、市场占有率等进行细致研究。

③ 进行市场分析。由专案策划小组针对市场中各类品牌的同类商品,分别就其生产、品质成分、包装、价格、分销渠道、消费对象、市场占有率、广告费用、广告策略等进行调查研究,并和广告主所委托的商品详加比较。

④ 进行消费者分析。收集市场上与广告商品有关的消费者的行为特点,如人们喜欢哪种商品、在什么时候购买、人们如何使用商品、购买的频率等,在心理学研究人员的帮助下,分析消费者购买动机和心理。

⑤ 写出市场调研报告。在以上调查结束后,必须对所得资料进行统计与分析,并写出市场调研报告,为后续的广告决策提供依据。

**2. 决策计划阶段**

这一阶段,主要是对广告活动的整体过程和具体环节进行战略和策略的决策及计划。

① 进行广告战略决策。着重解决以下 4 个方面的问题。

- 制定广告目标。这是整个广告策划中最关键的部分。它确定了广告活动的基本方向和指导方针(对于如何制定广告目标,将在 4.2 节详细论述)。
- 确定广告目标受众。即广告将要向谁说。只有确定了广告受众,才能根据受众的特点选择恰当的诉求主题、恰当的广告表现形式及恰当的媒体组合。
- 确定商品竞争对象。市场同类商品较多时,绝不宜在初期便以所有同类商品为竞争对象,应分为几个层次,逐步挑战。当然,如果广告主有压倒性的优势,也未必不可。
- 确定销售地区。在上述三点确定以后,就应确定是进行全面性的促销还是区域性的促销、地域推广扩展的方式如何选择等。确定销售地区可以使广告计划编拟得更精确。

② 制定实现广告战略的具体广告策略。包括广告主题策划、广告创意策略、广告媒体策略。

③ 编制广告预算。根据上述安排，详细编制一切广告费用。费用编排时，应力求精细，并要求做到表格化。同时广告费用总额需做到与广告主规定的预算总额大致相符，原则上以达到后者的95%为宜，余下5%的预算可列为临时所需之用。

④ 编写广告计划。专案策划小组的案头研究工作至此已告完成。应将研讨的一切结论，由负责的策划人员，编写成完整的广告计划。

### 3. 执行实施阶段

这一阶段主要执行并实施广告决策与计划。广告计划经批准后，即可进行广告的设计与制作，制成广告作品，并对广告作品进行事前测定与评价，然后定稿并按计划发布。

① 决定广告表现。在这一步骤里，要进行广告文案、广告构图、广告色彩的设计和表现。

② 进行广告制作。广告制作是整个广告创作的后期工程，广告制作的结束也就是广告作品的完成。制作水平的高低直接影响广告效果。不同的媒体对广告制作的要求是不一样的。

③ 正式推出广告。根据广告目标，明确广告发布的地区、时间、媒体组合等，将广告正式文本提交媒体单位，正式推出广告。

### 4. 评价总结阶段

这一阶段，主要是对广告发布后的传播效果和促销效果进行评估。

① 征集广告信息反馈，测定广告效果。

② 总结广告运动经验，写出总结报告。

## 4.2 广告机会分析和广告目标确定

### 4.2.1 广告机会分析

#### 1. 广告机会与广告机会分析

商品分析、市场分析、消费者分析既是广告策划的一个环节，又是广告策划的基础。分析的目的之一就是发现广告机会。所谓广告机会，是指在一定条件下，应用某一广告手段或者实施某项广告活动，达成广告目标的程度或可能性。所谓广告机会分析，就是通过对广告机会的开发、分析、评估和筛选，为广告目标的确定、行动方案的拟订和广告策划提供依据与资料的过程。广告机会分析不仅是广告策划依据的重要来源，而且能为广告策划提供充分的可供选择的广告机会，因而是广告策划的一个十分重要而又不可缺少的步骤。从某种意义上讲，广告策划也是对经过评估、筛选的广告机会进行比较、选择和优化、组合的过程。因此，广告机会分析又是广告策划的基础性方法之一。

#### 2. 广告机会的来源

广告机会的来源是多方面的，它可以来源于与广告活动相关的几乎一切因素。广告机会的开发通常就是从经过选择的广告相关因素入手。从广告机会的来源上看，广告机会主要可以分为以下几种类型

① 基于服务对象的广告机会，即服务对象广告机会。这是广告机会的一个重要的和基本的来源。广告的服务对象，可以是一个企业，也可以是企业的产品，或者是企业与企业产品的某种结合体。企业广告机会可以来源于企业的优势资源、规模状况、组织形态、信用等级、获奖情况及企业声望、企业历史和有可靠依据的企业规划设想等。对这些因素的独特之处的巧妙运用，都有可能改变消费者对企业及其产品的态度，以及对购买行为产生重要影响。产品广告机会的来源主要包括产品的质量、价格、特色、功效、特性及消费者因购买产品而能给其带来的利益、效用和产品的附加利益等。

② 基于广告媒体的广告机会，即媒体广告机会。广告媒体是广告信息的载体和传播渠道，它对于广告效果的实现具有重要影响。广告媒体的支持性、先进性、时效性、限制性、灵活性及费用水平等方面的差异，都可能形成不同的广告机会。一般来说，传统媒体具有可靠的传播对象、传播范围和传播效果，合理选择可以为增强和实现广告效果提供可靠的支持和保证。新媒体往往以其新颖性、先进性或定向传播性，给广告信息的传播提供更有针对性和更富有效果的支持。此外，新媒体还常常具有对广告信息的限制性小、灵活性强及费用水平低的特点，从而形成有利的广告机会。

③ 基于产品用户的广告机会，即用户广告机会。企业产品的潜在消费者或用户，对产品的质量、性能、款式、特色、价格等的要求，对产品品牌的接受、偏爱与认同和对企业声誉与信誉的需要，均可能成为很好的广告机会。现代市场经济的发展是以市场需求为动力的，市场需求越强烈、越紧迫，则适合这种需求的产品或企业的广告信息就越易于引起用户的注意，企业的产品也就越容易被消费者或用户所接受，从而产生良好的广告效果。

④ 基于时间的广告机会，即时间广告机会。消费者对商品信息的需求，从认识商品开始，到接受商品、购买和使用商品，在时间上是有一定规律的。例如，某个季节到来之前，是换季商品信息传播的良机；节假日前夕，是传播节日商品信息和诱导购买的最好时机；新产品上市之前，集中传播有关新产品的信息，可以有效地刺激需求和诱发购买欲望；抢在竞争对手之前发布广告信息，并造成一定声势，可以充分利用先入为主的心理占位规律，不费分文地增强广告效果等。

⑤ 基于竞争对手的广告机会，即竞争广告机会。竞争对手抢先发布广告，亦可提供后发制人的广告机会。例如，竞争对手广告的新奇之处，可以启发广告创作人员的广告创作灵感，使之后来居上；竞争对手广告的缺陷，可以引起广告策划、创作及制作人员的警觉，使广告尽善尽美；而竞争对手企业或产品的弱点或不足之处，则往往是进攻型广告取胜的大好良机。

## 4.2.2 广告目标确定

### 1. 广告目标的概念和作用

广告目标是指广告活动在总体上要达到什么目的。它是广告策划的总体要求和广告策划中各项活动的中心，规定着广告活动的总任务，决定着广告活动的行动、发展方向及广告计划如何进行。确定广告目标是广告策划中最重要的步骤之一。

**相关链接**

**广告活动目标管理与广告扩散传播理论**

CS（communication spectra），意为扩散传播，CS 理论是与 AIDMA 相关的广告传播理

论。与后者不同的是，它关注的焦点不是受众的接收反应，而是传播者的目标管理。CS理论认为，广告信息传播如同"光谱"（spectra），呈扩散状。一个新产品进入市场后，广告目标是分阶段循序渐进的。首先是认知阶段，要让消费者知道广告主和商品名称；其次是理解阶段，给消费者更多关于商品功能、用途的信息，使他们理解有关商品特性；然后是确信和刺激欲求阶段；最后，在购买行动阶段，广告应以促销为主要目标。根据此理论，广告传播者应分阶段设定广告目标，对广告活动进行目标管理（management by objective）。

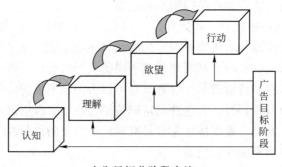

广告目标分阶段实施

　　广告目标的确定是唯一一个必须完全由广告主独立做出的决策。广告目标是广告主对广告活动提出的总要求，规定了广告应取得的效果。广告主要想对广告活动实施行之有效的科学管理，必须事先确定广告活动的目标。如果没有具体有效的广告目标，企业就不可能对广告活动进行有效的决策、指导和监督，也无法对广告活动的质量与效果进行评价，广告管理就会成为一句空话。如果缺少了这一环节，不仅使整个广告活动丧失了决策的准则、协调的宗旨和评价的依据，而且会使广告主失去对广告活动管理和控制的主人地位。

　　广告目标是为实现营销目标服务的，而营销目标是为实现企业目标服务的，广告目标应该以营销目标和企业目标为基础，并服从或服务于营销目标和企业目标。因此，在制定了营销目标后，广告策划者必须善于将营销目标转化为广告目标，或制定出有助于实现营销目标的广告目标。

**2. 广告目标的类型**

　　不同的企业在不同时期由于其经营目标、竞争环境、营销手段、广告任务等方面的不同，会确定各种不同类型的广告目标。广告目标可以根据不同的标准进行分类。

　　① 按内容进行分类，广告目标可以分为商品销售目标、企业形象目标和观念目标。

　　② 按营销策略进行分类，广告目标可以分为创牌广告目标、保牌广告目标和竞争广告目标。

　　③ 按功能进行分类，广告目标可以分为告知性目标、说服性目标和提醒性目标。

　　广告目标的类型是多种多样的，以上类型并不能反映全部的广告目标，各个企业应根据自身的需求来确定广告目标。况且，在一段时间内广告主可能希望通过广告活动解决多种问题，以获得更好的效果。因此，广告主确定的目标不是一种，而是多种。在这种目标多元化的情况下，必须要分清主次。哪些是主要目标，哪些是次要目标，哪些是近期目标，哪些是长远目标，都应有明确规定。

#### 3. 广告目标确定的影响因素

确定广告目标需要系统地分析与广告目标有关的因素。

① 企业经营战略。不同的经营战略应设定不同的广告目标。因为企业在不同经营战略的指导下，各个经营环节的营销策略和目标也是不同的，从而直接影响到广告在企业经营活动的作用，影响到广告目标的设定。如果经营战略是长期渗透战略，那么广告目标就要有长期目标和为了实现长期目标而制定的各相应阶段的短期目标，采用持久的广告手段和多种广告形式宣传企业和产品形象。企业的营销目标如果是吸引新顾客，那么广告的目标就应该是让新顾客了解本品牌产品有何独特之处，能向他们提供什么利益，以促成试购。

② 商品供求状况。广告商品处于的供求状况不同，企业设定的广告目标也应有所不同。在商品供不应求状况下，消费者通常对商品充满了信任和好感，一般将广告目标设定为保牌广告目标或企业形象广告目标，进而带动企业系列商品的销售。在商品供过于求状况下，企业应首先分析商品滞销的原因，再设定适宜的广告目标，而且还应该看到，商品的供过于求问题的解决并不是广告都能办到的。在商品供求平衡状况下，企业可将广告目标设定为创牌广告目标和保牌广告目标。

③ 商品生命周期。在商品生命周期的不同阶段，广告目标也有所不同。商品处于导入期，广告目标是认知或改变习惯；商品处于成长期，广告的目标是扩大认识，增强购买信心，促进商品销售；商品进入成熟期，广告目标是增强购买习惯或维持偏好，或巩固品牌或企业形象，或者培养消费者对系列商品的接受感；当商品进入衰退期或处于成熟期末期时，广告目标则是延长商品市场寿命或减缓商品衰退的速度。

④ 市场环境。不同的市场环境下，广告目标不同。处在纯粹垄断市场情况下，一般是不需要做广告的。处在寡头垄断市场情况下，广告作为非价格竞争的手段，广告目标应围绕品牌定位而确定。处在垄断性竞争市场情况下，市场定位空间大，广告目标主要放在提高企业或产品知名度上。处在纯粹竞争市场情况下，人员推销占重要位置，广告目标可定在辅助推销上。

#### 4. 广告目标的确定方式

出于实现企业目标或市场销售目标的实际需要，或者由于某些客观因素的限制，企业往往以某项内容为主来确定企业的广告目标体系，由此形成了以下3种不同的广告目标确定方式。

① 以企业产品销售额为主来确定广告目标。在某些情况下，企业可以根据产品的销售情况（产品的销售量或销售额）来确定广告目标。但这种确定方式的采用必须建立在广告是促进产品销售增加的唯一因素或者至少是唯一主要因素的基础上。这种确定方式虽然简便易行，但由于上述原因，只适合于部分情况下对广告目标的确定。

② 以消费者的购买与消费行为为主来确定广告目标。按照消费者的购买与消费行为，购买者可以分为试用者人数（即至少试用该品牌产品一次以上的消费者人数）、试用后对该产品满意或者不满意的人数及满意程度不同的各类人数等。以消费者的购买与消费行为为主确定广告目标，通常应以购买者中的试用者人数为主来确定广告目标。

③ 以用户与企业或企业产品的沟通效果来确定广告目标。以沟通效果来确定广告目标，就是以消费者对企业或者企业产品的知名度、接受与偏爱程度或者其他心理效果来作为确定与评价广告效果的依据。这种目标确定方式，对注重长远发展和对于企业产品及其品牌充满自信的企业来说，常常是重要的和可取的目标确定方式。

### 5. 广告目标的确定方法

在广告目标的确定方法中比较系统、著名的，并且应用较为广泛的主要有两种，即为衡量广告效果而确定广告目标法和连续性广告策划程序法。

**（1）为衡量广告效果而确定广告目标法**

即 DAGMAR 方法（defining advertising goals for measured advertising results），由美国广告学家罗素·赫·科利（Russell H. Colley）1961 年提出，就是从可以衡量的广告效果出发，拟定某个特定时间序列的系列广告目标，然后在实施过程中的若干时点上，将广告效果测定结果同广告目标加以对比。

> **相关链接**
>
> **DAGMAR 方法的理论基础及其改进**
>
> 罗素·赫·科利主张用广告传播效果作为广告目标及测定广告、衡量广告是否合理的基础，提议采用"商业传播"的四阶段理论去研究、分析消费者在知觉、态度或行动上的改变，从而实现广告最后说服消费者去行动的目标。该理论的 4 个阶段是：①知名（awareness），即消费者首先一定要知道某品牌或公司的存在。②了解（comprehension），即消费者一定要了解这个产品是什么，能给他带来什么利益。③信服（conviction），即消费者一定要达到某一心理倾向并信服地想去购买这种产品。④行动（action），即消费者在了解、信服的基础上经过最后的激励产生购买行为。
>
> 罗伯特·J. 莱维奇（Lavidge）和加里·A. 斯坦纳（Steiner）于 1961 年在美国期刊《市场杂志》上提出了一种不同于 DAGMAR 方法的层级模型——"从知名到行动的发展"模式——L&S 模式，分未知名、知名、理解、喜爱、偏好、信服、购买 7 个过程。L&S 模式是 DAGMAR 方法的细化，但比后者更为明确，并提供了一个更好的建立及测定效果的方法。
>
> 1980 年，沃恩将 L&S 模式进一步修改，提出了修改后的层级模式（知名、了解、态度、认为合理、信服、试用、采用），并认为各层级存在反馈现象，可能有跨级行为，并列出了可能的路线。
>
> 其主要优点在于：大多数情况下可以用现有的调查研究工具及方法来测定受众对传播的反应。因此，DAGMAR 方法具有简便易行，可以对广告预算、广告制作及广告策略运用加以系统化管理等优点。但在现代市场广告竞争日益激烈的情况下，这种循规蹈矩的广告目标确定方法常常不能如愿以偿。

> **应用案例**
>
> **设定广告目标的流程及实例**
>
> 设立广告目标基本上要遵循以下 4 个步骤：①选取某品牌产品的某些指标（如知名度、试用率、满意度等）对目标消费者进行调查，列出消费者的回应效果；②根据消费者的回应效果分析品牌的长处和问题是什么；③深入分析问题产生的影响因素；④制定品牌广告目标。
>
> 例如，有 A、B 两种品牌产品，对每一品牌的知名度、试用率和满意度进行了调查，并得到这两个品牌消费者的回应效果：品牌 A 的知名度高（90%），试用率高（70%），而在试用过的人中满意度低（25%）；品牌 B 的知名度低（40%），试用率低（30%），但在试用过的人中满意度高（90%）。究其原因，品牌 A 由于宣传力度大，促进试用的措施

安排有效，使其知名度和试用率高；而其满意度很低，则说明其产品质量和服务等需要进一步改进。品牌 B 的知名度和试用人数较低的主要原因可能是广告宣传不力。在以上分析的基础上，可以制定 A 品牌的广告目标是在改进产品质量和服务的同时，维持目前的知名度和试用率。制定 B 品牌的广告目标是提高知名度和试用率，可将目标具体化为：知名度在 2 个月内由 40% 提高到 60%，并有 50% 的人试用该产品。

(2) 连续性广告策划程序法

即 CAPP 方法（continuous advertising planning program），是由李奥·贝纳公司的马洛尼于 1966 年总结归纳出的一种滚动式广告目标确定方法。在这种方法中，马洛尼将目标市场消费者对广告产品的状态分为知名、接受、购买和满意 4 种类型。知名即目标市场消费者知悉有关产品或企业的主要或更多信息的人数；接受是指消费者中认为产品可能满足自己最低需求或更高需求的人数；购买是指消费者中至少购买一次或一次以上该产品的人数；满意是指购买者中在购买与使用该产品后对该产品或该品牌感到满意的人数。四类消费者在全部目标市场消费者中的排列关系呈依次逐级下降的趋势，如图 4-3 所示。

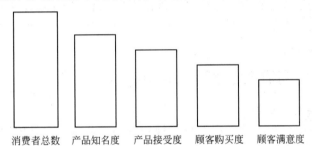

图 4-3　消费者对广告产品需求状态的 4 种类型

连续性广告策划程序法的主要特点是在对广告效果进行连续测定的基础上，以对广告目标进行连续式或滚动式调整的方式确定广告目标。即在广告目标初次确定的基础上，对选择的广告效果抽样调查对象进行定期连续测定，如每月测定一次，并把连续测定的结果作为对广告目标进行调整的依据。这样，广告目标的内容与数量可以依据连续测定的结果而随时加以调整，从而可以明显提高广告目标的可靠性和有效性。

CAPP 方法已成为制定广告目标的通用方式，原因在于这种方法可以为广告战略、广告目标及广告行动方案的正确选择和科学制定提供即时的、可靠的依据。

### 应用案例　　两届标王秦池兴衰的原因

1995 年 11 月 8 日，秦池酒以 6 666 万元抢摘第二届央视广告招标会"标王"。原为山东临朐县一县属小型国有企业的秦池"称王"后，1996 年收入高达 9 亿多元。1996 年 11 月 8 日，秦池又以 3.212 118 亿元天价卫冕"标王"成功。但秦池"每天开进央视一辆桑塔纳，开出一辆豪华奥迪"的梦想并没有随之变成现实。随着电话号码事件和 1997 年年初遭媒体曝光的勾兑事件，秦池销量一落千丈。两年过去，该企业领导人在接受记者采访时深有感触地说："第二次夺标，知名度进一步提高，但美誉度下降了"，"我们自身的最大失误是没有及时搞清楚知名度与美誉度之间的区别"。上述一席话虽然是针对企业经营策略的反思，但表现出对知名度与美誉度的混淆却具有普遍性。

#### 6. 广告目标指标的确定

广告目标必须具体化和数量化，即必须是能考核的。任何不可考核的目标最终不可能成为目标。因此，如何把广告目标数量化是确定广告目标的最后环节，也是最关键的环节。确定广告目标指标要注意以下几个问题。

① 广告目标要具体明确。
② 广告目标应单一和可分解。
③ 指标的确定要客观和科学。
④ 指标的确定应有挑战性和弹性。
⑤ 指标不宜过多，也不宜太少，指标之间应相互联系且保持相对独立。

## 4.3 广告计划

广告策划阶段的工作完成后，应根据策划的结果制订广告计划，撰写广告计划书。编制广告计划书是为了给广告活动提供一个行动大纲，对复杂广告活动的进程安排和行动予以协调。

### 4.3.1 广告计划的概念、类型和特点

#### 1. 广告计划的概念和类型

广告计划是对一定时期内广告活动总体规划的书面体现，它具体确定了广告目标和任务、完成目标的各项广告活动及时间进程、广告评价等，是事先制定的广告活动的全面规划和广告活动的具体行动方案。

广告计划有广义和狭义之分。广义的广告计划在范围上与广告策划相近，但在内涵上有所不同。狭义的广告计划主要是指广告活动的行动方案，是在企业决策层就广告目标、策略、预算、行动方案框架等做出决策的基础上，就广告活动的具体内容制订的行动计划。狭义的广告计划虽然也包括广告目标、广告策略、广告主题等项内容，但这些内容主要的不是广告计划的结果，而是广告计划制订的依据或者是对制订依据的具体表述。广告策划中的广告计划是指狭义的广告计划。

广告计划按其计划时间的长短，可以分为长期计划、年度计划和临时性计划。长期计划通常是指两年以上的广告计划。长期广告计划一般较为系统，往往包括企业形象或产品品牌塑造及产品开发、竞争战略等一些战略性的内容。年度广告计划是就企业某一年度内的广告活动按季分月制订的广告行动方案，一般具有目标较精确、内容较具体、不确定性因素相对较少（因而计划的可靠性较高）等特点。临时性广告计划是企业根据市场活动的即时需要制订的短期广告计划，一般具有目标单一或简单、策略灵活、收效迅速等特点。临时性计划也可以是长期计划或年度计划的补充性计划。临时性计划的起因往往具有随机性。

广告计划根据广告策划类型的要求，可以分为综合性广告计划和单项广告计划。综合性广告计划在内容上与整体广告策划的内容基本一致；单项广告计划则和单项广告策划的内容较接近。

#### 2. 广告计划的特点

广告计划与广告策划是完全不同的概念。广告计划是企业广告活动的一项全面、详细和

具体的行动方案，它不是为决策层提供的决策方案，而是为执行人员提供的行动计划或执行文件。它强调的是体现决策层决策意图的准确性和执行、落实与实施决策方案的可操作性。广告计划以决策结果为依据，是对决策方案和策划要点的具体化。广告计划作为具体的行动方案具有更可靠的可行性。广告计划具有以下几个特点。

① 广告计划是一个行动文件。实施一项广告活动是复杂的，需要与各方面协调、配合，广告计划就是把要采用的主要步骤、时间安排写成行动文件，以指导和控制整个广告活动的运作。

② 广告计划是对某一广告目标及完成这一目标的一种解释。广告计划通过对企业及品牌面临的问题及机会加以陈述，解释各项指标及步骤，解释怎样才能达到最终目标。

③ 广告计划是对企业实现经营战略的一种财务承诺纲要。广告计划说明了广告目标完成需要多少费用，为什么需要这么多费用，这些费用是如何安排的，它可能带来何种效益。

④ 广告计划具有一定的强制性和约束性。广告计划一旦制订，就成了广告活动必须遵守的行动准则和努力方向。虽然计划具有灵活性，但这种灵活只是在一定范围内的有责任的灵活。

## 4.3.2 广告计划书的主要内容

在广告策划活动中，广告主可以根据自身营销战略的需要，选择不同的广告计划类型，突出不同的广告计划内容重点。一般来说，完整的广告计划书包括以下几个方面的内容。

### 1. 前言（内容摘要）

计划一开始应有简单的摘要，目的是使管理者能够快速了解计划，并在需要时翻阅有关详细内容。摘要只涉及广告策划中最主要部分，如广告目标、广告预算、广告创意策略、媒体选择及促销配合等。一般包括以下内容。

① 广告计划的任务和目标。

② 制订计划的最主要依据，如企业目标、企业发展战略、企业营销计划、营销目标及企业决策者对广告工作的主要要求等。

③ 广告活动的主要策略、主要手段、预期主要成果、广告投入规模、效益评价及广告活动的意义等。

④ 存在的问题或有争议的问题等。

⑤ 广告计划期。经批准的广告活动及广告计划的起止期限，一般用具体的起止日期来表示。

### 2. 市场分析

市场分析主要包括5个方面的内容。

① 公司及产品历史分析。一般以一小段为开场白，简短地介绍公司历史概貌。而对产品历史的分析应围绕以下几个问题展开：本产品或品牌的背景、特点、质量；专利权或技术上的历史；过去的广告预算；过去的广告主题；过去的媒体或费用状态；目前在广告中所使用的创意和主题；目前本品牌所面临的问题点和机会点；在未来计划期间可能影响产品和品牌的问题。

② 产品分析。这是广告计划中比较重要的一部分内容，必须对一切可能影响产品或服务销售的要素进行概要分析，一般可围绕以下问题展开：本产品在特点、成分、用途、消费者接受率等方面的竞争结果如何？在过去几年中，对产品和市场有何改进或放弃等；消费者对

产品的看法及意见；消费者购买产品是否方便，配销情况如何；批发商及零售商对产品的看法及意见；包装及产品识别系统有无问题；本产品和品牌的认知度、理解度和接受度如何；产品或品牌的价格反应情况；本产品在竞争中有什么特点等。

③ 消费者分析。这部分内容很重要，叙述时应尽量明晰、准确，分析内容主要包括以下几点：消费者在人口统计方面的基本情况，如性别、年龄、收入、职业、种族、教育、家庭收入、社会阶层、地域分布等；消费者的心理特点情况；消费者的行动情况，如对产品消费使用特点，购买使用频率，对产品品质、价格、包装、型号、品牌形象的看法，产品主要解决了消费者什么问题，是否发生品牌使用转移等。总之，消费者分析要对与产品或服务有关的所有顾客（包括现有的、潜在的）的全部相关信息进行评估。

④ 竞争者分析。对有关竞争者的分析，可以表示出本计划如何发展及为什么这样发展的理由，为广告主提供一个衡量的参照物，具体内容包括：产品或品牌的主要竞争者和潜在竞争者；竞争者在市场中的位置、营销手段；竞争者过去及当前的广告主题、广告内容及媒体组合；竞争者广告及促销活动支出；竞争者对批发、零售及消费者的影响；竞争者和本企业过去及目前在广告竞争中的长处及弱点，失败的教训和成功的经验等。

⑤ 广告机会分析。在上述分析的基础上，还应综合分析市场发展中的难题及市场发展机会，提出产品的问题点和机会点，它可能是一个产品问题、一个行销问题或是一个形象问题，这些问题必须是在广告的影响范围之内的。找到了广告机会，也就实现了广告目标的一半。

### 3. 广告建议事项

这一部分是广告计划的核心，主要包括以下内容。

① 广告战略。广告战略是宏观上对广告活动的统筹和谋划，在广告计划中，广告战略是通过市场分析，对广告目标、广告定位、广告对象、广告地区等战略性问题的决策。广告目标说明此次广告活动的总目的是提高知名度还是促进销售或者是树立形象。广告主题和定位列明广告诉求重点，说明广告要在消费者心中占据什么位置，消费者看了广告之后应发生何种反应。广告对象是指根据前面的分析，确定广告产品的目标消费者，并在质和量做出规定。广告地区是指根据定位研究结果，决定目标市场的选择，并说明选择的理由。

② 广告策略。广告策略是广告活动中所运用的具体手段与措施，主要包括广告媒体策略、广告创意策略、广告表现策略。广告媒体策略至少要包括以下 3 部分内容：媒体目标——要用可计量的术语确定媒体计划的明确目标；媒体组合——主要是介绍各种媒体的选择和组合情况；媒体计划——是以媒体流程图的形式，确切地表示出每一刊播日程、发布次数和日期、占用的面积和版面、所需费用及其他相关内容。广告创意策略说明广告信息的创意构想和创作风格，进而明确广告主题的选择方式。广告表现策略主要说明如何借助语言、构图、色彩、音响等表现要素对广告主题意念和创意构想进行表现。

③ 促销措施配合。主要包括：广告与促销配合能达到的共同效果分析；对目标市场的广告与各种促销措施的配合及日程安排；对竞争者的广告与促销措施的配合及日程安排。

### 4. 广告预算

在广告计划中，要提出广告费用的总额和经费分配方案，具体说明经费使用项目和相应数额，并详细列出媒体价格。如有必要，可以用文字和表格相结合的方式，说明经费的具体开支、使用情况。

**5. 广告效果测定和预测**

广告效果测定主要包括：什么时间进行广告效果测定及时间、依据，广告效果的性质，测定的指标体系，如何进行测定。

广告效果预测是指广告活动所要达到的目标和完成的任务的预先估计。它既是对广告活动所提出的要求，也是对广告主的承诺。这一部分可以看作是广告计划书的结束语。

**6. 补充说明部分**

广告计划书的补充说明部分一般包括：广告计划的总体评价或总体结论；广告计划方案对于实现既定广告目标与企业其他目标的可行性分析或论证；广告计划有效实施需要解决或注意解决的其他问题；广告计划与实施中存在的问题或有争议的问题，包括争议的内容、争议的起因及可能的处理或解决方法等；其他问题或建议。

上述广告计划书的结构是一般年度广告计划书的基本结构。在长期广告策划的广告计划书中往往还要包括企业战略、广告战略、战略阶段、战略手段等方面的内容及新产品开发，产品改进，产品品牌、名称、包装及产品结构改进与完善等方面的建议等。临时性广告计划或短期性广告计划，通常以媒体分配计划（相当于媒体策略和广告活动计划与广告实施计划中有关媒体选择和分配的部分）和广告设计制作计划为主要内容。

## 4.3.3 广告计划书的写作格式和要求

### 1. 广告计划书的写作格式

广告计划书的格式是指表述广告计划内容的形式。由于广告计划的内容各不相同，因此广告计划书的格式也不可能一成不变，但一般都应包括 4 个基本部分：标题、目录、正文、署名和日期。

① 标题。标题是广告计划书的名称，是对广告计划内容的高度概括，通常要标明是某产品或某企业的广告计划，如"百威啤酒广告计划书"，如有必要，还可说明广告活动的地区和时期，如"百威啤酒 2011 年度北京地区广告计划书"。

② 目录。目录是说明广告计划书各部分内容的小标题或提纲。并不是所有的广告计划书都要具备目录，但较长的广告计划书最好在标题之下、正文之上附上目录，以便于相关人员了解大概内容和查阅。

③ 正文。正文是广告计划书的主要部分，一般由前言和内容两个部分构成。前言，是广告计划内容的简括，应简单说明广告计划的依据、目标、广告策略等。内容，是广告计划书的主体，应着重说明广告目标及任务，完成目标的策略、措施、时间及其理由。

④ 署名和日期。署名和日期是计划者和时间，有 3 种形式：一是署上计划部门名称，如××广告公司；二是署法人代表名字，如××广告公司××经理；三是署上计划执笔人姓名。日期则是广告计划制订的时间。

### 2. 广告计划书的写作要求

广告计划书在写作上的要求主要体现在以下几个方面。

① 语言简洁朴实。第一，语言要言简意赅，避免重复啰唆；第二，篇幅要简短，切忌拖沓冗长。一般不要超过 60 页，最好把图表及支持资料列为附录。

② 表述具体准确。第一，广告计划书的语言表达必须明白准确，应避免使用含糊不清、易引起歧义的语言和形式。第二，广告计划书的内容应明白具体。如市场分析、广告战略、广告预算要说明具体依据和资料来源，广告战略要说明具体实施的手段，效果预测要有具体指

标。第三，表述方式尽量采用归纳方式，少用推理方式。广告计划不主张主观臆断和个人想象。

③ 层次分明规范。第一，广告计划书的写作要遵循通行格式，一般先写结论，然后再简要证明，说明论证资料来源。第二，广告计划书的内容要按照广告策划的步骤展开，从而使整个广告计划书层次分明、井井有条。

## 4.4 广告预算

### 4.4.1 广告预算的意义、内容和影响因素

#### 1. 广告预算的意义

广告预算是根据广告计划对开展广告活动所需费用的计划和匡算，是广告主进行广告宣传活动投入资金的使用计划及投入广告活动的费用计划。它规定了计划期内从事广告活动所需要的经费总额、开支范围及具体使用方法。

广告预算是企业财务活动的主要内容之一。广告预算支撑着广告计划，它关系着广告计划能否落实和广告活动效果的大小。广告预算不同于企业的其他财务预算。一般财务预算包括收入和支出两部分内容，而广告预算只是广告费支出的匡算，广告投入的收益因广告目标的不同而有不同的衡量标准。有许多广告主错误地认为，广告投入越大，所取得的效果也就越大。通过对大量广告活动效果的实证分析，得出结论：当广告投入达到一定规模时，其边际收益呈递减趋势。

> **相关链接**
>
> **广告开支与销售的关系**
>
> 美国广告学家肯尼斯·朗曼（Kenneth Longman）认为，任何品牌的产品即使不做广告也有一个最低销售额，即临限；广告的效果不会超过产品的最大销售额，即最高销售点。产品的最大销售额是由广告主的经营规模、生产能力、销售网络，以及产品质量、市场状况、原材料供应、生命周期等因素综合决定的。朗曼认为，理想的广告宣传活动应该是以最小的广告投入取得最大的广告效果。当广告效果达到一定规模时，对广告的再投入就是一种资源的浪费。

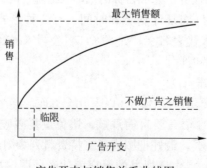

广告开支与销售关系曲线图

在广告策划中，广告目标说明广告活动要做什么而广告预算决定其能做什么，广告预算对广告活动进行了限制，要求以尽可能少的经费达到尽可能好的广告效益。确定广告预算，是广告策划的重要内容，不仅直接影响到广告产品的效益，而且影响企业的整体效益。具体来说，广告预算在整个广告策划中具有以下重要意义和作用。

① 控制广告活动。广告计划的实施，要以广告预算来支持，广告预算保证了广告计划的各项任务得以实施。通过科学的、合理的广告经费预算，广告主或广告部门可以对广告活动中各环节的规模和衔接从费用开支方面进行管理和控制，从而保证广告活动按计划开展，实现广告目标。

② 评价广告效果。广告预算是评价广告效果的经济指标。评价广告效果的主要标准是看广告活动能否以较小的花费实现广告目标。广告预算对广告经费的使用提出了明确的目标，可以使广告活动的每一具体步骤尽可能达到较为理想的效果。由于广告预算对广告经费的每一项具体开支都做出了规定，这样在广告活动结束后，就可以比较每一具体的广告活动所花费用与所取得的效果。因此，广告预算可以为广告效果评价工作提供科学的依据，用以评价广告活动的经济效果。

③ 规划经费使用。广告预算增强了广告经费使用的计划性。科学合理的广告预算，可以使广告费用的投入保持适度，避免盲目投入造成的浪费，以便让有限的广告经费满足多方面的需要，从而使广告经费得到合理有效的使用。

④ 提高广告效率。通过广告预算可以增强广告人员的责任心，监督广告费用开支，避免出现经费滥用或运用不良现象。同时，通过广告预算，对广告活动的各个环节进行财务安排，发挥广告活动各个环节的工作效率，也可以促成广告活动取得良好的效果。

**2. 广告预算的内容**

广告预算的主要内容是对广告活动费用的匡算。广告费用主要包括以下几种。

① 广告调研费。广告调研费主要包括市场调查、消费者调查、产品调查、调查策划、广告效果检测、购买统计部门和调研机构的资料所支付的费用。这一部分经费的重要性应引起广告主的高度重视。广告调查费约占广告费总额的 5%。

② 广告设计与制作费。根据不同媒体的需要，其设计与制作费的标准也有所不同，电视广告的设计与制作费远远高于广播广告和印刷广告，而同一媒体的广告设计与制作费也往往差异较大。广告设计与制作费占广告费总额的 5%～15%。

③ 广告媒体费。它是指购买媒体的时间和空间的费用。这是广告费用的主要组成部分，占总费用的 80%～85%。这部分费用是影响广告主决定是否做广告的关键因素。

④ 广告人员的行政经费。它包括广告人员的工资、办公、出差、管理等经费，约占总费用的 10%。

⑤ 广告活动的机动经费。它是指用于应付临时事件和意外变故的费用。机动广告费不参加广告经费预算，由广告部门的负责人或企业的营销工作负责人掌握，一般约占广告费用的 5%。

以上 5 项是一般意义上的广告费用构成。其中广告媒体费和广告设计与制作费是两项最基本的费用，任何企业的广告预算都少不了这两项。另外，还有一些难以确定预算范围的费用，如产品样品费用、产品展销会开支、推销人员的报酬等，既可以列入广告费用，也可以列入促销费用，这要根据广告项目的业务范围和广告企业的具体情况而定。

> **相关链接**

### 广告费用分类表

目前国际上公认的广告费用分类表是美国最权威的广告刊物之一《印刷者》(*Printer, S-Ink*)于1960年刊出的。该刊物在全美广告主协会广告管理委员会的协助下,对几百家广告主做了调查,根据调查结果,将广告费分为白、灰、黑三色单子,白色单是可支出的广告费用,灰色单是考虑是否支出的广告费用,黑色单是不能列入广告支出的费用。

**广告费用分类表**

| 分类 | 列支类型 | | 主要费用项目 |
|---|---|---|---|
| 白色单 | 可作为广告费用列支的费用 | 广告媒体费 | 报纸、杂志、电视、电台、户外、宣传品、幻灯、招贴、展示、POP 等 |
| | | 管理费 | 广告部门薪金、广告部门事务费、顾问费、推销员费、房租费、广告部门人员的差旅费 |
| | | 制作费 | 美术、印刷、制版、纸型、电气版、照相、广播、电视等方面的制作费,包装设计(只涉及广告部分) |
| | | 杂费 | 广告材料的运送费(包括邮费及其他投递费),陈列窗的装修服务费,涉及白色单的各项杂费 |
| 灰色单 | 考虑作为广告费用列支的费用 | | 样本费、示范费、客户访问费、宣传卡用纸费、赠品、办公室报刊费、研究调查费 |
| 黑色单 | 不能作为广告费用列支的费用 | | 社会慈善费、旅游费、赠品费、包装费、广告部门以外的消耗品费、潜在客户招待费、从业人员福利费 |

#### 3. 广告预算的影响因素

广告预算与企业营销活动、广告活动和市场环境密切相关。广告预算的大小,直接受下列几项因素的影响。

① 商品生命周期。商品在其生命周期中的位置,直接影响广告预算。图4-4显示了商品生命周期与广告费用的关系,从中可以看出,导入期的广告费用,与成长期、成熟期的广告费用相比,因为销售量的不同而存在巨大差额。

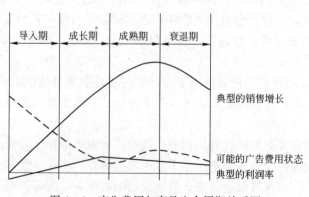

图4-4 广告费用与商品生命周期关系图

② 市场竞争状况。广告是企业参与市场竞争的一个最有效、最直接的重要手段。一个

竞争激烈的市场，往往是一个耗费大量广告费用的竞技场。因此，在编制广告预算时，必须要考虑竞争对手因素，根据对方的市场占有率、品牌知名度、广告费用等因素来确定企业广告预算，尤其是在商品的成长期和成熟期，更离不开与竞争对手的比照。

③ 销售目标。企业的销售目标主要包括销售数量、销售额和销售利润等，这些目标直接影响广告预算。总之，增加广告费用是企业追求预定销售目标的一个重要手段。

④ 市场范围。市场范围主要是指产品在市场上的覆盖面。一般来说，市场范围大的日用生活品、消费用品，投入的广告费用较多；而市场范围小的专业用品、技术用品，广告费用投入就很少。

⑤ 广告媒体。广告媒体对编制广告预算的影响非常大，由于广告媒体费占广告费用的80％以上，广告主在编制预算时对媒体费用格外关注。不同的媒体，因覆盖率、接收率、接收效果的不同及广告制作过程的不同，广告的发布价格也不同。因此，媒体选择不同，广告预算也大不相同。

⑥ 企业财力。广告是一项付费才可使用的宣传活动。如果企业实力雄厚，广告费用自然可观；如果企业资金匮乏，入不敷出，广告费用自然难如人愿。一般而言，企业在编制预算时，要遵循"量入为出"的原则。

影响广告预算的因素是多方面的，除以上所述外，消费者、社会环境、经济发展状况都直接或间接地影响广告预算。因此，为了使广告预算减少盲目性、主观性，具有更大的灵活性和适应性，必须充分考虑各种影响因素，以确保广告活动的畅通无阻。

## 4.4.2 广告预算的方法和分配

### 1. 广告预算的方法

目前，普遍为广告界采用的广告预算法有数十种之多，每一种方法都各有所长、各有所短，没有一种方法被公认是最科学的。下面着重介绍最常见的几种方法。

（1）目标达成法

这种方法由科利提出的 DAGMAR 法而来，也叫目标任务法（objective and task method）。这种方法是首先确立一定的销售目标和广告目标，然后决定达成这种目标的广告计划，如广告媒体的选择、广告表现形式、广告发布时间和频率等，逐项估算出所需费用，最后累加起来，就是广告费用总额。计算方法是：广告费＝目标人数×平均每人每次广告到达费×广告次数。

这是一种比较科学的广告预算方法，系统性和逻辑性较强，能够适应市场营销变化而灵活地决定广告预算。这种方法的优点是它使每笔广告支出目标明确、效果明显，既不会造成浪费，也不会产生短缺。其缺点是：难以确定达成这些目标到底需要多少钱。另外，这种方法没有从成本观念出发来考虑某一广告目标是否值得追求。

（2）销售比例法（percentage of sales method）

即以一定时期内销售量（额）的一定比例来计算或决定广告费的方法。其基本计算公式为：广告费用＝销售总额×广告费用与销售总额的百分比。由于计算的标准——销售额的内涵不同，销售比例法又可分为不同的方法。

① 上年度销售额百分比法。即根据企业上年度销售额，确定一定比例来预算广告费用的方法。

② 计划销售额百分比法。即以企业下一年度预计的产品销售额，确定一定比例来预算

广告费用的方法。

③ 平均销售额百分比法。即以若干年（近3年）销售额的平均数为基数，或者取上年度销售额与本年度预计销售额的平均数作为基数来预算广告费用的方法。

④ 计划增加销售额百分比法。即以上年度广告费为基础，再加上本年度计划销售增加部分按比率计算出的广告费用。

销售额百分比的优点在于计算简单、方便，而且这种方法使广告费用与销售额挂钩，能够直接反映销售状况，保持广告费投入与营销状况的平衡，因此这种方法被许多企业采用。但是，这种方法缺乏弹性，不能适应市场环境的变化，容易形成"富者更富，穷者更穷"的马太效应，使广告费用分配与实际需求相反，易造成短缺或浪费。这种方法比较适合竞争环境相对稳定、能进行准确市场预测的企业。

(3) 销售单位法（unit of sales method）

即以每一销售单位投入的广告费进行广告预算的方法，其计算公式为：广告费用＝每个销售单位的广告费用×销售单位数量。

这种方法简单易行，便于计算销售成本，商品卖出的越多，平摊到每件商品上的广告费用越少。这实际上是销售比例法的一种变形。此法主要适用于以下两类商品：一类是薄利多销的日常生活用品，另一类是价格较高的耐用消费品。其缺点是灵活性较差，将广告支出和销售情况因果倒置，没有考虑市场上的变化因素。

(4) 竞争对抗法（competitive parity method）

即根据竞争对手的广告费用总额来决定本企业的广告费用，又叫竞争平位法。广告主明确把广告当作市场竞争的工具，以此提高或保持自己的竞争地位。这种方法有以下两种具体方法。

① 市场占有率法。即先计算出竞争对手单位市场占有率的广告费用，以此为基数，乘以本企业预计市场占有率，得出本企业的广告预算。计算公式：广告费用＝竞争对手广告费用额/竞争对手市场占有率×本企业期望的市场占有率。

② 增减百分比法。即以竞争对手今年广告费用的增减百分比作为本企业广告费用增减的百分比参数。计算公式为：广告费用＝本企业上年广告费用×(1±竞争对手广告费用增减率)。

竞争对抗法适用于竞争激烈的商品和企业，尤其是当同类商品市场上有3个以上的竞争对手时。此法要冒一定的风险，适合资金雄厚的大型企业。这种方法的缺点是竞争对手的信息很难获得，仅仅根据对手的广告费用来确定自己的广告预算，有一定的片面性和盲目性。

(5) 支出可能法（all you can afford method）

即根据企业的财务承受能力确定广告费用的方法，又称全力以赴法。根据"量入为出"的经营原则，将企业的总收入扣除成本费、管理费和其他杂费，剩余费用全部作为广告费用。这是一种最简单的预算方法，适用于新产品上市、非牟利企业或一般小型企业。同时这种方法也具有很大的冒险性，很难确定所花费用是否有效，且不易反映广告支出与销量变化的关系。

(6) 投资效益法（investment benefit method）

这种方法把广告费用看作是一种投资，按某些回收标准来确定广告预算。首先确定投资目标，一般按一定投资效益和回收率来确定，然后再根据广告的经济效益测算广告预算。这种方法的缺陷在于广告效果并不能全部折算成经济效益，如知名度提高百分之几可多获销售额或利润多少。

（7）武断法（arbitrary method）

即由企业最高管理者来决定广告费用的投入数额，又叫随机分摊法。随机分摊法是一种最原始的，不靠任何数据支持的预算方法，它完全凭领导者的判断、经验和灵感确定，容易出现偏差。与之相对应的是无计划的广告。

此外，还有用于邮购广告的通信订货法、运用系统分析和运筹学模型的计量设定法等。

**2. 广告预算的分配**

在广告预算确定下来之后，下一步的工作就是针对广告计划各项内容的要求，将广告费用分配到各个具体的广告活动中去，科学地、合理地分配广告费用，可以避免广告活动的盲目性，有效地组织、协调和控制广告计划的实施。广告预算的具体分配方法主要有以下几种。

① 按广告部门分配。即根据广告调查、策划、制作、媒体、管理等广告公司的各个职能部门进行广告经费分配。

② 按广告时间分配。即按照广告活动的时间安排来分配广告经费。它又可分为两种情况：一是按广告活动期限进行经费分配，如长期广告计划，一般按年度分配广告费用，年度广告计划则按季度或者月份进行分配，大致确定每季或每月应投入多少广告费；二是按广告信息传播时机进行经费分配。许多商品的销售具有很强的时机性，要把握时机，在销售旺季增加广告费用，形成强势宣传。此法适用于新上市的商品或者季节性强的商品。

③ 按产品类别分配。即企业在对其生产产品组合进行评价分析之后，针对不同类型的产品分别确定相应的广告经费。不同的产品，由于其行业发展前景不同、市场占有率不同、市场竞争状况不同及所处生命周期不同，其销售潜力、利润水平和在企业产品体系中所处的地位也是不一样的，因此要根据产品本身的状况分配不同的广告经费。企业一般把产品区分为骨干产品、次要产品和一般产品，再把较多的广告费分配给骨干产品。此外，公关广告、观念广告、公益广告，也要分摊一部分费用。

④ 按媒体类别分配。即根据所选择的广告媒体来分配广告费用的方法。首先确定每种广告媒体应分配多少广告费，再确定同一类型的媒体间的分配。

⑤ 按销售地域分配。商品销售具有地域性的特点，根据各地区的重要性、市场需求状况、竞争状况等因素，确定重点地区和一般地区，并在重点地区投入较多的广告费。

⑥ 按广告对象分配。根据广告计划中的诉求对象分配广告费。比如，团体用户、企业用户、最佳消费者、农村消费者、城市消费者等。

总之，合理分配广告费用，是保证广告效果的一个重要因素。

## 4.4.3 广告预算书

广告预算书是对广告预算的开支、计划和分配进行具体说明的书面报告。一般来说，广告预算书包括以下 3 个部分。

① 表头。通常包括广告项目、广告时期、广告企业及负责人、广告单位及负责人、广告预算总额、编制人员及日期。

② 表体。是广告预算书的主要部分，一般包括预算项目、支出内容、执行时间、费用数额。其中预算项目主要包括市场调研费、广告设计费、广告制作费、广告媒体费、广告单位管理费、广告机动费、促销公关费、其他费用。

③ 表脚。通常包括对预算书内容和文字的解释与说明。

广告预算书的主体表格通常是按广告费用类别分列的,为了全面完整地反映广告费用预算和分配的情况,一般还要将广告预算的分配情况详列出来。

## 思 考 题

1. 什么是广告策划?简述广告策划的意义和作用。
2. 简述广告策划、广告决策和广告战略、广告策略的关系。
3. 广告策划的特性有哪些?
4. 简述广告策划的程序。
5. 广告机会的来源有哪些?
6. 简述广告目标的作用和确定方式、方法。
7. 广告计划与广告策划有何不同?
8. 简述广告计划书的主要内容。
9. 广告预算是不是多多益善,为什么?广告预算主要包括哪些内容?
10. 广告预算的方法有哪些?

# 第5章 广告调查

**学习目标**
- 了解广告调查的性质和作用，了解广告调查的内容和程序；
- 学会广告调查对象的选择方法，学会广告调查的方法与技巧；
- 学会广告调查表的设计与询问技术。

## 引言

### 从拉斯克尔"笨驴"到盖洛普"抽样调查法"

在广告活动的初期，广告调查并未引起人们的足够重视。例如，20世纪初，美国洛德暨托马斯广告公司负责人阿尔伯特·拉斯克尔曾经认为广告调查是"一种告诉人们笨驴有两只耳朵"的工作，纯属愚蠢、浪费的行为。经过一段广告实践后，他开始在后来的广告业务中重视广告调查。他承接了一项炼乳罐头的广告业务，产品上市之初，在强大的广告宣传攻势下，销势很旺，但没过多久，产品就无人问津了。拉斯克尔感到很奇怪，就派人去当地挨家挨户地访问，得知炼乳中所含的那一点点杏仁味是产品不受欢迎的主要原因。拉斯克尔根据调查结果，提出了产品改进建议并改变了广告信息诉求重点，很快又使该产品畅销起来。

在20世纪30年代的经济危机以后，广告调查逐渐受到广告公司和广告客户的重视，广告调查的内容也逐渐丰富起来。尤其是大学教授乔治·盖洛普（1932年加入扬罗必凯广告公司，1964年荣获广告金像奖，1977年被引进广告名人堂）发明的抽样调查法使广告调查手段有了突破性的进展。企业决策者越来越重视广告调查所提供的信息，广告活动以广告调查为基础早已成为共识。目前，在美国，73%的企业都设有市场调查机构。

著名广告大师大卫·奥格威曾说过："从事广告工作的人如果忽视了研究，就和将军忽视了敌人的密码信号一样危险。"的确，推销商品却不做广告，犹如在黑暗中向情人递送秋波；做广告不做市场调研，如同盲人骑瞎马。广告是七分走出来的，三分想出来的，没有广泛而大量的调查提供真实可信的资料，就难以形成好的广告策划。那么广告调查涉及哪些内容？与市场调查是什么关系？广告调查的方法有哪些？如何设计广告调查问卷呢？

# 5.1 广告调查概述

## 5.1.1 广告调查的性质和作用

**1. 广告调查的概念和性质**

广告调查就是为了实现广告目标，广泛收集信息的行为。具体来说，是指围绕广告活动，采用科学的调查方式和方法，按照一定的程序和步骤，有目的、有计划、有系统地搜集、分析与广告活动有关的消费者信息、企业与商品信息、传播媒体信息，以及广告效果信息的活动。

广告调查是广告活动的起点和基础，是企业市场调研的一个组成部分，其目的在于搜集有关广告活动的信息资料，为广告决策提供依据，是广告策划和实施中的重要一环。企业在营销活动中，只有充分了解市场环境、消费者情况、竞争对手情况等，才能有效地制订广告计划，开展广告活动。开展广告调查，对于提高广告质量、增强广告效果，有很大的现实意义。

广告调查与市场调查既有区别又有联系。广告调查是市场调查的组成部分，它是市场调查的典型化和纵深化。广告调查是对进行广告策划的影响因素进行的调查和分析。它具有市场调查的一般特点，如目的性、科学性、实践性、经济性、系统性、累积性等，要求调查的主体明确、方法科学、过程连续、内容系统、结果反馈等，适用于市场调研的一切调研方法基本上都适用于广告调查。但它又有自身的特点，如资料来源特殊、技术复杂、覆盖面广、效益直接、保密性强等。企业在实际操作时，要充分利用市场调查已获得的资料，吸收市场调查已经取得的成果，在此基础上再延续和深入开展广告调查。

**2. 广告调查的作用**

① 广告调查是成功广告活动的必要环节。在广告运作过程中，广告调查是广告策划、广告创作、广告预算、广告发布及广告效果测定等一系列广告活动的开端，它对广告活动的每一个环节都具有指导意义和参考价值。可以说，广告调查是成功广告活动的必要环节，不进行广告调查就无法开展科学的广告活动。

② 广告调查为广告策划提供充分有力的信息。通过大量信息资料的分析和判断，使广告策划人员对广告活动所处的竞争环境有一个全面而深入的了解，正确地确定广告目标、制定广告战略、进行广告定位、明确广告传播对象、确定广告的诉求重点、选择广告媒体等，从而使广告策划更具有针对性，以获取良好的广告宣传效果。可以说策划任何一个成功的广告活动都必须建立在对广告企业内外环境的周密调查与科学预测的基础之上。

③ 广告调查为广告创意和设计提供依据。广告创作与一般的纯文学创作不同，既要艺术地表现广告内容，又不能脱离广告目标的要求，不能游离于商品和消费者之外，只有在充分了解市场、商品和消费者的基础上进行创意构思，才能设计出新颖独特的广告作品，才能与目标消费者进行有效沟通，从而有力地宣传企业和商品，达到最终销售的目的。而广告创作所需的信息资料不是凭空想象的，需要通过广告调查来获取。因此，广告调查是创作有效广告的基础。

④ 广告调查是测定广告效果、评估广告活动的手段。为了检验广告作用的大小，测定

广告效果的好坏，更好地改进和完善以后的广告活动，必须进行广告效果调查。在广告实施之前检验广告效果，可以反馈广告策划的适应性和精确度，在广告实施过程中更离不开对广告效果的检验，以便及时修正广告策略。在广告活动结束之后对广告效果进行检验，是评估整个广告活动的可靠依据。

⑤ 广告调查有助于企业把握市场动态改善经营管理。与一般的专项市场调查相比，广告调查的范围更广，所获信息量更大，特别是广告代理企业进行的广告调查所获信息更客观，更能反映市场的真实状况。进行广告调查实际上也是为企业生产决策和经营决策提供信息。

## 5.1.2 广告调查的内容

### 1. 广告市场调查

广告市场调查是广告调查中最基础的研究层面，是确定广告目标、拟定广告战略和营销建议的依据。其主要内容如下。

① 广告环境调查。主要包括政治环境调查、经济环境调查、人口统计分析、社会文化与风土人情的调查等。

② 企业经营情况调查。主要包括企业历史、企业资产实力和科技开发水平、企业人员素质、企业经营管理状况等的调查。

③ 产品情况调查。主要包括产品生产历史、产品个性信息、产品生命周期、产品相关信息、产品服务信息、产品市场适销信息等的调查。

④ 消费者调查。主要包括消费者的一般情况、消费者对企业和产品的认知与评价、消费者的需求状况、消费者购买行为、消费者的购买决策等的调查。

⑤ 竞争状况调查。主要包括竞争者的广告内容、广告费用、分销渠道、价格水平、顾客构成、产品优势和弱点等的调查。

⑥ 品牌调查。主要包括品牌发展状况的调查，对品牌知名度、美誉度、认可度和忠诚度的调查等。

⑦ 企业形象调查。主要包括技术形象、市场形象、未来形象、企业风气、视觉识别、经营者形象等的调查。

### 2. 广告传播调查

广告传播调查是指围绕广告信息传播的内容及过程所展开的调查。

① 广告信息调查。是指广告的文字、图画、音乐、表演等信息内容对消费者的作用程度的调查。如对广告信息的注意率、认知率、理解度、购买意图，以及记忆率与品牌印象等的调查。

② 广告媒体调查。即调查媒体的特点、效能、经营情况、覆盖面、收费标准、媒体对象、媒体用途、媒体可获性和媒体效果等。媒体调查常涉及成本、读者率、视听率、注意率、到达率、播放时间和播放频率等。

③ 广告效果调查。分事前调查、事中调查和事后调查。事前调查是指在广告发布前对广告目标对象做的小范围的实验性调查，调查和测试广告目标、传达信息、表现形式等，了解消费者对该广告的反应，据此改进广告设计，预测广告在市场中的效果。事中调查是指对广告作品正式发布之后、整个广告活动结束之前的广告效果的调查。它主要是对广告作品和广告媒体组合方式的调查。事后调查主要是对广告活动进行之后的广告销售效果、传播效果

与社会效果做全面调查，以便总结经验，为以后制定广告战略和广告策略提供依据。

**应用案例**　　　　　　　　　　"花落"的彩电广告

　　国内某个著名品牌的彩电广告是一组花瓣跌落水面的特写画面，配合超重低音的音响效果，该广告无论是从创意还是制作水平看，均为国内电视广告的精品。然而当它播出后，产品的销量却大减，公司对此广告做调研分析后，找出了症结所在：这则由外国人设计的广告忽略了中国人忌讳"花落""花败"的心理从而影响了产品的市场推广。问题弄清楚后，该广告也悄无声息了。

### 5.1.3　广告调查的程序

① 确定调查目标。广告调查目标是整个广告调查活动的着眼点和出发点，它决定了广告调查的内容和方法。这需要进行认真的分析研究，界定清楚需要调查和解决的问题，明确需要搜集的资料，尽量把调查的范围缩小，选出企业最需掌握或者解决的问题。可在现有的与调查问题有关的资料或试调查的基础上，明确广告调查需要搜集的资料，并对调查的范围、规模、力量、时间和费用，从经济效益和社会效益角度进行可行性研究。

② 制订调查方案。制订调查方案就是对该调查活动进行策划和设计，包括调查的目的和要求，调查的项目内容，调查对象的选定，调查所要采取的方法、工具，调查进度的安排，调查人员分工，调查费用的预算和调查注意事项等方面。这是一个具体而又复杂的过程，调查方案要翔实、可操作。

③ 组织和实施调查。建立广告调查机构，挑选调查人员，组织学习或培训，按照调查方案的要求，实施调查活动。

④ 整理、分析资料。整理的工作主要有：编校，对搜集来的资料加以校核，消除不准确、不符合实际情况的成分；分类，把经过核实的资料进行归类，并制成各种统计图表。分析的工作主要有：数据处理，计算出各类资料数据的平均数、标准差和百分率；制作图表，反映各类资料之间的相互关系；运用统计技术进行分析。整理和分析资料的过程，也是对资料进行研究的过程。

⑤ 编写调查报告。调查报告一般包括3个部分的内容：序言，简要说明调查的目的、方法、过程、结果和需要说明的问题；主体，详细分析调查资料，得出相关结论，提出建议；附录，主要有分析方法说明、统计图表和公式及参考数据等。调查报告是广告调查活动的成果体现，也是分析企业广告机会、进行广告决策的依据，应准确、系统、科学，针对性强。

⑥ 总结经验教训。

## 5.2　广告调查的方法

　　广告调查的方法很多，按调查范围可分为全面调查、典型调查、抽样调查；按调查材料的来源可分为文献调查和实地调查；按调查时使用的语言形式可分为访问调查和问卷调查。

## 5.2.1 广告调查对象的选择方法

**应用案例**　　　　　可口可乐的"百年失误"与沉默的大多数

> 1985年，可口可乐面临百事可乐日益严峻的挑战。百事可乐注意发展年轻的客户群，主张新的个性、新的口味，在追求新潮的年轻人中占有越来越明显的优势，而可口可乐一直坚持使用老配方，因而不断有消费者抱怨口味缺乏变化。1985年4月23日，可口可乐终于宣布改变已经使用了99年之久的秘密配方，推出新配方制成的可乐。新可乐一推向市场，那些曾经喧嚣的要求变革的声音消失了，但是那些一直沉默的、支持传统可乐的消费者发出了愤怒的吼声，可口可乐的销量一落千丈。这时决策者才突然发现，原来支持老口味的人才是真正的绝大多数。可口可乐不得不回到过去的老路，新配方计划在蒙受了重大损失之后以失败而告终，《纽约时报》更是将可口可乐更改配方的决策称为美国商界一百年来最重大的失误之一。

### 1. 全面调查

全面调查是一种一次性的普查，主要用于收集那些不能或不宜通过其他调查方法取得的比较全面而精确的统计资料，要对与广告调查内容有关的应调查的对象无一例外地、普遍地进行调查。全面调查在广告调查中采用较少。

### 2. 典型调查

典型调查是以某些典型单位或典型消费者为对象进行调查。典型调查的主要特点在于：调查对象是调查者有意选择的，这样可以深入应用典型，对实际情况进行具体细致的研究，详细观察事物的发展过程，具体了解现象发生的原因，并掌握现象各方面的因果联系。

这种调查方法投入较少，效率较高，其关键是要正确选择具有代表性的典型。这种方法适用于调查总体庞大，调查人员对总体情况非常了解，能准确地选择有代表性的单位或个体作为调查对象的情况。

### 3. 抽样调查

抽样调查是从应调查的对象中抽取一部分有代表性的对象进行调查，然后根据从样本获得的结果推断总体的性质。抽样调查不仅具有很高的科学性和准确性，而且省时、省力，是广告调查中最常用的方法。抽样可分为随机抽样和非随机抽样两大类。

（1）随机抽样

又称概率抽样，是指按随机原则从总体中抽取一部分单位作为样本进行调查，用所得的样本数据推断总体的方法。

① 简单随机抽样。亦称纯随机抽样，就是纯粹以偶然的方法，在总体单位中不进行任何有目的的选择，完全按随机原则抽选若干个个体为调查样本。通常采用抽签法或随机数字表进行简单随机抽样。这种方法适用于调查总体小、总体内部个体差异不大的情况。

② 系统随机抽样。即按照某种顺序给调查总体中的个体编号，然后随机抽取一个编号作为样本的第一个单元，样本的其他单元按照某种确定的规则抽取，对抽取的样本进行调查。常用等距抽样，即依一定的抽样距离由总体中取样。例如，现有某总体数为1 000，样本数为20，则抽样距离为50。假定从001~050中随机抽出了031，则样本的号码依次为：031，081，131，…，981。

③ 分层随机抽样。也称类型抽样或分类抽样，即将调查总体按特征分成若干层或类型，

然后在各层或各类型中随机抽取个体样本。调查消费者一般可以按收入、家庭人口、性别、年龄、教育程度、职业来分层。在调查总体很大且总体内部个体差异也较大时，采用分层随机抽样可以保证不同层次有同等被抽取的机会，能避免简单随机抽样过于集中某个地区或某种特性，从而增加样本的代表性和普遍性。例如，对某地区1 000个百货商店按规模大小分层，其中大型100家，中型200家，小型700家。若商店样本数定为40，则各层应抽取样本数分别为4、8、28。

④ 分群随机抽样。又称整群抽样，即将被调查对象分成若干群体，然后再从各群体中随机地抽取样本，而抽取的样本单位是一群。分群随机抽样是在简单随机抽样的基础上发展起来的。采用简单随机抽样，有时会因为样本单位过于分散而增加调查费用，或者因为得不到整个总体的名单而使调查不能正常进行，而分群随机抽样则能弥补这方面的缺陷。

分群随机抽样与分层随机抽样的区别是：分层随机抽样要求所分层之间有差异性，分层内部的个体具有相同性；而分群随机抽样则要求各群体之间具有相同性，每一群体内部的个体具有差异性。

⑤ 多级随机抽样。即先对调查总体进行抽样，再对抽中的样本进行抽样。这种方法在大规模调查中应用很广，特别是抽样单位为各级行政单位时。例如就某一广告效果进行全省调研时，先抽取几个城市，然后再从抽中的城市中抽取县、村，最后抽至户，作为统计样本。

(2) 非随机抽样

即有意识地选出有一定代表性的对象作为样本，用以估计总体性质。不按随机原则抽取样本，故不具有统计推断的功能，不能计算样本的代表性程度。但这种方法的可操作性强，尤其是在对调查总体不甚了解，或是总体太庞大和复杂时，常可以采用非随机抽样抽取样本。

① 任意抽样。即样本的选择完全依据调查人员的方便而定，事先不规定被抽选的个体，在调查现场碰到哪个就调查哪个，故又称方便抽样。例如，在路牌广告前向驻足者做面谈调查即属任意抽样。这一抽样方法虽然方便、经济，但往往抽样偏差比较大，通常用于非正式调查，正式调查中很少使用。

② 判断抽样。也叫目标抽样，即调查人员根据主观判断选出有代表性的样本。如果调查总体不大，可采用此抽样方法。这种抽样方法常用于紧急问题的抽样研究，粗略得出一个估计值，以此作为决策的依据。但该法有时由于主观判断偏差而引起抽样偏差。

③ 配额抽样。即按一定的标准规定不同特性群体的样本配额，然后由调查人员主观抽取配额内样本的方法。这实质上是一种分层判断抽样，与分层随机抽样的不同之处在于，前者对于层内个体采取的是判断抽样，而后者是随机抽样。配额抽样简单实用，且节省费用。按这种方法抽样，只要设计完善，调查方法得当，调查结果的可信度和效益均会较高。

④ 固定样本连续调查。即把选取的调查对象作为固定样本，对其进行长期的连续调查。优点是费用较低，所取得的资料比较可靠、系统、可比性强。缺点是调查人员和被调查对象会因持续时间长而产生厌倦情绪，以致影响调查的真实性；也会由于自然条件和社会原因等客观情况的变化，使这些样本变得对总体越来越失去代表性。

在实践中，大多数广告调查的抽样都采用非随机抽样。原因在于：调查组织者不知道产品或竞争产品的确定总体；产品使用者（调查对象）通常极为分散，尤其是面向全国销售的产品更是如此；调查较多的样本有可能降低误差；偏差的大小和性质能够进行判断和估计；取得资料的成本较低；最重要的原因，通常也是直接原因，广告主或调查组织者愿意损失部分可信度换取随机抽样所需的大量费用。

> **应用案例**　　　　　　　　乐百氏奶的市场调查
>
> 　　在常规的调查中，调查者会设计各种各样的调查问卷，绞尽脑汁地想知道人们在想什么、用什么、做什么，但是我们并不清楚消费者为了一张事不关己的问卷有多少耐心去认真思考、填写。但是，打破常规，创造一些新的调查方法，往往会收到意想不到的效果。
> 　　曾有某个专家调查团为今日集团的乐百氏奶做市场调查，便采用了"垃圾调查法"：在一个城市的东、西、南、北、中五个位置各找一个垃圾集中点，将其中的果奶瓶逐个进行统计，计算各品牌各占多少，然后可知乐百氏在这一地区的销售总额是多少，从而推算出该地区的市场容量有多大。
> 　　这个专家调查团还曾做过一种"厕所调查"。根据研究，人们在上厕所时最闲，往往会格外留意信息，从而认真动脑来填写问卷。这是一个很好的广告机会，因而他们在城市的收费厕所做文章，代为人们付费，并赠一支圆珠笔纪念，代价是让其填一张表格。结果问卷填写很详细，准确率也非常高。

## 5.2.2　广告调查的方法

#### 1. 文献法

即对已有的各种文献、档案等文字资料进行调查研究的方法。这是一种间接调查方法，其最显著的优点是可以节省用于基本调查活动所需的大量经费和时间。

① 了解文献资料的来源。文献资料的来源主要是企业内部资料和外部资料两大类。企业内部资料包括企业档案和企业活动文书，如企业概况、企业历史发展、客户名单、历年销售记录、市场报告、客户函电等。外部文献资料，是指通过函索或走访的形式向有关机构索取的文献资料。可以提供文献资料的机构有：图书馆、政府机构、行业协会、商会、出版社、研究所、消费者组织、企业公司、互联网等。

② 评估文献资料来源。包括：综合性，看是否能够提供对口而全面的资料；专业性，看是否能够提供足够的专业资料；专题性，看提供的资料与哪方面的专题有关；时效性，看提供的资料是否合乎时宜；可取性，看提供的资料是否迅速及时，费用如何；准确性，看提供的资料是否准确，来源是什么，是由谁提供的。

③ 搜集和整理文献资料。搜集文献资料时要尽可能全面、详细，并且按照合理的分类进行整理，使之类别化、条理化、系统化。

文献法适用于了解企业或产品以往情况的广告调查，供广告调查时与现实情况做对比分析。

#### 2. 观察法

即调查人员在现场对调查对象的情况直接观察记录而获取第一手材料的调查方法。观察法一般有以下几种形式。

① 直接观察法。即调查人员直接到现场查看以收集有关资料。

② 仪器观察法。即利用照相机、录音机、摄像机或其他仪器进行调查。其最大特点是被调查者并不感到正在被调查，调查效果较为理想。

③ 痕迹观察法。即调查人员不直接观察被调查者的行为，而是观察其行为发生后的痕迹。例如为了调查媒体传播效果，可以在几种媒体上刊登广告，并附意见回条，顾客凭回条购买商品可优惠。企业根据各回条的比例数和内容，就可判断哪种媒体能更好地把商品信息

传递给消费者。

观察法的优点是可以客观、及时地收集、记录被调查的人或事物的现场情况，调查的结果比较真实可靠，有时还能收集到其他方法无法取得的情报资料。但它只能发现外部表象，不能直接发现事物的本质，不能了解广告信息接收者的心理活动和消费动机等深层次的情况。观察法要花费大量时间，有时要求进行连续性观察，调查费用较高，而且要求调查人员有一定的观察技巧和观察能力。该方法不适于大面积调查。

### 3. 实验法

即通过小规模的实验，来了解广告受众的评价意见，以及通过实验对比获取有关资料的方法。实验法通常用于广告活动展开前探究消费者对产品口味或包装、产品价格、广告信息的反应等。实验方式有市场反应实验、广告信息实验和媒体效果实验等。实验法可以有控制地分析、观察某些市场现象之间是否存在因果关系及相互的影响程度，通过实验法取得的情况和数据比较客观、可靠，可以排除主观估计的偏差，在定量分析上具有较重要的作用。在广告调查中，常用的实验法主要有以下几种。

① 前后连续对比实验。这是一种最简单的实验调查方法，是指在不同的给定条件下，对前后不同时期的实验对象加以观察对比，分析自变量与因变量之间关系的方法。

② 控制组与实验组对比实验。是指在同一时期内用非实验单位与实验单位进行对比的一种实验调查方法。这是一种横向的对比实验，可以排除因对比时间不同而可能发生的其他非实验因素的影响。在选择控制组和实验组时，必须要求二者之间具有一定的可比性，主、客观条件要基本上相同或相似，以确保实验结果的准确性。

③ 控制组与实验组前后对比实验。它是上述两种实验法的结合，即以控制组和实验组在实验前后不同时期内的某个经济变量进行对比试验。这种实验方法的变数多，有利于消除实验期间外来因素的影响，从而可以大大提高实验变数的准确性。

### 4. 访问法

访问法是指按所拟调查事项，有计划地以访谈、询问等方式向被调查者提出问题，通过他们的回答来获得有关信息和资料的一种调查方法，这也是市场调查中最常用、最基本的调查方法。

① 面谈调查法。指调查人员同被调查者面对面接触，通过有目的的谈话取得所需资料的一种调查方法。面谈调查可以采取个人面谈，也可以采取小组面谈、集体座谈；可以入户面谈，也可以拦截面谈；可以只进行一次面谈，也可以进行多次面谈。这要根据调查的具体情况具体决定。

面谈调查法的优点是回答率高，灵活方便。面谈调查的缺点是所花调查力量、调查费用较大，调查时间长，对调查人员的要求较高，调查结果的质量往往容易受调查人员工作态度、调查技术熟练程度和心理情绪等因素的影响。

为了获得良好的调查结果，在面谈调查过程中还要注意询问方式。常用的询问方式主要有自由问答、倾向偏差询问和强制选择3种。

② 专家调查法。指邀请相关专家召开座谈会，以讨论、分析、研究、征询意见等方式，取得专项调查资料，并在此基础上找出问题症结所在，提出解决问题方法的一种调查方法。

专家调查法的优点是：能够把调查与讨论研究结合起来，不仅能提出问题，还能探讨、研究解决问题的途径。缺点是：调查人员必须能够组织好座谈会，对调查人员素质要求较高；座谈会人数不能太多，被调查人数受限；参加座谈会的被调查人员可能不具代表性，从而影响调查结果的准确性。

③ 电话调查法。电话调查法是指通过电话向被调查者询问有关调查内容和征求意见的一种调查方法。该方法的优点是取得信息快，节省时间，回答率较高，费用较低；不足之处是被调查者仅限于能通电话者，询问时间不能太长，对问题只能得到简单的回答，无法观察被调查者回答问题的表情和心理反应，有时不易得到被调查者的合作。电话调查由于其自身限定因素的影响，多采用二项选择题的形式。

### 5. 问卷调查法

即根据调查目的，设计调查问卷，由被调查者按调查问卷所提出的问题和给定的选择答案进行回答的调查方法。借助问卷进行调查在广告调查活动中最为常见。它不仅由于提问统一化、规格化而降低了在提问上因人为因素造成偏差的可能性，而且编号作答的方式更便于统计，这就使得大规模的调查成为可能。

① 媒体调查法。即以新闻媒体（包括电视、广播、报纸、杂志、互联网等）为载体，发布调查问卷，通过广大听众、观众、读者自愿回答并反馈调查信息，搜集调查资料的一种调查方法。媒体调查具有广泛性、时效性、公开性和客观性等优点，网络调查更是具有费用低、时效性、趣味性和保密性强、操作简单等优点。但是，媒体调查的结果易受新闻媒体发行量、对象性、收视率或阅读率等的影响。通过此法获得有效的调查数据比较困难，大多数采用媒体调查法的企业其主要目的是借调查之名宣传企业。

② 邮寄调查法。即将问卷邮寄给被调查者，由被调查者根据填表要求填妥后寄回的一种调查方法。该方法的优点是：调查的区域广；样本的数目较多，费用支出较少；被调查者有充裕的时间作答，也不受调查人员倾向性意见的影响。其缺点是：回收率很低，一般在15%左右，且答卷人可能不是目标被调查者；获得资料的时间较长；所获得的资料可能不具有客观性，被调查者常因看到问卷后面的问题而更改前面的答案，对于未寄还问卷的那部分人的意见无法了解，可能会影响对调查问题的分析和推断等。采用邮寄调查法，调查问卷的设计一般有一对比较法、图解评价量表法和项目核对法。

③ 留置调查法。即调查者将调查表当面交给被调查者，说明调查意图和要求，由被调查者自行填写回答，再由调查者按约定的日期收回的一种调查方法。留置调查法是介于面谈法和邮寄调查法之间的一种方法，此法可以消除被调查者的思想顾虑和填写调查表的某些疑问，被调查者又有充分时间独立思考问题，可避免受调查人员倾向性意见的影响，从而减少误差，提高调查质量和调查表的回收率。该方法的不足之处是调查地域范围受限制，调查费用较高。

---

**应用案例**                  **雀巢速溶咖啡购买动机调查**

隐藏于人内心深处的一些心理特性和心理品质，比如说动机、价值观等，用通常直接的询问方法是难以表现出来的，揭示它往往需要巧妙的实验设计和科学方法。

20世纪40年代雀巢速溶咖啡投入美国市场后，由于销路与原来预料的大相径庭，于是厂家请了心理学家对消费者进行了关于为什么不喜欢速溶咖啡的调查。在最先采用的问卷调查中，采用的是直接询问法，很多被调查者都回答是因为不喜欢速溶咖啡的味道，而实际上速溶咖啡的味道经过测试与人们习惯使用的豆制咖啡并没有区别，说明该项问卷调查获得的结果是不可靠、不正确的。

后来心理学家改用了间接的调查方法,才找出消费者不喜欢速溶咖啡的真正原因。当时为了找到家庭主妇反应冷淡的真正原因,心理学家进行了精巧的设计,采用了一种被称为角色扮演的投射技术。

在实验中,设计了两份购物单,购物单上各有7种要购的商品,除一份购物单上的速溶咖啡、另一份上的咖啡豆不同以外,其余6项是完全一样的。

| 购物单Ⅰ | 购物单Ⅱ |
| --- | --- |
| 1听朗福特发酵粉 | 1听朗福特发酵粉 |
| 2个油煎饼面包 | 2个油煎饼面包 |
| 1捆胡萝卜 | 1捆胡萝卜 |
| 1听雀巢速溶咖啡 | 1磅咖啡豆 |
| 1磅半汉堡牛排 | 1磅半汉堡牛排 |
| 1听德尔蒙特桃子罐头 | 1听德尔蒙特桃子罐头 |
| 5磅土豆 | 5磅土豆 |

找两组被调查家庭主妇,每组只看一份购物单,并告诉购物单是一位家庭主妇制定的,请她们描述按照购物单买东西的是什么样的家庭主妇。

拿到购物单Ⅱ的被调查者一致认为:该家庭主妇是个勤俭的、会过日子的、有经验的、喜欢烹饪的女人。拿到购物单Ⅰ的被调查者,有50%的人认为:该家庭主妇是个懒惰、邋遢、生活没计划的女人;12%的人认为:该家庭主妇是个挥霍的人;10%的人认为:该家庭主妇不是个好妻子。由此速溶咖啡销售不利的真正原因找到了:家庭主妇普遍对速溶咖啡产生了偏见。

这种结果,在先前的直接询问中是无法得到的,消费者在不知不觉中暴露了他们内在的真正动机。

于是企业改变了广告的主题,新的广告避免了消费者情绪偏见,而着重强调速溶咖啡具有和咖啡豆煮制的咖啡一样的味道,而且质地淳厚,这样速溶咖啡逐渐成为最受欢迎的饮料之一。

# 5.3 广告调查问卷的设计与询问技术

## 5.3.1 广告调查问卷的结构

一般来说,问卷设计首先要明确调查主题,然后进行自由访问调查,询问一些与调查有关的问题,再开始设计问卷草案。在经过事前实验性访问调查后,设计出正式问卷。问卷的结构一般包括以下几项内容。

① 标题。问卷的标题要概括说明调查的主题,使被调查者对所要回答的问题有一个大致的了解。标题要用简练而准确的文字说明问卷的内容,如"关于××企业形象的调查问卷"等。

② 前言。前言既可以是单独的一封信,也可以是问卷开头的一段文字,主要是解释调查的原因、目的,消除被调查者的顾虑。前言的写作要通俗易懂、亲切感人,使人产生好感,愿意合作。

③ 被调查者的基本情况。主要包括被调查者的姓名、性别、年龄、文化程度、就职状况、家庭月人均收入、住址、联系电话等。调查人员可以根据广告调查目的，有针对性地选择被调查者涉及的相关项目。

④ 调查项目内容。即根据要调查了解的内容设计的一些具体问题和备选答案，它是调查问卷最重要的组成部分，是调查结果的直接来源。调查项目内容主要以提问的形式呈现给被调查者，其内容设计的质量会直接影响整个调查的价值。

⑤ 填写说明。包括填写的要求和方法，其中主要有调查的目的、调查的要求、项目含义、调查时间、被调查者填写应注意的事项、调查人员应遵守的事项等。

⑥ 编码。编码是将问卷中的调查项目变成代码数字的工作过程，以便分类整理及进行计算机处理和统计分析。与此同时，每份问卷还必须有编号，即问卷编号。此编号除了序号之外，还应包括与该样本单位有关的抽样信息。

上述几项内容在信函查询的调查方式中应全部具备，而在其他方式中则可根据具体情况作相应的省略。

## 5.3.2　广告调查项目的设计技术

### 1. 开放式提问

这是指对调查的问题并不列出所有可能的答案，而是由被调查者自由作答。这种提问方式答案不唯一，不易统计，不易分析。

① 自由回答法。指事先不给出选择的答案，被调查者可以不受限制地回答问题。例如，您认为这种产品应该选择哪种广告媒体进行宣传？

② 文字联想法。即先列出一些词汇，每次一个，让被调查者按先后顺序写出他所联想到的词。例如：

下面列有几个名词，将您想到的字或词按顺序写出。

娃哈哈（　　）（　　）（　　）（　　）

康师傅（　　）（　　）（　　）（　　）

德芙　（　　）（　　）（　　）（　　）

③ 语句完成法。即提出一些不完整的句子，由被调查者完成该句子。例如，当我泡方便面时，我就想起_____。

④ 故事完成法。即设计一个未完成的故事，由被调查者将其完成。例如，前几天下雨，我去了××超市，超市门口站满了躲雨的人，这使我产生了下列联想和感慨。现在请完成这一故事。

⑤ 漫画测验法。即提供一幅有两个人物在讲话的漫画，将其中一人的讲话写出，而另一人的讲话要求被调查者填写。

⑥ 主题感觉测验法。即提供一幅绘有购买场景的图片，要求被调查者构想出一个图中正在发生的故事。

### 2. 封闭式提问

对调查项目中提出的问题设计几种可能的答案，被调查者只能从中选取一个或几个答案。封闭式提问规定了回答的方式，既方便被调查者回答，又能使数据编码、统计分析变得容易，所以在广告调查项目中被大量采用。

① 二项选择法。也称是非法，即由被调查者在预先给定的、相互对立的两个答案中选

择一项的方法。例如：

"请问您是否打算在近三年内购买汽车？" A. 是（　　）　B. 否（　　）

② 多项选择法。即由被调查者在已给定的两个以上的答案中选取一项或多项。例如：

在购买电冰箱时，您认为电冰箱的哪项指标最重要？（择一）

A. 制冷迅速（　　）　B. 内部容积大（　　）　C. 耗电量低（　　）　D. 噪声小（　　）　E. 外形美观（　　）　F. 结构合理（　　）　G. 其他（　　）

③ 排序法。要求被调查者将有关答案按其重要程度排序。例如：

您购买××电视机的原因是（按其重要程度排序）：

A. 价格合适（　　）　B. 图像清晰（　　）　C. 维修方便（　　）
D. 广告宣传（　　）　E. 造型美观（　　）　F. 他人推荐（　　）

④ 回想法。即明确提示回想的范围，让被调查者根据记忆进行回答。其主要用于测验品牌名称、公司名称及有关广告对被调查者的印象程度。例如：

请您简述××电视广告的内容：_____。

⑤ 再确认法。即事先提示某种线索，如图画、照片、文字、名称等，请被调查者回忆确认。通常用于调查被调查者对品牌、名称、广告等的认知程度或知名度。例如：

下面有几种品牌的手机，请标出您知道的：

A. 联想（　　）　B. 摩托罗拉（　　）　C. 海尔（　　）　D. 三星（　　）
E. 索爱（　　）　F. 诺基亚（　　）　G. 夏新（　　）　H. TCL（　　）

⑥ 配合法。即给出两类提示物，请被调查者找出提示物之间的对应关系，以发现他们的认知程度。例如：

下表左侧列出了几种汽车的品牌，请指出它们相应的价格：

| 品牌 | 价格/元 |
| --- | --- |
| 吉利 | 50 000 |
| 别克 | 150 000 |
| 奔驰 | 250 000 |
| 大众 | 100 000 |
| 奥迪 | 500 000 |

⑦ 一对比较法。通常是把调查对象中同一类型不同品种的商品，每两个配成一对，让被调查者对这几种商品的品牌、商标、广告等按照不同的喜欢程度进行比较选择，在调查表的有关栏内填上规定的符号，由此来了解被调查者的态度。这种方法不仅能判断顺序，而且还可以测定比较对象间的评价距离。例如：

请您比较 A，B，C 三种商品的广告。

|   | 喜欢 | 较喜欢 | 一般 | 较不喜欢 | 不喜欢 |   |
| --- | --- | --- | --- | --- | --- | --- |
| A |   |   |   |   |   | B |
| B |   |   |   |   |   | C |

⑧ 倾向程度法。即对于某商品进行连续询问，以了解被调查者从消费一种品牌的商品转变为消费另一种品牌商品的态度差别。这种调查法在调查态度、意见时经常使用。例如：

a. 您经常喝什么牌子的啤酒?

答:＿＿M＿牌

b. 目前市场上最畅销 N 牌啤酒,今后您是否继续购买 M 牌啤酒?

A. 是　B. 否

c. 如果"是",最近 N 牌啤酒广告承诺,有连环重奖酬谢,您是否还购买 M 牌啤酒?

A. 是　B. 否

⑨ 数值尺度法。即对调查对象的某种属性进行顺序分类,被调查者可以在满意和不满意的量度之间进行选择。例如:

看了某商品的电视广告后,您感觉广告设计如何?

A. 很不满意(　　)　B. 不满意(　　)　C. 一般(　　)

D. 满意(　　)　　　E. 很满意(　　)

⑩ 图解评价法。即事先画一图表,让被调查者就其主观感觉在上面画符号,以表明其评价的内容。例如:

您认为××冰箱的外观造型如何?(画"√"号)

非常美观└──┴──┴──┴──┘非常不美观

⑪ 对应评分法。即要求被调查者依据事先规定的特征,在评分表上表明自己的看法。例如:

请您对可口可乐、七喜、健力宝 3 种饮料的广告印象评分,见下表:

| | 2 | 1 | 0 | -1 | -2 | |
|---|---|---|---|---|---|---|
| 广告艺术性很强 | | | | | | 广告艺术性很差 |
| 播放时间最佳 | | | | | | 播放时间最差 |
| 诉求对象很明确 | | | | | | 诉求对象很不明确 |
| 广告风格很高雅 | | | | | | 广告风格很庸俗 |

⑫ 项目核对法。即列出调查事物的主要特征,由被调查者根据自己的看法进行选择,例如:

您认为电视机在下列特征方面的重要性如何?(请打"√"号)

| 特征 | 重要 | 无所谓 | 不重要 |
|---|---|---|---|
| 高清晰度 | | | |
| 环绕立体声 | | | |
| 遥控 | | | |
| 价格合理 | | | |
| 造型美观 | | | |
| 颜色和谐 | | | |
| 多功能 | | | |

⑬ 表格测验法。即让被调查者在一张有关调查事物特征的表格上发表自己的意见。例如:

请您指出下列哪些酒更符合所列特点?

| 特点项目 | 竹叶青 | 五粮液 | 茅台 | 二锅头 | 西凤酒 |
| --- | --- | --- | --- | --- | --- |
| 浓香 | | | | | |
| 清香 | | | | | |
| 酱香 | | | | | |
| 烈性 | | | | | |
| 清淡 | | | | | |

## 5.3.3 广告调查询问技巧

### 1. 问句提问设计中应注意的问题

在运用调查表进行调查时,也要掌握一些询问技术,否则会引起被调查者的误解和反感,从而影响调查效果。因此,在设计调查问卷时应注意以下问题。

① 设问应具体。任何调查都是为了特定的目的而进行的,为了取得具体的资料,提问要具体,要有针对性,避免流于一般化。例如,"您对该产品有什么印象?"这样的问题过于笼统,难以达到预期效果,应将这个问题具体化。如改成:"您认为这个产品的价格如何?质量如何?"

② 文字要准确,避免使用多义语和一些尺度因人而异的词汇。有许多词,如"普通""经常""很久""一般""近期"等,各人理解常常不同,在问卷中应避免使用。例如,"你近期是否要出游?"这里"近期"可以是几天、一周、一个月,不同的理解会有不同的问卷结果,因此应改为"一周之内是否出游?"或者"一个月之内是否出游?"

③ 避免否定形式的提问。在日常生活中,人们往往习惯于肯定陈述的询问,而不习惯于否定陈述的询问。否定的询问如"您不认为××产品的广告效果很好吗?"否定询问会影响被调查者的思维,或者容易造成相反意愿的回答或选择。因此,应改为"您认为××产品的广告效果好吗?"

④ 避免提令被调查者敏感和难堪的问题。许多人认为年龄、收入、婚姻、受教育程度等属于个人隐私,不愿意回答,这类问题就是敏感性问题。如"请问女士您今年多大了?"这个问题可以划分一定的年龄段,让被调查者自行挑选。还有些问题如果直接提问,会引起被调查者的难堪,他们会拒绝回答或随意地回答。例如,"您是否酗酒?"这个问题可以改为"您对酗酒是什么态度?"

⑤ 避免提断定性问题。有些问题是事先断定被调查者已有某种商品或行为,而事实上被调查者可能没有此商品或行为。正确处理这种问题的方法是在肯定性问题之前增加"过滤"问题。例如,"您家的汽车是什么牌子的?"问此问题之前应先过滤一下,如改为"您家是否有汽车?"(有请回答以下问题,没有请跳答)。如果被调查者回答"是",再继续提问。

⑥ 避免提诱导性问题。即问题所使用的词不是中性的,而是向被调查者提示答案的方向,或暗示调查者自己的观点。这样的问题,会引导被调查者给出肯定性的结论,不能反映消费者对商品的真实了解情况和真正的购买意愿,产生的结论也缺乏客观性、真实性。例如,"××产品的广告制作很好,您对此有何看法?"此提问就带有调查者的偏见,易诱导被

调查者同意其倾向。应改为"您认为××产品的广告制作如何?"

⑦ 避免提可能已经遗忘的问题。时间久了的问题容易使人遗忘。例如,"去年您在电视中看到几次××产品的广告?"被调查者不可能记住和回忆清楚这些问题,应改为"近一周内您看过几次××产品的电视广告?"

⑧ 避免提过长的问题。询问的问题过长,不仅会给被调查者的理解带来一定的困难,也会使其感到厌烦,从而不利于其对问题的回答,特别是在访问调查中使用的调查表,询问的部分过长,会使被调查者忘记开头的内容,从而影响对整个问题的理解和回答。

⑨ 避免提套桶式问题。套桶式问题是指在一个句子中使用了两个并联的小问题,以至于被调查者无法回答。例如,"请问您对××杂志的价格和内容是否满意?"这里包括了"对价格的态度"和"对内容的态度"两项内容的调查。如果被调查者对价格满意,而对内容不满意或者相反,则一时很难做出判断和回答。所以应把它分成两个问题:"请问您对××的价格是否满意?""请问您对××的内容是否满意?"

⑩ 避免不易回答的问题。由于时间、知识面等因素的影响,被调查者想不起或不了解而无法准确地回答。例如,"您家里人都穿什么品牌的皮鞋?""您家附近有多少商业网点?""您全年的文化娱乐支出是多少?"

⑪ 避免假设性问题。有些人在设计问题时,先假设有某一条件,然后再了解被调查者会采取什么行动。例如,"如果您的收入增加100%,在现有物价水平下,您会增加哪些支出?""如果××方便面实行连环大抽奖,您会增加购买量吗?"例句中的假设应该避免,因为这种提问是毫无意义的。

**2. 问题顺序设计应注意的问题**

① 问题的安排应具有逻辑性。
② 问题的安排应先易后难。
③ 把能引起被调查者兴趣的问题放在前面。
④ 开放性问题放在后面。

## 思 考 题

1. 为什么要进行广告调查?
2. 广告调查的内容主要包括哪些方面?
3. 广告调查的程序有哪些?
4. 广告调查对象的选择方法有哪些?
5. 广告调查的方法有哪些?
6. 广告调查的提问方式有哪些?
7. 在设计调查问卷时应注意哪些问题?

# 第6章 广告创意原理与方法

> **学习目标**
> - 理解广告创意的内涵、特征和原则;
> - 了解广告创意的基本过程,掌握广告创意 5 阶段论;
> - 了解广告创意的思维方式,领会形象思维、逆向思维、发散思维、横向思维;
> - 培养广告创意的动机和能力,掌握广告创意方法和技巧。

## 引言

### 广告创意是广告的生命和灵魂

在广告策划的诸环节中,广告创意是难度最大,最富挑战性、创造性和艺术性的一环。广告创意是现代广告创作的核心,是广告活动成功的关键所在。这是因为在现代广告的汪洋大海中,人们对广告的态度是非常淡漠的,或者漫不经心,或者熟视无睹。据国外一份调查资料表明:美国联播网每周要播放 4 000 条广告,由于人们在广告出现时常常置之不理,或者换频道,或者聊天、做其他的事,因此实际上每人每周只能看到 120 条广告,而且在这些被收看的广告中只有 1/3 能给观众留下一些印象,而这 1/3 只有一半被正确理解,仅 5% 能在 24 小时内被记住。可见,如果你的广告没有与众不同的特点,不具有出人意料的构思,就会被淹没在多如牛毛的广告中,被消费者忽视和遗忘,这就与没有做广告并无两样。从另一个角度来讲,缺乏创意的广告,要想引人注意,只有增加广告出现的频率,一遍遍地重复,才能有效地刺激消费者,积累广告效果,因此没有创意的广告又是成本最昂贵的广告。"山不在高,有仙则名;水不在深,有龙则灵。"一切出色的高品质的广告,都是独具匠心的创意的结果,唯有新颖独特的广告创意,才能在泛滥的广告洪流中脱颖而出,获得消费者的注意。在经济全球化进程不断加快和以消费者为导向的新世纪,注意力经济促使人们比过去更加重视广告创意。广告创意是现代广告活动的核心,是广告创作的生命和灵魂,是广告人高度心智活动的过程。然而,也许有人会问:广告创意有规律吗?为什么别人想得到而我想不到?创意思维和创意能力能培养吗?广告创意有什么方法和技巧吗?我能学会广告创意吗?

## 6.1 广告创意概述

### 6.1.1 创意和广告创意

究竟什么是创意？一直以来，学术界有不同的看法和理解。作为专业术语，"创意"是一个舶来品，英文"creative"和"idea"都有创意的含义。"creative"的英文原意是有创造力的，现在常常被引申为"创意"。"idea"一词有多种含义：主意、思想、概念、计划、打算等，这是创意最普遍、最有代表性的英文词汇。从字面上理解，"创意"既是一个静态的概念，是指具有创新的意识、创造性的意念、巧妙的构思和很好的点子，又是一个动态的过程，指创造性的思维过程。

创意的特点是新颖、独特。"新颖"是指破旧立新，前所未有，不墨守成规；"独特"是指不同凡响，别出心裁。创意的结果是突破现状、营造变化。

在现代社会，创意已深入到社会生活的各个领域。创意并非特指广告创意，它在公关界、广告界、营销界、时装界、新闻界、传播界、信息咨询界被广泛使用，但创意成为流行语应归功于广告界，是广告赋予了创意以生命力，可以说广告创意是人类创意活动最集中、最典型、最普遍的体现。

然而，广告创意一词究竟指的是什么？其内涵如何界定？对此国内学者和广告界人士却见仁见智，众说纷纭。人们一般在以下几种意义上来使用创意一词：广告创意是指广告的艺术构思（不包括制作），这是一种使用较为普遍的含义；广告创意是指广告活动中有创造性的活动，这是对广告创意较广义的把握，如广告主题创意、广告表现创意、广告媒体创意等，这种认识使创意一词几乎包括了广告活动的所有环节；广告创意是指整个广告作品，这是将创意等同于广告的一种认识。

在此，我们认为，所谓广告创意，是指广告人员对广告活动进行的一系列创造性的思维活动。具体地说，广告创意是以市场调研所获得的市场情报、产品信息、消费者资料和竞争者讯息为依据，以广告策划诸环节所确定的广告策略为架构，对题材的选择、主题的提炼、形象的典型化、文字的精练、图画的意境，以及载体、表现方法和风格进行综合思考和想象，通过视、听表现来影响目标消费者的感情和行为，使之听从劝说，采取购买行为。

一个好的广告创意主要表现在广告主题、广告形象、广告语言、广告标题、插图、版面设计等方面。

### 6.1.2 广告创意的特征和原则

#### 1. 广告创意的特征

关于广告创意可以从以下几方面加以理解。

（1）广告创意的本质属性是创新

广告创意是赋予广告以"精神及生命"的创造性思维，是发人所未发的新点子。创新是广告创意的本质属性。广告创意必须体现出不同凡响、别出心裁、前所未有的新视角、新设想、新理念，强调以新颖的主题、新颖的形式、新颖的手法形成别具一格的广告活动和广告作品，以吸引受众的注意，争取受众的理解，形成市场影响力。对此美国创意大师威廉·伯恩巴克认为：要使观众在一瞬间发出惊叹，立即明白商品的优点，而且永不忘记，这就是创意的真正效果。广告创意要具有"原创性"和"震撼力"，原创性要求打破常规、与众不同，以增强广告的吸引力和生命力；震撼力要求创意能够触及人们的心灵，给受众留下深刻印象。

（2）广告创意贯彻于广告活动的各个环节

广告活动的每一个环节和过程都是根据广告创意进行的，可以说广告创意普遍存在于广告活动的各个环节，如广告主题的确定、广告语言的妙用、广告表现的设计，都需要创意。可以说，广告创意是广告制作的前提，没有广告创意，就谈不上广告创作。同时广告创意也存在于广告战略战术的制定、广告媒体的选择和组合、广告的推出方式等每一个与广告活动有关的细节和要素上。

（3）广告创意的宗旨是全力表现广告主题

广告创意是表现广告主题的构思和意念。在广告策划中要选择、确定广告主题，但广告主题仅仅是一种思想或概念，如何把广告主题表现出来，怎样表现才能更准确、更富有感染力，是广告创意的宗旨。因此，创意一定要以广告主题为核心，通过一定的艺术构思将广告主题思想或基本观念形象化、艺术化地表现出来，而不能随意偏离或转移广告主题。广告主题是广告创意的起点与基础。只有主题明确，才能创作出引人入胜、新颖别致的广告作品。

（4）广告创意的关键是能与受众进行有效沟通

通常一般化、简单化的构思也能够表现广告主题，尽管主题明确，但却不能说是创意，因为创意是一种创造性的思维活动，应构思巧妙、出奇制胜。而创意的这种新奇应以受众的心理为依据，以受众心理需求为准则，以实现与受众的有效沟通，从而获得良好的宣传效果。如果广告创意平淡无奇或者脱离受众心理需求，就无法与他们进行有效的沟通，更难有宣传效果。广告创意就是要创造出切合受众心理，能与受众有效沟通的形象和美好意境，使广告内容与广告形式达到完美的统一，感染受众、引发共鸣，进而使广告商品和企业形象深深地印在受众的心中。

### 2. 广告创意的原则

"广告创意＝创异＋创艺＋创益＋创议＋创忆"的观点已深入人心，广告创意既要新、异，又要有艺术品位，既要传播主张、引起记忆，更要创造效益（见图6-1）。它注重标新立异，有较强的突发性、跳跃性等特点，但与纯艺术创作不同，不能无拘无束、天马行空，而需要遵循一定的原则。

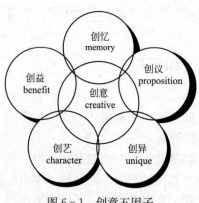

图6-1 创意五因子

## 案例赏析

### 奔驰 SLK 新跑车"刹车痕"广告

银白色的跑车在暗色街道边上停放着,安静、悄无声息地散发着雍容华贵的气息,黑色的刹车痕与明亮的路面形成强烈的对比,没有标题,没有文字。这是奔驰公司在 1996 年为新推出的 SLK 跑车所创作的平面广告作品"刹车痕"。该作品获得 1998 年第 44 届戛纳国际广告节的全场大奖。创意人员抓住人们看到好东西都想再回头看一看的心理细节,并通过刹车痕加以具体而形象的表达,表白着人们对这辆车的好奇和探寻,以至于都急刹车并倒车要看个究竟。好一幅不用文字便让人领略其中意义的作品,一反平常"王婆卖瓜"式的直白表现形式。不过如果没有驾车经验,就会看不懂。

(1) 独创性原则

独创性是广告创意最鲜明的特征。所谓独创性原则,是指广告创意中不能因循守旧、墨守成规,而要勇于和善于标新立异、独辟蹊径。独创性的广告创意具有最大强度的心理突破效果。与众不同的新奇感总是那样引人注目并引起广泛的注意,并且那鲜明的魅力会触发人们强烈的兴趣,能够在受众脑海中留下深刻的印象,长久地被记忆,这一系列心理过程符合广告传达的心理阶梯的目标。一个普通的商品信息或观念,经过独特性的创意塑造,就能达到不同寻常的震撼效果。

(2) 科学性原则

广告创意应以科学的调查与分析为基础。尽管广告创意有时表现为灵感的顿悟,但这并不是广告创意的全部。作为广告创意人员如果不熟悉市场情况、社会文化、商品特性和受众心理需求,就很难创作出具有市场影响力的广告作品。即使能创意,在没有经过科学调查分析的创意指导下策划出的广告,也易违反市场、社会文化,违背商品的特点和品牌特性,也可能仅是供人们观赏和消遣,而无法达到促销和树立形象的目的。广告创意是在一大堆平凡、普通的材料和信息中提炼、加工合成的,是一项艰苦的劳动;它需要对各种相关的材料进行科学的分析、思索,以点燃灵感的火花,然后对其加以筛选、修正、深化,并升华为一个成功的广告创意。应该说,科学性不仅仅体现在广告创意上,而是体现在广告活动的每一个环节。

(3) 艺术性原则

广告创意的艺术性原则,就是通过美好的形象和意境,使广告具有吸引和感染消费者的魅力,从而达到与之有效沟通的创意原则,又称为情感原则。现代人的消费已不仅仅要求物质方面的满足,更讲究心理和精神方面的满足。受众期望在一种美好的意境与氛围中接受广告宣传,即在获得商品信息的同时也能得到艺术享受。以情感为诉求重点来寻求广告创意,是当今广告发展的趋势。因此,广告创意人员在构思的过程中,不仅要准确、清晰地传递商品信息,满足消费者对商品信息的需求,而且要根据商品特点和社会情感心理,设计具有心理感染力的广告宣传意境,给受众带来愉悦的心情和艺术享受,使广告能触动人心,使他们在强烈的感情共鸣中形成消费动机,从而获得良好的广告宣传效果。

(4) 目标性原则

广告创意是广告的促销因子,是以广告服务对象为出发点和落脚点的创造性行为,必须围绕广告目标和营销目标进行,否则再好的创意都是没有效果的。大卫·奥格威说:"我们的目的是销售,否则就不是广告。"因此,广告创意必须与广告商品、消费者、竞争者相关,通过艺术氛围的营造,刺激消费者的消费心理,以促成广告目标和营销目标的实现,否则广告也就失去了它的价值和意义。

(5) 真实性原则

广告创意必须建立在真实的基础之上,真实可信是广告的生命。因此广告创意首先要以商品和企业的真实信息为创作构思的根本,广告内容要真实可信,不能子虚乌有,哄骗消费者。其次要处理好艺术加工与事实本身的关系。广告创意是一种把广告主题形象化、艺术化表现出来的思维活动,但不允许进行脱离事实本身的艺术创造和过度的夸张,必须符合广告法律法规,符合社会的基本道德规范,且具有相应的社会责任感,这又称为广告的合规原则。

(6) 简洁性原则

简洁性原则又称"KISS"(keep it simple stupid)原则。广告创意必须切中主题、内容简单明了而又内涵丰富。无论是语言文字、图像,还是情节画面等表现手段,要尽量做到通俗易懂、形象逼真、情节生动、符合常理,既能准确地把广告诉求的宗旨表达出来,又能让受众感到意味深长、寓意无穷、饶有兴趣,从而使人过目不忘,印象深刻。

## 6.2 广告创意的基本过程

### 6.2.1 对创意过程的不同概括

广告创意是一种极其复杂的创造性的思维过程,并非仅是灵感的突现,而是要经过艰苦的过程才能够完成。关于广告创意过程,专家们从不同的角度进行了概括,提出了多种有关创意过程的模式。

美国科学家罗斯特(Roster)和艾特(Abt)曾个别访问并研究过美国现代有名的科学家,发现科学和艺术的过程相类似,皆为解决问题的过程(见图6-2)。

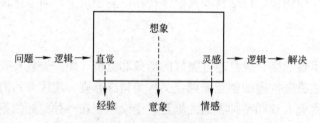

图6-2 创意的思维过程

加拿大内分泌专家、应力学说创立者G.塞利尔把创意与生殖过程相类比,认为创造是一个复杂的思维过程,他提出了"恋爱或情欲—受胎—怀孕—产前阵痛—分娩—查看与检验—生活"七阶段创意过程模式。这一比喻非常形象,表明创意的确是一个艰苦漫长的过程,具有若干基本环节。

美国当代创造工程学家、创造学奠基人奥斯本提出了"寻找事实—寻找构思—寻找答案"的三阶段创意过程。

英国心理学家 G. 沃勒斯提出的创意过程模式为：准备—酝酿—豁朗—验证。

弗兰克·阿南克德·阿姆斯壮把创意过程分为"评估形势—明确问题—利用潜意识—产生构思—判断最佳构思"五阶段。

冯·奥克提出的四步创意模式，认为广告创意人在创意的不同阶段仿佛是在扮演不同的角色：探险家——寻找新的信息，关注异常模式；艺术家——试验并实施各种方法，寻找独特创意；法官——评估实验结果，判断哪种构思最有效；战士——克服一切干扰、障碍，直至实现创意概念。

美国广告学家奥斯伯恩总结了几位著名广告设计家的创新思考程序后提出了奥氏程序，具体有3个步骤：一是查寻资料，即阐明创新思维的焦点（中心），收集和分析有关资料；二是创意构思，即形成多种创意观念，并以基本观念为线索，修改各种观念，形成各种初步方案；三是导优求解，即评价多种初步方案，确定和执行最优方案。

我国香港广告学者黄沾先生提出来的黄氏程序为：藏，即收藏资料；运，即运算资料；化，即消化资料；生，即产生广告创意；修，即修饰所产生的创意。

上述对创意过程的不同概述，虽各有特点，但都反映出创意是有一定程序性的，是一个艰苦的思维过程。遵循广告创意的操作过程是成功创意的方法论保证。为了科学地阐述广告创意的过程，美国著名广告大师詹姆斯·韦伯·扬在20世纪60年代提出了广告创意五阶段论，至今人们对此仍颇感兴趣，并得到广泛认可，在实际创作过程中常常被沿用。下面以詹姆斯·韦伯·扬的观点为主导，综合其他专家的见解，对广告创意的过程进行说明。

## 6.2.2　广告创意的基本过程

### 1. 收集资料——准备阶段

广告创意的产生并不是闭门造车、空穴来风般的主观臆想，创意的产生，要收集足够的资料才有可能。收集资料是广告创意的前提和准备阶段，也是广告创意的第一阶段。收集的资料有两种：特定资料和一般资料。特定资料是指那些与广告商品或服务直接有关的信息，以及有关目标消费者的所有资料。它是广告创意的主要依据，主要通过广告调查得到。一般性资料是指创意者积累的日常生活素材、一般性知识和信息。广告创意大师李奥·伯奈特在谈到其天才创意时说，创意秘诀就在他的文件夹和资料剪贴簿内。在那里既有他随时随地记录下来的令其感动的"只言片语"或构想，也有他每周从报纸杂志收集剪贴下来的广告。这些积累随时都会引发好的创意。可以说广告创意就是一个综合调动广告创意人员一生知识、经验及记忆印象，并将此按特定意图加以重新组合的过程。广告创意人员的知识结构、资料收集和信息开发能力，是直接影响广告创意质量的关键因素。在进行广告创意前进行特定资料的收集只是暂时性的工作，而收集一般的资料却是终生的工作。因此广告创意人员应是生活中的有心人，应随时随地观察和体验生活，并把观察的新信息、体验到的新感觉收集、记录下来，这样才能在创意中厚积薄发。

**相关链接**

**创意秘诀就在文件夹和资料剪贴簿内**

曾为万宝路香烟策划出牛仔形象的著名广告大师李奥·伯奈特（Leo Burnett）在谈到他的天才创意时说，创意秘诀就在他的文件夹和资料剪贴簿内。

他说："我有个大夹子，我称之为'corny language'（不足称道的语言），无论何时何地,只要我听到一个使我感动的只言片语,特别是适合表现一个构思,或者能使此构思神龙活现、增色添香,或者表示任何种类的构想——我就把它收进文件夹内。"

"我另有一个档案簿,鼓鼓胀胀的一大包,里面都是值得保留的广告,我拥有它已经25年了,我每个星期都查阅杂志,每天早上看《纽约时报》《华尔街时报》,我把各种吸引我的广告撕下来,因为它们都做了有效的传播,或是在表现的态度上,或者在标题上,或是其他的原因。"

"大约每年有两次,我会很快地将那个档案翻一遍,并不是有意要在上面抄任何东西,而是想激发出某种能够适用到我们现在做的工作上的东西来。"

广告大师们的这种不断的信息收集和积累如同为自己建造了一座创意"水库",源源不断的创意便从这里喷涌而出。

### 2. 品味资料——分析阶段

这是从收集到的资料中寻找创意线索的过程。在此阶段主要是分析、归纳资料,依据广告目标,列出广告商品与竞争商品的共性,如商品的设计思想,生产工艺水平、适用性、耐久性等;列出广告商品与竞争商品的优势和局限,从而找出广告商品的竞争优势及其给消费者带来的利益点;判断受众的心理需要,以及商品和品牌在受众心目中的实际形象,找出广告创意的定位点,形成广告创意的方向。按照詹姆斯·韦伯·扬的说法,这种过程是"信息的咀嚼",是广告创意者"用心智的触角到处加以触试",从商品特质与人性需求的关联性去寻求诉求点。

**应用案例**　　　　**不用开瓶器就能打开的啤酒的广告**

要为一种不必用开瓶器就能打开的啤酒做广告,有这样两种广告表现。

日本人是用一位年轻漂亮的少女的纤弱手指打开啤酒瓶盖,以表示可以毫不费力地打开啤酒,无需开瓶器。

美国人则找了一位其貌不扬、衣衫褴褛的50岁左右的老年人,他右手拿着啤酒,对着电视观众说:"从今以后不必再用牙齿了!"随即咧开嘴得意的一笑。就在他笑的一瞬间,人们发现原来他没有一颗门牙。这样,人们在惊奇之余,很快就强烈地感受到这种不必用开瓶器就能开启的啤酒所带来的好处,既形象又强烈,还能久久回忆,给人留下了非常深刻的印象。

这两种广告虽然推销的是同一种商品,但因其创意的出发点不同,所收到的广告效果也截然不同。前者是从商品本身的特点出发,很单纯地直接把商品推销重点表现出来;后者则是从人性的角度出发,站在消费者的位置上,为消费者着想,表现出浓厚的人情味,因而更容易引起消费者的共鸣。

### 3. 孵化资料——酝酿阶段

这是广告创意的潜伏阶段。在这一阶段,广告创意人员为找到一个好的创意性点子,会在问题的引导下积极思考,运用、改造素材,把积累的形象、言语、片断等在脑海中进行各种排列组合,可谓绞尽脑汁、苦思冥想,甚至到了废寝忘食的地步,这时广告创意者往往处于焦躁、激动不安和煎熬当中。人们发现,当大脑处于信息超载状态时,如果经过较长时间的苦思冥想,依然百思不得其解,不妨暂时离开他所思考的问题,松弛一下紧张的神经,去做一些轻松愉快的事,如睡觉、听音乐、沐浴、打球、散步等,尽量不要去想这个问题,任其在潜意识中综合酝酿。在这种静的"无所为"状态下，由于各种干扰信息的消失，思维较为松弛，能更好地进行创造性思考。一旦有信息偶尔进入，就会使人猛然顿悟，过去积存在大脑中的信息会得到综合利用，这时就会出现新的组合、新的意义、新的过程。

#### 4. 创意诞生——顿悟阶段

这是广告创意的产生阶段，即灵感闪现阶段。灵感闪现也称"尤里卡效应"。"尤里卡"是希腊语"eureka"，意为"我想出来了"，源于古希腊科学家阿基米德灵感突现，在澡盆中突然想出鉴别皇冠中含金量的方法时的忘情呼喊，它标志着伟大创意的诞生。不期而遇、突如其来的灵感，带给人一种"众里寻他千百度，蓦然回首，那人却在灯火阑珊处"的惊喜。詹姆斯·韦伯·扬把它称为"寒冷清晨过后的曙光"。经过长时间的思考酝酿之后，一旦得到外在的某些事物的触发和刺激，脑子里已经形成的尚不清晰的思维模式，就会如同电路接通那样灵感闪现。此时，千万不要得意忘形，因为灵感是会稍纵即逝的。正如美国著名作家、哲学家爱默生所说："灵感就像天空的小鸟，不知何时，它会突然飞来停在树上，稍稍不留意，它又飞走了。"因此，当灵感突然"飞"来时，最妥当的办法就是抓住"它的翅膀"，用笔"拴"住它。

#### 5. 定型实施——验证阶段

创意刚刚出现时，常常是模糊、粗糙和支离破碎的，还需要进一步的加工完善，将它所获得的表象、感受、概念等纳入一定的模式进行整合和发挥，并借用语言、文字、图像等形式表达出来，使之进一步明晰，成为符合实际情况的、系统的、完整的思维成果。验证时可以将新生的创意交与其他广告同仁审阅评论和探讨，使之不断完善。

上述产生创意的5个阶段简单明了，似乎并没有什么非同寻常之处，但实际上创意的产生是一项非常艰苦的高智慧的劳动。应该说创意产生的过程是必要的，并且这个过程具有明确、严格的顺序，如果打乱这个顺序，将很难获得良好的创意效果。产生广告创意的5个阶段中，前3个阶段强调的是动脑思维、观察及分析，并不以形式表现为主，而且它们的时间较长，目的在于产生累积效应，否则很难产生有价值的创意火花。所以，广告创意酝酿过程长而复杂，而爆发时短而确切。

## 6.3 广告创意思维

广告创意是一种创造性思维活动。思维是人类认识世界和改造世界的一种主观能力，而创造性思维是创造新概念、新形式、新主题、新形象的思维方式，具有较强的积极进取性和探索性。在广告创意中，创意人员的思维习惯和思维方式影响着创意的形成与发展，只有具备了良好的创造性思维才能形成优秀的广告创意。

### 6.3.1 广告创意的思维方式

广告创意的思维方式可以从不同的角度进行概括。

#### 1. 抽象思维、形象思维与灵性思维

按照思维所借助介质的不同，广告创意的思维方式可分为抽象思维、形象思维和灵性思维。

抽象思维，又称理性思维，即人们在认识活动中，运用概念、判断、推理等思维形式对客

观现实进行间接的概括的反映,找出事物内在规律的一种概括性、论证性的思维活动。抽象思维贯穿于广告创意的全过程,特别是在广告创意的酝酿阶段,需要运用抽象思维进行分析归纳,在评估阶段也要运用抽象思维对创意进行逻辑表述和证明。总之,在广告创意的各个阶段都要运用抽象思维进行科学的分析与综合、合理的归纳与演绎、严密的推理与论证。

形象思维,又称直觉思维,即借助具体形象的生动性、实感性进行创造性思维的思维活动,是广告创意最为常见的一种思维方式。形象思维是一种多途径、多回路的思维,其全部过程就是"形"的不断积累、筛选、组合和变幻的过程,也是"象"的分析和综合的过程。它以直觉为基础,通过想象、幻觉,从一种事物引发联想产生创意。例如西班牙的一则反种族歧视的电视公益广告——用一双手在黑白两色钢琴键上弹奏悦耳动听的曲子,表达了"黑与白也能够和睦相处"的广告主题。这种形象思维的方法,可使广告创意人员摆脱习惯性思维定势的困扰而产生奇思妙想。

## 案例赏析

### VOLVO 汽车"安全别针"广告

获得1996年戛纳国际广告节全场大奖的瑞典VOLVO汽车"安全别针"广告,其标题为"你可信赖的汽车",画面简单、明了,用一个别针弯曲变形形成的汽车外形作为主视觉元素,让人过目不忘、耐人寻味。在国外,别针常和"安全"这个概念联系在一起。在此则广告中,设计人员巧妙地用它传递了VOLVO汽车性能的安全性,运用创意的神来之笔将VOLVO汽车品牌的灵魂和别针存在的价值融为一体,用一枚极为平常的别针,重新演绎了VOLVO诞生以来对生命的认识和审视,升华了VOLVO汽车的安全承诺(而不是用语言)。

灵性思维,又称顿悟思维,是具有突发性、瞬时性、随机性的思维方式,是潜意识转化为显意识的一种特殊表现形态。如何进行潜能训练,挖掘潜意识在广告创意中的特殊作用,是广告创意原创性的一个重要课题。

2. 顺向思维与逆向思维

按照创造性思维的常规性,可将广告创意的思维方式分为顺向思维和逆向思维。

顺向思维,即按照常规定势思维。在广告创意中采用顺向思维,就是按照常规定势,从小到大、从上到下、从高到低、从前到后等常规的序列方向进行思考,自然顺畅,使人容易接受。这种思维本身在广告创意中运用较少,至多只是以广告的形式来表现商品或服务的用途。顺向思维的优势是在处理常规性的事物时有一定的积极意义,其缺点是容易形成习惯性思维,从而影响创新思维的开发。

逆向思维,即逆着常规思路,对事物的性质、功能、特点进行反向思考,是一种反常规、反传统、反向的思考方法。在广告创意中,逆向思维往往能从反向中,找到出奇制胜的新思路、新点子,能给受众一种"新奇感",能满足受众求新求奇的要求,能很好地吸引受众,取得良好的广告效果。历史上许多经典的广告创意都是借助逆向思维获得的。例如宝洁公司一则广告以男模特表现妇女用品的利益点,一反常态,使该广告在众多司空见惯、平凡无奇的以女性模特代言妇女用品的广告中跃出,给受众意想不到的新奇与刺激,从而留下深刻的印象,收到了良好的广告宣传效果。

## 案例赏析

### 怀孕的男人

海报的画面上是一位大腹便便、神情有点懊丧的"怀孕"男子,广告中说:"如果怀孕的是你,你是否会更小心点呢?"这则广告是 1970 年为英国健康教育委员会制作的,其目的是在社会上掀起反对早孕和未婚先孕的运动。

这则广告没有有关社会责任的任何说教或严词指责(而这恰恰会使这则广告与其他公益广告雷同而流于一般),只是用了一个不合常理的男人怀孕的画面,外带一句问话,便将广告主题形象生动地表达了出来,新鲜有趣,别出心裁,从而取得了良好的劝导效果。这则广告是创意运用逆向思维的杰作,充分体现了广告创意的独特性原则,被视为广告中的经典构想和作品。

#### 3. 发散思维与聚合思维

按照创造性思维的指向,可将广告创意的思维方式分为发散思维和聚合思维。

发散思维,又称扩散思维、辐射思维、开放思维、立体思维等。这是一种由一点向外联想、发散思考的方法,即以思考对象为中心,从多个不同角度探索思维结论。在广告创意中,这种思维方式充分运用丰富的想象力,调动积淀在大脑中的素材,将原来的知识、观念、信息重新组合,以产生新颖的创意点子。发散思维有利于思维的广阔性和开放性,有利于空间的扩展和时间的延伸。发散思维是创造性思维的核心。

聚合思维,又称辐合思维、收敛思维和集中思维。它是以某个问题为中心,动用多种方法、知识或手段,从不同的方向和不同的角度,将思维指向这个中心点,以达到解决问题的目的。与发散思维相反,这是一种由外及内、异中求同、归纳集中的思维方式。在广告创意中运用聚合思维有利于创意的深刻性、系统性和全面性,特别在选择创意和评估创意时具有重要意义。

发散思维是由一个中心点——问题出发,使思维向四面八方扩散开去;聚合思维则是将各种思维路径从四面八方向一个确定的问题集中,二者各有所长,也各有所短。在创意中,发散思维和聚合思维是反复交织、相辅相成、缺一不可的两种思维模式。

## 案例赏析

### VOLVO 汽车"安全气囊"广告

VOLVO 轿车素以"安全"为广告诉求,数十年不变。1996 年,它以"安全别针"的新颖创意荣获戛纳平面广告金奖及全场大奖。1997 年,VOLVO 轿车又以全新力作再次获奖,广告表现的是一位面露微笑、怡然自得的婴儿舒适地躺在母亲的双乳间,右下角有VOLVO 品牌字体。母亲右乳上的文案让受众恍然大悟:"沃尔沃汽车,世界上最早装有安全气囊的轿车。"安全感油然而生。

这则广告的创意以比拟、借代手法切入:被代替的安全气囊是本体,用来代替的母亲的乳房是借体;妙在巧用其关联性,婴儿与用户互动——如同婴儿躺在母亲的怀里,极为可靠与安全,用生动的形象将沃尔沃安全的利益点有效传播给受众。可见,发散思维在广告创意中具体应用在"敢想"上,由此使很多不相关联的事物一经想象,再加以发掘论证,便能形成许多绝妙的组合。

#### 4. 纵向思维与横向思维

按照创造性思维的维度方向,可将广告创意的思维方式分为纵向思维和横向思维。

纵向思维，又称垂直思维、竖向思维，是按照事物产生、发展的既定方向，借助现有的知识、经验，从问题的正面进行上下垂直式思考。这是一种选择性的、分析性的、必然性的、排除不相关因素的思维方式。纵向思维具有单维性、历史性的特点，在广告创意中运用这种思维方式，能历史地、全面地看待问题，有利于思维的深刻和系统，但如果在某一个环节出现问题，将会使整个思维过程中断。由于这种思维方式符合人们的一般思考规律，因此被认为是一种比较简单的广告创意的思维方式。

**应用案例**　　　　　　　"骆驼"牌香烟包装设计"弄拙成巧"

早期烟草制品的包装设计还十分粗糙，为了美化香烟包装，1875年的美国雷诺尔兹烟草公司未加选择地请了一位乡村美术教师设计香烟盒。公司只是简单地告诉他烟草进口于土耳其。这个乡村美术教师由于对土耳其并不了解，于是展开了错误的联想：土耳其—沙漠—骆驼—金字塔—伊斯兰建筑—椰子树。包装设计完后，虽然设计得荒诞不经，却仍然引发了人们的好奇心，使"骆驼"牌香烟供不应求。这个包装广告是在既有的经验、知识、观念中获得暗示的，属于典型的竖向思维。

横向思维，又称水平思维。横向思维通过改变原有定势、传统观念，通过分析比较，从多个方向找出新的思维原点，用全新的思维去思考，是一种激发性、跳跃性、探索最不可能途径的思维方式。横向思维不是一种"连续性的"思考，并不凭借原有的经验，不是由旧及新，而是弃旧从新。横向思维具有多维、多角度和多方向的特点。在广告创意中运用这种思维方式，可以引发灵感，产生新的构思，获得意想不到的创意效果。

## 6.3.2　广告创意思维的特点

**案例赏析**

### 裸体的裤子广告

20世纪70年代牛仔裤大行其道，有的厂商为了拓展女性市场，特别设计了更适合女性的牛仔裤。广告主题是表现女性穿上这种新设计的轻柔、贴身、舒适的女性牛仔裤，更能展示女性的身材美。广告创意放在广告图画上：一位模特赤裸着美丽的臀部，臀部上有象征牛仔裤的织线，口袋左上角用黑色的底衬托红色的商标，整个画面没有一个文字。

广告画面非常贴切、传神地表达了广告主题。广告模特虽然没有穿牛仔裤，但是比穿上牛仔裤更能淋漓尽致地展现裤子的优点：柔软、舒适、贴身，充分展现女性的人体美。当然，如果臀部没有象征牛仔裤的织线，没有贴上商标，那么这个创意在表现上就不会这样传神。

这张完美无瑕、构思新颖的海报，创作于1971年，它被广告界公认为是广告创作构思突破常理的一个典范，被收藏于美国纽约大都会博物馆。

开发创造性思维是一个极其重要且十分复杂的问题，它涉及一个人的知识、经验、创造技能、思维方式等因素。创造性思维具有不同于其他思维方式的特点。

① 丰富的想象、活跃的灵感是创造性思维的基础。创造性思维是一个能够把不同事物联合起来，进行奇思妙想的过程。在广告创意中应充分发挥想象力，把各种人类美好的意境、梦想注入广告创意中，以增强广告宣传的影响力。同时要善于调整思维的静止状态，

使之始终处于兴奋之中，积极思考，不断萌发灵感，提出异乎寻常的新构思。可以说奇妙丰富的想象力和活跃的灵性思维是进行创造性思维的基础。

② 开放性是创造性思维的根本保证。创造性思维比较强调开放性。保持开放的心态，能及时广泛地吸收相关事物的信息，丰富自己的创意素材，在外界事物的启发和引导下，形成全新的思维结论。从某种意义上说，开放性是创造性思维的保证。广告创意人员只有不断地接触新生事物，及时了解不同领域的变化动态，才能持续地创造出新颖奇特的广告点子，获得良好的广告宣传效果。

③ 求异性是创造性思维的重要途径。创造性思维是一种特殊的求异思维方式，需要超常思维，要善于在既定的参照模式的反面、侧面探寻某种事物的结论，强调增加、减少或更换事物的构成要素等求异思维方式的运用。广告创意人员要经常用怀疑、否定的态度看待和分析那些习以为常的现象，并有所创新。

④ 动态性使创意具有生命力。创造性思维方式强调根据事物的发展变化过程，对相关的信息进行调整，修正既定的思维结论，使之适应不断变化的社会、经济和文化环境，随时把握市场整体环境、受众需求等变化，根据出现的新情况、新问题做出相应的调整，制定新的决策，使创意真正具有生命力。

## 6.4 广告创意的培养和开发

### 6.4.1 创意动机的培养

詹姆斯·韦伯·扬认为优秀的广告创作者应具有两种独特的性格：第一，普天之下，没有什么题目是他不感兴趣的；第二，他广泛浏览各学科中所有的信息。就此而论，广告创作者与乳牛一样，不吃嫩叶就不能产乳。广泛的兴趣和强烈的求知能力，是培养和激发创意动机的最有效方法。

兴趣是创意动机的一个重要因素。兴趣是人们积极探究某种事物的认识倾向。当人们对某种事物产生浓厚兴趣时，就会使整个身心处于积极主动的状态，并且不遗余力地去探究结果，创造力才能开发出来。因此，广泛而浓厚的兴趣是创意动机的表现形式之一，也是激发创意的重要动力之一。产生兴趣、努力创造、获得成功，这往往是创造发明的三部曲。广告创意也不例外，对广告事业的浓厚兴趣，既是智力的触发器，又是促进创意、获取成功的动力。

强烈的求知欲也是促进人们进行创造性活动的重要动力。爱因斯坦说："对真理的追求要比对真理的占有更为可贵。"追求的过程就是探索的过程，而在探索的过程中，又会不断激发起人们的好奇心和求知欲。广告创意者应不断完善自身的知识结构，使之既具有扎实的专业知识，又具有广博的相关知识，只有这样才能为创造性思维活动奠定基础。

好奇心正是促进创造性思维的强劲动力。因为积极的创造性思维，往往是在人们感到"惊奇"时开始的。爱因斯坦说："从某种意义上说，人们思维世界的发展，就是对'惊奇'的不断摆脱。"究根寻底的好奇心越强，就越能调动和发挥一切智力因素的能动作用，感知活跃、观察敏锐、注意力集中、想象力丰富，从而促成创意的产生。

## 6.4.2 创意能力的培养

### 1. 良好的记忆力

古人云:"读书破万卷,下笔如有神","熟读唐诗三百首,不会作诗也会吟"。这说明只要大脑中装有大量信息,在构思创意时就可以随时提取。

记忆虽然不能直接激发创造性的思维活动,但是却提供了创意所必需的原始信息和基本资料,拥有良好的记忆能力,就等于拥有了一座取之不尽、用之不竭的创意粮仓,而这种深厚广博的知识和信息储备就是一种对新思维、新观念的"蠢蠢欲动"。

良好的记忆能力来自刻苦学习、博闻广记。只有热爱学习,并且经常"拳不离手,曲不离口"地温故知新,才能拥有良好的记忆能力。

### 2. 敏锐的观察力

俗话说:"处处留心皆学问。"在变化万千的现实生活中,只有具备敏锐的观察能力,才能获得第一手资料,才能及时地、敏锐地、准确地捕捉到机遇,碰撞出创意的火花。

培养敏锐的观察力,必须克服漠不关心、麻木不仁、视而不见、听而不闻等生活习惯,有意识地锻炼和培养自己的注意力、观察力,做生活中的有心人。

培养敏锐的观察力,还必须克服"只见树木、不见森林"的"一叶障目"和"只见森林,不见树木"的"一言以蔽之"的观察习惯,训练和培养"既见森林,又见树木"的高屋建瓴、细致入微的观察能力,通过全面而深入的观察,来提高观察的准确性、深入性和全面性,洞察事物之细微,把握事物实质。

### 3. 丰富的想象力

创造性思维是一个奇妙丰富的想象过程。想象力是一切思想的原动力,也是一切创意的源泉。丰富的想象力对于创造性思维具有极大的开发作用,它可以从不同方面、不同角度、不同层次,对广告主题进行生动形象的表现,是广告创意者必须具备的最重要的而且是唯一不可替代的能力,应特别重视它的培养。

创造性想象不是对现成形象的描述,而是围绕一定的目标和任务,对已有的表象进行选择加工和改组,而产生新形象的过程。要培养这种想象力,一方面要扩大知识范围,增加表象储备;另一方面要养成对知识进行形象加工、形成表象的习惯。另外,经常对自己提出一些"假如"问题,也可以激发想象力。

### 4. 准确的评价力

评价力,也即分析、判断力,它是对现存的信息评定其优劣性、正确性、适用性和稳当性等工作的能力。

评价力与记忆力、观察力、想象力的作用完全不同,在创意的开发阶段,需要前三者来激发灵感,进行开放性的、创造性的思考,以便提出许多可能解决问题的新方案、新方法、新措施,而在创意的形成和发展阶段,则需要评价力展开收敛性的分析思考,进行"去粗取精、去伪存真、由此及彼、由表及里"的判断筛选,评估选优,最终确定出可行性方案。由此可见,评价力发挥着定向作用,直接影响和决定着创意的命运,以及今后的广告运作方向。

要培养准确的评价力,就必须养成抽象思维的习惯,凡事多问几个为什么,并善于从日常的琐碎事物中总结和概括共同特征。

> **应用案例** 　　　　　　宝洁公司一次性尿布广告的转变
>
> 　　美国宝洁公司有一种用过即扔的方便尿布，有过较高投入的广告活动，可是在尿布市场上却只有不足1‰的市场占有率。于是他们委托著名的广告大师瓦特·哈布斯（Whit Hobbs）为其策划广告。
>
> 　　哈布斯检查了这种尿布原来的广告策略构思——一种恩物，一种给予母亲的方便，他对此概念进行了分析、评判，发现这种广告概念会使母亲们感觉到自己是一个懒惰的、浪费的、不肯花更多时间照顾儿女的妈妈。
>
> 　　于是，哈布斯否定了原来的构想，重新提出了广告构想——一种更好的照顾方式，一种使婴儿更舒适、更干燥的现代化尿布，使用这种尿布，不是对母亲更好，而是对婴儿更有益。同时，他还给尿布重新取了一个富有吸引力的名字"Pampers"（娇娃，后译为帮宝适）。当这种以满足母亲爱心为主题的新广告推出之后，产品销路很快就打开了。
>
> 　　透过这一案例可以看出创意的形成、变化和发展过程，实际上就是一系列的分析、判断、筛选的过程，准确的评价判断能力，能够更深刻、更正确、更完全地反映广告构想和主题，保证创意的正确发挥和运用。

**5. 活跃的思维力**

所谓思维，是指人脑对客观现实间接的概括的反映。思维是一种在感性认识基础上产生的对感知和表象的认识功能。只有通过思维，感性认识才能上升为理性认识。思维是在实践中认识发展的进一步深化，是认识过程的高级阶段。思维能力是贯穿记忆力、观察力、想象力、评价力的一条红线，在发明创造中起着至关重要的作用。广告创意是一种创造性的思维活动，更需要较强的创造性思维能力。

要培养创造性思维的能力，首先要掌握这些创造性思维方法，其次要掌握它们的运用技巧。详情请参见本章相关内容，在此不再重复。

**6. 娴熟的操作力**

前述记忆力、观察力、思维力、想象力和评价力是属于认识层面的创意能力，而操作力则属于行为层面的创意能力。缺乏任何一个层面，都不能保证创意的成功。荀子说："知之而不行，虽敦必困。"要进行创造性实践，就必须掌握娴熟的操作能力。娴熟的操作力表现在广告创意中，就是要能够运用语言、文字、符号、图画、音响、色彩等手段来贯彻和落实广告创意，以便完美的创意得到完美的展现。

操作能力是否娴熟取决于操作者的专业素质和技能，这种能力可以通过正规的教育、强化培训和长期的实践来获得。

以上几项能力在创意过程中都起着非常重要的作用，应特别注意开发和训练。

## 6.4.3　创意方法和技巧

进行广告创意，不仅有意识与观念问题，更有技巧与方法问题。广告创意要获得成功，要遵循一定的方法，运用适当的技巧。

**1. 头脑风暴法**

又称脑力激荡法，是美国心理学家兼 BBDO 广告公司负责人奥斯本（Alex F. Osborn）博士于1938年首创的，英文为"brainstorming"，其原意是 using the brain to storm a problem，即运用风暴似的智慧思潮撞击问题，以期产生怪主意。它主要是借助会议的形式，所以又称集体思考法、集脑会商法，它是目前运用最广泛的一种创意方法。

头脑风暴法发轫于小组讨论，但它有更严密的程序，体现更多的科学条理性。这种方法可分为3个步骤进行。

(1) 确定议题

会议的议题宜小不宜大。比如给一个新产品命名、确定一句广告口号、构筑一个企业理念等。问题必须是开放性的。会议主持者最好能提前2天，将议题通知与会者，预先准备。

参加人数以10~12人最为理想。参会人员，应一律看成是同等级的人。会议的桌子最好用圆形，提倡轮流发言制，主持者必须幽默风趣，能够创造一个既轻松又竞争的氛围，促使与会者人人踊跃发言。主持者是决定脑力激荡成功与否的关键人物，同时要准备好良好的外部环境。

(2) 脑力激荡

脑力激荡的时间一般不要少于30分钟，也不要超过45分钟。在脑力激荡时，必须遵循以下原则。

① 风暴原则。这是对与会人员在心理上的要求。要求与会人员进入兴奋心理状态，快速思考，不断产生思维火花，提出超越常规的思路。

② 新奇原则。这是对设想、意见在内容上提出的要求。鼓励提出新奇或离奇的构想，不允许简单地附和他人的见解。

③ 自由原则。这是对会议气氛提出的要求。会议上强调轻松自由，拒绝任何批评，提倡自由联想、自由思考、自由陈述。一般采取自由举手、示意发言的方式，让会议气氛逐渐活跃起来。

④ 数量原则。这是对设想、意见在数量上提出的要求，即追求意见的数量，设想越多越好，求量为先、以量生质。

⑤ 简洁原则。这是对发言者在语言表达上的要求。与会者在陈述自己的设想时要求语言精练、简洁。可规定发言时限。

⑥ 综合原则。这是对会议运作机制提出的要求。要求综合和改进，鼓励在别人的构想上产生新的构想。通过相互启发、综合分析、彼此改进，最终找出解决问题的最佳方案，形成最优创意。

(3) 筛选与评估

脑力激荡期间的每一个新的构思，不论好坏、质量高低，一律先记录下来，会上不做判断、评价，在获得许多构想后，再来进行筛选。先把荒谬绝伦与不可能实行的构想剔除，再把意义相近的构想分门别类地集合起来，然后经过综合整理、判断、评估，选出一个可行方案，作为最后的最佳方案。如果在本次头脑风暴会议中仍然没有碰撞出创意灵感，还可以隔两三天后再举行一次。

脑力激荡法具有时间短、见效快的优点，但也有不可避免的缺点，即受到与会者性格、经验、知识面深度和广度、创造性思维能力等方面的限制，为此发展出了默写式头脑风暴法、卡片式头脑风暴法等。由于构想既多又杂，给筛选和评估带来了一定的困难，为此又发展出了质疑头脑风暴法。这种方法是同时召开两个会议，第一个会议采用脑力激荡法，第二个会议则是对第一个会议所提出的所有设想进行质疑评估，即评估那些设想是否可行、如何才能行得通等，在此会议上不允许对设想进行确认性的论证。

### 2. 默写式头脑风暴法和卡片式头脑风暴法

(1) 默写式头脑风暴法

这是由联邦德国的荷立肯设计的一种以默写方式代替畅谈方式的头脑激荡法。它也包含了头脑风暴法的六大原则，不同的只是会议的安静性。它的优点是不会出现因争论而压抑了灵感的现象，很适合性格内向、稳重而富有绅士气概的人；其缺点是缺乏浓烈的现场气氛。

操作方法是：与会人员控制在 6 人，先由主持人宣读议题，要求解答疑问，然后发给与会人员每人几张"设想卡片"，每张卡片上标有"1，2，3"号码，号码之间留有较大的可供其他人补填想法的空白。在第一个 5 分钟里，针对每个议题，每人写出 3 个创意设想，然后把卡片传到下个与会人员手中。在下一个 5 分钟里，每个人又提出 3 个创意设想。这样经过 30 分钟共传 6 次，也就是总共产生 108 个设想。最后由主持人总结出大家公认的最佳创意。此方法又被称为"635 法"。

(2) 卡片式头脑风暴法

卡片式头脑风暴法可分为 CBS 法（每人填写创意设想个数不限）和 NBS 法（每人填写创意设想限制在 5 种以上）两种。这种方法的优点是与会者准备充分，允许质询、提问，有利于相互激发。

操作方法是：首先是准备阶段，控制与会人员在 3～8 人，时间控制在 1 个小时内；明确主题，每个人发 50 张卡片；其次是独奏阶段，在会议开始 5 分钟内，每人在自己的卡片上填上自己独特的创意，一卡一个设想；再次是共振阶段，与会者依次宣读自己的创意设想，每人一张，宣读后，其他人可以提出质询，也可受启发而创意出新的设想并填入新卡中；最后是商讨阶段，最后 20 分钟留给与会者，这样可以相互交流和探讨，从中诱发新的创意。

### 3. 检核表法

检核表法是奥斯本于 1964 年提出的，就是用一张一览表将需要解决的问题一条一条地进行设问、核计，从各个角度诱发多种创想、设想。它有"创造技法之母"之称。检核表法通用性强、简便易行，一般由以下 9 个方面构成。

① 转化。即现有产品是否有别的用途？略做改变后是否有其他用途？

② 适应。有无相似的、可以模仿借鉴的东西？

③ 改变。改变产品原有色彩、形状、声音、气味等，能否有新的效果？

④ 放大。能否扩大或添加些什么？能否延长时间？提高效率或增加强度会如何？

⑤ 缩小。能否缩小或减少些什么？能否微型化？能否浓缩、更低、更矮、更轻便？

⑥ 代替。能否用别的材料、元件、方法代替？

⑦ 重组。能否重新排列组合？零件、部件、因果互换效果如何？

⑧ 颠倒。能否正反、上下、里外、目标与手段颠倒？

⑨ 组合。把这件东西和其他东西组合起来会怎么样？

### 4. 联想法

联想是由一事物想到另一事物的心理过程，其实质是一种简单的、最基本的想象活动。具体地说，联想就是借助想象，把相似的、相连的、相对的或者在某一点上有相似之处的事物，选取其沟通点加以联结。联想法也是广告创意中的一种常用方法。

## 案例赏析

### TABASCO 微辣辣椒酱的广告

戛纳国际广告节获奖作品中,有一则推销 TABASCO 微辣辣椒酱的广告中特写了厕所的卫生纸,上面印了这样的标题:"你现在才觉得微辣的 TABASCO 辣椒酱有多好。"相信吃过辣椒的人自然会发出会心一笑,一切尽在不言中。

① 接近联想。指由于时间或空间上的接近而引起的两个不同事物的联想。例如,由河联想到鱼、由天黑联想到下班、由节日联想到礼品等都属于接近联想。在广告创意中运用此法也较广泛。

② 类似联想。即由两件相似的事物之间具有的某种对应联系而引起的联想。例如,由鱼联想到虾、由汽车联想到火车、由辣椒酱联想到火等。

③ 对比联想。指由于事物间完全对立或存在某种差异而引起的联想。例如,由"水"联想到"火"、由燥热联想到清凉等。

④ 因果联想。即由逻辑上有因果关系的事物引发的联想。

### 5. 组合法

又称游戏法或万花筒法,就是将原来旧的元素进行巧妙组合和重新配置,以获得具有统一整体功能和创造成果的创意方法。组合是产生创意最重要的源泉。广告大师詹姆斯·韦伯·扬认为:创意完全是旧要素的新组合。

① 附加组合。指在产品原有的特性中补充或增加新的内容。

② 异类组合。指两种或两种以上的不同类型的产品或概念的组合。其特点是:组合对象原来互不相干,无主次之分;参与组合时,双方从意义、原则、功能等某一方面或多方面互相渗透,整体发生变化。

③ 同物组合。指若干相同事物的组合。其特点是:组合对象是两个或两个以上的相同事物。组合后其基本原理和结构没有发生根本性的变化,但产生新的功能、新的意义,这是事物单独存在时不能拥有的。

④ 重新组合。在事物的原有组合分解后,再以新的意图重新组合。其特点是:组合在一件事物上进行,组合过程结束后会增加新的东西,主要是改变了事物各组成部分之间的相互关系。

广告创意的方法是千变万化、多种多样的,并不是什么公式化的东西。除以上介绍的几种经典的广告创意方法之外,还有诸如列举法、逆反法、移植法、模仿法、统摄法、重点转移法等方法,可以举一反三、触类旁通,以激发出更多的创意方法。

## 思 考 题

1. 为什么说广告创意是现代广告活动的核心,是广告创作的生命和灵魂?
2. 广告创意有何特征、原则?
3. 简述广告创意的过程。
4. 广告创意的思维方式有哪些?请你运用发散思维谈谈书和衣服的用途,并为本书和×

×牌衬衣各提出一则广告创意主题和口号。

5. 头脑风暴法有哪些步骤？请运用头脑风暴法以"环保食品"为主题创作一则公益广告。

6. 请运用检核表法分析手机的功能。

7. 请运用联想法把下列事物联结起来：①路灯—高山；②镜子—森林；③水滴—星星；④钢笔—电视。

8. 请运用组合法为某品牌手表提出一个广告创意。

# 第7章 广告主题与广告定位

**学习目标**

- 理解广告主题的地位和重要性；
- 掌握广告定位理论发展的三个阶段及其特点；
- 理解现代广告定位的内涵和意义；
- 学会广告主题确定与定位分析方法；
- 懂得广告定位策略。

## 引言

### 宝洁洗发水的成功与困惑

始创于1837年的美国宝洁公司（Procter&Gamble，P&G）是世界上最大的日用消费品公司之一，所经营的300多个品牌的产品畅销160多个国家和地区。

1989年，宝洁在中国推出"海飞丝"；1990年，相继推出"飘柔"和"潘婷"两大洗发水品牌；1997年，"沙宣"上市；2001年，收购"伊卡璐"。宝洁推出的每个洗发水品牌都有明确的市场定位和细分市场，品牌功效和特性在广告中表现得淋漓尽致。"飘柔"重"柔顺"，"潘婷"重"健康"，"海飞丝"重"去屑"，"沙宣"做"护发专家"，"伊卡璐"重"染发洗护"，都对消费者承诺了一个重要的利益点，品牌之间相互区隔、相辅相成。无论你看到哪一个宝洁的新洗发水广告，你都能够准确明了其广告诉求，轻易判断出它卖的到底是哪个品牌，针对的是哪个细分市场。正是广告的形象诠释，使有着各种不同需要的消费者能轻易地找到自己的偏好，从而选择宝洁的产品。宝洁通过这样的方式，有效地建立起自己的品牌个性，并取得了稳固的市场地位。

然而，宝洁"三年磨一剑，缘定黑头发"，展示现代东方女性黑发美的润发产品"润妍"却遭遇惨败，2000年推出，2003年退出市场。2003年前后，在中国本土洗发水品牌的冲击下，宝洁的品牌策略也发生了巨大变化，同一品牌下推出了更多的新品，例如"飘柔"下有黄飘、蓝飘、黑飘、绿飘、红飘、紫飘、棕飘等，诉求轻盈滋润、滋润去屑、焗油护理、多效护理、首乌黑发等，强调功效2合1，与"潘婷""沙宣""海飞丝""伊卡璐"的市场定位重叠、冲突，甚至"飘柔"已脱离洗发水定位，开始涉足香皂、沐浴液等。其他宝洁洗发水品牌也类似。不同品牌间的区别越来越小，产品的个性不再突出，广告定位出现模糊。

宝洁洗发水的案例涉及广告运作的一个重要环节，那就是如何确定广告主题，如何进行广告定位的问题。虽然宝洁对USP、品牌形象、品牌个性、市场细分、广告定位等确定广告主题的理论和方法运用自如、所向披靡，但针对中国市场的润妍却遭遇滑铁卢，原因是什么？可以说，明确和始终如一的定位是宝洁成功的根本，但2003年后的宝洁却越来越令人困惑了。宝洁未来之路该走向何方？

## 7.1 广告主题

### 7.1.1 广告主题及其重要性

#### 1. 广告主题的含义

广告主题是指广告所要宣传和明确表达的中心思想，也就是广告为达到某个目的所要说明和传播的基本观念。

广告主题就是广告的中心思想。广告是一种信息传播活动，广告信息是广告所要传达的具体内容，是广告的内涵要素，广告能否达到说服的目的，关键在于广告信息。广告信息涉及由文字、企业、商品名称、商标识别、包装及外观识别、语言、表情等通用符号所传达的直接信息和由构图、色彩、广告附加价值、情节等所形成的感觉信息（即间接信息），因此必然要有一个构造中心将其凝聚起来构成整体，这些信息要素都是围绕着这个中心而配置的，这个构造中心就是广告主题。广告主题使组成广告的各种要素有机地组合成一则完整的广告作品。

广告主题是广告所要说明或表现的基本观念。广告主之所以要做广告，是想达到某种特定的目的，而广告能实现这个目的，因为广告传播时将某种基本观念传达给视听众并使他们接受。广告主题的确定，就是要确定一个明确的能被视听众所接受的基本观念，并以这个基本观念为核心去组织广告传播的内容。

#### 2. 广告主题的地位和重要性

广告主题的策划是广告策划的重要内容，在广告活动中处于中心地位，也是广告成功的关键之一。广告主题一旦确定，便成为所要传播的广告信息的核心，成为广告的灵魂。

① 广告主题像一条红线，贯穿于整个广告活动之中。广告创意要以广告主题为依据，所有的广告创意、构思都必须以能表现广告主题为原则，广告策划也是为了寻求表现广告主题的最佳方式，广告媒体计划及组合同样也要为表现广告主题服务，广告作品的设计、制作都是为了表现广告主题。广告效果的产生是由广告主题对视听众的影响和刺激而引起的，所以说在广告效果测定中也有广告主题贯穿其中。

② 广告主题在广告作品中具有统率作用。这主要体现在广告作品的所有构成要素都必须服从于广告主题，凡是与广告主题相抵触的或者与广告主题关系不密切的因素，都不能为广告作品所容纳。同时，广告作品中的各个要素并不是凌乱的堆砌，而是由广告主题把它们联系起来，构成一个完整的广告作品，它们都从不同的角度以不同的方式为广告主题服务，都依赖于广告主题才能在广告作品中得到其存在的一席之地。可见，广告主题是促成各种广告作品要素有机结合成为整体的关键。

③ 广告主题使消费者产生心理共鸣。这是广告效果产生的关键，也是广告成功的关键。

一则广告生命力的强弱取决于其主题是否正确恰当,消费者的注意焦点也集中于广告主题。广告主题越好,越鲜明突出,便越容易引起消费者注意并产生心理共鸣,广告效果也就越好,广告的生命力也就越强。

④ 广告主题还决定广告诉求力量的强弱。任何广告都追求强大的诉求力量。广告的诉求力量来源于两个方面:一个是诉求焦点,另一个是诉求方式。广告诉求焦点的选择必须与广告主题相吻合,只有符合广告主题的诉求焦点才是正确的。因此,广告主题对广告诉求焦点的确定有强制的力量,并保证了广告的诉求力量。广告诉求方式与广告主题在根本性质和存在意义上是一致的。对诉求方式的选择,是广告主题的内在要求和本质体现。只有按照广告主题的表现要求去选择诉求方式,才能更好地表现广告主题,有力地传达诉求焦点,也就发挥了广告诉求方式的强大诉求力量。所以,广告诉求力量的强弱,归根到底是由广告主题来决定的。

因此,广告主题在广告活动中处于统帅和主导的地位。广告主题是创意的基础,是相继而来的广告表现、广告效果测定等活动的总体指导。

## 7.1.2 确定广告主题的三要素和要求

### 1. 确定广告主题的三要素

广告主题是广告目标、信息个性和消费心理三者的有机结合(见图 7-1)。

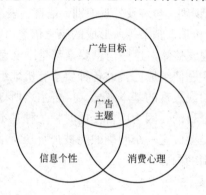

图 7-1 广告主题的构成要素

① 广告目标要素。广告目标是整个广告活动的核心,它是广告主题的出发点,离开了广告目标,广告主题就会无的放矢,不讲效果。广告主题必须为实现广告目标服务。确定广告主题,必须以广告目标为依据,服从和服务于广告目标,这样两者才能达成统一与协调。

② 信息个性要素。信息个性是指广告内容所宣传的商品、服务、企业和观念,要有鲜明的个性,即要与其他的商品、服务、企业和观念有明显的区别。没有信息个性,广告主题就会空洞贫乏,没有吸引力,不能形成深刻的记忆。信息个性也可称为卖点(selling point),在广告诉求中即为诉求重点(appeal point)。

③ 消费心理要素。广告主题只有融入消费者的心理因素,才能使广告诉求适应消费者的心理需求,使他们从广告主题中切身体会到广告商品与他们的利益密切相关,由此使消费者对广告主题产生心理共鸣,实现广告的诉求力量。

广告目标是广告主题的基础和依据,信息个性是广告主题的诉求重点,消费心理是广告主题引起共鸣的活力所在。因此,任何一个成功的广告主题,应当是广告目标、信息个性、消费心理三要素的和谐统一、相互融合，而不是简单相加。

2. 确定广告主题的要求

① 广告主题必须独树一帜。广告主题要有自己的独特之处；且便于记忆，这样才能给人留下深刻的印象。

② 广告主题必须简洁有力。商品本身的功能特点可能很多，商品能给消费者带来的利益与满足也可能是多方面的，但在广告宣传中必须分清主次，突出消费者最关心的诉求点。

③ 广告主题必须新颖刺激。要以不断创新的手法，引起消费者的兴趣，刺激消费者的购买动机。

④ 广告主题必须醒目统一。要选择那些能够引人注目的主题，以吸引目标受众的注意。广告主题还可以与企业或商标名称、标志等不变的东西结合起来，以便于形成易识易记的概念，这样有助于在更大范围内建立起企业或商品的形象。

⑤ 广告主题应保持连贯性。一旦确定了一个广告主题，且经过市场检测较为理想，除非遇到市场困境或形势发生变化，最好不要轻易改变。

**应用案例** **宝洁舒肤佳香皂电视广告**

宝洁公司的舒肤佳香皂电视广告，是这样介绍它在同类商品中独一无二的优势的："洁肤且杀菌，唯一通过中华医学会认可。"前一句话讲的是广告商品给消费者带来的具体好处，清洁皮肤并且能杀灭皮肤上的细菌；第二句话突出其杀菌功效在众多香皂品牌中独一无二地得到中华医学会这一权威机构的认可。这个广告播出后，在北京市场上，舒肤佳香皂与力士香皂的销量比很快就成了 7：3。

## 7.2 广告定位理论

"定位"（positioning）的英文本意是指"把东西放在适当的位置"或"确定什么东西的位置"。借用到广告上，即广告定位，就是"把广告放在适当的位置"或"确定广告的位置"，主要研究的就是如何准确地把握和确定广告主题。从发达国家的情况看，广告主题受到注意和重视开始于 20 世纪 30 年代的经济大萧条时期，到了 50 年代以后，开始形成比较系统的观点，统称为广告定位理论。

### 7.2.1 广告定位理论的发展

广告定位理论的发展大致经历了 3 个阶段。

1. 第一阶段——USP 理论

在 20 世纪 50 年代，市场营销观念处于从产品观念向推销观念的转变时期，市场竞争主要表现在商品质量的竞争上，只要是货真价实的商品，在相应的营销手段配合下就能够被推销出去，人们称之为产品至上时代。在这一时期，当时最著名的理论是罗瑟·瑞夫斯（Rosser Reeves）提出的"独特销售主题"（unique selling proposition or point，USP）。瑞夫斯认为广告要把注意力集中于商品的特点及消费者利益上，广告应有"独具特点的销售说辞"。也就是说，广告中要注意商品之间的差异，并选出消费者最容易接受的特点作为广告主题。其基本要点如下。

① 每一则广告必须向消费者"说一个主张（proposition）"，必须让消费者明白，购买广告中的商品可以获得什么具体的利益，此理由能吸引消费者去购买，是能影响消费者购买的重要承诺或保证。

② 所强调的主张必须是竞争对手做不到的或无法提供的，即独特（unique），必须说出其独特之处，在品牌和说辞方面是独一无二的。

③ 所强调的主张必须是强而有力的，必须聚焦在一个点上，即卖点（selling point），集中打动、感动消费者，吸引消费者购买相应的商品。

**应用案例**　　　　　　　　**只溶在口，不溶在手**

商品广告时代的经典之作是罗瑟·瑞夫斯为美国 M&M's 巧克力糖果提出的独特销售主题："只溶在口，不溶在手（M&M's melt in your mouth, not in your hands）。"这一广告语是从产品中提炼出来的，准确独到地体现了该产品是唯一用糖衣包裹的独特优点，简单明确，朗朗上口，极富有吸引力，既反映了 M&M's 巧克力有一层糖衣，不粘手，又暗示了 M&M's 巧克力口味好，以至于我们不愿意使巧克力在手上停留片刻。

在产品至上的时代背景下，广告的主要任务就是向消费者传达消费此商品的独特好处或利益，把这种差异化利益诉诸消费者。与这种理论相适应的方法具有较强的操作性，且简便易行（具体方法将在下文专门论述），如果认真操作则具有较高的成功率。因此 USP 理论在当时引起了强烈的反响，影响深远。但随着经济的发展，商品之间的差异越来越小，而某些差异对消费者来说并没有很大意义。因此，这种理论的实践意义逐步减小，新的理论开始出现。

**2. 第二阶段——形象论**

（1）品牌形象论

20 世纪 50 年代末到 70 年代初，这个时期正处于推销观念向市场营销观念的转变时期，由于"买方市场"的形成，任何一种商品的畅销都会导致大量企业蜂拥同一市场，同类商品之间的差异消失得越来越快，即使有差异也变得不那么重要或根本无法区分。一个企业要在这种市场条件下生存和发展，只靠自己商品的特点已远远不够。而企业声誉和品牌形象显得越来越重要，以至于成为这一时期重要的竞争方式和广告方式。因此，有人形容这个时代（20 世纪 60 年代中后期）为形象至上时代。这个时期具有代表性的人物——被称为"形象时代建筑大师"的大卫·奥格威提出了一个著名观点："每一个广告都是对品牌印象的长期投资"，形成了品牌形象论（brand image），在此理论影响下，出现了大量优秀的、成功的广告。

品牌形象论的基本要点如下。

① 为塑造品牌服务是广告最主要的目标。广告就是要力图使品牌具有，并且维持一个高知名度的品牌形象。

② 任何一个广告都是对品牌的长期投资。从长远的观点看，广告必须尽力去维护一个好的品牌形象，且不惜牺牲追求短期效益来获取品牌的长远利益。

③ 塑造并传播品牌形象比单纯强调商品的具体功能特征要重要得多。随着同类商品的差异性减小，品牌之间的同质性增大，消费者选择品牌时所运用的理性就越少，因此在广告活动中，塑造并传播品牌形象远比单纯强调商品的具体功能特征要重要得多。

④ 广告应该重视运用形象来满足消费者的心理需求。奥格威认为，消费者在购买商品

时追求的是"实质利益＋心理利益",因此对某些商品和某些消费者而言,运用广告创意的形象来满足消费者的心理需求是广告活动走向成功的关键。

**应用案例**　　　　　　　　　　　戴眼罩的男人

形象至上时代最脍炙人口的是 1951 年奥格威为"哈萨威（Hathaway）"衬衫创作的戴眼罩的男人形象广告。当时的白色商务衬衫,无非在制作材料、袖子、袖口、领子、扣子、口袋上做文章,如曾流行的浮华高领、法式袖口、胸前可扣盖式口袋等,但都难以再度成为界定一个衬衫品牌的标志。奥格威决定用穿衬衫的人而不是衬衫本身来界定品牌。广告中戴眼罩的男人形象占据3/4的空间,剩下的1/4是广告文案。透过连篇累牍的文字,人们读到的是对衬衫制作工艺不厌其烦的描述。奥格威试图让消费者相信,这种衬衫是从 1837 年就开始生产的,而且在生产过程中被倾注了艺术的情感。这则广告使哈萨威衬衫在 114 年的默默无闻之后,一举成名,仅一年中的销量就提高了 3 倍,奥格威自己也声名大噪。之后,戴眼罩的男人出现在不同场景的广告中:在卡耐基大厅指挥纽约爱乐乐团、演奏双簧管、临摹戈雅的画、击剑、驾驶游艇、购买雷诺阿的绘画作品等,成为哈萨威衬衫的品牌标志,一直使用了差不多 30 年。现在,闪耀一时的戴眼罩的贵族男士成了明日黄花,但在广告史上这一形象一直都是不朽的典范。

(2) CI 理论

CI 是英文 corporate identity（企业标识或企业识别）的缩写,近年来更强调 corporate image（企业形象）为真正的"CI"。CI 是指一个企业借助直观的标识符号和内在的理念等证明自身差异性和内在同一性的传播活动,其显著的特点是同一性和差异性。

CI 理论 20 世纪 50 年代起源于美国,最初主要强调视觉识别系统,即设计与展示一整套区别于其他企业、体现企业个性特征的标识系统,以突出企业形象,获得市场竞争优势的经营战略。日本在引进欧美的 CI 时,并没有完全照搬,而是将民族理念与民族文化融入其中,对 CI 结构进行创新与完善,使之成为一个系统、一种战略,所以又称 CIS（corporate identity system）。CIS 战略的出现,使企业差别化战略摆脱了单纯依赖视觉差别设计,成为企业整体的、全方位的和系统的经营战略。

从信息传播的角度讲,CI 是一个完整的识别系统,从经营战略的角度讲,CI 是一项系统工程。在 CI 理论中,CI 作为一个整体机制由 3 个基本子系统构成（见图 7-2）。

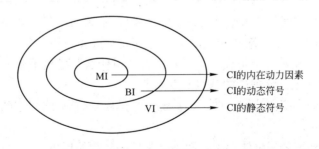

图 7-2　CI 结构图

理念识别（mind identity,MI）,是指企业在经营过程中所表现出来的、区别于其他同类企业的经营理念,包括企业的经营思想、经营方针、企业精神、企业风格等企业文化因素。它是系统运作的原动力和基石,是企业定位与传播的基础,其中的核心是企业精神。

行为识别（behavior identity，BI），是指在经营理念指导下所形成的一系列行为规范和实现企业经营理念的一系列具体活动。对企业内部而言，表现为确定企业经营目标、建立完善的组织与管理体制、职工教育培训、福利待遇、建立完善的规章制度等。对企业外部来讲，主要表现为通过开展公共关系活动，积极与外部公众沟通，传播本企业的理念，了解公众的意愿，进而取得公众的认可。

视觉识别（visual identity，VI），是指运用视觉传达方法，根据企业的理念，将企业方针、企业精神、企业目标、服务内容、企业风格等抽象的概念，转化为具体的符号，以显现企业的个性，塑造企业独特的形象。主要表现为：企业的标志、标准字、标准色、标准规范、广告媒体等。视觉识别主要是采用直观的设计差别将企业的理念、目标用"形"予以展开。在树立企业形象方面VI比MI具有更为直接的作用。

MI、BI和VI是三位一体的关系，只有三者相互推动、协调运作，才能为企业塑造独特的形象，带动企业经营的发展。因此，CI中的3个子系统既具有很强的层次性，又具有紧密的关联性。

> **相关链接**

### CI与IMC

多年来，IMC（整合营销传播）一直是业界谈论营销传播趋势的主流话题。舒尔兹等人在《整合营销传播》一书中写道："要想和消费者建立关系，不单只是交换资讯，厂商还必须整合各种形式的传播，形成一致的诉求，这样才能建立起和消费者的关系。"整合营销传播讲究的是多种传播方式的协调作业，力图做到"speak in one voice"，与CI理论不谋而合。

但值得注意的是，这"一致的诉求"应该是一种由内向外的"一致"，首先一则单项的广告宣传应该是统一、均衡、醒目而鲜明的，而这正是目前国内业界普遍存在又经常被忽视的问题。可想而知，如果一组整合营销传播首先没有做到"speak the same thing"，无论这之后的各种传播手段怎样整合，怎样力图做到"speak in one voice"，往往都只能是事倍功半。因此，所谓的整合营销传播首先应是一则广告宣传中诉求方式、诉求重点、诉求对象、表现手段等种种元素的整合，然后才是各种推广要素的整合，这样整合到底的营销传播，才是最有效的传播！

CI的一个重要目的就是"塑造良好的企业形象"。形象对现代企业来说是一种资产，由良好形象所形成的深信不疑，对于企业的生存与发展有重要作用。公司引入CI战略后，广告作为公司实施CI战略的一个组成部分，对广告"说什么"提出了新的要求和主张，即形成了广告定位中的CI论。该理论的基本要点如下。

① 强调广告的内容应保持统一性，这种统一性是由CI总战略规定的。广告应注重延续和积累效果。

② 广告应着眼塑造公司整体形象，而不是某单一品牌的形象。

③ CI论中的广告虽然也以形象为主，但重视的是整体统一形象（overall image）和网络相关形象（net image）。

> **应用案例**　　　　　　**IBM 公司塑造的"蓝色巨人"形象**

　　IBM 公司塑造的"蓝色巨人"形象是 CI 理论应用的鼻祖和典例。1956 年 IBM 公司成功地导入 CI，把企业形象融于生产经营之中，被认为是 CI 策划的真正开始。当时的 IBM 总裁小托马斯·沃森认为必须在世界计算机行业树立一个引人注目的 IBM 形象，这个形象的灵魂是公司奉行的开拓和创造精神。著名的设计师保罗·兰德把原来不易读写、不易记忆的公司名称缩写为 IBM，并设计出一直沿用至今的企业标志——IBM 粗黑体黑字，具有强烈的视觉震撼力，且易读易认。

　　1976 年保罗·兰德又为 IBM 公司设计了八条条纹与十三条条纹两种变体标志，并选定标准色为蓝色。这个兼具了标准图、标准字、标准色的 IBM 标志，从单一识别功能发展到具有代表性、说明性、象征性等多种功能，鲜明地表现了 IBM 公司的经营哲学、品质和时代感。它几乎成为"前卫、科技和智慧"的代名词，被誉为"美国国民的共有财产"。接着公司利用一切设计项目来传播 IBM 的优点和特色，并使设计的应用统一化，广泛在信封、服装、车辆和广告等上使用，进一步通过技术创新、产品设计和生产及优异的售后服务来体现 IBM 就意味着"服务"的理念，最终调动起一切因素使 IBM 公司成为公众信任的计算机界的"蓝色巨人"。

　　之后美国许多公司纷纷效仿，在世界各地掀起 CI 热潮。目前，欧美大部分公司都实施了 CI。

　　（3）品牌个性论

　　对品牌内涵的进一步挖掘，美国 Grey 广告公司提出了"品牌性格哲学"，日本小林太三朗教授提出了"企业性格论"，形成了广告定位策略中的另一种后起的、充满生命力的新策略流派——品牌个性论（brand character）。该理论在回答广告"说什么"的问题时，认为广告不只是"说利益""说形象"，而更要"说个性"。品牌个性论适用于品牌形象和企业形象的塑造，其基本要点如下。

　　① 在与消费者的沟通中，从标志到形象再到个性，个性是最高的层面。品牌个性比品牌形象更深入一层，形象只是造成认同，个性可以造成崇拜。

　　② 为了实现更好的传播沟通效果，应该将品牌人格化，即思考"如果这个品牌是一个人，它应该是什么样子……"

　　③ 塑造品牌个性应使之独具一格、令人心动、经久不衰，关键是用什么核心图案（标志）或主题文案能表现出品牌的特定个性。

　　④ 选择能代表品牌个性的象征物（即广告形象）往往很重要。例如，花旗参以鹰为象征物，IBM 以大象为象征物，万宝路香烟以马和牛仔为象征物，BRAND'S 鸡精以灯泡为象征物，骆驼牌香烟以骆驼为象征物等。

> **应用案例**　　　　　　**万宝路牛仔形象改写历史**

　　20 世纪 50 年代，万宝路（Marlboro）把最新问世的过滤嘴香烟重新搬回女士香烟市场，推出的广告"像五月天气一样柔和"，强调产品的独特性，消费群体锁定在女性，然而销路仍然不佳。广告大师李奥·贝纳对万宝路进行了全新的"变性手术"，重新塑造品牌形象：将万宝路香烟定位为男子汉香烟，将英文牌名由原来秀丽的字体改为粗犷有力的字体，广告上彻底清除脂粉气，用象征阳刚之气的红色为主调，塑造了一个目光刚毅、皮肤粗糙，戴着卷沿帽，浑身散发着粗犷、豪迈英雄气概，神气十足的美国西部牛仔形象，吸引了所有喜爱、欣赏和追求这种气概的消费者。这一形象在1954年亮相，立刻倾倒无数烟民，万宝路销量迅猛上升，1955年一跃成为全美第十大香烟品牌，1968年其市场占有率上升到全美同行第二位，1975年居于美国首位。万宝路牛仔形象改写了历史。

以上两个阶段具有的共同特点是：广告主题的确定基本上是从商品本身或企业本身出发，即从"我"出发，从里向外考虑问题。从这个角度看，广告主题的确定与营销观念的发展是一致的，但随着市场经济的进一步发展，也明显表现出不适应性和局限性。

3. 第三阶段——定位理论

20世纪60年代后期，铺天盖地的广告信息越来越成为一种"公害"，引起了消费者的厌恶和摒弃。如何使广告真正击中消费者，从心理上征服他们，便成广告业和企业着重思考的一个课题。20世纪70年代以来，市场营销观念从推销观念转向以消费者为中心，对消费需求、消费心理、消费行为研究的巨大成就为广告提供了重要理论依据。

随着商品的极大丰富和消费者选择余地的越来越大，一个品牌要在市场上生存，其前提是当消费者涉足某个消费领域时，该品牌能被想到，而且首先被想到。使商品在消费者心目中占据一个位置，使消费者涉足某一消费领域时，能首先、其次或再次想到该商品，成为广告主题确定的中心问题。1972年美国艾·里斯（Al Rise）和杰克·特劳特（Jack Trout）在《广告时代》上发表了一系列有关营销和广告新思维的文章，总标题就是"定位的时代"，引起了营销界的巨大轰动。1981年，两人合著的《定位》一书提出："广告已进入一个以定位策略为主的时代。在定位时代，你一定要把进入潜在顾客的心智作为首要之图。"这种观点把广告主题问题完全建立在对消费心理的研究上，而不是对商品、企业之间差异的研究上，即基于"从外向里"的研究，使传统的仅从商品或企业自身出发转向了从消费者出发，为在市场经济条件下如何正确考虑广告主题的确定提供了一定的理论与实践依据。美国广告界掀起了定位风潮，并很快流传到世界各地。广告定位理论的基本主张如下：

① 广告的目标是使某一品牌、公司或商品在消费者心目中获得一个据点，一个认定的区域位置，或者占有一席之地。

② 广告应将"火力"集中在一个狭窄的目标上，在消费者的心智上下功夫，要创造出一个心理的位置。

③ 要运用广告创造出独有的位置，特别是"第一说法、第一事件、第一位置"。因为创造第一，才能在消费者心中造成难以忘怀的、不易混淆的优势效果。

④ 广告表现出的差异性，并不是指出商品的具体的、特殊的功能利益，而是要显示和实现品牌之间的类的区别。

⑤ 这样的定位一旦建立，无论何时何地，只要消费者产生了相关的需求，就会自动地、首先想到广告中的这种品牌、这家公司或这个商品，达到"先入为主"的效果。

**应用案例**

**Think Small**

定位广告的著名案例是威廉·伯恩巴克为德国大众甲壳虫汽车进入美国市场设立的广告定位："想想还是小的好"（think small）。抛弃传统的以豪华设施、漂亮外形、高贵气质作为轿车的诉求方式，这一定位毫不含糊，清楚、准确地说明车小的好处：经济省油、不占空间、随意停放，树立了甲壳虫汽车在小型车中"第一"的位置，一下子就击中了美国消费者的心，赢得了人们的喜爱和欢迎。

不管是 USP 理论、形象论还是定位理论，都是在市场的不断发展和变化中、在商品竞争特点不断改变的情况下，对广告主题确定策略所做的调整，它们在理论上都是一脉相承的。进入 20 世纪 90 年代，整合营销传播理论逐步兴起，进一步从传播学的角度探索如何与消费者进行接触沟通，把广告定位策略与广告表现、媒体策略等有机结合起来，把广告定位理论推向了更高的层次。

## 7.2.2　研究广告定位理论发展应注意的问题

从国外广告定位理论与实践的发展过程看，以下问题应引起充分注意。

① 确定广告主题必须经过科学分析。广告所传播的信息必须是通过筛选的。广告定位理论与实践的发展反映了对广告信息筛选的思想发展过程。到底一个广告以什么主题为主取决于市场条件、商品因素和消费者因素等，这些因素都是需要科学分析的，是有理论基础的，而绝不是靠某一个"艺术家"随便拍拍脑袋"创"出来的。

② 广告定位理论与实践的发展与市场营销观念的发展有密切关系。USP 理论与形象论两个阶段具有的共同特点是：确定广告主题基本上是从商品本身或企业本身出发，也即"从里向外"考虑问题。在市场营销观念充分发展的今天，一个企业必须真正站在消费者的角度来考虑生产与销售问题，即"从外向里"研究。从"从里向外"到"从外向里"的发展过程，即从侧重商品本身的差异到重视消费心理差异，实际上正是反映了营销观念的发展。这不能不说是一种进步，但并不能由此说商品与企业差异完全不重要。因为经济发展本身具有复杂性与不平衡性，就广告而言，其根本目的仍在于推销，广告业所面临的最大最多的问题仍然是帮助企业推销商品。我们认为，早期的广告定位理论作为一种思想是不可取的，但作为一种方法是可借鉴的。

③ 在广告定位理论与实践的发展过程中总结出来的一些经验，仍是现代广告活动中必须遵循的。如 USP 理论所强调的广告必须聚焦在一个点上、CI 理论所强调的广告内容应保持统一性等。

> **应用案例**　　　　　　　　　　**"蓝天六必治"广告的变化**
>
> "蓝天六必治"的广告，开始是诸般优点都想搬上台面："赶时髦不如图实惠，我就认这个老理儿。牙好，胃口就好，吃饭倍儿香，身体倍儿棒。"又是实惠，又是健康，双峰并峙，互不相让。后来割掉前面一段，删除"实惠"主题，突出"健康"主题，诉求更明确，广告效果更好了。

④ 广告定位理论与实践是一个不断发展的过程。一方面，后期理论是建立在前期理论的基础之上的。现代广告定位实际上包含了商品特性和品牌印象、企业形象，只是它更多地从消费者心理出发，或者说商品特性和品牌印象、企业形象本身也在一定程度上反映了现代广告定位的思想。另一方面，各种理论本身也在不断发展完善，并且是交错进行的。例如 USP 理论就发展成"主张可以不是竞争对手做不到的或无法提供的，只要竞争对手没有把已经具有的特点作为宣传的中心，就可以把这种实际上普遍的特点作为自己的商品特性来宣传"。20 世纪 90 年代，USP 理论的基点已不是瑞夫斯时代强调的

"针对产品的事实"，而是上升到品牌高度，强调广告主题来源于"品牌精髓"（brand equity）的挖掘，成为品牌定位的重要方法之一。像后期提出的品牌个性论也是对品牌形象论的发展、补充和完善，与定位论并行不悖，吸收了定位论从消费者心理特点出发的思想。

### 7.2.3　广告定位的意义和工作程序

#### 1. 广告定位的意义

① 认真进行广告定位是广告成功的基础和前提。没有定位的广告就如一条没有方向的航船，驶得越快，可能离目的地越远。所以从一般规律来讲，应该是"产品还未投入市场，广告先行；进行广告，定位先行"。广告活动的价值并不在于广告活动本身，而在于把做广告的商品放在什么位置上。

② 正确的广告定位有利于进一步巩固产品定位。在某些情况下，错误的产品定位能被正确的广告定位所挽救。但需要说明的是，在产品生产之前必须有正确的产品定位，靠"亡羊补牢"总是下下策。

③ 正确的广告定位是说服购买的关键。消费者并不会因为你广告做得好、漂亮就买你的商品；消费者并不愚蠢，绝不会因为你自吹自擂就买你的商品；消费者不会自觉地拿出时间、花费精力去猜那些故弄玄虚的广告。定位要分析的是消费者为了什么理由才可能买你的商品，他们想知道什么，在什么时间、在什么地方想听到或想看到你的广告。所以，一个广告能否起到促销作用，首先看你有无正确定位。

④ 正确的广告定位有利于商品识别。尤其在我国整体消费水平还较低的情况下，消费购买需要更多信息，商品之间的差异有时很重要。在这种情况下，强调商品区别的广告会很有效。

⑤ 正确的广告定位为广告表现的创作提供了最基本的题材。广告不是搞文字游戏，不是单纯地搞绘画、摄影、摄像艺术。从目前我国播出的广告看，把广告单纯当作艺术作品的倾向很严重，包括广告评述也把"艺术"放在首位。正如很多消费者评价的："广告的可看性强了，可不知所云的广告更多了。"这种状况亟待改进。

⑥ 正确地进行广告定位也是企业对广告进行科学管理的重要内容。目前，我国有很多广告公司、广告媒体单位在市场调查、广告主题策划等方面的能力还很薄弱，有的甚至不具备这方面的能力，所以一个企业在策划广告的过程中有的工作还要靠自己来做。因此，广告定位问题不仅对于广告公司是重要的，而且对于所有广告主也是重要的。

⑦ 有无准确的定位是评价一个广告作品的重要标准。目前我国的广告评选活动越来越多，但评价广告作品的标准却非常含糊，科学地确立广告的主要评价标准也是应该认真研究的课题。广告必须从单纯的艺术殿堂中走出来，真正进入市场。

#### 2. 广告定位的工作要点和程序

广告定位的工作要点和程序，可概括为以下几点：分析市场中竞争产品的情况，明确本商品或品牌的处境；调查研究消费者的认知过程和区分的标准；分析本商品或品牌与竞争者在消费者心智中的印象、图景、角色和位置；以消费者心智空白为起点，寻找自己的优势或差别性，用一种价值准则去评估能带给消费者心智最大冲击力的定位方式，并分析它能否取得与竞争者抗衡的力量；把定位转换成与之相配的富有创意性的信息表现形式，设计相应的传播途径，以推动该商品或品牌的营销传播（见图7-3）。

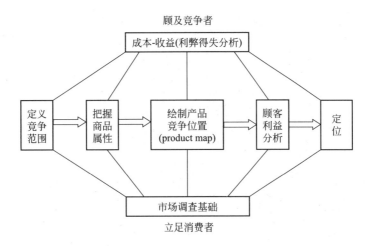

图 7-3 广告定位的工作要点和程序

## 7.3 广告定位分析方法与策略

### 7.3.1 商品分析与广告主题的确定

对于"消费者为什么要买我所生产的商品,而不是其他同类商品或替代品",最早和最常见的回答是:因为我生产的商品有其他同类商品所不具有的优点和特点。从这种思路出发,广告主题确定的方法就是分析商品的差异,确定商品的优点和特点,并以其中最主要、最能吸引消费者的方面作为广告主题。这正是 USP 理论确定广告主题的基本方法。

事实上,充分认识商品的优点和特点是进行广告主题分析的基础。商品分析就是寻找同类商品或替代品之间的差异,为消费者确定一个购买理由,也有人称之为确定卖点。

**1. 商品分析**

从市场营销学中"产品整体"的概念来看,一个产品的属性是多样的,它不仅要提供某一基本功能和效用,同时产品的形体,包括质量、品牌、包装、款式及产品的附加也能给消费者提供一定的价值,这些价值就构成了产品的价值辐射网(见图 7-4)。例如,一部轿车除了能提供给消费者代步的交通功能外,还具有马力强劲、速度快、外观豪华、驾驶安全、噪声小、用油省等多项特征,这些特征就形成了一张产品价值网。原则上来讲,这个价值网中的每一个特征都可充任广告主题诉求的立意点。这种方法,也有人称为"广告方程式"或"广告要点式"的主题策划方式。具体而言,商品分析一般从以下角度考虑。

(1) 原材料方面的优点或特点

主要包括:原料的产地,如产于××地、进口组装等;原料的历史与起源,对于一些土特产品这一点通常很重要;选用了什么原料,如"潘婷"洗发水以"含有维他命原 $B_5$"的构成成分作为广告主题的立意点等;原材料的品质,如音响发烧无氧铜线,纯度达到 99.999 9% 等;其他,如原材料有什么专利、品质检验、筛选等。

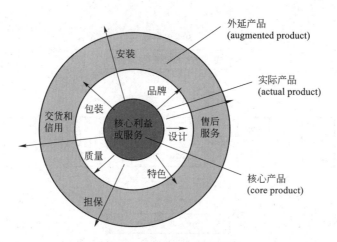

图 7-4 产品的价值辐射网

(2) 商品的制造过程

主要包括：制造方法及特点介绍，如"乐百氏"矿泉水以制造矿泉水的多道工序的罗列来作为广告主题的立意点等；使用的机器设备，如××产品计算机设计和监控；工人与技术人员水平，如学历构成、技术等级等；制造方法的发明，使用了某种专利等，如可口可乐秘方等；制造环境，这对于食品、药品、高精度仪器很重要；制造过程中的品质保证，如检验方式、ISO 9001 认证等。

(3) 商品的使用价值

主要包括：商品的感官效用，如外观、形式、颜色、声音、触觉等方面有何优点或特点，对于家具、有装饰作用的用品、高档耐用品、家用电器等来说感官特点往往很重要；各种用途用法，如商品功能上的特点等；使用成绩，如无故障工作时间等；用户的社会构成，利用名人使用来确立市场位置有时非常有效，如著名的力士广告；用户对于商品的赞扬，只要这种赞扬是可信的，也很容易使广告成功，用新闻报道形式往往很有效；使用中的方便和乐趣，目前食品、化妆品中应用最多；使用过程中的品质、保险及维修，如海尔的国际星级一条龙服务；包装方面的特点等。

(4) 商品的价格

这种分析包括 3 种情况：一是价格与市场价持平，一般不作为特点分析；二是价格高于同类商品，这时一般需要用价格与商品的各种性能进行比较，一般的结论是"优质优价"；三是价格低于同类商品，这本身就具有一定的吸引力，可作为一个重要特点列出。

商品能给予消费者的价值不仅仅体现在价值网中的一些客观因素上，因为商品的一项价值可以产生出另一价值，另一价值又可产生出另外的价值，这种价值的衍生便构成了商品价值的链式关系。因此，广告主题策划还应注意挖掘商品的价值链，如相关品价值链、社会价值链、主观价值链等，从价值链中提炼那些最有特色、最有吸引力的环节作为广告主题的立意点。除此之外，还应该注意挖掘商品的潜在价值，以创造商品的新价值。

**2. 以商品特点作为广告主题应注意的问题**

由于商品本身特点可以成为消费者的一个重要"购买理由"，所以在某些情况下它可以作为广告主题。

① 当商品差异是企业细分市场的重要依据时。如著名广告"七喜：非可乐"（Seven Up：

The uncola)。

② 当消费者对商品特点非常关心时。首先，在某些市场条件下商品特点显得很重要，如消费水平不高的地区和阶层；其次，某些商品差异很重要，如专用商品和某些高档耐用品；最后，新产品的新特点、个性商品的特殊特点等。

③ 某些商品特点或优点处于中心位置时。所谓中心位置，是指某一类商品具备的大部分消费者最关心的特点。如高档耐用品，绝大部分人首先关心的是质量；专用商品，绝大部分人最关心的是质量与用途等。事实上对每一类商品进行分析，都会找出人们最关心的特性或特性群。如果某个商品在这方面有明显优势，完全可以考虑以这个特点作为广告主题。

但在一些情况下是不应首先考虑商品特点的：

商品差异对消费者并不重要时，如大部分的化妆品、标准化产品、差异本身对消费者利益关系不大的商品等；从其他角度进行主题确定更有效的时候。

现在，很多人认为以商品特点作为广告主题的方法已经过时了，我们认为这是不正确的。USP 理论的实践意义并没有完全消失，因为对于经济不发达、消费水平不高的国家与地区，这种方法仍非常有效。因为消费者在购买时往往犹豫不决，一次购买往往要收集大量商品信息进行比较。对于理性购买者来说，这种方法也是有效的。特别是生产资料和专用产品、社会集团购买。新产品和换代产品仍在不断涌现，有新产品和换代产品，就必然存在商品的差异，就可能成为经营者吸引消费者的筹码。但是，从根本上看，这种理论与方法是以推销观念为基础的，具有较大的落后性和局限性。我们借鉴这种方法时应进行修正，并辅之以其他方法。

由此可见，运用商品分析来确定广告主题必须将商品特点与消费特点结合起来（见图 7-5）。

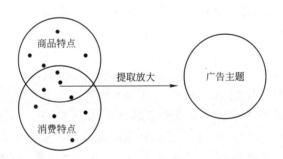

图 7-5 商品特点、消费特点和广告主题

这种分析方法在确定广告主题时往往很有效，但它的弊病在于：一方面，可能使主题过于狭窄，从而造成目标对象范围的缩小。虽然一般地讲，少而精、明确的主题可能形成相当的冲击力，但在很多情况下，可能使广告功效缩小。另一方面，在某些市场条件下，用过小主题会造成过窄的市场细分，从而导致经济效益的大幅度下降，很难跃居"领导者"位置。虽然这种分析方法有一定局限，但是把商品特点与消费特点相结合的做法仍是广告确定主题必须遵循的重要原则。应该注意的是，无论是否用商品特点作为广告主题，商品分析都是必要的和不可缺少的步骤。商品分析是进行广告主题定位的前提和基础工作。尤其不能忽视的是，商品分析必须建立在市场调查研究的基础上，必须客观和准确。

## 7.3.2 企业形象与广告主题的确定

企业形象说到底是消费者对企业的一种评价。不论一个企业是否自觉地树立企业形象，消费者都会有一定的评价。因此，自觉地树立有利于企业长期稳定发展的、良好的企业形象，是现代企业一项非常重要的工作。良好的企业形象本身就有促销作用，所以也有人把树立企业形象列为推销手段之一。广告起着树立和宣传企业形象两方面的作用，认真分析企业形象及其与确定广告主题的关系有着重要意义。

**1. 构成企业形象的要素**

从企业形象的形成过程看，构成企业形象的要素包括一般要素和具体要素。

一般要素包括以下三种。

① 企业的软件。主要由企业的宗旨、经营思想、价值取向及企业的内部管理等构成。这是企业形象的基础，它决定了形象的其他各个方面。

② 企业的职工。主要包括：他们对企业的认识与看法；他们的素质及表现出的行为特点等。人的因素在形成、树立和传播企业形象中最关键。

③ 企业的硬件。由可视的和可感受的各种因素构成，主要包括：企业的经营能力；商品、服务、广告、建筑、设备；企业的视觉识别系统；企业对社会公益活动的态度和支持等。这是最直观，有时也是最有冲击力、最容易记忆和识别的，因而也常常被认为是最有效的因素之一。

具体要素包括：经营形象、管理形象、职工形象、广告与公共关系形象、企业家形象、社会形象等。

影响企业形象的要素是一个系统，对它的管理也是一个系统。近年来发展起来的 CI 理论就是研究这方面问题的成果。企业形象的确立是一个长期的战略问题。

> **应用案例**　　　　　　　　　　　**长大后我要当客户**
>
> 　　有一则 IBM 公司的广告，标题为"长大后我要当客户"。画面上是一个小学生，一手支颌，一手握笔，正凝神构思作文的内容。老师出的题目大概是"我的理想"之类。小学生想了半天，才用童体写下"长大后我要当客户"几个字。一般地说，小学生作文谈志向、理想，无非是教师、工程师、科学家、歌星之类，却从未听说过要当"客户"的，让人既感有趣又感好奇。再看正文："客户是什么？我也不太清楚，不过，一定是个大人物。我爸爸说，他在 IBM 上班，每天努力工作，就是要让客户高兴。他还说，客户要的东西，公司里的每个人都要想办法找给他。当客户实在棒。要是我长大后也当客户，说不定爸爸也会帮我做呢！""IBM 就意味着服务"的理念夺屏而出。

**2. 广告以企业形象为主题的目的和类型**

国外大部分公司都非常重视企业形象广告。在美国等发达国家的广告中有 17%～20% 是企业形象广告。广告以企业形象为主题，其目的如下。

① 形成概念和视觉上的差异化，以利于消费者的识别。

② 宣传"理想的形象"，以影响消费者个体和公众舆论，为企业形象的树立打下基础。

③ 不断强化形象特征，以提高知名度和熟悉感。

④ 服务于企业的名牌战略。

⑤ 有目的地改变企业形象中不利于企业发展的概念，进一步树立有利于企业发展的形

象概念。

目前在国外比较流行的企业形象广告类型有：通过广告对社会关注的热门话题表明企业的明确看法或主张的论点广告；针对目标受众宣传企业的产品策略或者服务策略，从而引起社会公众对企业产生良好印象的商品促销广告；宣传企业目标、理念、标准等，从而使社会公众对企业的友好态度的企业实体告知广告；宣传企业成果或者企业参加社会公共活动，从而得到社会公众认可的社会公共服务广告；向各种国际会议、体育比赛及特别电视节目、特殊社会运动提供赞助的赞助广告及环境保护广告，以及介绍企业历史和现状的广告、CI 广告、企业统一品牌广告、企业定位广告、企业招聘广告等。

**3. 以企业形象作为广告主题时要注意的问题**

① 如果一个企业已有良好形象，即"声誉精湛"，是没有必要以形象作为广告主题的。把大家都知道的事进行广告，等于什么信息也没传播，对广告主来说是一种浪费，而消费者也绝不会有耐心去看他们知道得一清二楚的事情。这类企业只在一些很特殊情况下以形象为广告主题才有意义，如借形象推动新产品销售、在形象受到威胁时或向国外进行广告等。

② 以形象为主题的广告，一般具有企业广告和观念广告的特点，不易取得像商品广告那样的直接性效果。这是因为形象树立本身是一个系统工程，良好形象的树立并非一朝一夕的事，不是单靠几次广告就能获得的。

③ 企业形象与品牌形象有同等的重要性，二者必须保持一致。世界上销量最大的香烟万宝路自 20 世纪 50 年代起，其形象就是：万宝路牛仔骑着马，在"万宝路的乡野"中，邀请烟客"到有这种味道的地方"来。品牌形象既包括商品特点的许诺，也包括企业形象的渗透。在我国，家喻户晓的雀巢咖啡广告、可口可乐广告也基本属于这一类。有人认为品牌形象是纯粹的艺术创作，这是不准确的。首先，品牌形象要建立在对商品分析与企业形象分析的基础上。其次，品牌形象本身包含着许诺，这是商品分析与企业形象分析的结果。它是消费者利益与企业利益的结合点，也是以形象为主题的广告取得成功的关键。最后，品牌形象的延伸与推广不能与企业形象不一致。

## 7.3.3 品牌定位与艾·里斯的品牌定位方法

20 世纪 70 年代艾·里斯和杰克·特劳特提出了品牌定位理论，被认为是进行广告主题策划最基本的方法之一。

所谓品牌定位，就是把一个品牌植入消费者的头脑，或者说，通过广告为品牌在消费者的心中确定一个位置，使消费者在需要解决某一特定的消费问题时，会首先、其次或再次想到某一品牌的商品。定位并不改变产品本身，而是使产品在消费者心目中占据一个有利的位置。

**1. 品牌定位的理论基础**

品牌定位理论是建立在心理学研究的几个结论基础上的。艾·里斯等认为研究潜在顾客心理是广告定位的第一步。

① 人们只注意他们所期望看到的事物。这实际上是由于人的知觉对感觉的影响。例如，如果把 10 种啤酒的标签全部去掉，消费者的感觉立刻会迟钝起来，很少有人能真正区分出酒的优劣；但是，一旦把标签贴上，消费者的感觉似乎立刻灵敏了很多，很容易区分出各种酒的优劣，并品出自己所期望的口味。由于消费者不是专家，对于同一商品，消费者往好的

方面和往坏的方面去感觉，结果会截然不同。例如，一种减肥茶，重点宣传了其减肥的作用，人们就会形成一种感觉，它的口味可能不佳，人们在试饮过程中会很快"证实"这种期望是"对"的。

**相关链接**

### 广告使男人更男人，女人更女人

有人对电视台不同时段的广告做过一些粗略的统计：除少数例外，广告中的女性形象可以归入三大类，即漂亮的姑娘、贤惠的妻子、勤劳/慈祥/温柔的母亲（不同年龄），同一时期在相同电视台播出的广告中男性的形象绝大多数是职业男性，"帅"劲十足，充满"酷"味，穿着西装，系着领带，手握移动电话，出门就钻进小轿车，一副统治"男人的世界"的派头。在一定程度上，当今的广告正在迅速地迎合、加深社会文化积淀中那些将两性的社会形象及社会功能严格区别开来的期望和观念。

② 人们不仅排斥与自己以前知识与经验不相符合的东西，而且实际上也没有很多知识和经验。在今天这个信息爆炸、广告泛滥的时代，消费领域中品牌概念的混乱，最终会让消费者无所适从。人的记忆是有选择的，对于一些司空见惯的东西，人们往往不会去记忆，如家里的楼梯有几级、办公室有几排桌椅等，人们对众多雷同的信息也不会记忆。

③ 心理学家研究表明，人们不能同时与 7 个以上的单位打交道。因此，"7"有时被当作一种记忆极限。为了不被复杂生活所压倒，人们一般对事物都在头脑中排出一个顺序，同样在为特定需求选购商品时，人们也在头脑中对同类商品划出一定的等级，就如同一个阶梯，某些商品阶梯多一些，另一些则很少。而处在"第一位"或"领导者"地位的商品在同类商品中才可能在市场上占有较大份额。

根据上述消费心理特点，艾·里斯等解释了一些不可能成功的广告定位，而这些如果用纯粹的经济学理论来解释往往不太好解释。

如果某一商品在消费者心目中占据着"第一"或"领导者"的地位，其他同类商品就很难在这个市场上站住脚，"第二"就意味着失败。因此，在广告中经常有"此路不通"的现象。RCA 公司进军计算机市场就是个典型的例子。又如，一讲到香水，人们首先会想到法国香水，因为它是以悠久的历史为背景的；而那些历史不长的香水，如日本香水，就很难在市场上站住脚。这里并不涉及商品本身的品质问题，虽然商品品质可能是确立市场领导地位的前提，但一旦这个位置确定，其他品牌即使有更好的商品品质，也很难动摇其"领导者"地位。

**应用案例** **RCA 公司进军计算机市场**

RCA 公司是拥有百亿美元资产、在传播业中具有领导地位的著名大公司。1969 年 RCA 公司进军计算机市场，试图与当时在计算机市场上占领导地位的 IBM 公司一决高低。但仅两年时间就以 2.5 亿美元的损失败下阵来。

某些从逻辑上看行得通的事，在广告中却可能行不通。以下现象值得高度重视。

① 更好品质的失败。一般认为，一件商品比同类商品具有更好的质量就可以击败对手，但事实并非如此。一方面，如果市场上已有"领导者"，质量较好的商品也不一定会被接受。另一方面，如果你把全部精力和时间都放在质量改进上，而在此期间你的竞争

对手却把精力与时间放在确立"领导者"的位置上，那么你的商品地位可能就很难超越竞争对手。

② 品牌延伸的失败。从理论上讲，如果企业声誉卓著，利用企业形象或品牌形象进军新的领域肯定能成功。但事实并非如此。实际上，声誉卓著本身包含着产品定位，如可口可乐是可乐型饮料、RCA 是广播器材、柯达是胶卷等。如果可口可乐公司去生产广播器材，柯达公司去生产可乐型饮料，后果是难以想象的。因为在新的领域中，已不存在所谓的声誉卓著，人们一定会从柯达生产的可乐饮料中喝出化学药品的味道。

③ 高科技的失败。如果某商品在消费者心目中没有一定的市场位置，即使它使用了最伟大的科技成果也会失败。这就如同如果大多数人相信地球是宇宙的中心，哥白尼的学说就没有"市场"，只能被少数科学家所接受。如果一个商品遇到类似情况，这个商品只能宣告"死亡"。没有"市场"的真理能存活，没有市场的商品只能死亡。因此，定位不是文字游戏，凭空想象出来的位置，只能是死路一条。

④ 名称选择错误导致的失败。一般人都认为，名称不过是名称，与成功、失败没有关系。但越来越多的事实证明名称与成败有密切关系。加勒比海的旅游区猪岛（Hog Island）在改名为天堂岛（Paradise Island）之前，很少有人去那旅游。名称中实际上也包括定位。从现象看，名称本身似乎是无意义的，但实际上任何名称都可能产生一种感觉上的、实实在在的东西，它来源于历史和人们的经验。一个错误的名称会导致一个企业、一种商品的失败。

**2. 艾·里斯的品牌定位方法**

(1) 树立"领导者"地位

一般来讲，最先进入人脑的品牌，有很多优势。平均而言，第一的品牌比第二的品牌在市场占有率方面要高出一倍，而第二的品牌比第三的又会高出一倍，而且这种关系在没有重大原因的条件下很不容易改变。

获得领导者地位主要是能首先进入人的心智，而保持这一位置的有效办法是不断加强最初的观念。如可口可乐的典型广告"只有可口可乐，才是真正的可乐"。在这种宣传下，其他同类商品只是"模仿"真正的可乐，而可口可乐是衡量其他的标准。"我们发明了这种产品"是施乐、拍立得等领导者位置确立的主要原因。领导者位置不是靠自我吹嘘"我是第一"所能获得的。

要保持"领导者"的位置，必须下"全部赌注"。任何"领导者"都不要产生这样的错觉，即我已在某类商品中占了领导者位置，我一定能在其他领域取得这样的地位。这实际上是风马牛不相及的事情。RCA、IBM 和柯达在其他领域的失败就是一个例子。

如果具有领导者位置的企业推出新产品，则不应使新产品影响已有商品的领导地位，这样很可能发生"赔了夫人又折兵"的结果。新产品位置的确立要从头开始。

(2) 跟进者的定位

一个市场已有"领导者"，就使"后来"（也许它的产品比领导者更早研制，仅因为它进入消费者心智晚了一步，比如广告宣传的错误或晚了）的企业处在"跟进者"地位。跟进者的产品一般被认为（在消费者心目中）是模仿，即使这种产品也许"更好"。所以跟进者如果想在市场上站住脚，一般应重新寻找位置。只要某一个位置不是纯主观臆造，那么也可能获得成功。甲壳虫汽车"想想还是小的好"就是个典型例子。

实际上在同一市场上总会有一定的"空隙"，这个"空隙"虽不能与处于中心地位的领导者相比，但它能保住"第二"或"第三"的位置。甲壳虫汽车就是如此。它的销售与市场占有率远不及在轿车市场上占重要位置的其他品牌，但它却获得了一个比较稳定的位置。这些空隙至少还包括高价位空隙、低价空隙、性别空隙、年龄空隙等。但应注意的是，某种空隙确实存在，这种存在不是从商品或企业角度而论的，而是从消费心理上看确实存在。

(3) 重建定位秩序

在成熟市场上，每种商品都有成百上千，要去寻找一个"虚"位空隙是很不容易的，在发展中的市场上这种"空隙"会多一些。一个企业要在市场上站住脚，在很多情况下必须把竞争者们已在人们心理上占据的位置重新定位，创造一个新秩序。

要想创造一个新秩序，必须先把旧的秩序推翻。旧的秩序或观念一旦被推翻，建立一个新秩序或新观念就比较容易了。新观念或新秩序的建立是一个冲突过程，冲突本身可能使一个企业一夜成名。但根据目前所看到的资料和案例，重新定位的一个前提条件是允许"比较广告"存在。

**应用案例　　　　泰来乐利用比较广告击败阿司匹林**

泰来乐（Tylenol）利用比较广告击败了在止痛药市场上占"领导者"地位的阿司匹林，重新建立了定位秩序。泰来乐的广告长达108字，其主要内容说："有千百万人是不应当使用阿司匹林的。如果你容易反胃……或者有溃疡……或者你患有气喘、过敏或缺铁性贫血，在使用阿司匹林前就有必要先向你的医生求教。阿司匹林能侵蚀四壁，引发气喘或过敏反应，并导致隐藏性的微量胃肠出血。很幸运的是有了泰来乐……"泰来乐在击败阿司匹林后一直位于止痛药的"领导者"地位。

但应注意并非那种"我的比竞争者好"就是重新定位，有时这种广告不会有效果。只要在市场中没有位置就是无效的。这类广告也涉及是否道德的争论。如果比较广告导致一窝蜂地相互攻击，后果是不堪设想的。我国《广告法》第十三条规定，"广告不得贬低其他生产经营者的商品或者服务。"不允许做比较广告，所以此类广告目前仅有借鉴作用，在操作上还存在很多问题。

## 7.3.4 广告定位策略和广告定位创新

广告定位的策略有很多，大体上可分为实体定位策略和观念定位策略两大类。

**1. 实体定位策略**

实体定位策略就是指在广告宣传中，以商品的质量、性能、用途、造型、价格、包装、服务、运送、维修等某一方面的独特性来定位，强调广告产品与同类产品的不同之处和带给消费者的更大利益，突出产品的新价值。实体定位又可具体划分为功效定位、品质定位、价格定位和市场定位。

(1) 功效定位

即在广告中突出宣传商品的特异功效，使该商品与同类商品形成明显区别，以增强竞争能力。它是以同类商品的定位为基准，选择不同于同类商品的优异性能为宣传重点。功效定位多用于功能性产品的广告宣传，比如冰箱、空调、洗衣机等家用电器。美国宝洁公司为海飞丝、飘柔和潘婷3种洗发水做广告时，根据各品牌的不同功效进行了不同的广告定位，满足了不同需求的消费者，因而赢得了广大的消费市场。

(2) 品质定位

即通过广告强调产品所具有的与众不同的优良品质。这种品质必须是看得见、摸得着的

"品质"，与过去的那种"品质优良、质量上乘"等笼统、空洞的许诺大不相同。比如康师傅方便面上市之际，把广告定位在"香喷喷，好吃看得见"上，并对这些看得见的香喷喷用料进行了重点宣传，使消费者对其品质产生信赖感，从而产生强烈的购买欲望。

(3) 价格定位

当广告商品的品质、性能、造型等方面与同类商品相差不大，没有独到之处可以吸引消费者时，可采用价格定位的广告宣传来击败竞争对手，争取消费者。价格定位可分为高价定位和低价定位两种。

高价定位是以高位价格突出商品的档次，塑造高品质的商品形象，多运用于汽车、香水、手表、电视机等。例如，"世界上最贵的香水只有快乐牌（Joy）"；"为什么你应该买伯爵表（Piaget），它是世界上最贵的表"。高价定位的成功秘诀在于抢先在同类商品中建立高价位的位置。当然，这个位置必须是有事实根据的，而且是消费者能够接受的，否则这种高价定位也正是驱走消费者的主要因素。

低价定位是以低位价格增加商品的竞争能力，吸引更多的消费者，多适用于竞争激烈的商品和无品牌的日用品，如盐、糖、麦粉、饮料等。例如，百事可乐为了与可口可乐争夺市场，针对可口可乐高质高价的定位，采取了高质低价的定位，以"同样的价格，两倍的含量"打得可口可乐喘不过气来。低价定位一般不要单独使用，以避免给人造成"便宜没好货"的印象，使用时最好能以品质、功效作为铺垫，着力渲染。

一般而言，功效定位、品质定位、价格定位都是从商品分析入手的，寻找商品之间的差异。一般只有当某些商品特点或优点处于中心位置，即大部分消费者或目标消费者对某一类商品的特点最关心时，功效定位、品质定位、价格定位才有效。

(4) 市场定位

市场定位是市场细分策略在广告中的具体应用，是将企业或商品定位在最有利的目标市场位置上，也就是说选择准确的消费群体或阶层进行定位。市场定位主要有：年龄定位，如"强生"护肤品通过年龄定位使自己成为儿童护肤品中的领导者；性别定位，如"金利来，男人的世界"，最经典的案例就是万宝路香烟；心理定位，如斯沃琪手表根据时尚这种心理进行市场细分获得了巨大成功；特殊消费者定位，如捷卡系列运动表的定位是"现代中学生的运动表"；大量使用者定位，如日本朝日啤酒公司集中所有资源将单一的"超级干啤（super DRY）"牌产品做精做优。

**2. 观念定位策略**

所谓观念定位策略，就是突出商品的新意义，改变消费者的习惯心理，树立新的商品观念的广告策略。观念定位策略的具体运用有以下几种方法。

(1) 逆向观念定位

逆向观念定位是相对于正向观念定位而言的。所谓正向观念定位，就是以突出广告商品的优异之处进行定位。逆向观念定位是借助有名气的竞争对手的声誉来引起消费者对自己的关注、同情和支持，以便在竞争中占领一定的市场份额。进攻性的逆向观念定位，借竞争对手之名，以引起更多更大的关注，同时动摇竞争对手固有的地位，改变消费者的看法并取而代之。此法多适用于二、三流企业和二、三流产品。

### 应用案例　　　　　　　　　　Sorry Sony

台湾建弘电子公司开发的高解像度电视机——"普腾"（Proten）电视，其性能超过专业水准。为了打开美国市场，树立自己的名牌形象，公司当时的总经理洪敏泰决定采用借名的方法。当时日本索尼电视机在美国已建立起优秀的品牌形象。于是，他们就打出了"Sorry Sony"（对不起了，索尼）的广告口号，展开强烈的广告攻势。普腾以挑战者的姿态，引起了人们的普遍关注，知名度急剧上升。同时，他们选择高级音响和视听器材店为经销点，赢得了一部分消费者。一年后，普腾就有了稳定的销售量。

退步性的逆向观念定位难度较大，虽然勇气可嘉、诚实可信，却容易使消费者相信广告中的劝说，去购买竞争对手的产品。因而，这种方法多用于针对一些文化程度较高的广告对象。

### 应用案例　　　　　我们排行老二，我们要加倍努力

美国DDB广告公司为艾维斯出租汽车公司策划的广告以甘拜下风的姿态出现："我们排行老二，我们要加倍努力"，号称"老二宣言"。这一广告公开承认赫兹公司是同业中一流的，自己甘居第二位，这是因为当时赫兹公司地位牢固，不可正面发动攻势，于是利用社会上人们同情弱者的心态，有意强调己不如人，但表示将努力进取、迎头赶上。坦诚的告白，巧妙地将自己与市场领导者建立了联系，既避免了与实力强大的竞争对手直接抗衡，又引起了消费者的极大兴趣和同情。艾维斯因此很快扭转了多年亏损的局面，市场份额上升了28个百分点，大大拉开了与同行业中排行老三的国民租车公司的差距。

（2）比附观念定位

与逆向观念定位从商品与竞争品的关系出发不同，比附观念定位是从商品与其他相关商品的关系出发。通常是在广告中通过点明这种商品间的相关联系，间接地揭示和传达了广告商品的价值信息，从而唤起人们对该种商品的需求。例如，雪利酒广告："在喝咖啡时，永远不要忘了芳醇的雪利酒。"

（3）是非观念定位

是非观念定位是在广告中注入一种新的消费观念，并通过新旧观念的对比，让消费者明白是非，接受新的消费观念。是非观念定位是一种以守为攻、变被动为主动的定位方法，适用于三流企业、三流产品。

### 应用案例　　　　　　　　　七喜，非可乐

七喜汽水为了挤进饮料市场，运用逆向思维把七喜汽水定位成"一种非可乐型饮料"，人为地创造出一种新的消费观念，即饮料分为可乐型和非可乐型两种，可口可乐是可乐型饮料的代表，而七喜汽水则是非可乐型饮料的代表，促使消费者在两种不同类型的饮料中选择。他们打出的广告标题是："你从过去到现在一直用一种方式思考吗？现在可以改变了。"广告口号则是："七喜，非可乐。"这一口号被美国广告界公认为是一个辉煌的、划时代的广告口号，它打破了传统的思维习惯，不是在七喜汽水瓶里找到"非可乐"的构想，而是在饮用者的头脑中找到了它。因此，此口号打出的第一年，其销量就上升了15%。

（4）流行观念定位

即以社会流行观念创造出商品的附加功能，以迎合广告对象的消费心态。

**应用案例　　　　　　　箭牌口香糖的流行观念定位**

箭牌口香糖利用社会上流行的色彩观念，赋予各种口味颇有创意的附加功能。在广告宣传中，绿箭是"清新的箭"，以清新香醇的口味，令人从里到外，清新舒畅；红箭是"热情的箭"，以独特的口味使你散发持久的热情；黄箭则是"友谊的箭"，可以缩短距离，打开友谊的门扉……他们将白箭定位于"健康"二字："每天嚼白箭口香糖，运动你的脸。"这种既新颖独特，又符合社会流行观念的广告定位，使箭牌口香糖在美国市场上畅销不衰。

（5）个体成功观念定位

这类定位包括对个人生存的全部正面价值的肯定，如事业、成功、地位、身份、财产、健康、友谊、爱情、审美等。这类定位法运用得最为普遍。例如，法国有一种储存20多年的XO高档白兰地，采用长颈酒瓶设计，以示与众不同，并推出了一个含蓄、幽默的广告语："长颈XO，高人一等"，既宣传了从酒瓶到质量的高人一等，又暗含了饮用者将拥有一种更高贵的气派，真是一箭双雕。

观念定位策略绝不仅仅只有上面介绍的几种。由于观念的流动性和可塑性，观念定位法也不拘一格，没有一个固定不变的模式。只要定位能最终抓住消费者的心，有利于广告目的的实现，就是成功定位。

### 3. 广告定位的创新

成功的定位需要始终如一。定位理念一旦确立，就不应轻易改变，所有的营销活动都应致力于使该定位理念在消费者心目中留下深刻的印象。但广告定位在一定时间的稳定性，绝不是说它可以永远不变。因为社会环境在变，销售市场在变，产品在变，消费者在变，竞争对手在变。在原有的定位已经不适应变化、无法占据消费者头脑的情况下，必须进行广告定位的创新，重新定位（reposition）。

重新定位的基本思想和基本原则与定位是相同的。重新定位是在原有定位难以适应顾客和市场新的发展需要的情况下，寻找新的焦点和顾客头脑中新的"空隙"。重新定位追求的是在新的改变了的环境中，使企业的品牌脱颖而出，成为"第一"，占据顾客的头脑。重新定位成功的例子很多，如自行车——传统定位为代步工具，重新定位为健身休闲用品；橘子汁——传统定位为维生素C保健饮品（保健功能），重新定位为消暑解渴、提神、恢复体力的饮品。

# 思 考 题

1. 什么是广告主题？如何理解广告主题的地位和重要性？
2. 简述确定广告主题的三要素。
3. 何谓广告定位？简述广告定位理论的发展。
4. 简述USP理论的要点。

5. 简述品牌形象论的要点。
6. 什么是 CI？简述 CI 的系统结构、CI 对广告有何要求。
7. 简述品牌个性论的要点。
8. 简述定位理论的要点。
9. 广告定位的意义何在？
10. 广告定位策略有哪些？

# 第8章 广告表现策略

**学习目标**
- 了解广告表现的含义和意义,理解广告艺术创作的特点;
- 掌握现代广告的信息构成和信息传播障碍;
- 掌握ROI论,了解成功广告表现应具有的特征;
- 了解广告表现策略,理解和掌握广告表现的手法。

## 引言

### 从"安全锅"到"危险锅"看广告表现的误区

爱仕达六保险压力锅"安全门篇"广告的主要情节是:一个男子在通过机场安检时,被发现不"安全",安检器呜呜大叫,原来该男子身上有一枚硬币,然而当他抱着高压锅通过安检时,机器静悄悄,真好,多么"安全"。可是,这一广告表现却歪曲了高压锅安全之本意。首先,理论上不妥。高压锅安全性的概念是其抗高压性能,机场安检装置是一个金属探测器(metal detector),它只检查是否有金属物质,如危险的刀、枪、炸弹之类,也包括不威胁乘客安全的硬币、钥匙、高压锅等,绝不检查材料是否具备抗高压性能。其次,逻辑上不妥。安检时,硬币响,同为金属的高压锅不可能不响。再次,概念上不妥。机场安检在英语里是security check,security与safety不同,利用中文的同音同字特别牵强,而且外国人是无论如何看不懂的,这就无怪乎不能在亚洲广告展获奖了。最后,结论上不妥。高压锅安检时不响,观众只能推测这高压锅大概是木板、纸板、塑料之类非金属材料制成。哇,这种高压锅不仅可能不安全,还可能是一只彻头彻尾的危险锅。

该广告运用幽默、夸张、比拟的广告表现技法诉求爱仕达六保险压力锅的安全性,颇具亲和力的歌星尹相杰的表演幽默、得体,产生了明星效应。但从"安全锅"到"危险锅",可以看到该广告在将广告主题、诉求概念形象化的广告表现过程中出现了广告信息传播障碍。如何才能成功地通过广告表现将广告主题准确传达、避免广告信息传播障碍呢?成功的广告表现有哪些特征?广告表现又有哪些可以采用的策略和手法呢?

## 8.1 广告表现的重要性和广告艺术创作的特点

### 8.1.1 广告表现及其重要性

**1. 广告表现的含义**

从动态角度讲，广告表现是指将广告主题、诉求概念形象化的过程，具体地说，就是运用各种符号及其组合，将广告诉求点以形象的、易于接受的形式表现出来，转化成可视、可听、可感甚至可嗅、可触的具体实在的广告作品，以达到影响消费者购买行为的目的的过程。

从静态角度讲，广告表现是广告艺术创作与广告制作形成的，最终与广告对象见面，并说服或影响其购买行为的形式。广告表现的具体形式就是广告作品。广告作品是广告诉求的物化形式，是广告信息的载体，是广告客户与消费者的交接点，是联系广告主与消费者的纽带和桥梁。

广告表现是一种创造性活动，需要借助文学、绘画、舞蹈、电影、电视等多种表现手段和方法。广告不可能强迫消费者接受某些信息，只能通过艺术手法吸引和影响消费者，引起注意，促使其产生兴趣。也就是说，广告表现是一个艺术创作的过程。广告艺术创作在广告活动中占有重要位置，是整个广告活动的重要环节。这个环节位于广告总体策划、广告主题、广告定位之后，广告制作与传播之前。

将广告主题、诉求概念形象化，形成广告作品过程中所采取的技巧和方法，就是广告表现策略。广告表现策略通过具体的广告创作来实现，主要包括广告表现形式的采用、广告文稿的撰写、设计与制作等多方面的内容。本章主要讨论广告创作的一般问题，后两章专门讨论广告文稿的撰写、设计与制作的问题。

**2. 广告表现的重要性**

广告表现在整个广告活动中占有极其重要的地位，其重要性主要表现在以下方面。

(1) 广告表现是广告活动的中心

广告的前期工作，如广告调查、广告策划、广告的科学管理都是为最终的广告表现服务的。广告的媒体策略是针对广告表现而言的。广告效果的发挥、广告主是否满意最终主要依赖于广告表现。从这个意义上看，广告几乎可以与广告表现画等号。我国广告界提出"以策划为主导，以创意为中心"，如果创意是指广告表现的创作，那么这是完全正确的。广告表现失败，会使整个广告前期活动变得毫无价值与意义。因此，在广告活动中必须抓好广告表现这一重要环节。

(2) 广告表现决定了广告作用的发挥程度

广告是否能说服和影响广告对象的购买行为，是否能准确地将商品信息、销售信息传达给消费者，除媒体因素外，就要看广告表现了。所以广告能否最终产生效果，是否成功在很大程度上取决于广告表现。

(3) 广告活动的管理水平最终由广告表现综合体现出来

虽然广告表现是通过广告创作和制作形成的，但广告表现的内容、主题、形式均是广告前期工作的结果。从这个意义上讲，广告表现的失败是整个广告前期工作的失败，反映了广告管理的失败。

正因为广告表现在整个广告活动中占有如此重要的地位，因此可以说没有一个广告公司敢轻视这一环节。但是需要注意的是，由于广告表现的作用如此明显且直接，使很多人产生了一种错觉，即只要抓好广告表现这一环节就可以了。同时，由于广告表现是由广告创作与制作直接形成的，而且很大程度上主要是艺术问题，所以好像只要靠一个具有较高艺术水平的创作人员就可以创作出成功的广告表现。这种看法或错觉在我国广告界还比较普遍。其错误的根源在于没有把广告作为一个系统来看。虽然广告表现极其重要，但它也只是整个系统中的一个子系统。系统中任何一个环节出问题，最终都将影响到广告表现。广告表现的失败是整个系统的失败，而绝不只是广告创作与制作人员单方面的问题。必须用系统的方法来创作现代广告，这是时代提出的要求。

## 8.1.2 广告艺术创作的特点

广告艺术创作与一般艺术创作不同，它具有以下特点。

(1) 广告艺术创作是对广告主题艺术化的过程

在这个过程中，既要准确地传播广告信息，又要使主题变成广告对象最容易接受、最容易受感染、最容易记忆和理解、最容易引起购买冲动和购买行为的艺术形式、语言、画面及音乐等。广告主题要求科学和准确，但是正确的东西不一定是能够被接受的东西。广告艺术就是要使广告主题成为更容易被接受的形式。

(2) 广告艺术创作涉及广告信息构成的全部内容

从直接信息到感觉信息，直至综合信息均需在艺术化的过程中认真设计，不能形成顾此失彼的结果。这也使广告艺术创作显得更加复杂。

(3) 广告艺术创作是以广告目标对象的心理特征、以他们的感受为起点的

纯艺术作品一般都是艺术家有"感"而发，是以艺术家个人的心理感受为特点的，表现出个人的个性与风格。而广告作品是以广告目标对象的心理特征、以他们的感受为起点的。在广告创作中，绝不能以个人的心理感受去替代特定消费者对商品的感受。

> **相关链接**
>
> **"如果你不能把你自己变成你的顾客，你几乎不应该干广告这一行"**
>
> 虽然广告创作者本身也是一个消费者，但是任何个人的心理感受都有一定的特殊性。正如广告大师李奥·贝纳所说："如果你不能把你自己变成你的顾客，你几乎不应该干广告这一行。"因此，广告艺术创作更像表演艺术，它要求创作者完全投入角色，去体会你将要广而告之的对象的心理特点，而不是你自己的。当然，要求创作人员完全排斥、抛弃个人个性与风格是不可能与不现实的，正如两个不同的演员可以使同一个角色出现不同的风格。

(4) 广告艺术创作作品要有冲击力、吸引力

广告艺术与纯艺术在创作要求上是不同的。纯艺术一般表现为观赏艺术，人们会主动地花时间和金钱去看、去听、去研究和领会，寻求理解和共鸣。而广告艺术在绝大部分情况下的被看、被听是非常被动的。同时，广告作品被看、被听的时间非常之短，一般都以"秒"计算。而且很少有人会拿出精力来猜、来认真体会广告所传达的信息。也正由于广告的这种特殊性，对广告创作所提出的要求是与纯艺术创作完全不同的。广告艺术必须探索如何在很

短的时间内吸引人的注意力，使人看下去、听下去，并形成记忆，引起购买行为。因此，不能简单地用纯艺术的理论和方法代替和指导广告艺术的创作。当然，广告艺术是从纯艺术中分离出来的，纯艺术创作的理论、方法和手段对广告艺术有着重要影响，广告艺术也几乎涉及了纯艺术中所有的表现形式，但纯艺术作品一般都具有更深层次的精神特性，而广告作品从本质上讲只是一种带有说服激励的信息。

(5) 广告艺术创作是在有限中创造无限

广告艺术创作不像艺术创作那样"自由"。艺术家创作的是他有感受的艺术作品，对于他不感兴趣的事物可以不去理会。但是广告创作者却不能这样，或在大部分情况下不是这样。对于广告主委托的广告创作，不管创作者是否当时已有感受，它首先是被当作一项"任务"接下来的。因此，他在创作对象选择上的自由性远远小于艺术家。一般广告艺术创作要受以下因素的制约：企业与商品；广告目标对象；广告总体策划；竞争者的广告艺术表现；广告计划和预算；广告主题及定位；企业形象系统和识别系统（CIS）；广告媒体；社会心理、伦理道德、风俗习惯；广告艺术的特点，如广告被看的被动性和短暂性等。在如此多的限制条件下，广告艺术创作要发挥创造性充满了挑战。正是因为有了这种挑战，才有了"不当总统，当广告人"的佳话。广告艺术创作过程的规律正如詹姆斯·韦伯·扬所描述的，它反映了一切创造性思维的特点，广告艺术创作正是在这种有限中创造着无限。

(6) 广告艺术创作一般是集体创作

纯艺术作品的创作和制作一般由一个艺术家完成，特别是那些历史悠久的艺术形式，如绘画、雕塑、文学等。虽然现代某些艺术形式，如电影等开始走集体创作的道路，但从单个因素看，如导演、演员仍带有个人创作的特征。而现代广告作品的最终完成很少完全由一个人完成。从发达国家一些大广告公司的情况看，广告从创作到制作呈巨大金字塔形，塔尖是创作人员，巨大的塔底是由受过良好专门艺术训练的技术人员和技术工人组成的创作队伍。

## 8.2 广告信息构成和传播障碍

### 8.2.1 现代广告的信息构成

广告是一种信息传播活动，广告主题和内容信息需要广告表现来传达，广告作品是广告信息的载体。因此有必要对广告的信息构成和传播障碍进行讨论。广告信息主要由直接信息和间接信息构成，其中直接信息是定位的重点，但同时也不能忽视间接信息。

**案例分析**

**雕牌洗衣粉下岗篇广告的得与失**

画面首先出现一个小女孩忧郁的面孔，配以童稚的画外音："妈妈下岗了，整天都愁眉苦脸的，一大早就出去找工作……"接下来就是小女孩从抽屉中拿出雕牌洗衣粉洗衣服，并把洗干净的衣物晾在绳子上；下一个镜头，母亲从外面疲惫而归，看到女儿的留言条："妈妈，我也能帮你干活了"，母亲的眼泪夺眶而出，并出现广告口号"只买对的，不买贵的"及商品名称"雕牌洗衣粉，浙江纳爱斯。"

这是一条黑白效果的生活情景剧广告，类似厚重的默片风格，别具一格，很能抓住消费者的眼球。广告的确有些感人，甚至记住了"雕牌"这个名字。但广告中的雕牌使用者不仅是下岗人员，而且还是妇女和儿童——弱者中的弱者，暗示了雕牌洗衣粉的主体消费层：贫困阶层。整个片子令人在感动之余倍感压抑。看完之后我们会去买它吗？

#### 1. 直接信息

直接信息是指用通用符号所传达的广告信息。文字、企业或商品名称、商标标识、包装及外观识别、语言、表情等大家一目了然、一听就明白的信息都属于直接信息。简言之，直接告诉广告对象的信息均构成直接信息。

#### 2. 间接信息

间接信息是指广告所形成的感觉上的信息。任何一个广告都通过一定的艺术形式来传递直接信息。广告所涉及的艺术形式几乎包罗万象，如语音艺术、色彩与构图、表演与舞蹈等。虽然就形式本身来讲似乎没有什么具体信息，但它们却形成感觉信息。比如视觉广告按信息分类至少包括以下几种。

(1) 由构图所形成的感觉

视觉广告离不开构图，电视、路牌、橱窗、招贴画等都是在一定构图形式中表达特定内容的。不平衡的构图会使人不舒服，会形成没有完成、粗制滥造和不可信的感觉。构图的比例、力场、空白、韵律等都会形成不同的感觉。文字既是广告内容的承担者（组成广告文案），同时它又是构图要素之一。一般文字在一幅构图中可以组成不同的点、线、面。也就是说，在现代广告中，文字并不只有单一功能，即传达广告内容，它还是广告构图要素。它不仅传达直接信息，也传达间接信息。

(2) 由色彩所形成的感觉

色彩在广告中不仅只是装饰作用，更重要的是色彩本身也在传达着间接信息。不同的色彩会形成不同的感觉。如红色、黄色、绿色会形成不同的联想与感觉，不同的色彩组合会形成俗或雅、活泼或严肃、神秘或浪漫等不同的感觉。

(3) 由广告附加价值所形成的感觉

所谓广告附加价值，是指为强化某一直接信息而附加的内容。如强化空调的效用，借大海做背景；让模特儿穿上时装以展示时装的优美等，这里大海与模特儿就是附加价值。很显然，附加价值本身会带来各种联想与感觉。

(4) 由情节所形成的感觉信息

电视广告经常借助一个简短的故事情节来传达或强化某些广告的信息，而情节本身可能形成严肃、幽默、庄严等感觉。其他如音乐、灯光、节奏等也会形成感觉信息。

单纯的直接信息在广告中是很少的，由于广告总是借助某种艺术形式来表达直接信息，所以广告的信息是综合的，间接信息作为辅助信息要素应对主导信息要素起烘托、渲染、衬托、美化、协调等辅助作用；同时，又由于间接信息涉及美学、心理学、行为学等诸多学科知识，从而使广告信息问题变得更复杂。一个高档商品，由于广告表现粗制滥造而被消费者误认为是假冒伪劣或一般商品是不乏其例的。区分直接信息和间接信息，在广告定位、创意、表现、设计中都有重要意义。

### 8.2.2 广告信息传播障碍

由于间接信息涉及美学、心理学、行为学等诸多学科知识，所以使广告信息问题变得很复杂。其中应特别注意的是，广告作为一种信息沟通手段，信息沟通可能产生的障碍在广告传播中也是不可避免的。而广告总是借助一定的艺术表现形式传播信息，这本身就加大了产生障碍的可能性。

**案例分析**

"没门"的百事可乐

有一则百事可乐广告的主角是篮球明星沙奎尔·奥尼尔。片中的奥尼尔以他惯常的方式出现，但总像少了点什么。他打球的时候，一记投篮悬在了篮筐上，直到一声百事可乐的开罐声响起，球儿才应声入网。啊，缺的就是这个。然后我们看到迈克尔·福克斯在喝百事可乐。"能让我来点儿吗？"奥尼尔问道。"没门。"

有明星参加，采用了幽默的表现手法，吸引了受众的注意，表达了百事的魅力。但是在这种广告情节中，拒绝与人分享似乎成为合理；而奥尼尔难道不知道怎么给自己弄一罐吗？学者埃里克·马德在《选择定律》中认为在他研究过的广告中有30％产生的是消极作用，它们事实上损害了品牌的形象。如果广告所传递的信息表明商品的拥护者是一些粗鲁的家伙，将可能使一些观众不愿加入他们的行列。

（1）确定需要传达的广告内容时易产生信息障碍

究竟向消费者传达什么内容，这是对企业或商品进行广告首先遇到的问题，即广告主题问题。广告一方面受到媒介的限制，比如时间与空间，其传达的内容是有限的；另一方面，它又受到市场条件的限制。如果一个广告不能确立一个有效的、能吸引和说服消费者的主题，那么它以后的工作都是无意义的。

（2）把需要传达的内容"艺术化"易产生信息障碍

广告主题转化为语言或视觉形式就是艺术化过程。这个过程经常出现的信息障碍主要表现在以下方面。

① 不能准确传达主题。主题越复杂，准确传达就越困难。而艺术形式本身的局限性也可能使信息走样。

② 产生不应有的联想和感觉，尤其是使人联想到其他同类商品。比如某一电视广告用一玩具狗"导入"并表示电视机的清晰程度，由于玩具狗十分可爱，不仅分散了人们对主题的注意力，甚至引起了购买玩具狗的欲望。

③ 错误地或完全相反地宣传了主题。如某种白酒为了表现"男子汉"气概，用了一个不修边幅的男演员骑马飞驰并一头倒在草丛中狂饮白酒的画面。可以想象这种画面导致的联想和感觉。由于广告设计、制作人员对商品或广告主意图理解上的差异，这种情况是可能经常出现的。在这个环节上形成障碍的因素很多，其中广告表现创意、设计和制作是关键。

（3）广告在"传递"过程中也会产生信息障碍

这种障碍主要是由媒介造成的，其中媒介的传真程度是关键。一幅精美的广告作品如果由于印刷水平影响而变得模糊不清，就会严重影响广告信息的准确传达。

（4）消费者在接收广告信息时也可能形成信息障碍

消费者与媒介的接触情况直接影响接收效果。不同的消费者，其媒介接触情况是完全不同的。不同的媒介被注意率、被记忆程度是不同的。不同的节目有不同的观众，不同的报纸、杂志有不同的读者。另外，消费者在接收广告信息时注意力是否集中也直接影响接收效果。

（5）消费者在理解广告信息过程中也会造成信息障碍

这种障碍的形成除了受消费者个人文化水平、个人修养、生活经历的影响外，还包括很大部分的心理原因。同一句话，由于特定的条件可以有两种截然不同的理解，如"这商品还行"可以往好的方面理解，也可以往坏的方面理解。十分肯定的结论反而容易引起怀疑和争论，如"这是您最明智的选择""这是最佳商品"之类会使消费者反感和不信任。但有时十分肯定也会被信任，如"七喜：非可乐""第一等啤酒是米克劳"（first class is Michelob）都是成功的广告。

从以上分析可以看到，正确地传播一个广告信息并非易事，在进行广告过程中上述问题均需认真对待。

## 8.3　广告表现策略

### 8.3.1　成功广告表现的特征

广告表现就是将广告信息艺术化的过程。然而，许多广告人在创作广告时常常将广告表现和艺术表现等同起来，千方百计地追求表现形式的完美，这是广告表现的一个误区。广告表现最根本的目的是让人们欣赏了这幅广告作品之后，不知不觉地接收广告传递的信息。如果人们只是被优美、华丽的广告本身所吸引，而不是被广告的商品、服务所吸引，就没有实现广告的目标。因此，有人说："不是广告的广告才是最好的广告。"

**相关链接**

**三面镜子的故事**

美国波立兹调查公司总经理阿夫来德·波立兹曾做过一个比喻，十分形象地说明了广告的表现形式和表现目的的关系。假如在一个房间的同一面墙上装上三面镜子，镜子对面的墙上有一个大窗户，窗外是一片美丽的乡间景色。现在假定：第一面镜子表面坑洼不平、污迹斑斑，显得很脏；第二面镜子清洁明亮并饰有美丽的雕刻图案；第三面镜子一尘不染，既无污迹也无装饰物，只是一面完整的镜子。向导指着三面镜子对观察者说："您看到了什么？"观察者指着第一面镜子说："我看到了一面不好的镜子。"观察者来到第二面镜子前说："我看到了一面美丽的镜子。"来到第三面镜子前，观察者开心地说："我从镜子里看到了窗外美丽的乡间景色。"很明显，第三面镜子完成了有效果的工作。一面有效果的镜子就是把它所要照的物体完整、清晰地显露出来，而丝毫不受干扰，也就是说不能让镜子本身能够看得见而看不到所照的东西。

波立兹得出的结论是：广告人会失望地发现他做的广告越是完美，他的广告也就越成为不被人们注意的"广告"。因此，在进行广告表现时，不能过于看重形式的华丽奢侈。玩花样、耍噱头并不一定能使广告更加有效，有时反而会喧宾夺主、自取灭亡。

1. ROI 论

ROI 论是广告大师威廉·伯恩巴克创立的一套独特概念主张。其基本要点如下：

① 好的广告应具备三个基本特质：关联性（relevance）、原创性（originality）、震撼性

(impact)。广告与商品没有关联性，就失去了意义；广告本身没有原创性，就欠缺吸引力和生命力；广告没有震撼性，就不会给消费者留下深刻印象。

② 同时实现"关联""创新""震撼"是高要求。针对消费者需要的"关联"并不难，不关联但点子新奇也容易办到。真正难的是，既要"关联"又要"创新"和"震撼"。

③ 要想做到既"关联"又"创新""震撼"，必须具体明确地解决以下5个基本问题：广告的目的是什么？广告做给谁看？有什么竞争利益点可以做广告承诺，有什么支持点？品牌有什么特别的个性？选择什么媒体是合适的，受众的突破口或切入点在哪里？

### 2. ROI 论给予的启示

(1) 以广告主题为核心

广告表现要以广告主题为核心，不能随意偏离或转移广告主题。广告主题是广告表现的出发点与基础。只有主题明确，才有可能创造出引人入胜、新颖别致的广告。如果表现主题不够，即便是新颖独特的表现创意在广告宣传中也无法充分表达主题思想，甚至干扰主题思想，这必然会转移人们的注意力，甚至使人产生歧义，削弱广告的效果。

(2) 追求新颖独特，引起注意

在广告"爆炸"的时代，没有特色、没有亮点的广告不会有任何感召力和影响力，更不能引起媒体受众的注意。当然广告表现要禁止哗众取宠。

(3) 意境优美，情趣生动

广告表现创造的优美意境，能将媒体受众带到一个妙趣横生、难以忘怀的艺术境界中。法国的一则席梦思广告以其反常规的创意，创造了销售奇迹。它不是像往常广告一样营造浪漫情调或名人效应，而是在广告中展示了一只瞪着眼睛的毛毛虫来表达"为了使睡席梦思健康而安全，因而采用了不生毛毛虫的原材料"的信息。它的旁白是："也许，这只喜欢温暖的毛毛虫，今天就与您共眠呢！"

(4) 形象化

广告表现是以真实为基础的艺术创造。广告表现不同于绘画，不同于文学创作。广告表现要在坚持客观事实的条件下，升华凝练出主题思想与广告语，并且从表象、意象、意念、联想中获取创造的素材，形成形象化的妙语、诗歌、音乐和富有感染力的图画、摄影，并能融会贯通，成为一幅完美的广告艺术作品。

(5) 促销性

这是广告的目的，也是广告表现的出发点。广告表现是在客观的基础上以艺术的形式向媒体受众传输商品或企业信息，使他们产生兴趣，以达到促销的目的。广告表现不是完全意义上的美的艺术，而是促销的艺术。大卫·奥格威曾说过："我们的目的是销售，否则就不是广告。"一语道破了广告表现的目的。

(6) 简洁性和印象性

简洁明快的广告，能给媒体受众留下耳目一新的感受。世界广告的经典之作，几乎都是创意独特、简单明了。广告表现不仅要简洁明了，而且还要生动逼真，给媒体受众留下深刻的印象。

(7) 理解性

广告创意的内容要以媒体受众能理解为限度。让目标市场的消费者去理解晦涩难懂的广告只会浪费广告主的资金。曾经有一段时期我国广告市场上流行以历史典故为背景的广告片，有的典故或历史事件妇孺皆知，深为人们喜爱，广告内容易被理解和接受；有的则冷僻生涩，令人费解，这类广告的效果也就可想而知了。

> **相关链接**
>
> **DDB 广告公司制作的大众甲壳虫广告荣获桂冠**
>
> 　　1976 年，美国《广告时代》邀请广告界的 97 位专家对"至今为止最杰出的广告"进行评选。可口可乐公司的"高山之巅"广告片获得 24 票，名列第三，被作为真正全球行销意义上的国际广告片；名列第二的是开创品牌形象时代的"万宝路广告运动"，代表鲜明而强烈的美国牛仔精神的万宝路世界品牌形象历时几十年，经久不衰，它得了 28 票；最令广告权威推崇的、荣获桂冠的广告作品是 DDB 广告公司制作的"大众甲壳虫广告"，它获得了 60 票。这则广告的特征是清晰、准确地传达诉求，以简洁、逼真的风格带来了震撼人心的创意效果。黑白色彩的鲜明对比，大片空白的简洁直观，"小甲壳虫"趣味无穷的逼真形象，使受众难以忘怀。

　　一则成功的广告作品，应符合 AIDMA 法则，即要能引起注意（attention）、唤起兴趣（interest）、刺激欲望（desire）、加强记忆（memory）并促成购买行动（action）。如果从广告作品设计的角度去看一则广告，那么一则成功的视觉广告至少应具备以下 4 个特征：广告应能立刻引起注意；广告能引导人的视线去注意广告的主要部分；广告的主要部分必须容易被记忆；广告能引起预期的联想和感觉。

　　这 4 个特征不是简单的先后关系，而是并存关系。比如，引起注意的要素本身就可能是广告主题，注意本身已完成了视觉引导。而人们看主题的同时也已接收了间接信息。当然，特征之间也有一定的逻辑关系，而且把这种关系加以区分和排列，也有利于对有关表现方法与技巧的探讨。

## 8.3.2　广告表现策略

　　广告表现策略，也称广告诉求策略，是指表现或诉求广告内容时所采用的技巧和方法。它是决定广告信息能否有效地传达给消费者，能否影响其对商品的印象和态度并采取实际的购买行动，进而决定广告效果的重要因素。一般来说，应根据不同的商品特点、不同的消费者特点，采取不同的表现方法。作用于认知层面的理性诉求和作用于情感层面的感性诉求是广告诉求的两种最基本的策略。具体来看，常见的广告表现策略主要有以下几种。

　　（1）美化广告策略

　　美化法就是对商品的优点加以突出和赞扬，使消费者产生良好的印象。这种方法在广告中经常使用。这种方法既有客观的尺度，也有主观的判断。首先，广告所使用的语言必须符合商品的真实情况。例如将质量低劣的商品说成"质量上乘"、技术水平一般说成"世界领先"，这种美化并不能使广告产生好的传播效果。其次，美化与赞扬要适度。在事实的基础上适当美化，能够加深印象、增加好感。但如果赞扬、美化过头，不仅容易引起人们的嘲讽，还会使消费者产生怀疑。此外，用于称赞商品的词语要慎重选择，要有美感，同时也要有回旋余地；既能够使消费者产生愉快美好的联想，也能经得住客观实际的检验。

　　（2）实证广告策略

　　实证法又叫典型示范法或现身说法法，就是借助特定的人直接陈述或演示商品的功能、特点等，直观表达有关的广告信息。很多商品都可采用这种方法，如显示衣物上的污垢被洗涤用品洗得干干净净，展示某人使用某种化妆品后更加鲜亮光彩，演示汽车跋山涉水、不怕路途艰险的情景，证明汽车性能好、跑得快等。陈述或演示的人，主要是聘请名人（如影星、歌星、著名运动员）或有关的消费者，利用其知名度和可信度吸引消费者，增强说服力。实证的目的是让消费者耳闻目睹，产生信服。

（3）引证广告策略

引证广告策略是指通过引用正面或反面、正确与错误的事实及第三者对企业或企业产品的评价为广告内容，从而增加消费者的信任程度，影响他们的购买行为的一种策略。这种策略主要是利用消费者信任他人或信任某种事实的心理，用旁证增强说服力，从而达到广告效果。运用这一广告策略，可引用专业人员证言、权威机关证言、消费者证言、名人证言等，但要精确，不要断章取义，不能过多过滥。某些商品采用引证广告策略时要受到限制。

（4）保证广告策略

保证广告策略就是在广告中做出某种承诺式的保证，以增强广告对象的信赖程度，吸引消费者。其做法就是在广告中做出某种明确的保证，如保证商品的生产条件、生产工艺、物理化学成分，商品本身的质量（寿命性能），商品的售前服务、售中服务、售后服务，商品的销售价格等，以保证来增强消费者对商品和企业的信赖程度，使其建立对商品的良好态度。在强化消费者对商品的认知和纠正消费者对商品和企业的不正确评价时，可采用这一策略。需要注意的是，广告中所做出的各种承诺性保证，必须以可靠性、真实性、可操作性为前提，绝不能凭空捏造，更不能失信，否则只能取得相反的效果。

（5）比较广告策略

比较广告策略就是将不同企业的相同商品或同一企业的系列商品进行分析比较，从而激发消费者信任。它所依据的就是人们惯有的"货比三家"的购物心理，通过广告商品的比较，突出所要宣传的商品的功效等特点，把消费者的可得比较利益揭示给消费者，从而达到广告宣传的目的。通常所用的方式主要有：功效比较、商品结构比较、质量比较、可得利益比较等。运用这一策略时，不能对其他商品进行贬低性比较。

（6）情感广告策略

情感广告策略就是把人类心理上复杂的情感变化加以提炼和概括，营造一种感情氛围，把广告宣传内容融于这种氛围之中，以情感吸引达到广告目标。因其通常使消费者产生一种积极的、美妙的情感，所以又叫美感表现策略。这种策略主要是运用感情因素对购买行为的支配作用，通过以情感人的方式求得广告效果的完美。对于化妆品、食品或礼品等可以运用这一策略。通常所采用的情感有：爱情，包括爱情的真挚、坚定、永恒和爱情所赋予人们的幸福、快乐、忧伤等；亲情，包括家庭之爱、亲人之爱及由此而带来的幸福、快乐、思念、牵挂等；乡情，包括与此相联系的对故乡往事的怀念，对故乡景物的热爱等；同情，主要是对弱者和不幸者的同情；生活情趣，利用日常生活中大部分人都有切身感受的生活情趣体验进行诉求，包括悠闲、乐趣、幽默等；个人的其他心理感受，包括满足感、成就感、自豪感、归属感等。

## 案例分析

### "青丝秀发，缘系百年"

"青丝秀发，缘系百年"，1997年重庆奥妮的百年润发洗发精广告，迅速红遍全国，成为无数人心中的经典。其创意的基点就是让受众处在感人至深的情感氛围之中，所选择的是爱情忠贞、有情人终成眷属、缠绵悱恻的情感故事，这种美好的情感是消费者所渴望拥有的。其中周润发深情款款为爱人洗发的细节刻画更是浑然天成，令观众唏嘘不已。

（7）象征广告策略

心理学的研究表明，消费者在决定购买某种商品时，并不只是靠眼前所呈现的信息刺激，而是要将过去很长一段时间积累下来的商品信息从记忆中抽取出来，然后加以综合整理，再做出购买决定。而在这个过程中，某种象征性物品会通过使人产生联想进而影响人们的购买行为。象征广告策略就是为增强消费者记忆力、增加联想而产生的策略。它是通过借用符号、动物、人物、自然或形象的语言来代表某种商品，以此给消费者以情感上的感染，充分调动消费者的心理效应，最终达到树立企业形象和促销商品的目的。

（8）情趣策略

情趣策略就是用幽默的语言、图像的歧义等，激发目标受众的情趣。这种广告容易被受众接受。情趣策略通过幽默的形式，巧妙地克服了广告与产品特点的尴尬局面，使人们在欣赏中领会有关企业或商品的信息。但有关调查显示，幽默产生的冲击力不能持久，而且因缺乏分辨性（独具的品牌针对性）而不如非幽默式广告更具有说服力。

（9）戏剧化策略

戏剧化策略就是将广告编成故事或连续剧，以吸引媒体受众。这种广告表现策略要符合时尚，要有一定的趣味，使人容易展开联想。

（10）正向与反向的劝导策略

正向劝说是一种鼓励的形式，告诉消费者购买或使用某一商品可能得到的种种好处，赞许消费者的选择是正确的。反向劝说是一种警告，告诉消费者若不购买或不使用某一商品可能遇到的不便甚至不愉快。如果劝说得当，所得到的刺激往往更强。如香烟广告："禁止抽烟，皇冠牌也不例外。"反而引起烟民的好奇和对皇冠牌香烟的注意。一般来说，正向劝说是消费者愿意接受的，反向劝说应该慎重把握。因此，往往采用反面劝说和正面劝说相结合的方式。正向与反向的劝导策略既可用于理性广告，也可用于感性广告，如采用恐怖诉求、引发焦虑的表现策略。

## 思 考 题

1. 广告表现有哪两种含义？
2. 广告艺术创作具有哪些特点？
3. 广告信息由哪几部分构成？
4. 产生广告信息障碍的环节有哪些？
5. 你认为成功的广告表现应具备哪些特点？为什么？
6. ROI 指的是什么？
7. 广告表现策略有哪些？结合实例理解和掌握广告表现的方法。

# 第9章

# 广告文案创作

> **学习目标**
> - 了解广告文案的含义和类型;
> - 懂得广告文案的构成和特点;
> - 了解广告文案的创作要求;
> - 了解不同媒体广告文案的特点。

**引言**

## "Just do it"广告语风波

"Just do it"是美国体育用品生产商耐克(Nike)公司的广告口号,1988年由W&K广告公司创始人丹·威登创作。这句广告语不仅简单清楚,而且口语化,其广告宣传效应是巨大的,因为它在宣传耐克品牌价值的同时与人本身的自信和果断联系到了一起,很容易引起消费者的共鸣,特别是穿耐克鞋的年轻人,更是让他们的运动活力和自我意识得到放大和尊重。通常的"Just do it"的意思可以理解为"想做就做",但中文翻译出来的效果和气势,明显没有英文的气场强烈。

1998年耐克推出全新的口号"I can",试图替代"Just do it"。"I can"的原型是"I can be better",后期审核时再度缩减成前者。耐克希望通过"I can"系列广告透射出的巨大人格魅力和顽强意志,以体育运动的内在精神和每一个人达成心灵上的沟通,进而喜爱这个品牌、选择这个品牌。从口号所具备的震撼力和联想力而言,"I can"这一构想极为出色,但它毕竟生活在被公认为经典的"Just do it"阴影之下。这一口号一经面世,就被指责为"Just do it"的翻版。而当"Just do it"将退出历史舞台的流言传出时,公众异口同声的反对意见更让Nike和W&K始料不及。1998年11月份,耐克运动鞋全球销量减少14%,运动服饰减少9%,当年耐克裁员1 600人,营销预算缩减1/3。

经过了"I can"的无力后,1999年10月以"Just do it"口号和Swoosh标志结尾的《美丽》主题广告问世,标志着"Just do it"重新回归。此后一系列"Just do it"广告在各类广告大赛中获奖,人们对其的偏爱可见一斑。对于耐克来说,"Just do it"和Swoosh就是胜利女神的一对翅膀。口号恒久远,一句永流传。

"Just do it"广告语风波充分展现了一句优秀的广告语具有多么大的作用,而广告语仅仅是广告文案的一个组成部分。广告文案是广告作品中表现广告主题、传递广告信息的最主要的部分，也是广告制作的前提和基础。一篇精彩的广告文案，能给人以极大的艺术感染力。要使一则广告获得成功，必须要在广告文案创作上下功夫。

## 9.1 广告文案概述

### 9.1.1 广告文案的含义和作用

#### 1. 广告文案的含义

广告文案（advertising copy）又称广告文或广告文稿，对此国内外有不同的理解。在国外，advertising copy 既指广告的语言文字部分，又泛指广告作品的全部，即广告文字、图片、绘画、色彩运用、布局装饰等。这是因为最初的广告作品主要是由语言文字组成的，语言文字即是广告作品。随着广告表现形式的发展变化，各种非语言文字要素进入传递广告信息的行列，advertising copy 仅有语言文字的含义就显得不够了，故又引申到现代广告作品的全部内容。把 advertising copy 翻译成中文的广告文案，即是指广告作品中的语言文字部分。

#### 2. 广告文案的作用

在广播、电视等电子传播媒体没有诞生之前，广告主要通过报刊等印刷媒体传播有关信息，文案的撰写显得非常重要。随着科学技术的进步和广告业的发展，广告作品逐渐开始运用非语言文字的表现要素。但是，并不能因此低估广告文案的作用。一则广告可以没有画面或音响，却不能没有文案。据有关专家调查统计，广告效果的 50%～75%来自语言文字部分。广告文案仍是广告作品的核心：一方面它能够比较详尽、准确、直接地传递商品信息和服务信息，是沟通消费者与企业的主要桥梁；另一方面广告作品中非语言文字要素的表现力，也有待于广告文案的补充和加强。写好广告文案，仍然是广告创作人员的一项重要任务。

### 9.1.2 广告文案的类型和构成

#### 1. 广告文案的类型

① 按传播媒体来分，广告文案可分为报刊广告文案、广播广告文案、电视广告文案，另外还有包装广告文案、产品说明书、传单及其他一些应用性广告文案，它们往往根据自身的媒体特点和文体特征而有不同的写作要求。

② 按照文案的篇幅来分，可分为长文案和短文案。通常认为超过 400 字的文案可以视为长文案，400 字以下的文案属于短文案。

③ 按诉求方式可分为理性型广告文案、情感型广告文案和情理交融型广告文案。

#### 2. 广告文案的构成

由于广告媒体不同，广告文案的构成也不相同。广播广告文案是以诉诸听觉的有声语言为主，一般只有正文和口号而没有标题，即使有标题，也很难听出来；而电视广告文案则是由有声语言和字幕组成，有声语言通常是广告的正文，字幕往往是标题和口号。

通常广播广告文案称为广告脚本（script），影视广告文案称为故事板或故事画纲（story board），广告脚本和故事板通常还包括其他特定内容，如画面、时间、道具、音乐、音响等。

---

**应用案例**　　　　　　　**一则马丁大夫鞋杂志广告文案**

标题：没有什么比这种感觉更好

正文：我单身

我收集沙子

我看弗洛伊德

我穿 Dr. Martens……

广告口号：自信·固执·永不妥协

随文：（略）

---

平面印刷广告的文案一般比较完整，基本包括广告标题、广告正文、广告口号和广告随文4个部分。

① 广告标题（title）。广告标题是广告文案的眉目，要力求醒目突出、生动活泼、具有鲜明的诱导作用。

② 广告正文（body copy）。广告正文是广告文案的主体部分，内容包括商品或服务的说明或解释、商品或服务的特点和优点的介绍等。

③ 广告口号（slogan）。广告口号是广告主要信息的浓缩，是在一定时期内反复使用，以加深公众对广告信息印象的宣传语，它可以直接为商品促销服务。

④ 广告随文（caption）。广告随文是广告文案中敦促和引导消费者购买的信息，如厂商名称、厂址、电报、电话、网址、邮政编码、价格、银行账号、批销单位、广告设计单位及联系人等内容。

随着广告表现形式的创新，表现这些部分的形式和方法也在发生变化。根据广告策略的不同要求，有的广告标题与广告口号合二为一，有的广告正文与广告标题则难以分清。

## 9.2　广告文案的创作

### 9.2.1　广告标题

广告标题即广告的题目，它是每一个广告作品为传达最重要或最能引起公众兴趣的信息而编排在最显著的位置，以特别的字体和特别语气突出表现的语句。

广告标题不同于广告主题：广告主题是广告的中心思想，是广告的灵魂和统帅；广告标题则是具体广告的题目，是广告的眼睛，有的广告标题能够直接揭示广告主题，有的广告标题只能揭示广告内容的性质和范围。总之，二者既有联系，又有区别，不能混为一谈。

**1. 广告标题的作用**

（1）引导作用

俗话说："看书先看皮，看报先看题。"这是人们阅读报刊书籍的普遍规律。在阅读广告文案时，这种现象尤其突出和普遍。一则好的广告标题，就像一双"火眼金睛"，能够一下子"抓住你",吸引你的视线和注意力。

(2) 诱发作用

一个优秀的广告标题,不仅能在一瞥之间抓住消费者的视线,而且能够激发消费者的好奇心,产生继续阅读广告正文的兴趣。例如,"从 12 月 23 日起大西洋将缩短 20%"这个广告标题就独具匠心,令人感到新奇,产生一种追根寻底的冲动。

(3) 促销作用

据调查表明,阅读广告标题的人是阅读广告正文的 5 倍。因此,广告标题不仅要精彩有趣,而且还要能够传递主要的广告信息,使人们即使不读正文,也能够获悉整个广告的主要内容,以有效地达到激发购买欲望、促进商品销售的目的。

2. 广告标题的类型

按照内容和形式的组合不同,广告标题可分为直接标题、间接标题和复合标题 3 类。

(1) 直接标题

直接标题,即直截了当地表明广告的主要内容或销售重点,一般无须再读广告正文。这类标题往往以商品、商标或企业名称来命名,比如"维维豆奶,欢乐开怀"(维维豆奶广告)。

直接标题写作简单快速,传递信息清晰准确,一语道破广告主题,但易流于平淡、通俗,缺乏吸引力,不易引起消费者的注意。

采用直接标题的广告有两种情况:一是只有广告标题,没有广告正文,比如路牌广告、招贴广告等;二是广告标题和广告正文相配合,广告标题直接引导读者去阅读广告正文,而广告正文是对广告标题的补充与说明,比如广告标题"止咳有妙药,快服贝川精",广告正文则是对贝川精药效的具体介绍。

(2) 间接标题

间接标题本身并不直接揭示广告主题,而是采用耐人寻味的文学词语,诱导读者去阅读广告正文,如"双脚不再生'气'"(西安达克宁霜脚气药广告)。

间接标题用词讲究,含而不露,追求一种"曲径通幽"的意境,生动活泼,富有情趣,能有效地激发人的好奇心,进而达到广而告之的目的。

(3) 复合标题

复合标题是由两到三个标题组合而成的标题群,通常具有直接标题和间接标题的双重作用,既可使人一目了然,又可引发人的阅读兴趣。

复合标题通常由引题、正题、副题 3 种标题组成。引题的作用是交代背景、烘托气氛或引出主题;正题是主要的标题,作用是传达主要的广告信息;副题的作用一般是对主题的补充和说明。复合标题一般有 3 种组合形式:引题+正题,如"滴滴精纯,风味顶好(引题),顶好清香油(正题)";正题+副题,如"脚癣一次净(正题),30 分钟治愈脚气,无效退款(副题)";引题+正题+副题,如"四川特产,口味一流(引题),天府花生(主题),越剥越开心(副题)"。

3. 广告标题的创作形式

① 直诉式。即直截了当、准确地传达某一广告信息,如商品特点、许诺、消费理由等,如"两片"。

② 新闻式。即用新闻报道的语句在广告标题中直接公布近日发生的事物,如"发现一瓶好水"(台湾黑松天霖水)。

③ 祈求式。即采用希望、劝勉、叮咛或呼吁等较婉转的语气敦促消费者采取购买行为，如"请喝可口可乐"。

④ 夸耀式。即以赞誉的口吻，夸奖商品或服务的优点、长处，如"车到山前必有路，有路就有丰田车"。

⑤ 提问式。即以设问或反问的方式，只问不答，诱读广告正文，如"乐百氏奶，今天你喝了没有？""鞋上有342个洞，为什么还能防水？"

⑥ 悬念式。在广告标题中提出一个奇怪的问题或讲一件奇怪的事情，以引人注意，发人联想。如以色列航空公司的广告标题：从12月23日起，大西洋将缩小20%。

广告标题的创作形式还有很多，如问答式、对比式、号召式、庆贺式、叙事式、比喻式、抒情式、哲理式、建议式、标语式、否定式、对话式、诗歌式、警句式、谚语式、注释式、假设式等，在此不再一一赘述。

4. 广告标题的写作要求

### 相关链接

#### 大卫·奥格威写作标题的经验

- 应把最主要的内容放在标题中；
- 标题中应有真正能使人感到惊奇的事物；
- 用标题制造出读者的好奇心，能诱使人们去读正文；
- 在标题中故弄玄虚，或标题晦涩难懂是行不通的；
- 在标题中用否定词往往是很危险的；
- 标题应该简明扼要；
- 标题具有地方特色对于特定诉求的对象非常有效；
- 标题中放进广告对象具有一定的召唤性；
- 使用一些会产生良好效果的词；
- 最差的标题也应把产品品牌名称放进去。

(1) 突出主题，题文相符

广告标题应该与广告主题紧密结合，使受众无须阅读正文，就能了解广告文案的主旨。如M&M's巧克力一则广告的广告标题是"只溶在口，不溶在手"。有的广告标题虽然并不直接表现广告的主题，但是一定与广告正文的主题有关。广告标题还应该与广告正文的内容相符，不能与广告正文内容毫无关联。

(2) 简洁明确，容易记忆

广告标题应该简洁凝练、生动活泼、易读易记，字数不宜过多。广告标题冗长烦琐，则不易在受众的大脑中留下深刻印象。但这也不等于说广告标题越短越好，若为了达到简短的目的，就人为地削减应该在广告标题中传达的信息或是任意制造过分简略、使受众不知所云的句子，则会减弱对受众的吸引力。遣词造句不要过分追求华丽，尽量避免晦涩，要富有创造性，不能陈词滥调。

(3) 富有创意，引人入胜

广告标题要达到吸引受众阅读或收听广告正文的目的，它本身必须有足够的吸引力。广告标题的吸引力是蕴含在它的创造性中的，这种创造性既包括内容的创造性，也包括形式上的创造性。一个引人入胜的广告标题往往会使正文的阅读率或收听率成倍提高,而平淡无味的广告标题往往会影响受众对广告正文的兴趣。

(4) 具体突出,展现精华

过于抽象的广告标题往往令人费解,不能激发受众对广告正文的兴趣。如果确信要在广告信息中包含最能引起受众兴趣的内容,不妨将它写进广告标题。

(5) 富有情趣,易懂好记

如这样一则广告标题:"唯一能和菲亚特货车媲美的是另一辆菲亚特货车",幽默风趣,使人过目不忘。如果将它改成"任何货车都不能和菲亚特货车媲美",虽然表达的是同样的信息,但是其中的情趣就差多了。

## 9.2.2 广告正文

广告正文是指广告文案中处于主体地位的语言文字部分。其功能主要是解释或说明广告主题,将广告标题中引出的广告信息进行详细介绍。

广告正文的内容主要是介绍商品或服务的功能、用途、个性特征、使用方法及品牌、价格等。

### 1. 广告正文的结构

广告正文的层次结构,一般包括开端、主体、结尾3个部分。

(1) 开端

开端是紧接标题,对商品作简要介绍的文字部分。它主要在广告标题与广告正文之间起承上启下的作用。

(2) 主体

主体是广告正文的中心,主要是用关键性的、有说服力的事实或论据,说明商品或服务的质量和功能。这部分有时是一段,有时是几段,具体要视问题的复杂程度及文字结构的特点而定。

(3) 结尾

结尾是紧接中心语的一两句话,其作用是再次点明商品独具的特点或企业的服务特色,促使消费者采取购买行动。有的结束语是做出承诺的语言;有的则相当于广告口号,再次突出广告主题。

**应用案例**　　　　　　　　**雀巢咖啡的广告词**

(开端) 瑞士雀巢公司隆重向您推出驰名中外的雀巢咖啡。

(主体) 精选优良的咖啡豆焙烘而成,用一茶匙雀巢咖啡加热水、加糖,就即刻冲成一杯香浓美味的咖啡,提神醒脑,敬客自奉,至高享受——(结尾) 味道好极了!雀巢咖啡!

### 2. 广告正文的表述方法

(1) 记叙体

就是以叙述为主要表达方式。记叙体主要用于开业启事、招聘招生、通知声明等,其重点在于事实本身,适用于信息性强、特征显著的商品或服务。

① 直叙式。就是以摆事实为主,让事实说服人的一种诉求方法,对广告商品或服务的特点,不加任何渲染和修饰,直截了当地、明明白白地表述出来。其魅力并不在于写作技

巧，而在于广告商品或服务本身的诉求力量。

② 新闻式。也称为报道式、消息式，即用写作新闻的方式表现广告内容。新闻式强调文字简洁、短小精悍，注重时效性、写实性。

③ 对话式。即采用日常对话的形式表现要传播的内容。其特征是生动活泼，自然朴实，具有场景感。

④ 文告式。就是采用公文格式写作，能给人客观、严谨、公正的感觉，能提高广告信息的权威性和严肃性。其形式多种多样，如启事、声明、通知、海报、公告等。采用文告式创作的广告大都观点鲜明，选材严格，篇幅短，有明确的阅读对象。

⑤ 目录式。一般按照固定的规格和项目撰写，有的还用一定的表格形式来分项填写。其特点是用途广泛，内容简短，项目齐全，语言平实，如影剧节目广告、出版新书广告等。

⑥ 证明式。以证明为主要表达方式，主要借助权威部门的鉴定、奖评结果或各界知名人士、专家、学者、典型用户的赞美之辞及一些典型事例来创作广告正文。

(2) 描写体

即以描写为主要表达方式。描写体广告重在对商品或服务进行具体形象的描绘与再现，给公众以形象感，使他们产生身临其境的感觉，加深他们对广告商品的印象。

① 细写式。即以生动细腻的描绘和刻画，使商品和服务形象化，从而激发起受众的情感和购买欲望。细写式广告正文的文辞要优美、修饰要自然，这样才会有极大的冲击力和促销力量。

② 白描式。即以质朴的文字，淡淡几笔勾勒出形象。这种描写方法使人一目了然，容易产生信服的感觉。

(3) 论说体

就是以说理、议论为主要表达方式。其特点是以概念、判断、推理的逻辑思维形式，直接阐明道理。论说体广告要求论点突出、论据充分、论证合乎逻辑，论证方法可采用例证法、喻证法、引证法、对比法等，表达方式可以议论为主，穿插说明、叙述、描写等以增强广告的吸引力。论说体广告适用于报纸、杂志、广播等媒体。

① 事实论证。论说体是要"明理"，但是如果离开事实，便无法明理。所以，用事实进行论证是论说体最常见的一种论证方法。

② 理论论证。即用已被实践证明了的科学原理、定义、定律及人尽皆知的常理等作为论据，来证明个别性的论点，也就是用已知的道理来推论和分析未知问题，从而得出新的结论。这种论证方法从逻辑上说是演绎推理，或称之为"引证法""事理论证"。

(4) 说明体

即以说明为主要表达方式，强调概要性介绍和解释商品或服务的名称、商标、性质、规格、特点、内容、功效、技术数据等，使受众了解广告商品或服务。说明体广告要求真实客观、概念准确、判断恰当、分类清楚、种属分明、言之有序，且力求图文并茂、形式多变，以增强直观效果。说明体广告通常采用正面介绍的形式，具有科学性、知识性和实用性等特点。

① 定义式。即用简洁明确的语言概括广告商品或服务的本质及所属范围。

② 分类式。是指根据商品或服务的形状、性质、成因、功用等属性的差别，分成若干类别，分别加以说明，简明扼要地让受众了解。

③ 举例式。即通过实例进行说明，使广告商品或服务具体化、形象化，以便让受众理解。

④ 引用式。即引用切实可靠的相关资料，充分说明所要传达的信息内容。

⑤ 比较式。即通过与同类商品或服务的比较显现广告商品或服务的特点。

⑥ 数字式。即以相关数据说明广告商品或服务的优势。

⑦ 图表式。通过图片或表格，将广告商品或服务与同类商品或服务的优势进行比较。

（5）抒情体

即以抒发感情为主要表达方式，通过富有情感色彩、优美、形象、生动的文字，增强广告正文的生动性和感染力。它立足于渲染一种浓烈的情感氛围，激起广告受众的情愫，以情感人，诱导受众产生美好的联想，形成强烈的消费动机。

（6）故事体

即通过讲故事的形式来传递商品或服务信息。故事体广告一般有简单的故事人物和故事情节，故事人物往往是商品的使用者，故事情节常常是购买或使用前后的一些矛盾、难题及解决的过程。这种解决问题式的故事体广告非常普遍。

（7）文艺体

即以诗歌、童话、戏剧、曲艺等各种文艺形式，宣传产品的性能、优点，以引起消费者的浓厚兴趣。文艺体广告的语言生动形象，活泼新鲜，具有较强的艺术感染力，此类文体多适用于日常生活用品。

① 诗歌式。即以诗歌为主要表达方式。诗歌式具有音韵美、形式美、语言美、意境美四大特征，因此适合表现商品的文化韵味和附加价值。诗歌式又包括叙事诗式、自由诗式、格律诗式、民歌式、对联式、歌曲式等。

② 戏剧式。是指以戏剧这门综合性艺术为主要表达方式，它包括文学、音乐、美术、舞蹈等因素。戏剧式广告可不追求完整的故事情节和细腻的人物刻画，只是借用戏剧中的各种艺术手段来宣传广告的内容，给人新颖、独特、风趣、幽默的感觉，从而对广告商品或服务形成深刻的印象。

③ 曲艺式。是指以曲艺为主要表达方式。其特点是短小精悍、生动活泼，具有强烈的群众性和民族色彩。它可以是故事广告，将生活、传说、神话作为创作体裁，图文并茂；也是可以是相声、说唱及快板等。

（8）谐趣体

即以诙谐幽默、生动风趣的手法和语言为主要表达方式。

**3. 广告正文的写作要求**

（1）承接标题，条理清楚

或开门见山，就标题中提出的消费利益点、购买理由、观念进行阐述；或针对标题提出的疑问进行解释和问答，直接切入主题。要使正文的信息条理清楚，就要在所有信息之间建立清楚、明确的逻辑关系，并且按照这种逻辑关系进行谋篇布局，确定每一个信息在正文中的位置和地位。

（2）简明扼要，重点突出

在文字运用方面，应简明扼要，以简练的方式突出广告主题或销售重点。由于受传播时间或版面的限制，广告正文必须从众多的商品信息中选取最主要的优点或给予消费者的独特利益点作为诉求重点，这样才能主题鲜明、重点突出。

（3）用词准确，真实可信

应根据广告对象和广告商品的特点，选择相应的语言准确表述广告信息。不要使用专业术语、新产生的词语、含义深奥的词语、生僻的词语及不规范的缩略语,以避免含义和词性的误用。真实可信是广告的生命。实事求是,一诺千金、言而有信,不能随意杜撰内容、编造情节,随意夸大其词或欺瞒哄骗。

(4) 亲切自然,有效沟通

越是优秀的广告正文,越是平实亲切,没有华丽的辞藻,不做刻意的修饰,也不追求文体的过分精致。因为公众没有耐心阅读过分深奥、过分含蓄的正文,更厌烦过于严肃或华而不实的表述。纯粹"广告腔"的广告,只能让公众心生戒备。广告要写得"像与人交流""像聊天一样",只有这样才能实现与公众的有效沟通。

(5) 生动有趣,鼓动性强

正文越长,越需要增加趣味性。在创作时,新鲜的事实、生动的人物和故事、幽默感及适当的提问都有助于增加正文的趣味性和人情味,保持公众的阅读兴趣。同时广告正文必须具有极强的鼓动性,通过权威推荐、名人称赞、消费者认可或敦促购买的时间限制等多种方式,可以增强广告的感染力和号召力。

### 9.2.3 广告口号

广告口号,又称广告语、广告标语等,是为了强化公众对广告企业、商品或服务的印象而在广告宣传中长期、反复使用的特定宣传用语。广告口号就像广告的名字,消费者一听到或看到它,就能产生明确的认知、识别。一个优秀的广告口号,不仅可以强化广告文案的宣传主题,而且能够促使公众相互传诵,进一步扩大广告的影响范围。广告口号在整个广告作品中具有特殊的宣传作用。

> **相关链接**
>
> **美国 20 世纪十大广告口号**
>
> 美国《广告时代》杂志对 20 世纪广告业做了一次回顾性的评选,其标准是:影响力、持久力、认知率和文化上的冲击力。最后,评选出来的十大广告口号依次是:①德国大众:"小即是好。"②可口可乐:"享受清新一刻。"③万宝路香烟:"万宝路的男人。"④耐克:"说做就做。"⑤麦当劳:"你理应休息一天。"⑥戴比尔斯:"钻石恒久远,一颗永留传。"⑦通用电气:"GE带来美好生活。"⑧米勒牌淡啤酒:"美妙口味,不可言传。"⑨克莱罗染发水:"她用了?她没用?"⑩艾维斯出租汽车:"我们正在努力。"

**1. 广告口号与广告标题的异同**

广告口号与广告标题在表现形式和写作要求上有许多共同之处。比如,两者都是对广告主要信息的浓缩,都是为了吸引消费者的注意力,以达到促进销售的目的,但两者又存在明显的区别。

(1) 使用寿命不同

广告标题随着广告内容的变化而变化,经常是一次性使用。广告口号则是企业广告的普遍标志,是商品观念的长期输出形式,它相对稳定,一般几年甚至十几年不变。它可以适用于一家企业在任何时间、任何地点所做的任何广告。广告口号只有反复使用才有意义。

(2) 在广告中的位置不同

广告标题在广告中的位置是固定的,一般是放在广告作品中最醒目的地方,而且通常与照片、插图等有机结合在一起。广告口号在广告版面中的位置十分灵活,它可以单独使用,也可以放在广告的任何地方,多出现在结尾部分。

(3) 表达方式不同

广告标题可以是一个字、一个词或一个意思不完整的句子,主要作用是引起消费者阅读正文的兴趣。广告口号则是一个独立的句子,它必须是意义完整的句子,能够表达一个明确完整的概念,但句式简短,朴素流畅,具有口语化风格。

**2. 广告口号的类型**

从内容上划分,广告口号有以下几种类型。

(1) 展示优势型

以企业、商品或服务的优势为主要信息,包括技术优势、材质优势、性能优势、价格优势、销售渠道优势、服务优势等方面的内容。如雀巢咖啡"味道好极了",康师傅方便面"香喷喷,好吃看得见",M&M's巧克力"只溶在口,不溶在手"等,就是宣传了广告商品的独有优势。

(2) 承诺利益型

向受众承诺使用商品或接受服务的利益,包括节省金钱、改善原有的不利状况、免除各种威胁、获得他人认同与尊重等方面的内容。如宝洁护舒宝"更干、更爽、更安心",娃哈哈果奶"喝娃哈哈,吃饭就是香"。

(3) 树立形象型

这类广告口号的目的是树立形象,如企业形象、产品形象、品牌形象、服务形象等。如飞利浦"让我们做得更好!",诺基亚"科技以人为本",海尔"真诚到永远"等都是对企业核心理念的宣传;百事可乐"新一代的选择",嘉士伯啤酒"嘉士伯,可能是世界上最好的啤酒",人头马洋酒"人头马一开,好事自然来"等,都是关于品牌的独特定位;耐克"Just do it"则突出了品牌精神与消费者个性。

(4) 倡导观念型

通过倡导某种观念来表现企业的理念,向消费者宣传一种新的观念、新的消费方式和时尚。如纳爱斯香皂"皮肤需要营养",雕牌洗衣粉"不买贵的,只买对的",山叶钢琴"学钢琴的孩子不会变坏"。

(5) 唤起情感型

以某种情感唤起受众的肯定与支持,包括亲情、爱情、友情、自爱之情、自豪之情等。如金牌马爹利"同声同气,酒逢知己",脑白金"今年过节不收礼,收礼只收脑白金",娃哈哈矿泉水"我的眼里只有你",非常可乐"中国人自己的可乐",海尔"海尔,中国造"等。

(6) 号召行动型

直接号召参与或支持某种行动。如"请喝可口可乐","喝汇源果汁,走健康之路","汽车要加油,我要喝红牛",美国TANG果珍的"你也来一杯吧"。

**3. 广告口号的写作要求**

广告口号是广告文案的重要内容,一则好的广告口号,不仅能突出商品或企业的特色,树立独特鲜明的商品形象和企业形象,而且能成为人们的口头禅,被广泛使用和流传。因此,在创作广告口号时,要遵循以下几点要求。

(1) 简短易记

使用广告口号的目的在于通过反复强调和宣传,加深和强化消费者对广告内容的印象和记忆。因此，广告口号的用语一定要通俗简短，朗朗上口，便于记忆。广告口号的用字一般为12字左右，大卫·奥格威提倡最好在8个字以内。如果口号全文较长，应尽量采用分句、短句。

(2) 个性突出

广告口号相当于一则广告的名字，必须要与众不同，这样才能成为消费者认知、识别的标志。因此，广告口号应结合广告主题，突出强调商品或服务的独特之处。广告口号最忌讳模仿和抄袭，这样无异于替对方做宣传。

(3) 号召力强

广告口号应该像行军打仗时吹起的进军号角，具有极强的鼓动性和号召力，能够立刻调动起消费者的情绪、兴趣、记忆和行动。因此，广告口号用语尽量合辙押韵，优美动听，富有感情。

### 9.2.4 广告随文

广告随文又称广告附文、广告尾文，是指在广告文案中向受众传达企业名称、地址、购买商品或接受服务的方法等附加性信息的语言或文字。它一般出现在广告文案的结尾部分，可以包括品牌名称，企业名称，企业标志或品牌标志，企业地址、电话、邮编、联系人，购买商品或获得服务的途径和方式，权威机构证明标志，特殊信息（如奖励的品种、数量，赠送的品种、数量和方法）等。广告随文起到补充正文、促成销售、加深印象的作用。

1. 广告随文的写作原则

① 信息的完整性。检查广告口号、广告标题、广告正文中有哪些必要的信息还没有传达出来，如果不能在前面几个部分中传达，就需要将它们写入广告随文中，以保证广告文案信息的完整性。

② 风格的一致性。在写作广告随文时，要根据整体风格来进行，使文案风格保持前后一致。

③ 行文的简明性。在文案中广告随文并不处于主体地位，一般都比较短小，因此广告随文要用简洁的语言，不要占用过多的篇幅。

④ 信息的准确性。因为广告随文中常常包括企业名称、地址、电话等具体信息，所以应认真核实，避免出现错误。

2. 广告随文的写作技巧

广告随文的写作，虽然不像广告口号、广告标题、广告正文那样有很多技巧，但也要注意一些具体方法和要求。

① 常规法。将企业名称、品牌名称、企业标志等，按照这些信息的原貌将它们列在正文后面。

② 附言法。可以将广告随文写成简短的附言，还可以在广告随文中使用比较个人化的语言，增加广告随文的亲切感和人情味。例如，"如果您希望了解关于××的更详细情况，可以按照下面地址给我们写信"；"如果您在××日以前购买××产品，我们将有特别的礼品奉送"等。

③ 标签法。可以将广告随文写成一个简短、明确的标签，在文案中通过方格、虚线等形式标明。这种方法可以帮助广告随文获得更高的阅读率，因此在印刷广告文案中经常使用。

④ 表格法。广告随文可以通过简单的表格来表现，如一些广告随文中经常包括的"消费者意见表""参加抽奖活动报名表"等。由于表格比较醒目，常常可以收到比一般的文字广告随文更好的效果。

## 9.3　不同媒体广告文案的特点

**1. 报纸广告文案的特点**

撰写报纸广告文案要注意以下一些具体要求。

(1) 广告标题要更有吸引力和冲击力

人们在阅读报纸时大多是浏览式阅读，碰到自己感兴趣的内容才会详细读下去。报纸广告的标题要做到在受众对版面的匆匆一瞥中能引起他们的关注，就必须更有吸引力和冲击力。一般来说，与读者利益密切相关的标题、能挑起人自负心理的广告标题、能引起读者好奇心的标题、富有新闻性的广告标题更具有吸引力。

(2) 广告正文要更有可读性和趣味性

一般的印刷广告文案应该以中等文化水平的受众在阅读时不会发生任何困难为准，对复杂的语句、数据、表格的使用应该适度。文字的表达应该力求明确，以受众一次读懂并且会产生比较深刻的印象为准。趣味性要求文案写得生动、形象、可感、灵活多样，而并非只有干枯的介绍和说明。

(3) 广告随文要更有驱动力

报纸广告文案的广告随文切忌被动地列出电话、地址等信息，而应主动强调商品的标志特点，告诉读者怎样行动。如"凡需要以上产品的用户，请您认准××商标"，"我们还竭诚为您代办邮购业务，邮购地址：××，联系人：××"。

(4) 正确处理广告文案与画面、版面的配合

虽然报纸是以阅读为主的媒介，在报纸广告中文案居于比画面更加重要的位置，但画面对广告传播的效果也有很大的帮助。一些用画面表达比用文字表达更有效果的信息，应该留给画面来传达。报纸广告文案的写作往往要受到购买版面的限制，应注意不要将广告版面写得太满。

**2. 杂志广告文案的特点**

杂志具有针对性强、精读率高、传阅率高、保存时间长等特点。杂志广告文案写作要充分利用杂志的上述特点。

(1) 语言要符合杂志读者的品位和文化素养

专业性杂志的读者的知识水平和文化素养较高，在这类杂志上做广告，语言要典雅、庄重，具有一定的专业性，切忌庸俗、花哨、无文化。综合性杂志，涉及面较广，读者成分复杂，在这类杂志上做广告要考虑让不同层次的读者读懂文案，并善于把握不同读者的共同利益点。休闲性杂志的阅读面较广，这类杂志或以热门话题吸引人，或以独特风格吸引人，在这类杂志上做广告语言要平易近人、通俗易懂。

(2) 内容详尽具体，讲求实效

与报纸相比，杂志具有更高的精读率和传阅率，所以一般而言，杂志广告在内容上比报纸广告更加详尽具体。但详尽具体不等于啰唆，要摒弃空话、废话和套话，把话说到点子上，也就是要讲求实效。

(3) 注重理性诉求和感性诉求的完美结合

杂志广告的文案有两种重要的策略：一是利用其精读率高、容易保存的特点，进行详尽

的论述和论证,将理性诉求推向极致;二是利用其印刷精美的特点,以优美精致的画面抓住读者的眼球,并配以情绪化、个性化的文案,将感性诉求推向极致。

### 3. 广播广告文案的特点

广播广告的最大特点就是单纯运用声音来传播广告信息。用声音传播信息既有迅速、方便、灵活的优点,也有保存性差、选择性小、稍纵即逝的缺点。因此,广播广告文案的首要问题是如何在声音的表达上下功夫,创作出清晰明朗、容易记忆的广播广告文案。

> **相关链接**
>
> **广播广告文案的长度**
>
> 广播广告文案既不能写得太满,以至于没有加入必要的音乐和音响的时间;也不能将文案写得太短,以至于留下过多的时间让不必要的音乐和音响来填充。如果不考虑音响、音乐,则30秒广播广告最多能容纳75个字的文案。

(1) 亲切自然

广播广告文案在写作时必须有明确的对象感,即明确自己和什么样的受众群体对话,并用亲切的口吻、自然的语调来贴近受众,贴近消费者。为此文案创作要力求做到生活化、口语化,不要使用过长的、复杂的句式和生僻的字词,要富有节奏,适宜朗读或口述。

(2) 形象可感

广播广告要善于运用听觉的形象,使受众产生联想,使他们仿佛可以亲眼看到商品,亲手摸到商品,或者把他们带入特定的情景中,产生身临其境的感受。大部分广播广告中都会使用音响和音乐,所以在写作文案时要考虑到广告的整体效果。

(3) 避免误听

由于受众在收听广播广告时,不是通过字形来判断意思,而是通过字音来判断意思,而汉语中的同音字又相当多,所以在撰写广播广告文案时务必消除同音或近音字所带来的歧义。

> **相关链接**
>
> **掌握"说的语言"和"写的语言"的差异**
>
> 例如,"治癌"和"致癌"字音一样,但意思正好相反,受众难以分辨出来,这就要求文案撰写者通过语言手段将它们区分开来,如可以把"治癌"说成"治疗癌症",把"致癌"说成"导致癌症"。

(4) 适当重复

广播广告的一个缺点就是声音稍纵即逝。为了加深受众的印象,广播广告文案需要在关键字眼上重复,如品牌名称、商品卖点和联系电话,均可作适当的重复。

### 4. 电视广告文案的特点

电视除了具有和广播相近的传播和受众特点之外,还具有通过综合的视听符号传播的突出特点。电视广告文案是电视广告作品中的语言文字部分,包括画外音、人物语言和字幕,对画面起到补充、加强的作用,是创作和制作电视广告的一个基本的、重要的内容。

(1) 充分考虑费用、时间等制约因素

拍摄不同的场景和不同技术含量的电视广告需要不同的费用,因此文案人员在撰写电视广告文案时要考虑拍摄的成本，在经费许可的范围内为客户制作恰到好处的文案。要注意文案的简练，一般来说，每秒的字数不宜超过2个，还要有清楚而又符合逻辑的合理顺序。

**相关链接**

**30秒、15秒和5秒电视广告对文案的要求**

30秒的电视广告可以就某一场景或情节稍加展开，一般能容纳16个以下的镜头，语音上最多能容纳130个汉字音节。15秒的电视广告一般由30秒剪辑而成，保留了30秒电视广告的精华部分，删去其铺陈部分，语音上最多能容纳60个汉字音节。而5秒的电视广告，只能表现商品外观和标版，语音上只能容纳广告语和品牌名称。

（2）要注意"声画对位"

在电视广告中，画面居于主导的地位，而文案则居于辅助的地位。电视广告的文案要与画面保持基本的一致性，并且其内容出现的节奏也要与画面相同。语言文字部分不是电视画面的简单说明和解释，其关系应为：画面表达信息不明确之处，就由语言文字来表达。画面本身已经表达了明确的信息，就不要再把过多的语言文字塞进去。语言文字只起完善信息、画龙点睛的作用，不宜太多。文案要具有画面感和形象感，运用巧妙的语言引导观众强化对画面形象的感受，揭示画面内涵和画面组接的逻辑关系。

（3）要注意画外音、人物语言、字幕的运用及其比例

对商品的客观评述性的语言，如果直接通过画面中的人物之口说出，会显得生硬、刻板；一些属于人物内心独白的语言，如果在片中直接作为人物语言出现，也会令观众感觉极不自然；而一些重要的、受众一时不能理解的或者需要受众产生深刻印象的内容，则可以采用字幕、画外音或人物语言的形式同时出现。在电视广告的结尾处，通常以广告语树立品牌形象，强化受众的记忆，用字幕打出品牌或企业名称，同时以画外音播出品牌或企业名称。

（4）要注意创作容易听懂的文案

电视广告的受众是在看电视的同时听到或看到文案的，因此他们不可能像阅读报纸广告文案那样专注地阅读电视广告的字幕，也不可能像广播广告的听众那样将注意力集中于听觉。要创作容易听懂的文案，而不要写仅仅能够读懂的文案。在写作电视广告文案时，要特别注意含义单一、明确的词语及短句、简单句的运用，一些非说不可的数据和术语也应该有尽量明确的解释。

（5）要注意观众的成分

以儿童为受众的电视广告，文案应避免使用儿童难以理解的倒叙手法；而以成人为对象的电视广告，文案则应该避免使用过于简单化的叙述方式和结构。

# 思 考 题

1. 什么是广告文案？广告文案有哪些类型？
2. 平面印刷广告文案一般包括哪些部分？广播广告文案和影视广告文案又分别称做什么？

3. 简述广告标题的作用和类型。
4. 广告标题与广告口号有何区别？
5. 简述广告标题的创作要求。
6. 简述广告正文的创作要求。
7. 简述广告口号的创作要求。
8. 选择一个报纸广告作品或杂志广告作品，分析其文案成功或不足之处。
9. 简述广播广告词或电视广告词的写作要领。

# 第10章 广告设计与制作

**学习目标**
- 了解广告设计的视觉构成，懂得广告图画的类型、作用、特点，了解广告色彩的特点和作用，掌握广告版面布局方法；
- 了解平面广告设计与制作的一般流程，了解报纸广告的设计与制作、杂志广告的设计与制作；
- 了解广播广告的设计与制作方法，了解电视广告的设计与制作方法。

## 引言

### 南方黑芝麻糊处处渲染和营造着一种怀旧的氛围

随着画外音："小时候，一听见芝麻糊的叫卖声，我就再也坐不住了。"展现在人们眼前的是一条幽深僻静的小巷，一对母女挑担而行，"黑芝麻糊……"悠长的叫卖声回荡在寒意萧瑟的夜空。叫卖声引来了一位调皮的小男孩，他溜出家门站在担挑旁，美滋滋地吃着热乎乎、香喷喷的黑芝麻糊，粗瓷大碗几乎掩住了他圆圆的小脸庞……吃完后，又伸长舌头将碗舔得干干净净，看那模样，恨不得把碗也吞下去。卖芝麻糊的大嫂怜爱地给他添了一勺。伴随这情景交融的一幕，响起了画外音："一股浓香、一缕温暖，南方黑芝麻糊……"

这是南方黑芝麻糊"一股浓香，一缕温暖"的经典广告，曾获得全国性广告设计大奖。该广告用电影的创作表现手法给人们讲述了一则久远温馨的故事。广告的制作和表现手法非常完美：整个画面、背景、底色、人物装束和声音的处理上，处处渲染和营造着一种怀旧的氛围；选用的小演员天真可爱、大嫂纯朴温良；画面运用朦胧的暖色调处理，渲染了和谐温暖的气氛，增强了表现力；布景、音乐、灯光的应用十分和谐，使人感受到浓郁的传统文化气息，感受到岁月流逝、情怀依旧；中心画面以小男孩舍不得放下碗而不断地舔碗的镜头作为特写，把芝麻糊的香甜可口表现得有滋有味。整个电视广告主题鲜明、视觉配合完美、情节流畅自然，使人在一个小小的回忆故事中愉快地接受了信息的传达，深深地感染了每一位观众，引发了现代人的怀旧情怀，激发了消费者的共鸣，也由此获得了极高的品牌知名度。

广告设计与制作是整个广告活动的一个重要环节，它是对广告创意的外显和具体化。具体地说，广告设计与制作是把广告创意外化为某种形式语言的艺术创作活动，包括所有表达方式的设计，如语言文字、美术、音乐、舞蹈、镜头、版面等的设计和制作。不同的媒体因其传播手段和传播特点不同，对广告设计与制作的要求也不同。

# 10.1 广告设计的视觉构成

在比较多的情况下，广告受众是通过视觉来接收广告所传递信息的。构成广告的视觉要素，主要有构图（布局）、文字、图画、色彩及其他一些符号。除语言文字外，其他的要素都属于非语言文字符号。

## 10.1.1 广告构图

广告构图是指确定标题、文字、图画、商标、厂名等在广告中的位置及大小，使其构成一个统一谐调的广告版面，从而有效地突出广告的主要内容，调动消费者的注意力，给人以美的享受。广告构图又称广告版面布局。电视广告中，静止的画面实际上也是一个平面，也涉及构图问题。

**1. 广告构图的任务和要求**

① 确定广告版面的大小，如整版、半版、1/4 版等。
② 确定广告版面的基本形状，如长方形、正方形、三角形等。
③ 确定广告各部分的位置，主要是确定商品商标、正文、照片、插图等所有表现要素在版面中的位置及大小。
④ 勾画出广告装饰轮廓。

**2. 广告构图的程序**

为了能够确保广告的传播效果，一般应有多个设计方案，以便于送审、选择及修改。广告构图大体上需经过 3 个步骤。

（1）初稿（thumbnail sketch）

初稿是广告构图的蓝图。在设计初稿时应着重考虑 5 个因素：商品图样、商品图样所占篇幅、文案字数及所占篇幅、标题及标题的大小、商标的位置及其大小。

（2）草样（rough layout）

草样是在设计人员设计出初稿的基础上进一步按广告尺寸的实际大小进行构图。这一步的具体做法是：在图画部分标出内容，完成标题字体选择，并用线条或文字代表广告构图中文案内容。这一阶段完成的草样已能大体看出广告的概貌，可以将其提供给有关部门、有关人员进行讨论，如有必要，还可加以修改。

（3）正式草图（finished advertisement）

经过初稿、草样两个工作步骤的设计、修改之后，此时的广告构图也就大致宣告完成了。广告构图的标题文字、正文均已标明，构图的各个组成部分也已一一地清晰勾勒出来。在将广告构图的正式草图呈送广告客户或有关人员审阅认为无误之后，广告构图便正式完成。

**3. 广告构图的类型**

在具体的广告设计中，广告构图的表现形式是多种多样的，大致可分为以下 3 种类型。

(1) 对称式布局

对称式是最简单、最常见的构图形式，又可分为集中式平衡和外围式平衡两种。对称式布局的优点是看起来稳固、体面严肃，能给读者带来力量、权威、耐久的印象。但这一优点有时也正好是它的缺点，毕竟严肃和乏味、稳固和呆板之间的界限是相当微妙的，通常读者会感到这种布局不够刺激。

(2) 非对称式布局

对称式以外的所有布局，都称为非对称式布局。通常在广告的视觉中央处，也就是在与底端垂直距离相当于广告构图高度的6/10的水平线中央设想一个轴，然后再把元素摆上去。这种布局有效地利用了人们的视觉规律，为构图带来了一种诱人的动感。

(3) 传统的布局

传统布局的基本形态为英文字母形，最著名也是最常用的便是反过来的S形，而正立的S也是常用的一种形。三角形在广告中也是相当有力的造型。L形也是一个有效的传统构图形式。此外，T形、Y形、U形等也都是传统布局的基本形式，并且可依各个方向设置。传统布局不仅满足视觉的美感要求，而且能引导视线注意构图中最重要的部分——有时是商标，有时是广告的商品，有时是价格。

**4. 广告构图的原则**

## 案例赏析

### 大众甲壳虫广告 "Think Small"

德国大众汽车公司的甲壳虫汽车平面广告，整个一个版面中只有下面1/5有广告文稿，标题"Think Small"粗黑居中，与下面小字形成鲜明对比。在上面的4/5版面上一片空白，只有左上角有一只小小的甲壳虫汽车，犹如小甲虫爬在一张白纸上。黑白色彩的鲜明对比，大片空白的简洁直观，"小甲壳虫"趣味无穷的逼真形象，使受众难以忘怀。这种编排，非常精确地表现了广告主题：甲壳虫汽车不占空间、随意停放。因此，这种甲壳虫汽车一上市就受到了人们的喜爱。

(1) 分清主次，突出重点

广告在版面空间里需要表现各种各样的内容。由于广告主题的要求，这些内容有些重要一些，有些次要一些，在布局时要把需要重点表现的内容予以突出。

① 重要内容尽量安排在视觉中心的位置。在一个平面上，由于地心引力的原因，有一个力场问题，使人们对平面空间的各部分产生不同的感觉。一般上、左部分感觉比较轻松、流动和自由，下、右部分则比较压抑、紧密和沉重。最后人们的视线一般很快转移到平面的中心，这个中心不是平面的几何中心，而是再稍高一点的位置，即视觉中心。如果把重要的广告内容放在中心部位，则应放在视觉中心的区域，然后再依次安排其他内容。

② 通过增加强势的方法。即增加广告内容自身的刺激强度，如对重点内容采取加大空间、改变字号字体、运用对比等，以引起消费者的注意。

(2) 巧妙组合，合理配置

版面布局的巧妙组合，是把照片、图表、商品名称、标题、正文、广告语、商标、价格、公司名称、地址等广告内容有机地联系起来，进行合理的配置。一则广告可能包括多种要素，可以利用它们之间的某些联系把它们组合在一起，增强刺激强度，加深印象。如文字和图像的组合，既使消费者直观地看到有关商品的形象，又通过文案使他们进一步理解；广告标题和广告语的组合，使消费者从不同角度和它们的相互呼应中加强对广告商品或企业形象的认识。另外，还可以利用形状、颜色、距离等对视觉产生的影响，进行合理配置，更有力地揭示广告主题，从而得到更佳的传播效果。

（3）既有变化，又要统一

布局有变化，才会使版面富有生气；但又要有统一，这样才能使广告的各要素条理清晰，构成一个整体。因此，布局要注意变化与统一的紧密联系，在变化中贯穿着统一，在统一中包含着变化。

变化的方式，可有多种：一是体裁的变化。一则广告，应该包含多种要素，有图有文，版面丰富多彩，才能产生多重刺激。二是文字的变化。广告标题、广告语、正文和附文等，都可在字体、字号、排列方式等方面进行适当的改变。三是空间的变化，特别是恰当地运用空白，凸显诉求重点。如一则报纸广告，整个画面几乎都是空白，只在右下角的位置安排了一行文字：找找看，蚊虫都到哪里去了？但却与广告主题相呼应，有力地展示了一种灭蚊剂的效能。四是色彩的变化、线条装饰的变化等。

要注意在变化中求得统一，这就要求布局能够达到均衡、和谐，有秩序、合比例。广告设计虽然可以与一般版面设计的要求不完全相同，但也要遵循一些构图的基本法则，如对称法则、均衡法则、对比法则、分割法则等，使版面或者匀称、规则，或者活泼、生动，或者庄重、大方等。因此，要运用变化统一的法则，使画面中的文、图活泼有致，有节奏感、韵律感和方向感。

## 10.1.2　广告图画

广告图画又称广告插图，是广告作品的视觉语言，包括广告绘画和广告摄影。广告图画是广告作品的重要组成部分，能够产生强大的视觉冲击力。

由于图画具有直观形象性，在广告作品中能够形象地传达广告信息，更能吸引读者的注意力，增强广告的说服力，所以"一图值万言"，必须高度重视广告图画的运用。

**相关链接**

### 广告图画的作用研究

在广告作品中，广告图画的作用是不可替代的。有人认为，图画在广告中的作用占50%。据调查，如果广告中有插图，那么阅读插图说明的人是阅读正文的人的2倍。因此，有人称图画为广告的"吸引力发生器"。广告图画能够弥补语言文字的不足，将那些难以"言传"的"意会"进行直观的视觉展现，对不同文化层次的人都能产生有效的沟通效果。

#### 1. 广告图画的表现形式和方法

广告图画根据商品类型、生命周期等的不同，大体上可分为3大类。一是写实类。即着重表现商品的外在形象和特征，家用电器、时装、汽车等多采用这种形式。二是寓意类。即主要通过象征物与被象征物在内容和形式上的某些联系，使被象征物的特点得到强烈而集中的表现，化妆品、酒类、食品等常用这种类型。三是暗示类。即通过再现商品的某一方面，间接地表现出与它有联系的其他方面，把复杂的内容用精练、简洁的形式加以表现。具体的表现方法有以下几种。

① 直接展示商品本身。即以商品自身作为画面的主体，展示商品本身所带来的魅力，使消费者能够直接感受到并产生好感。此方法适用于外观、形态、色彩本身具有很强吸引力的商品，如照相机、汽车、通信工具等。

② 展示商品的局部。即在画面上着重突出商品最有代表性、最有特点的部位。如对一些机械产品，通过特写镜头展示其特别之处，能增强消费者的信赖感。

③ 将商品置于一定的背景之中。即根据商品的特点，将之放在适当的背景中展现，通过背景衬托商品的独特性能、功用等。如把饮料放在清凉的溪水中，让越野车在崎岖山路上行驶。

④ 使用中的商品。将有关商品正在使用的状况展现在画面上，如表现饮料正在被人饮用、时装穿在模特儿的身上，使消费者通过视觉形象推断或联想某些商品的优点。

⑤ 表现使用商品的益处。即将商品的良好使用状态形象化，多采用对比性画面，比如商品改进前后的效果、消费者使用前后的感受，以此来表现商品的突出特性和不断改进后的性能发展。

⑥ 用名人推荐。即用人们熟知的人物，如歌星、球星、社会名流等推荐商品，把商品与名人联系起来，以增加附加价值。

⑦ 象征性的画面。即利用传说中或神话中的人物形象与商品进行有机的联系，使画面具有某种象征意义。

⑧ 夸张的画面。即用奇特的、夸张的画面来吸引人们的注意，从而使人们对商品留下深刻的印象。

**案例赏析**

上海梁新记牙刷的"一毛不拔"广告

中华人民共和国成立前，上海梁新记牙刷的"一毛不拔"广告画面是：一位黑髯飘拂、神采奕奕的老人，脚踩在一支牙刷柄上，手里拿着一把老虎钳，钳住牙刷上的毛，作用力拔毛的姿势，老人头上大汗淋漓，牙刷柄都被他拉弯了，可牙刷上的毛却拔不出来。广告的上方写着9个醒目的大字："梁新记牙刷，一毛不拔。"这幅广告构思新颖独特，令人回味无穷。

广告图画的表现手法还有象征性画面、集锦式画面、漫画等。

**2. 广告图画的内容构成**

广告图画一般包括广告摄影、广告绘画、卡通漫画、广告图示等。

(1) 广告摄影

广告摄影是广告设计与摄影相结合的实用造型艺术，是广告视觉表现中最有力的武器之一。广告摄影与广告绘画相比，具有更强的真实感，能够逼真地再现广告商品的本来面目，使商品的质地、色彩、外形及其他细微之处得到最准确、最真实的传达，使消费者产生亲近感、信赖感、新闻感。另外，广告照片制作简单、快速、经济，使用方便、灵活，表现手段丰富多彩，因此在各种印刷广告中有较高的使用率，已经取代了绘画而居首位。

广告摄影不是一门纯艺术，而是一种商业艺术，因此必须能够促进商业目的的实现。在进行广告摄影时，应紧密围绕广告的主题思想进行构思、布局和拍摄，力求以最有价值的内容和最能说明问题的瞬间真实形象去感染消费者。

(2) 广告绘画

又称为广告画。绘画是一种运用线条、色彩、形象等造型要素来表达意念和情感的艺术手段。广告绘画不同于一般的艺术绘画，它不是以欣赏为目的，而是以传递广告信息为己任。一幅极富艺术感染力的绘画，如果不能体现广告主题、达到促进销售的目的，就不能算是合格的广告绘画作品。一幅成功的广告绘画应该是艺术性、实用性和功利性的统一。

广告绘画有多种表现形式，如油画、国画、版画、水粉画、水墨画、水彩画、素描等，其流派有写意派、现代派、抽象派等。与广告摄影相比，广告绘画最大的特点是抽象性，广告绘画可以将具体的商品形态，概括、提炼为抽象的形态。抽象的形态是一种高度形式化了的形式简单、寓意深刻且极富美感的表现，它能够巧妙地赋予广告商品寓意、象征、隐喻等思想内涵。因此，在表现一些抽象的、无形的、夸张的内容时，广告绘画比广告摄影更具优势。

另外，广告绘画还可以通过花边图案、边角题图等手法来美化、装饰版面，增强广告作品的吸引力。

(3) 卡通漫画

卡通漫画是运用拟人手法把无生命的事物赋予人性化形象的一种艺术形式。它具有幽默感和滑稽性，适合于诙谐表达的广告宣传，特别对少年儿童的影响作用尤为明显。

(4) 广告图示

广告图示就是采用示意图，如商品原理图、商品结构图、商品房位置图、商品生产或服务流程图等，展现商品结构、工作原理、作用机理或地理位置等，从而使那些抽象、复杂的广告信息内容得以形象化、条理化地展现。

### 3. 广告图画设计过程中的注意事项

(1) 简洁明确，主题突出

由于大多数公众在日常生活中对于广告的注意力不太专一，这就要求广告图画的设计目标要简洁明确、主题突出，以便公众在浏览时抓住重点，理解广告所表达的主题。

**案例赏析**

反 战 招 贴

国际知名视觉传达设计大师、日本的福田繁雄先生曾说过：简洁的形态最能引人注目。他的著名反战招贴在有了最初的构想——"炮弹倒射"后，曾考虑过炸弹飞回轰炸机、子弹飞回步枪、炮弹飞回大炮等画面，但最终他决定将元素简化到最少，仅仅是抽象简化到一个倒飞的炮弹和一个炮筒，色彩也减至黑、黄、白三色，以最简练的形式表现最深刻的内涵，视觉效果之强烈、传达之明确堪称经典。

(2) 构思独特，形象生动

一则成功的广告往往是富有创造性的，它能以巧妙的构思、独特的思想内涵魅力，说服、引导公众去欣赏、接受广告宣传的内容。广告图画在很大程度上是留给公众的第一视觉印象，因而要求广告图画设计力求达到图画、语言、布局的整体美。

(3) 情理交融，真实统一

广告图画设计要以情作为诱导因素，以理作为说服因素，理中含情、情中寓理，这样才能真正实现情与理的有机统一，使广告图画更符合实际，富有真实性，使受众乐于接受。广告图画中任何一点不真实处都能引起受众的疑惑，从而不利于企业的广告宣传。

（4）图文并茂，清晰美观

成功的广告，仅有较好的图画设计是远远不够的。文字的设计能丰富广告图画和表现内容，使整体的形象更加充实完美。清晰的文字，精美的图画，具有引人入胜的魅力。

总之，广告图画设计在于追求高雅的情趣，通过艺术手法，经过精心的构思，巧妙的设计、编排，增强广告的宣传效果。

## 10.1.3 广告色彩

色彩能够给受众强烈的视觉刺激，不仅在平面广告中经常用到，而且在电视广告，甚至网络广告中，色彩也是不可缺少的视觉要素。

**1. 色彩的基本原理**

（1）三原色和四间色

色彩是人通过眼睛感受可见光刺激后的产物。色彩有三原色、四间色之说。三原色包括红、黄、蓝，它们是最基本的颜色，不能由其他颜色配出，四间色包括橙、绿、紫、黑，它们是由三原色混合而成（见图10-1）。

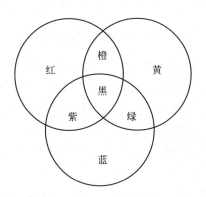

图10-1　三原色与四间色

（2）色彩三要素

每一种色彩都具有色相、明度和纯度3种要素。色相是指色彩的相貌、种类。三原色和四间色是标准色相，不同标准色混合，构成不同的色相。现在视觉能够辨认的色相有100多种。明度，又叫亮度，是指色彩本身的明亮程度。色彩由明到暗，有很大差别。在许多种色相中，黄色最亮，紫色最暗。纯度，也叫彩度，是指色彩纯粹的程度或者色彩的饱和度。纯度达到饱和状态的就是标准色，也称正色。

（3）色彩的对比与调和

两种以上的色彩放在一起，如果出现清晰可见的差别，就形成对比。色彩对比可运用色相、明度、纯度、冷暖等多种形式。通过适当的对比，往往能够使广告主题更加鲜明、突出。色彩的调和，一是指配色所产生的协调、舒适、美好的状态；二是指配色的手段、方法。调和能改变色彩的明度和纯度，能使整体画面均衡、柔和。在实际运用中，色彩调和是非常重要的。

**2. 公众的色彩心理**

（1）色彩感觉

人们对色彩的感受来自生理和心理两方面。

色彩的生理感觉主要有冷暖感、兴奋沉静感、膨胀收缩感、远近感、软硬轻重感及质地形状感等。色彩的冷暖度和人的情绪如图10-2所示。一般来说,暖色具有放射感,给人以向前突出的感觉;冷色具有收缩感,给人以向后隐退的感觉;中间色不是偏暖就是偏冷,并无定性。在影响人的情绪方面,暖色比冷色更能引人注意、更富于吸引力。所以,广告中对红色的运用非常普遍,以至于红色成了商品畅销的销售色。

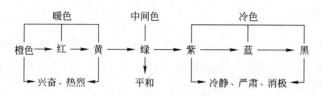

图10-2 色彩的冷暖度和人的情绪

色彩心理感觉是指色彩具有很强的象征性和情感性,它能调动人的微妙情感和种种联想,由此产生不同的心理感受。

**相关链接**

### 不同色彩的心理感觉

红色给人以热烈、艳丽、饱满充实而富有生命力的感觉,在社会生活中往往象征幸福、喜庆和欢乐。但红色也会使人联想到血与火,产生恐惧、愤怒等情绪。

黄色使人感到光明、辉煌、柔和、纯净,在社会生活中则有充满希望的感觉。但黄色不能与其他色彩调和太多,否则容易变脏,给人以病态、没落之感。

蓝色能造成一种深远、宁静和沉思的气氛,象征和平、纯洁和理智,但有时也会使人有忧郁、悲伤之感。

绿色是大自然普遍存在的色彩,给人以平和、安静和活力的感觉。不同的绿色象征着生命的不同阶段:黄绿昭示青春和活泼,中绿展现健美和成熟,土绿表示衰老和沉重,而青绿则有理智、智慧、沉稳的含义。

橙色类似红色,色彩强度大,使人感到明亮、华丽和高贵,常在广告设计中有衬托、点缀之功。

紫色往往给人以高雅之感,象征着高贵、尊严和优雅,但也有孤独、神秘的含义。与红色配合,象征华丽、和谐;与蓝色配合,象征华贵、低沉;与绿色配合,象征感情成熟。

青色明亮效果较差,使人感到凝重、淳厚、古朴。

非彩色的黑色和白色中,黑色象征严肃、悲哀、死亡,但又可用来做对比色;白色象征纯洁、朴素、高雅,能与所有色彩特别是黑色构成明快的对比调和关系。

不同的民族、不同的国家、不同的地区、不同的时代、不同的受众对色彩的联想和好恶也不一样。在运用色彩设计广告时,必须了解和熟悉各类消费者、各个国家和地区对色彩的不同理解、特殊禁忌和偏好,在用色上有的放矢,力求达到积极的传播效果。

(2) 商品形象色

一是泛指不同商品在人们印象中的固有色;二是泛指在不同大类的商品包装与广告上,惯常使用的、能促进销售和便利使用的色彩或色调。商品形象色虽没有强制性的规定，称不上标准色之类，但也有较强的专用性。食品类的包装与广告一般采用暖色系的配色，如淡红、奶黄和橘黄，再点缀少量的绿色，能促进人们的食欲。如果用青绿色调设计饼干的包装或广告，用银灰色设计午餐肉的罐贴或广告，势必令人初看时产生误解，细看之后产生减退食欲的厌恶感。因此，在广告设计表现中，对商品色的研究和恰当运用是不容忽视的。

（3）性别、年龄、文化与色彩

一般来说，文化水平较低或经济不发达的地区偏爱比较鲜艳的原色，尤其是纯色，配色也多为强烈的对比色调；经济发达或文化教育水平较高的国家或地区则对比较富丽、柔和的色调和浅淡的中间色有较高的兴趣与欣赏力。年龄也会影响人们对色彩的偏爱，一般而言，幼儿期较喜欢红、黄两种纯色；儿童期较喜欢红、蓝、绿、黄几种纯色；年轻人喜爱蓝、红、绿；到中年后期，则喜欢紫、茶、蓝、绿等能使心境安静的色彩。至于性别，女性较喜欢的颜色依次如下：红、蓝、紫、绿、橙和黄，而男性的喜好则为蓝、红、紫、绿、橙和黄。女性也喜欢淡紫和淡黄，男性则更喜爱纯蓝。

**3. 色彩的运用**

在广告中运用色彩，根据美国广告学家托马斯·比·斯坦利的研究，要注意以下 7 个方面。

① 利用色彩引人注意。色彩应能吸引人的视线，让人产生继续观看的兴趣。实验表明，相比之下，彩色广告更有吸引力。

② 利用色彩真实地反映商品、人物。色彩应把商品及人物的有关信息真切自然地表现出来，以增强消费者对商品的了解和信任。

③ 利用色彩突出广告主题。通过广告色彩所显示的情调，使消费者受到某种特定情绪的感染，直接领悟到广告所要传达的主旨。

④ 利用色彩暗示商品特性。运用独特的色彩语言，借以表达商品的种类、特性，便于消费者辨认、购买。

⑤ 利用色彩产生悦目的视觉效果。赏心悦目的广告色彩，不仅能够有效地传达广告信息，而且还具有审美功能。应调动消费者的观赏兴致，保持对广告持久的注意力。

⑥ 利用色彩树立商品和企业的形象。把色彩作为传达意识的一种工具，通过色彩的视觉刺激和象征意义，宣传企业的经营思想和商品特点。

⑦ 利用色彩增强记忆。人们在不同场合如果受到同一信息的反复刺激，就会形成牢固记忆。广告运用色彩反复传递同样的信息，就能加深受众的印象，促进记忆。

## 10.2 平面广告的设计与制作

### 10.2.1 平面广告设计与制作的一般流程

平面广告主要指以印刷方式表现的广告，如报纸、杂志、海报等广告。广告作品设计与制作是一项程序性很强的艺术创作工作，一般要经历以下几个基本环节。

① 初步决定广告的表现形式。平面广告的一般表现形式，主要有图画式、文字式、实物式和综合式等。这可根据广告策划所选定的媒体种类和广告主题的要求来初步确定。

② 深刻理解广告创意和诉求重点。只有把握广告的中心思想，对创意有深刻的理解，才能恰当运用各种表现符号，选择恰当的表现形式，使之与广告表现内容有机地结合在一起，创作出优秀的广告作品。

③ 领会广告文案的重点及核心。广告作品是广告文案的宣传载体，只有准确领会了广告文案的实质，才能借助广告图画、字体、色彩、布局等表现手段，调动非语言文字符号系统中的各要素，使语言文字和非语言文字两大符号系统互相配合、相互补充、相辅相成，进而制作出具有诉求力和冲击力的广告作品。

④ 构思创作，拟出广告作品的草图草画。在以上构思的基础上，设计广告画面、选择并编排字体、选择色彩、选择饰线，完成草图或初稿。

⑤ 审查、修改直至通过。将广告作品草图或初稿交由广告策划创意人员和企业负责人审定。如果广告作品草图或初稿未通过审定，那么广告创作人员就需要修改，然后重新提交审定，直至通过。

⑥ 制作样本。

⑦ 根据样本进行制版印制。

广告作品的设计与制作是一个动态的过程，各个环节相互衔接，彼此循环，构成一个整体。

**案例分析**

**湖南生活频道的平面广告创作过程**

湖南生活频道的广告词："心系城市屋檐，情牵万家灯火"，明确定位频道为城市频道，又关系到千家万户，由此创作者联想到了表现我国历史上最繁华的东京汴梁的长卷——《清明上河图》。电视是一种艺术，运用传统艺术形式的国画来表达，立足点更加明确。另外，该图为长卷，为了强化长卷效果，创作者没有采取满底，而是上下留白，给人一种透过镜头看世界的感觉。文字则采用隶书的变体——水柱体书写，排版为纵向传统对联式，与画面风格取得统一，色彩上，画面是暖橙色，有兴旺发达之相，文字则用石绿与之对比。下方"湖南生活频道"几个字则组合成一组传统图章形，用朱红色，红、绿对比颇有传统特色。借古喻今，城市百态尽在其中。最后为了强化电视媒体的传播特点，选用善于采集、传播的蝴蝶作为象征物，一下一上，翩翩飞舞，完整而准确地传达出了广告的全部信息。

## 10.2.2 报纸广告的设计与制作

报纸是广告传播应用最早、历史最长的载体。精心设计报纸广告，对于更加有效地发挥报纸的传播功能是十分重要的。

### 1. 报纸广告的表现方式

报纸主要运用字符、图像、色彩、线条及空白等版面语言表现广告内容，这些版面语言的不同组合，构成了不同形式的报纸广告。

从视觉构成角度看，报纸广告常见的表现形式有：纯文字型和图文并茂型。纯文字型广告，其内容全用文字表现，没有任何图片，适用于表现信息内容比较抽象、庄重而又严谨、时效性较强的广告。图文并茂型广告由多种视觉要素构成，既有文字，又有图片。通过图片，能直观地展现商品的形状、特征等，而文字则能对商品做进一步的说明或解释，这样既能刺激消费者的感官，又有助于加深对广告对象的理解。

从色彩表现角度看，有黑白广告、套色或彩色广告、空白广告。黑白广告，一般以纯文字为主，也有图文结合的，色调为黑灰色。套色或彩色广告，利用色彩形成反差，产生强烈刺激，以引起读者的注意，能得到比较理想的传播效果。空白广告，即利用大面积的空白版面，通过虚实的强烈对比，使广告主题更突出、醒目，产生强烈的视觉效果。但这种手法只能根据广告主题表现的要求而采用，适用于版面较大的广告，或者系列报纸广告。

**2. 报纸广告的设计技巧**

注目率是指接触报纸广告的人数与阅读报纸广告的人数的比率，是测评报纸广告阅读效果的一项重要指标。设计与制作报纸广告，要为提高报纸广告的注目率服务。因此，在广告设计与制作过程中，除了充分利用各种视觉要素外，还要讲求设计技巧。

（1）版面大小的安排

报纸广告的版面大小大致可分为全版广告、半版广告、半版以内广告，如1/4通栏、1/8通栏、小广告等。小广告多是分类广告栏中的广告。广告版面的大小对广告注目率有直接的影响，一般情况下，版面越大，所产生的强势也会越大，注目率就会越高。但版面越大，所付出的购买费用也就越高。在某些情况下，版面与表现手法等有机地结合起来，即使版面较小的广告，也可能得到较高的注目率。

（2）版面位置的选择

报纸广告的版面位置，是指广告刊登在报纸版面的位置。包含两个方面：一是版序，即广告安排在哪一版；二是版位，即广告位于版面的哪个位置。

一般来说，报纸的正版（第一版或要闻版）最引人注目，其他各版，因版面安排的内容而各有侧重。按照一般翻阅的习惯，横排版的报纸，右边版要优于左边版。但随着报纸版面的增多，读者往往对某些版面形成定读性，因而广告的目标消费者与形成定读性的读者联系越紧密，其注目率就可能越高。

在同一版面上，读者视线扫描的顺序，一般首先是上半版，然后是下半版。在上半版，读者视线首先注意的是左上区，然后是右下区。因此，在同一版面上的广告，读者的注目率通常是左半版优于右半版，上半版优于下半版。如果按版面的4个区间来划分，其注目率依次是左上版区、右上版区、右下版区、左下版区。由此可以看出，同一版面的不同位置，注目率是不一样的。要尽可能地依从读者的阅读顺序，在适当的版面位置安排、刊载广告。当然，注目率越高的版面空间，价格也会越高。

**相关链接**

### 不同版区注目率差异

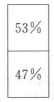

（3）注意研究读者的阅读方式

报纸阅读的选择性较强，读者有时会出现跳读，把整版或半版的报纸广告跳跃过去，从而影响广告的注目率。这需要对读者的阅读方式和习惯进行研究，善于抓住广告内容和表现形式与报纸版面的联系，"强迫"读者阅读。如把半版及以下的广告安排在与其内容相近的版面上，或把整版广告安排在相邻的版面等。还可以使广告的形状、编排方式发生变化，不一定一律使用"四方形"，也可用六边形、圆形、三角形，适当予以横排、竖排、横竖结合等。

(4) 充分运用各种表现方式

为了提高广告的注目率，要注意巧妙地运用各种表现方式，如图画、色彩、文字、装饰等，并予以有机的组合和布局，增加强势，加大刺激，以吸引人们的视线。

### 10.2.3　杂志广告的设计与制作

杂志广告的设计与制作和报纸广告有许多相同之处。但杂志因其所具有的独特传播特点，在表现形式和稿件安排上也有一定的差异。

**1. 杂志广告的形式**

杂志的开本相对于报纸要小得多，就杂志本身的版面形式来说，不如报纸，但杂志的空间却可以伸展，从而使得杂志广告的表现形式呈现多样化特点。

① 全页（版）广告。这是经常采用的最基本的形式。
② 跨页广告。一则广告印在同一平面的两个页面上，比全页广告的面积扩大了一倍。
③ 折页广告。有一折、双折、三折等形式，以扩大杂志的页面。
④ 插页广告。插在杂志中，可以分开独立的广告。
⑤ 特殊形式的广告。如立体广告，把广告的形状做成立体型；有声广告，让广告能够发出声音；香味广告，广告能散发与商品有关的香味等。

**2. 杂志广告的版面选择**

和报纸广告相近，杂志广告的版面选择也分版序和版位两种情况。版序分为封面、封底、封二、封三、扉页、正中内页、一般内页、底扉，各版注意度有很大不同。

> **相关链接**
>
> **杂志各版面注意度差异**
>
> 据研究，杂志各版面注意度分别为封面100%，封底95%，封二90%，封三85%，扉页80%，底扉75%，正中内页75%，内页50%，内页局部30%～50%，内页补白10%～20%。

版位即指广告在同一版面的位置。如果是横排版，左比右的位置优越；若是竖排版，则右比左的位置要好。

**3. 杂志广告的设计技巧**

(1) 广告与正文的互动

要引起读者的注意，利用杂志正文内容和广告信息的关联，形成互动。这是一种有效的设计思路。比如在一个全页或二连版上，一部分介绍酒的知识，一部分刊载一种酒的广告。

(2) 视觉要素的整合

杂志广告的印制一般要比报纸广告精美。为了增强表现力，杂志广告应多以图片为主，文字部分要短而精，注意图文的有机组合。此外，色彩的运用也非常重要。

除了报纸和杂志以外，还有大量的平面印刷广告，如海报、直邮广告、夹报广告等。它们设计与制作的要求和方法，与报刊广告几乎是一致的，不再另外介绍。

# 10.3　电子广告的设计与制作

广播和电视是最早的电子媒体。了解、掌握设计与制作广播广告及电视广告的基本要求和方法，也就能够对设计与制作一般电子广告的规律有所认识和把握。

## 10.3.1　广播广告的设计与制作

**1. 广播广告的三要素**

广播广告主要通过声音来传递信息，因此对广播广告的声音运用有其特殊要求。广播广告的声音包括人声、音乐和音响3个要素。

> **相关链接**
>
> **声音在信息传递中的作用**
>
> 著名心理学家麦热宾曾列出一个公式：一个信息的传递＝7％的语言＋38％的声音＋55％的表情。由此可见，声音在塑造形象、传递信息中的重要性。每个人的声音都有自己独特的个性，这种声音个性一般由音高、音量、音速、音质四个要素综合反映出来。声音的高低和大小、语调的抑扬顿挫、语速的快慢、音质的纯正，都能体现出人的性格。

（1）人声

广播广告中的人声由多方面构成，其中语言是人声的主体。广告信息主要是通过语言传递的。在写作和表述广告语言时要做到以下几点。

① 要符合广播特点。广播广告的声音转瞬即逝，比较长的广告或是广告中比较长的语句，常常会被忽略过去。所以，广播广告的语言应尽量简明扼要、通俗易懂，多用短句，少用修饰语，注意口语化。避免使用文绉绉的书面用语和容易引起误听误解的同音词。

② 声音应与广告内容相宜。广告语言以什么样的速度、音量、声调等诉诸听众，与广告的传播效果也有很大关系。总体来说，语言的声音应该充分配合和体现广告内容，要有个性和形象感。

③ 发挥好重复朗诵的作用。反复朗诵主要有两种作用：一是鼓动，二是加强记忆。特别是商品的品牌名称，只有经过反复说明以后才会在听众的脑海中留下印象。要充分发挥广告口号的作用。

④ 注意吸引听众的注意力。由于听众收听广播时往往心不在焉，因此如何用声音吸引听众是非常重要的。广告的开头要有特色，一开始就明确重点，能够形成强有力的刺激，一下子就抓住听众的注意力。一条广告一般只能突出一个主题，如果头绪太多，就会分散听众的注意力。同时，要尽量增强语言的亲近感，拉近与听众的距离，唤起听众的兴趣。

（2）音乐

音乐也是广播广告的重要表现手段。在广播广告中，音乐主要发挥3个方面的作用：一是引起听众的兴趣，避免广告平淡单调；二是突出广告主题，增加广告的感染力；三是创造气氛情调,加深听众对企业或商品的印象。总之,音乐就像佐料,可使广播广告变得有滋有味、色香味俱全。

创作背景音乐应以普通听众为诉求对象,旋律宜简单并有个性。选用现成音乐应考虑是否被别的广告使用过、是否有知识产权问题、是否能更好地表现广告主题。需要特别注意的是,音量要适中,不能喧宾夺主,盖过了广告播放词的声音。如果在广播广告中采用广告歌的形式,要注意曲调通俗、悦耳动听,广告歌词要能朗朗上口,内容不要过分复杂,否则很难让听众有印象。

(3) 音响

这里所说的音响是指广播广告中除了人声和音乐声以外的所有声音。广播广告中的音响主要包括三种:一是环境音响,如风、雨、雷、电、波涛、鸟鸣等自然环境音响及车间的机器轰鸣、市场上的人声嘈杂等社会环境的音响;二是产品音响,指广告商品在使用中发出的各种声音,如按动快门的声音、喝啤酒的声音等;三是人物音响,即广告中人物活动的声音。这些音响可以给人造成一种真实感,能有效地增强广播广告的感染力和吸引力。

在运用音响时,首先必须对声音来源进行必要的交代,如刹车前用汽车开动的声音作铺垫,雨声前用雷声作铺垫。另外,音响的运用必须尽可能单纯,一定要与广告主题密切相连,不能有响必录。有时往往不能采用现实生活中的真实音响,以免把音响变为噪声干扰。

2. 广播广告的表现形式

**案例演示**

**飞利浦音响的广播广告脚本**

(1分05秒)

音乐起。(荷兰风格的乐曲)压、混

男童:"爷爷,你怎么了?"

老人:(从沉思中惊醒,感慨地)"哦,这是爷爷当年在荷兰留学的时候最喜欢听的曲子,那时候,我用的是荷兰飞利浦音响,它伴随我度过了多少思乡夜啊!"

女儿:"爸爸您说的荷兰飞利浦音响已经在北京安家落户了,咱们现在听的就是北京飞利浦音响。"

音乐起

男声:北京飞利浦,唤起您温馨的回忆!

广播广告的表现方式有很多,可根据商品特性和广告主题等要求选择。

① 直陈式。由播音员或演员直接播报广告词,这是最基本的广告形式。这种形式制作简单,可采用现场直播形式,但广告稿的长短与广播时间要吻合,多适用于有独特优点或极具吸引力的商品或服务,以及即时性的大减价或假日让利展销活动的广告。

② 对话式。采用两个人以上的对话形式传播广告信息。这种形式比直陈式灵活,具有亲切感,制作简单,因此运用较广泛。

③ 小品式。即以十分简短的戏剧、曲艺等形式来传递商品信息。这种形式情节生动、引人入胜,广告效果较好。

④ 歌唱式。即采用唱歌的形式传递商品信息。这种形式中,广告歌曲要简单易记,活泼生动,深受听众特别是儿童的喜爱。

⑤ 综合式。即在一个广告中同时采用两种以上的表现形式。比如：既有直陈式，又有广告歌式，或者既有广告歌式，又有对话式。综合式能各取所长，发挥更好的传播效果。

另外，有的广播广告还与电视广告的摄制配套，录制下电视广告的声音部分，稍加剪辑即可。

### 3. 广播广告的播出形式

广播广告根据播出方式的不同，大体可分为节目赞助型广告、插播型广告、特约广告和特别赞助广告等。

(1) 节目赞助型广告

由广告主向电台直接提供节目，或者向电台所开办的节目提供赞助，然后在节目中插播这些广告主的广告，同时在节目前后播报提供节目的企业名称。每次在节目中插入多少广告，主要根据节目的长度来决定。各个国家和地区实行的比例不一样。

节目赞助型广告与听众群之间有着连带关系，能够针对节目的听众群传送其所喜爱的和愿意接收的信息。还可以利用在节目中出现的人物做广告，从而产生更好的效果。节目赞助型广告每次播出时间一般较长，可容纳较为详细的信息内容，且易于与听众沟通。

(2) 插播型广告

也叫夹播广告，是安排在节目与节目之间播出的广告，广告与节目没有关系。一般广告的时间长度分为 5 秒、10 秒、40 秒、60 秒等。10 秒或 20 秒的小广告经常被运用。这种广告播出形式的特点是：可以自由选择播出时间，播出费用相对较低，但收听率不够稳定。

(3) 特约广告

即根据广告客户的要求，在特定的时间或节目中播出广告。特约广告一般放在新闻节目、天气预报、体育等收听率较高的节目前后。

(4) 特别赞助广告

即由广告主特别赞助电台举办节目或组织社会活动，从中插播广告主的产品广告或播报企业的名称。

后面这两种方式，还有诸如专题广告、电台分类广告等，实际上都是前面两种广告方式的变形。

### 4. 广播广告的制作程序

广播广告的制作步骤可分为 3 个阶段：设计阶段、制作阶段和审查评价阶段。

(1) 设计阶段

这一阶段要完成 4 项工作：一是提出策划创意；二是确定广告形式；三是编写广告脚本；四是确定播出时间，播出时间包括播出的周期长度和具体的播出时间。

(2) 制作阶段

即把写好的广播词制成录音带。制作又分制作准备和录制合成两个步骤。制作准备包括选择播讲员、演员和审听音乐、广告稿。录制合成主要包括对台词、排练、正式录音，直至最后播出。这个阶段的工作直接关系到广播广告的质量和效果，应尽量考虑周到、制作精细。

(3) 审查评价

审查评价有两个内容：一是播出前的审查评价；二是播出后的审查评价。审查评价的具体内容包括：广告的印象记忆效果、引起兴趣效果、内容理解效果、对商品的欲求效果等。通过广告客户、制作人员和普通听众的评价，在播出前可及时做出更有效的调整和修改，在播出后可作为下次广告创意的参考。

## 10.3.2 电视广告的设计与制作

电视广告是广告家族中最重要的成员之一，属于最完美、最具表现力和最具魅力的广告类型。由于电视是一种高度现代化、专业化的传播媒介，集声像、色彩、画面、语言文字于一体，同时对受众的视觉和听觉产生作用，因此电视广告的设计与制作相对要更复杂、更精细。

**案例演示**

**爱仕达六保险压力锅安全门篇广告脚本（30 秒）**

| 序号 | 镜头 | 画面（字幕） | 配音 |
| --- | --- | --- | --- |
| 1 | 俯、近 | 大厅中央一扇不锈钢门。一头围红绸巾、戴墨镜的男子摇晃着肩膀得意走来。字幕：Security Inspection | 音乐持续 |
| 2 | 平、近 | 男子身穿黑色背心，手臂上有文身。在男子跨过安全检测门一瞬间，门上的红色警灯大亮、闪烁，蜂鸣器骤响 | 蜂鸣器响声 |
| 3 | 平、近 | 男子惊慌不已，手在身上乱摸，最后从裤兜里掏出—— | |
| 4 | 俯、特写 | 手心张开：一枚硬币 | |
| 5 | 俯、近 | 大厅，一个戴眼镜、衣冠楚楚的男子手端压力锅，向安全检测门走来 | |
| 6 | 平、中 | 男子小心翼翼地伸腿跨门，在跨过安全门的一瞬间，男子紧闭双眼 | |
| 7 | 俯、中 | 男子站于门的另一侧，睁开双眼斜看着门，又转动眼珠，抽腿退出安全门 | |
| 8 | 平、中 | 男子又手端压力锅快速穿过安全门，回头看着门，停了一会，脸上出现微笑 | |
| 9 | 平、特写 | 出现一个压力锅，锅盖和手柄上四处保险阀闪着白光。字幕：6 Safety Measurements<br>高压锅旋转，一半成剖面，又有两处保险阀闪动 | 男声旁白：爱仕达全新六道保险压力锅，具有六道安全防线，真正安全。<br>爱仕达全新六道保险压力锅 |
| 10 | 近、中 | 男子手端压力锅反复从安全门走过，欢快的身影在安全门中闪来闪去 | |
| 11 | 平、特写 | 爱仕达压力锅闪着银光。字幕：ASD 自动报警六道保险压力锅 | |
| 12 | 俯、特写 | 男子手端压力锅，开怀大笑 | 哈哈笑声 |

**1. 电视广告三要素**

（1）画面

画面是电视广告传递信息的最主要载体，是指经过摄影机拍摄记录下来的景物。画面主要包括演员、背景和字幕等。

演员是指广告片中角色的扮演者，他可以是人，也可以是物体，也可以是动物。演员的选择，主要是从表现广告创意的需要出发，力求使演员的形象贴近广告氛围，给人一种亲切、真实、可信的感觉。

背景是指在广告片中事件发生的具体环境，包括实景（被摄入镜头的自然环境）和布景（在摄影场地人工布置和搭建的景物）。

字幕是指广告片中出现的文字。字幕可以出现在广告片中的任何时间，开头、中间或者结尾皆可。常用的字幕有：说明字幕，即对创意做必要的说明，常放在广告片的开头或中间；附印字幕，即叠印在影片画面上的文字，对广告创意或商品做必要的注释或强调；对白字幕，常常是广告词或广告歌词的对白，出现在画面的下边；标版字幕，显示广告口号、商品名称、注册商标及有关文字。

在画面的拍摄中，必须规定中心画面，也就是说，要突出表现广告主题的主信息，尽量把不重要的、有可能干扰主信息的事物排除在画面外，以便画面简洁、明确。比如，不能为了突出衬衣袖口的做工精细考究，而把不相关的手表拍摄进去，或者仅仅表现使用某化妆品的青春风采而忽视了对该化妆品本身的表现。

一般而言，广告片中的主信息应尽早出现。以 30 秒钟的广告为例，主信息一般在 5 秒钟左右必须出现，如果太迟，会使观众莫名其妙，失去兴趣和耐心。当然，悬念广告例外。

（2）声音

画面是电视广告的主信息渠道，声音是从属于画面，为画面做补充说明的辅渠道。在电视广告中，声音的表现形式有两种：写实音和写意音。写实音是指能从广告画面中交代的声源所发出的声音，它包括台词、音响和音乐。运用写实音是为了把广告信息传达得更加清楚明白、通俗易懂。写意音是指完全脱离写实意义的声音，写意音并不在意在说明什么，而是力求创造一种形象、一种情趣、一种意境，从而激发出人们丰富的联想和美好的情感。写实音和写意音的运用要与广告画面相综合。

声音在电视广告中具有画面所不具备的优势。

① 声音不受空间的限制，具有流动性的特点。接受者不必像看画面那样一动不动地听声音，即使视线离开了画面，耳朵仍能听到声音。此时，如果电视中的声音富有表现力，就可以把观众的视线拉回到屏幕上。

② 声音信息不像画面信息那样难以描述，它可以准确地、直接地被观众接受，并且易于模仿、便于传播，尤其是一些精彩的广告口号和通俗上口的广告歌曲，更可以使广告信息得到更大范围的传播。因此，在电视广告的制作中，应努力把声音的表现潜力发掘出来。

（3）时间

时间是电视广告的第三个构成要素。因为时间直接影响人们对电视广告信息的认知。一般来说，人们需要 1 秒以上才能看清楚一个画面，若少于 1 秒，则很难给人留下记忆。因此，电视广告的中心画面应不少于 1 秒。

电视广告三要素之间的组合，以产生"说服性"效果为最佳，这是判断电视广告是否有效的主要标准。

**2. 电视广告的表现形式**

电视是一种极富艺术表现力的大众娱乐工具，它可以集电影、歌舞、戏剧、文学、美术等多种艺术技巧于一身。因此，与其他广告形式相比，电视广告的表现手段和形式最为丰富。目前电视广告常采用的表现形式有以下几种。

（1）故事式

即将广告信息融入富有戏剧冲突的故事情节中，使观众在关注故事情节的发展变化时，不知不觉地接受广告信息。这类广告可充分发挥电视的特长，具有娱乐性和戏剧性。故事式电视广告多采用感情诉求方式。

（2）生活片断式

即将广告信息融入日常生活的一个片断或一个细节中，使观众觉得这种商品是日常生活必不可少的一部分，从而产生心理上的认同感和接近感。这种形式的电视广告不以广告商品为诉求重点，而是以商品的普遍使用者为诉求重点。

（3）问题解决式

即在广告中预设生活中某一情况或问题，然后借助商品的功能，成功地解决问题或是得到意想不到的满足。一般情况下，当一件新产品或改良后商品上市之际，多采用此种表现形式，尤其是日用品和药品使用最为普遍。

（4）比较式

这是一种竞争型的广告表现形式，通过与同类商品的比较，宣传本商品的特点和优势。采用这一表现形式时，特别要注意比较的技巧，一般不允许在广告中直接攻击或贬低对手，抬高自己。

（5）幽默式

即通过幽默人物或幽默情节，介绍商品或服务，以吸引和保持消费者的兴趣，令其在轻松愉快中接受劝说。

（6）广告歌曲式

广告歌曲出现的形式多种多样，可以是唱歌，可以是演奏，也可以是又歌又舞，这类形式旋律明快、通俗易懂，便于传唱，广告效果较好，几乎适用于任何商品。

（7）动画式

即将广告主题或创意，用绘画的形式表现出来，用定格拍摄，然后连续放映。动画式易于夸张和幻想，能够极大地增强广告的趣味性、娱乐性和可视性，不仅对青少年有相当的吸引力，而且对成年人也相当有效。

3. 电视广告的播出形式

（1）时间安排

对电视广告时间上的安排，一是安排长度，主要根据广告商品和内容及制作费用来确定，同时考虑广告预算的控制；二是安排时段，主要分黄金时段和一般时段。所谓黄金时段，就是电视开机率和收视率较高的时间单元。其他时间即为一般时段。不同时段的广告，收费标准是不一样的。

**相关链接**

### 电视广告的长度

电视广告的片长具体来说有5秒、15秒、30秒、40秒、45秒、60秒等。

5秒、15秒电视广告没有时间进行叙述和情节表现，只能起提醒的作用。如果没有30秒以上的电视广告作前导，一般不会产生很好的效果。据研究，15秒电视广告尽管有利于传达短小精悍的信息，但其记忆率要比30秒电视广告低77%，其鼓动性也就低77%。

30秒电视广告运用较多，它可以表达一个简单的主题，可以宣传一种商品。

40秒和45秒电视广告也只能表达一个主题，只不过在质感和记忆上有时间进行深化和巩固。

60秒电视广告可表达两个主题，即诉求两种商品。调查发现，60秒和30秒的电视广告，传播效果相差无几。因此，可将60秒广告制作成两个30秒的广告片接连播出。

最长的电视广告以不超出100秒为宜，否则效果将会适得其反。

（2）播出方式

电视广告的播出方式大体可分为节目赞助型和插播型等。

4. 电视广告的设计技巧

（1）用画面讲话

电视广告要尽量做到用画面突出主要信息，紧紧抓住观众的注意力。具体的、直观的信息主要通过画面来表现，而抽象的信息则通过解说来传递，画面与声音相互补充，使观众获得更丰富的信息。

（2）先声夺人

一条电视广告片能否吸引观众的注意力，最初的4～5秒极为重要。因此，广告的开头要富有特色，能够先声夺人，一下子就吸引住观众。

（3）让观众记住商品的名称

人们的记忆活动，一般对最初或最后得到的印象比较深。所以，一般情况下，要在广告的前几秒钟就出现商品的名称，同时形式要尽量新颖，使商品名称对观众有一个强有力的刺激。在广告结束前再次出现，以加强已形成的印象。

（4）突出重点

由于时间有限，在一则电视广告中要重点突出一种信息。如果面面俱到，表面上看信息含量很丰富，但由于重点不突出，反而分散了观众的注意力，最后接收的信息量并不多。

（5）画面要有特色

画面是显现电视广告内容的主要手段，画面语言要有个性。无论是镜头抓取角度，还是画面的构图、色彩、组合等，都应有较好的视觉效果。没有冲击力的画面，肯定抓不住观众。

（6）发掘声音的潜力

尽管画面在电视广告中起着举足轻重的作用，但声音的作用也是不可忽略的。

（7）使用好字幕

为了构成对观众的多重刺激，加深观众的印象，有些广告内容使用字幕是很有必要的。经常使用的是将广告口号打成字幕，久而久之，便能给观众留下较深的印象。

（8）广告词要简练

电视广告词的写作，切忌啰唆，避免废话和套话，要用尽量少的语言，传递尽可能多的信息。

5. 电视广告的制作程序

（1）策划设计阶段

这一阶段的工作主要包括：根据广告策划，完成故事板的创作，确定广告制作人员的构成，如导演、摄影、美工师等，根据脚本的需要选择演员，召开制作人员会议，做具体分工。其核心是故事板的创作和组成广告摄制小组。

① 完成电视故事板的制作。故事板是电视广告的草案，就是策划人员根据创意，把每一个镜头的影像和音响描绘出来，以画面来说明文案内容。这种画面的制作，称之为故事板的制作。电视故事板是正式拍摄的依据，在故事板上要明白地指出要诉求的目的和所要加强的事物。大部分广告公司制作故事板的程序是：先由文案及美工人员提出创意的轮廓，再由制作人、监制人审阅批准。

② 确定广告制作人员的构成。一般包括制片人、导演、摄影师、照明师和剧务等。

制片人是电视广告片制作的总负责人,它是广告创意和表现原则的携带者,他的职责是向导演准确解释创意的意图、选择导演、编制预算、确定制作日程并监督执行。

导演的主要任务之一是将电视故事板转化为分镜头剧本,即确定镜头的角度、景别,采用什么焦距的镜头、演员如何表演,从什么场面开始摄像等。分镜头剧本是对广告故事板的具体化。导演的另一个任务是挑选演员,组织领导实际拍摄工作。此外,导演还要与编辑人员共同参与广告片的编辑,同时要与作曲家、录音师等共同确定音乐及音响效果。

摄像师在广告制作中是一个很重要的角色。他要根据故事板的要求和导演的意图,确定广告画面的景别、角度、焦距、镜头的移动和色彩等。

照明师负责用光,光决定着拍摄对象的色彩、影调、形状、轮廓和表面结构,是塑造人物和商品形象、创造画面气氛的重要表现手段。

剧务的主要职责是负责演出、摄像、照明、美工、编辑、录音、录像等各方面的协调配合,以及准备道具、安排食宿等一切后勤保障工作。

③ 演员选择。广告演员的选择常常在绘制和改编分镜头脚本的前后进行,这也是策划阶段的一项重要工作。在选择演员时,一方面要考虑摄入镜头、露出画面的演员;另一方面也要考虑配音或画外音的演员。选择的原则是看他们是否与广告表现的形象相吻合。

(2) 实际拍摄阶段

主要有拍摄前各种器材、设备及技术条件的准备,以及现场的具体拍摄或录制工作。

在拍摄时,要尽量抓取最有表现力和感染力的镜头,注意角度、景别的变化,可以利用各种摄影技巧和用光技巧,使电视画面更为丰富。同时也要注意摄制的镜头尽可能多一些,以备后期制作阶段有较多的素材可选。

(3) 后期制作阶段

主要包括编辑、配音、配乐、字幕、选色、合成,最后送往电视台播出。在毛片阶段,广告片的图像和录音是各自独立的,需要进一步剪辑组合成有声有画的画面。加入音乐和伴音,完成音响组合,最后出来的就是试片,经过在电视机上试看检验后,即可送往电视台试播出。

上述3个阶段的工作一般来说是按阶段进行的,但有时时间紧迫,也可交叉进行。

# 思 考 题

1. 广告设计的视觉构成有哪些?
2. 广告构图有哪些程序和类型?
3. 广告摄影与广告绘画有何异同?
4. 什么是商品形象色?
5. 简述广告作品设计的一般流程。
6. 如何提高报纸广告的注目率?
7. 广播广告的三要素有哪些?
8. 电视广告的三要素有哪些?
9. 简述电视广告的制作程序。

# 第11章 广告媒体策略

**学习目标**

- 了解广告媒体和广告媒体研究的必要性，了解广告媒体的分类；
- 了解新媒体的类型和特征；
- 了解报纸广告、杂志广告、广播广告、电视广告、电影广告；
- 了解售点广告、直接广告、户外广告、交通广告、礼品广告、包装广告、工商名录广告；
- 了解互联网广告、社交媒体广告、自媒体广告、移动广告、短信广告、楼宇电视广告；
- 掌握媒体评价指标，了解程序化购买，了解广告媒体策略。

## 引言

### 可口可乐充分运用广告媒体造就商业传奇

可口可乐从问世之初，就十分重视运用各种广告媒体形式促进销售：1885年，美国药剂师潘伯顿（Pemberton）发明可口可乐；1886年5月8日，可口可乐作为一种提神液正式在亚特兰大的药房首卖，随即利用一块油布发布第一个售点广告，不出1年，可口可乐的油布广告牌登上了14家冷饮柜台，此时报纸作为一种大众广告媒体开始兴起，1886年5月29日在《亚特兰大日报》发布报纸广告，开创现代广告先河，可口可乐从默默无闻一下子成为畅销商品；1887年，首次使用优惠券推广可口可乐；1891年，摄制了世界上最早的挂历广告；1900年，著名歌剧演员希尔达·克拉克成为可口可乐首位明星代言人；1907年，发布了一系列刊登棒球明星的广告，开启了与运动员长期合作的篇章；1913年，散发了1亿多件带有可口可乐标志的小礼物，使人们在经常使用的温度计、日历、赛事本、记事本、棒球卡、日本扇等物品上都能看到可口可乐的标志；1926年，开始采用广播广告；1928年，开始与奥运会合作；1931年，代表可口可乐的第一个圣诞老人出现；1950年，可口可乐出现在新兴的电视媒体上；1969年，引入新的CI视觉形象；1990年，落成可口可乐博物馆；2004年，在时代广场启用三维广告牌；2005年，开设网络社区平台iCOKE；2010年，可口可乐试水Twitter社交媒体广告；2015年，第一批发布微信朋友圈广告……1886年可口可乐诞生时，第一年只赚了50美元，却拿出46美元做广告；1901年营业额12万美元，广告费为10万美元；目前可口可乐每年花费 40 多亿美元运用网络、电视、报纸、杂志、广播、广告牌等各种媒体在全球范围内推销可口可乐。百余年来，可口可乐不遗余力，付出巨额广告费，成功运用不同媒体，充分赢得了消费者的信赖和肯定，树立了可口可乐饮料全球第一的形象，成为全球最大的饮料公司。

广告必须借助一定的广告媒体才能传达到消费者，而通常媒体费用占整个广告活动总支出的绝大部分。然而现在对于商家来说可供选择的媒体实在太多了，多到你无法全面铺展，只能有选择性地进行投放。要制订一个高效低成本的媒体计划，就必须了解广告媒体的类型及各种广告媒体的特点，掌握媒体评价指标，做出相应的媒体选择，确定正确的媒体组合策略。

## 11.1　广告媒体的类别和特点

### 11.1.1　广告媒体及其分类

#### 1. 广告媒体

在信息传播领域，媒体（media）是指人借助用来传递信息与获取信息的工具、渠道、载体、中介物或技术手段。在英语中，有时"media"是"medium"的复数形式，因此两者经常混用。通常认为，medium（媒介）更强调媒体的中介性质。在中文中，媒体和媒介也经常混用。一般而言，在指代报社、电台、电视台等信息传播的社会组织机构时多使用媒体一词，在强调报纸、广播、电视等信息传播的中介工具时多使用媒介一词。在使用时要尊重行业习惯和考虑应用语境。

广告媒体是指能借以实现广告主与广告对象之间联系的物质或工具，或者说，凡是能刊播广告作品，并实现广告主与广告对象之间联系的物质都可以称为广告媒体。广告信息必须借助广告媒体来发布和传播，广告媒体是广告信息的运载工具。

广告媒体是随着商品经济的发展和科学技术的发展而发展的。商品经济的发展产生了对媒体的需要，科学技术的发展又为之提供了物质手段。目前，广告媒体有数百种，常用的广告媒体也有几十种，并随着科技的进步而日益丰富，正朝着电子化、现代化和艺术空间化的方向发展。新的高科技成果在广告媒体上不断被应用，一方面开拓和发展了新的媒体技术，另一方面对原有的媒体技术进行了大幅度的改进。这都为现代广告传播提供了更广泛、更有力的物质和技术手段。

不同的媒体具有不同的特点，通常媒体费用占整个广告活动总支出的绝大部分，这决定了对媒体进行认真研究和谨慎选择的必要性。媒体选择错误造成的广告失败在整个广告活动中是最不应该和最愚蠢的。广告媒体本身是一个不断被开发利用的过程，一种全新媒体第一次被利用，往往会引起轰动效应，收到极好的效果。因此，认真研究和利用媒体特点，充分发挥各类广告媒体的传播优势，合理有效地确定广告媒体策略，及时、准确、巧妙、经济地把有关信息传递给目标消费者，是现代广告学研究的重要课题。

**2. 传统广告媒体的分类**

(1) 根据媒体的物质自然属性分类

① 印刷品媒体。如报纸、杂志、书籍、传单等。

② 电波媒体。如广播、电视、电影等。

③ 邮政媒体。如说明书、商品目录、销售信、小册子等。

④ 户外媒体。如广告牌、霓虹灯、招贴、交通工具、橱窗、街头装饰等。

⑤ 销售现场媒体。如门面、店内灯箱广告、货架陈列、实物演示等。

⑥ 礼品媒体。又称珍惜品媒体，如年历、小工艺品、纪念品、手册、精美印刷品等。

⑦ 包装媒体。包括包装纸、包装盒、包装袋等。

⑧ 人体媒体。包括时装模特、广告宣传员等。

⑨ 其他媒体。主要指烟火、飞艇、气球、激光等媒体。

(2) 根据受众的感觉分类

① 视觉媒体。如报纸、杂志、邮递、售点及户外等媒体形式。

② 听觉媒体。如广播、录音带、电话等。

③ 视听媒体。如电视、电影等。

(3) 根据传播空间分类

① 国际性媒体。

② 全国性媒体。

③ 地区性媒体。

(4) 按媒体的受众面分类

① 大众媒体。电视、报纸、广播、杂志通常称为四大媒体。

② 中众媒体。如妇女报、青年报、老年报、农民报等。

③ 小众媒体。如 DM 售点媒体、户外媒体等。

(5) 按广告信息在传播媒体中的比值分类

① 借用媒体。如传统四大媒体中的报纸、电视、广播主要是新闻媒体，杂志是大众媒体。

② 专用媒体。如广告牌、霓虹灯、DM 广告、POP 等。

(6) 按媒体的时效分类

根据广告媒体向消费者展示时间的长短：长期广告媒体，主要包括户外广告媒体，如路牌、霓虹灯、橱窗等，还有部分印刷品广告媒体，如杂志、书籍、电话簿、说明书等；短期广告媒体，主要包括电视、广播、包装纸、报纸等广告媒体。根据广告通过媒体的传播时间：快速广告媒体，主要有电视、广播、报纸、传单、招贴等；慢速广告媒体，主要包括杂志、书籍等。

(7) 按能否统计到广告发布的数量及广告收费标准分类

① 计量媒体。如报纸、杂志、广播、电视等。

② 非计量媒体。如路牌、橱窗等。

近年来，随着科学技术的进步，新型媒体崛起，如有线电视、卫星电视、数字电视、IPTV、楼宇电视、计算机、手机终端等，成为广告媒体的新家族，新媒体广告形式多样，分类十分复杂。

### 3. 新媒体的概念及其分类

新媒体（new media）是利用数字技术，通过计算机网络、无线通信网、卫星等渠道，以及计算机、手机、数字电视机等终端，向用户提供信息和服务的传播形态。从空间上看，"新媒体"特指当下与"传统媒体"相对应的，以数字压缩和无线网络技术为支撑，利用其大容量、实时性和交互性，可以跨越地理界线最终得以实现全球化的媒体。

广义的新媒体包括两大类：一是基于技术进步引起的媒体形态的变革，尤其是基于无线通信技术和网络技术出现的媒体形态，如数字电视、IPTV、计算机、手机终端等；二是随着人们生活方式的转变，以前已经存在，现在才被应用于信息传播的载体，如楼宇电视、车载电视等。狭义的新媒体仅指第一类。

新媒体的概念可以从以下四个层面理解。

① 技术层面。是利用数字技术、网络技术和移动通信技术。

② 渠道层面。指通过互联网、宽带局域网、无线通信网和卫星等渠道。

③ 终端层面。指以电视、计算机和手机等作为主要输出终端。

④ 服务层面。指向用户提供视频、音频、语音数据服务、连线游戏、远程教育等集成信息和娱乐服务。

新媒体的演进历程可划分为精英媒体阶段、大众媒体阶段、个人媒体阶段。在新媒体诞生之初的相当一段时间里，属于精英媒体阶段，仅有为数不多的所谓精英群体有机会接触新媒体，并使用新媒体传播信息；当新媒体大规模发展并得到普及时，就进入了大众媒体阶段。以手机等移动媒体为主的新媒体已为广大受众所享有，利用新媒体传递知识、信息也成为媒体传播的一种常态。伴随着新媒体技术的不断发展及普及，以往没有占据媒体资源和平台且具备媒体特长的个体，开始逐渐通过网络来发表自己的言论和观点，并通过平台展示给受众，这是个人媒体阶段到来的一个标志。

新媒体类型多样，而且还在不断新生和更新换代。新媒体大致可以分为以下几类。

（1）互联网新媒体

互联网新媒体包括互联网及基于互联网的网络电视、博客、播客、视频博客、电子杂志等。

① 交互式网络电视（internet protocol television，IPTV）。具有互动个性化、节目丰富多样、收视方便快捷等特点。

② 博客。指写作或是拥有 Blog（或 Weblog，网络日志）的人，他们在虚拟空间中发布文章等各种形式信息。博客是一种个人自由表达和出版、知识过滤与积累、深度交流沟通的网络新方式。

③ 播客（Podcasting）。源自苹果的"iPod"与"广播"（broadcast）的混成词。由于英文中的 Podcast、Podcaster 或 Podcasting 等词的相关性，中文中往往统称为"播客"，通常是指自我录制广播节目并通过网络发布音频信息，可利用便携式数码声讯播放器随身收听。

④ 视频博客（Vlog）。是博客的一种，又名微录，全称是 video blog 或 video log，意思是视频记录、视频博客、视频网络日志。视频博客通过拍摄短视频代替文字或相片记录日常生活，并上传与网友分享，是新兴的交流、沟通工具。

⑤ 电子杂志（electronic magazine）。又称网络杂志、互动杂志，目前以 HTML5 技术独立于网站存在，兼具平面与互联网的特点，是将图像、文字、声音、视频、动画、游戏等

动态集成展示给读者的一种新媒体。电子杂志的展示形式有传统杂志，有超链接、及时互动等网络元素，具有发行方便、发行量大、分众等特点，可移植到 PDA、Mobile、MP4、PSP 及 TV（数字电视、机顶盒）、平板计算机等多种个人终端进行阅读。

（2）移动数字媒体（mobile digital media）

移动数字媒体是指以移动数字终端为载体，通过无线数字技术与移动数字处理技术运行各种平台软件及相关应用，以文字、图片、视频等方式展示信息和提供信息处理功能的媒体。数字移动媒体的主要载体是智能手机（smart phone）及平板计算机（tablet PC）。随着信息技术的发展和通信网络的融合，一切能够借助移动通信网络沟通信息的个人信息处理终端都可以作为移动数字媒体的运用平台，如电子阅读器、移动影院、MP4、数码摄录像机、导航仪、记录仪等都可以成为移动数字媒体的运用平台。移动数字媒体实际上是网络媒体的延伸，除了具有网络媒体的优势之外，还具有携带方便的特点，是目前发展最快的新媒体。

（3）数字电视（digital television，DTV）

数字电视是指从节目采集、节目制作、节目传输一直到用户端都以数字方式处理信号的电视系统。和模拟电视相比，数字电视画质更高，功能更强，音效更佳，内容也更丰富，通常还具备交互性和通信功能。除了传输数字信号的广播、电视节目等基本业务外，还可以提供信息服务，包括政务、财经、生活、健康、教育、娱乐等各种分类信息。数字电视具有分类查询功能的电子节目指南，可以进行视频点播（VOD），可以在电视节目中通过超链接的方式附加相关数据以随时进行互动操作，可以开展电视节目互动，办理购物、缴费、股票交易及各种银行业务等电视商务，可以提供即时的远程教育或医疗服务、在线互动游戏等。

（4）户外新媒体

户外新媒体以液晶电视为载体，如楼宇电视（office-building TV）、车载电视（digital mobile TV in Auto）、大型 LED 屏等，主要是新材料、新技术、新媒体、新设备的应用，或是与传统户外媒体形式的结合。

以数字技术为代表的新媒体，其最大特点是打破了媒介之间的壁垒，消融了媒体介质之间、地域、行政之间，甚至传播者与接收者之间的边界。新媒体还表现出以下特征。

① 媒体个性化突出。由于技术的原因，以往所有的媒体几乎都是大众化的。而新媒体却可以做到面向更加细分的受众，可以面向个人，个人可以通过新媒体定制自己需要的信息。也就是说，每个新媒体受众手中最终接收到的信息内容组合可以是一样的，也可以是完全不同的。这与传统媒体受众只能被动地阅读或者观看毫无差别的内容有很大的不同。

② 受众选择性增多。从技术层面讲，在新媒体那里，人人都可以接收信息，人人也都可以充当信息发布者，用户可以一边看电视节目、一边播放音乐，同时还可以参与对节目的投票，还可以对信息进行检索。这就打破了只有媒体机构才能发布信息的局限，充分满足了信息消费者的细分需求。与传统媒体的"主导受众型"不同，新媒体是"受众主导型"。受众有更大的选择，可以自由阅读，可以放大信息。

③ 表现形式生动多样。新媒体形式多样，各种形式的表现过程比较丰富，可融文字、音频、画面为一体，做到即时地、无限地扩展内容，从而使内容变成"活物"。

④ 信息发布实时。与广播、电视相比，只有新媒体才能真正做到无时间限制，可以随时加工发布。新媒体用强大的软件和网页呈现内容，可以轻松地实现 24 小时在线。

⑤ 交互性极强。新媒体独特的网络介质使得信息传播者与接收者的关系走向平等，受

众不再轻易受媒体"摆布",而是可以通过新媒体的互动,发出更多的声音,影响信息传播者。

⑥易检索性。新媒体可以随时存储内容,查找以前的内容和相关内容非常方便。

正是因为具有与传统媒体不同的特点,新媒体才迅速成为主要的广告传播媒体。

## 11.1.2 传统媒体广告的类型和特点

### 1. 报纸广告

报纸广告(newspaper advertising)是指刊登在报纸上的广告。报纸是以文字和图片形态为传播手段,以刊载新闻为主的广告借用媒体,是传统四大媒体中最早发布广告的媒体。报纸长期占据着广告媒体的重要地位,报纸的版面、出版频率、种类差异很大。

> **相关链接**
>
> **报纸广告的类别**
>
> 根据内容,报纸广告可分为商品广告、服务广告、形象广告、分类广告、政府机关通告。
>
> 按表现形式,报纸广告可分纯文字型广告、黑白广告、套色彩色广告、图文并茂型广告、空白广告。
>
> 按广告版面布局,报纸广告普通版位广告可分为整版广告、半版广告、双通栏广告、单通栏广告、半通栏广告,报纸广告特殊版位广告可分为头版广告、跨版广告、报眼广告、报花广告、中缝广告、插页广告。

报纸广告的优点:

① 覆盖面广,发行量大。

② 制作比较简单,传播迅速,适合做时效性强的广告。

③ 选择性强,灵活性好。根据各种报纸的覆盖范围、地位、发行量、知名度、读者群等情况,可以灵活地选择某种或多种报纸进行广告宣传。广告版位、版面的大小都可根据广告预算作适当的选择。

④ 读者阅读时比较主动,读者广泛而稳定。这就使得报纸广告的目标市场具有相对的稳定性。

⑤ 信息传达比较准确,表现方式灵活多样。报纸是解释性媒体,适合刊登复杂的广告信息。

⑥ 存留时间长,便于查存。

⑦ 广告费用较低。

⑧ 可信度高。

报纸广告的缺点:

① 有效时间短。报纸出版率高,很少有人重复阅读隔日报纸。

② 广告注目率低。广告常常被安排在次要的版面。报纸的一个版面上往往刊登多个广告,因此广告能否被阅读受其他广告影响较大。

③ 印刷效果不好,形象感较差。报纸多采用新闻纸印刷,印刷效果不够精美,不适合展示精美豪华、色彩鲜艳的商品的广告,但使用铜版纸彩印的报纸广告,其效果大为改善。

电子报纸（electronic newspaper）或者说报纸电子版、报纸网络版的问世，大大提高了报纸广告的表现力和阅读便利性。

### 2. 杂志广告

杂志广告（magazine advertising）是指刊登在杂志上的广告。

杂志是刊登某一方面或某一门类的知识性或娱乐性的文章、图片等供读者研究或消遣的出版物。杂志的幅面、出版率各有不同。杂志一般分为消费者杂志、商业杂志、学术性杂志、信息文摘期刊、专业杂志、消遣型杂志等。

**相关链接**

**杂志广告的形式及版面规格**

杂志广告的形式有封面广告、封底广告、封二广告、封三广告、扉页广告、内页广告。

根据杂志广告所占版面的位置和大小，可将其分为全页广告、跨页广告（满版、双页拼版）、直版半页、横版半页等。

近年来出现了跨页广告、插页广告、多页广告、折页广告、有声广告、立体广告、香味广告、联券广告等新类型。

杂志广告的优点：

① 针对性强，具有明显的读者选择性。杂志读者一般都是对某个专业、某个部门、某个领域感兴趣的读者，广告主可以根据所宣传商品的性质，准确地选择相关领域的杂志来做广告，把广告内容同消费者的爱好、兴趣紧密联系起来。

② 保存性好，效果持久。杂志购买方便，容易保存，可以较长时间阅读或重复阅读，还可以互相传阅或保存起来再读，广告效果持久。

③ 说服力强。一是广告内容含量大，内容较为全面，文体也更为多样，适合刊登复杂的广告信息。二是杂志以特定的社会群体为服务对象，在特定的选题上内容更丰富，篇目更多。三是杂志广告可以表现专业性强的内容且不受读者理解力的限制，比较容易为读者接受。

④ 突出醒目，干扰少。杂志版面较小，很少在一页内安排多个广告，广告信息不容易受到干扰。

⑤ 印刷质量较高。杂志广告具有精良、高级的特色，可以很形象地展示商品的色彩和质感，适合发布高关心度产品和精美豪华、色彩鲜艳的商品的广告。

杂志广告的缺点：

① 时效性差。传播频率慢、发行周期长，不适合做时效性强和连续性强的广告，也不适用于造声势的大规模推销活动。

② 影响面窄。杂志的发行量一般大大低于报纸，而且绝大多数杂志面向全国发行，读者在同地区分布较为零散，不适合做地区针对性强的广告。

③ 灵活性小。杂志最快的为周刊，慢的为季刊，印刷上费时费力，不灵活。

④ 广告费用较高。

### 3. 广播广告

广播广告（radio advertising）是指在广播媒体上发布的广告。广播是通过无线电波或金属导线，用电波向大众传播信息、提供服务和娱乐的大众传播媒体。从多年的发展趋势看，广播广告的影响力仍然很大，具有其他媒体广告无可比拟的独特魅力。

> **相关链接**
>
> 广播广告的类别
>
> 按播出时间，广播广告可分为10秒广告、30秒广告、60秒广告等。
>
> 按播出方式，广播广告可分为口播广告和录播广告。
>
> 广播广告还可分为节目赞助型广告和插播型广告，以及特约广告、特别赞助广告。

广播广告的优点：

① 传播迅速，传播范围广，受众广泛。广播信息的传播几乎不受时间和空间的限制，传播速度在所有媒体中最快，特别有利于那些时效性要求很强的广告，如一些促销广告。广播广告的覆盖面是所有传播媒体中最大的，听众不受年龄、文化程度等因素限制，只要有一定听力就能收听。

② 诉诸听觉，刺激想象。通过娓娓动听的描述和悦耳的音响，带给听众无限的想象空间，从而省去了将文字符号"还原"为声音语言的译码过程，显得亲切感人。

③ 移动性强，接收自由。收听器材的多样化、简便化，使得广播媒体更具移动性。听众不论处于什么方位，不论在做什么，都可以收听广播。这种干活、收听两不误的功能，赋予了它独特的魅力。

④ 制作容易，费用低廉。

⑤ 重复广播，不觉其烦，接收性好。听众一般收听习惯稳定，不"躲避"广告，互动性也越来越强。

广播广告的缺点：

① 选择性差。广播只能按顺序播出，受众只能被动地接收。

② 形象性差。广播的内容只能通过声音表现，形式单一，不能充分调动人的感觉系统，难以留下深刻印象。

③ 即逝性。广播广告的时间短促，信息无法保留，稍纵即逝。尤其是没有听清或漏听时，信息难以再捕捉，难以存查。广播广告不适合播出复杂的解释性信息，不适合在广告中做深度诉求。

**4. 电视广告**

电视广告（TV commercial）是一种经由电视传播的广告形式。电视是一种兼有听觉、视觉的现代化广告媒体，它能集文字、图像、语言、色彩、声音形象、动作、表演等于一体，曾是广告效果最好，也是广告主最热衷的媒体，未来也将占有重要地位。

> **相关链接**
>
> 电视广告的类别
>
> 根据播出方式，电视广告可分为节目型广告、插播型广告、赞助型广告、转借型广告。
>
> 根据制作材料，电视广告可分为影片型广告、录像型广告、直播型广告、动画广告。
>
> 按播放时间分，一般有5秒、10秒、15秒、30秒、45秒、60秒等不同规格的广告。

电视广告的优点：

① 形声兼备，感染力强，具有独占性。电视广告集图像、声音于一体，可以运用图像、

声音、文字等形式表现主题，有极强的冲击力，有很强的娱乐性，被称为感情冲击型媒体。观众在收看电视时，必须抛开一切，寸步不离地坐在电视机面前，注意力高。

② 传播迅速，辐射面广。电视的传播不受时空限制，只要在覆盖范围内有接收工具，就能收到电视节目，覆盖面大，单位接触成本低。

③ 受众广泛，收视率高，渗透力强。电视是比较大众化的媒体，收视率比较高，渗透力很强。电视以家庭收看为主，因此电视广告有助于家庭成员共同形成购买决策。

④ 直观真实，理解度高。它能充分地再现形象、现场、过程，并能给观众一种面对面交流的亲切感；它能够直观地展示商品的外观、商品的使用过程和使用效果，具有很强的说服力和感染力。

电视广告的缺点：

① 时效短。电视信息具有即逝性的特征，无法保存。

② 广告制播费用高。电视广告需要动用众多人员，制作过程复杂，因此电视广告的制作费用高。电视台的播放收费也很高。对于大多数中小企业来说，尚无实力使用电视广告。

③ 信息容量小，抗拒性强。电视广告的时间短，信息容量小，不适合传播复杂的广告信息，不适合对广告信息进行说明和解释。电视广告在观众专注收看时突然出现，观众具有较强的抗拒心理。在广告播出时，观众往往转换频道或做其他事，收视率不稳定。

④ 播放重复率高，干扰性大。广告播放时间短，一晃而过，而且在电视节目和众多广告中间，信息互相干扰，若要观众留下深刻印象，必须重复播放。

**5. 电影广告**

电影广告（theater-screen advertising）是以电影及其衍生媒体为载体的广告形式。电影虽然属于大众传播媒体之一，但相对于传统四大广告媒体来说，电影的影响力要小得多。

电影广告包括贴片广告（也叫随片广告）、植入式广告（也叫隐性广告）两类，电影广告一般指的是贴片广告，属于电影中的硬广告，包括片方贴片广告、发行方贴片广告、院线贴片广告、影院贴片广告等。电影内的软广告和片方贴片广告、发行方贴片广告还可在电影衍生多媒体传播方式中投放。例如影片的 VCD、DVD 制品，后期影视作品登录电视媒介播放过程中的广告跟随。

电影广告的优点：

① 强迫性强，接收度好。电影广告一般在正片之前放映，观众身坐电影院中，面对银幕有非看不可之势，没有面对电视广告时的调台选择性。观众接收广告信息时环境较舒适，心情较松弛，对广告较少有排斥心理，注意力较集中，因而能收到比较好的广告效果。

② 传播效果较好。电影银幕宽大，音响强烈、形象清晰，冲击力大，真实感强，给观众的残留印象深。

③ 传播成本较低。

电影广告的缺点：

① 电影广告受放映时间和场地的限制，传播范围有限。

② 电影广告片拍摄费用比较高。

③ 广告主无法控制广告播放。

因为电影观众一般都是消费力比较强的群体，因此电影广告仍不失为一种可以选择的媒体，特别是在进行媒体组合时，是可以考虑的一种理想媒体。

## 11.1.3 其他传统媒体广告的类型和特点

### 1. 售点广告

售点广告是指销售现场（point of purchase）广告，被称为POP广告，是出现在销售场所内外的一切布置物广告的总称。在商店内的墙壁上、天花板上、橱窗里、通道中、货架上、柜台上张贴或摆放的各种广告物和产品模型，如彩旗、布条、横幅、招牌、霓虹灯、灯箱、橱窗、货架、模特、门面装饰等，在售点发布的包装纸（袋）、奖券、招贴画、电子闪示牌、广播、闭路电视等各种媒介的广告，都可称为POP广告，其中最重要的是以商品本身为媒介的陈列广告。

> **相关链接**
>
> **POP广告的种类**
>
> ① 按设置场所，POP广告可分为室外POP广告、室内POP广告。
> ② 按设置方式，POP广告可分为悬挂式POP广告、橱窗式POP广告、柜台式POP广告、壁面式POP广告、落地式POP广告、价目表与展示卡式广告、贴纸式广告。
> ③ 按媒体类型，POP广告可分为电子类POP广告、印刷类POP广告和实物类POP广告。
> ④ 按制作者，POP广告可分为商店自行设置室内外POP广告、由厂家直接提供的室内外POP广告。
> ⑤ 按使用的目的，POP广告可分为在新产品发售时用作促销的POP广告、常规促销活动使用的POP广告、现场展示活动POP广告、大众传播媒体陈列POP广告、户外活动POP广告、庆典活动POP广告等。
>
> 此外，还可根据素材分为纸质的POP广告、塑胶的POP广告、金属的POP广告、布类的POP广告、木制的POP广告；根据使用期限分为短期使用POP广告、长期（1～3年）使用POP广告等。

售点广告的优点：
①创造购物气氛，促成即时购买。
②引起注意，唤起购买欲。售点广告容易引起顾客的注意，使顾客就近观看商品，加深顾客对商品的认识程度，诱发顾客的潜在愿望，形成冲动性的购买，具有无声却又十分直观的推销效力。
③制造卖场气氛，替商店招徕顾客，便于店员介绍新产品，说明商品的使用方法，强调商品的特色。
④是其他媒体广告的延伸，能唤起已有积累效果的潜在购买意识成为购买行为，因此经常是媒体组合中必不可少的部分。

售点广告的缺点：
①辐射范围小，对消费者的影响面远不及大众媒体。
②清洁度要求高。
③设计要求高，成本费用大。

### 2. 直接广告

直接广告（direct advertising），又称直接反应广告（direct response advertising），是以

直接实现销售为目的，直接进入消费者的家庭和工作场所及通过个人之间的信息沟通，吸引消费者立即采取行动反应的广告形式的总称。与其他广告的区别在于：直接广告并不刻意追求广告的品牌和形象效果，一切以促进立即反应为目的。

在形式上，直接广告有邮寄（邮件）、借助其他媒体（平面、网页、电视等）、直销网络3种类型。其中直接邮寄广告（direct mail advertising, DM）是最早、最主要的形式，通常邮寄的广告品有小册子（booklet 或 brochure）、目录（catalog）和广告函（advertising letter 或 sales letter）等。为引发消费者的兴趣，也可以寄优惠卡或附送样品、折价券等。借助其他媒体，例如在报纸广告中附加一张回执，消费者把该回执剪下寄给制造商即可获得商品的样品、说明书、目录等，意在诱发直接的反应。电视直接广告一般是号召观众扫描二维码、拨打电话或写信直接从广告主那里购买广告中提到的商品；电视直销（电视购物）近年发展很快，"网红（influencer）＋网络直播营销"的兴起更是造就了无数销售的传奇。

传统的直接邮寄广告的优点：①在篇幅上和形态上具有很大的灵活性。②对广告对象和地理位置有选择性。③费用较低，可为人员上门推销服务作先导，可将广告信息传达到一般媒体难以达到的对象手里，有利于巩固顾客群。④信息内容容量较大，阅读率高。⑤广告效果较易测定。缺点：①选定发送对象名单较困难。②因由企业直接发送，故在消费者心中可信赖性低。③容易为收件人所轻视，不加阅读便随手丢掉。因而直接邮寄广告多为广告宣传的补充手段。

新兴的电视直销、网络直销的优点：①具有直观性、形象性、具体性。比一般广告吸引人，特别是网红拥有大量"粉丝"，拥有强大的市场影响力和号召力，利用"分享"文化，可以实现销售额大幅增长。②便捷性。观众可以直接在电话或网上订货、付款，大大方便了顾客。③高效性。减少了过去传统分销中的流通环节，免除了支付给中间商的费用，有效地降低了成本。④互动性。主要表现在网络直销能及时实现与消费者的互动交流，可以很容易获得快速、便宜、易加工的反馈信息，跟踪消费者的需求变化，从过去单向信息沟通变成双向直接信息沟通，增强了生产者与消费者的直接联系。缺点：①在主持人特别是网红引导下容易形成冲动型购买。②目前电视直销、网络直销广告经常夸大其词，消费者难辨真伪。③存在商品价格昂贵、售后服务得不到保障等问题。

### 3. 户外广告

户外广告（outdoor advertising）是指设置在室外（out door）的广告，简称 OD 广告。户外广告常常设在繁华街道、交通要道、宏大建筑物等人口较密集之处，或公路铁路两侧、十字路口、转弯处等行人必经之处。户外广告媒介大致分为电子类和非电子类两类。电子类，如霓虹灯、电子显示屏、Q 板、DV 等；非电子类，包括路牌、招贴、看板、空中广告、电动多面广告牌、柔性灯箱等。

户外广告的优点：①到达率高，持久性强。据调查，户外广告的到达率仅次于电视。许多户外媒体可以持久地、全天候发布。②选择性强，能根据地区的特点自由选择广告形式和表现形式。③成本低廉。户外广告的千人成本、绝对成本都比较低。④视觉冲击力强，吸引力强。可为经常在选择区域内活动的固定消费者提供反复的宣传，使其印象深刻，特别是巨型广告牌这一古老方式，迷倒了全世界的大广告商。⑤表现形式丰富多彩，可接受性强。利用公众在公共场合经常产生的空白心理，能引起较高的注意率，往往使消费者非常自然地接受了广告。户外广告可作为其他广告媒体的补充广告。

户外广告的缺点：①覆盖面小。户外广告大多数位置固定不动，宣传区域小。②广告的信息量有限。消费者接触时间短,注目率有时也受到限制。③易损性。④灵活性较差。由于大多数户外广告为静态表现广告,且内容又通常是固定的,故在信息表现上缺乏一定的灵活性。⑤广告效果难以测定。

### 4. 交通广告

交通广告(transportation advertising)是指利用公共交通工具(如火车、汽车、飞机、地铁、轮船等)及其有关场所设立的广告。交通广告有车(船)内广告、流动型的车(船)身广告、固定型的站台广告3类。

交通广告的优点:①接触率较高。由于定点或定路线的原因,广告对某部分人的接触率会较高,消费者有较长时间接触广告,到达率和暴露频次都能达到较高的水准。②选择性较好。广告主可以根据广告目标的要求,选择目标消费者经常使用的交通工具的路线、场所进行广告宣传。③注意力集中度高。利用乘车空白心理,容易引起受众注意。④制作简单,费用低,适合中小广告主的需求。

交通广告的缺点:①广告对象不广泛,受众层次具有局限性。②广告篇幅有限,信息容量小,广告场地不能自由选择。③广告流动性大,广告接触者心情不稳定,对广告内容只能是"概而知之"。④广告效果难以测定。

### 5. 礼品广告

礼品广告(gift advertising)是指在礼品上标明广告主简单的销售信息,如名称、地址、电话等,免费赠给顾客以表示好感的广告形式,在美国又称为特种广告(specialty advertising)。礼品广告的款式设计要新颖别致,选择的物品精心周到,要便于随身携带,具有实用性,同时价格要低廉并要避免大众化的样式和质地。礼品广告主要有赠品广告、日历广告、商业赠品3类。

礼品广告的优点:①媒体生命周期长,具有亲和性。②灵活性、选择性好,受众易接受。礼品广告同大众传播媒体不同,它不受版面和时间的限制,完全根据自身的需要决定。广告主可根据自身的需要将礼品广告发给广大或极少数可能会成为消费者的接受者。

礼品广告的缺点:①广告信息容量有限。考虑到礼品的广告性必须与实用性兼容,礼品广告不可能传载详尽的广告信息,主要以形象宣传为主,是不完备的媒体。②随意性大,成本较高。

### 6. 包装广告

从广义上讲,凡是印有商品名称、品牌及企业、商品形象的包装都可列入包装广告(packing advertising)的范畴之内。

包装广告的优点:①接受性好。包装广告是商品的必要附加物,从心理上易于被消费者接受。精美的包装能增进企业与消费者之间的感情联络,可使消费者对商品或服务产生好感,引起连锁反应。②传播范围广。包装广告的影响范围就是商品传输的范围,传播面广,没有任何时间和空间限制。③极有黏性、精准,有效阅读率高。只要商品包装还存在,它就一直为商品代言,包装广告是唯一能做到有效阅读率达到100%的媒体形式,也没有比包装广告更为精准的广告传播方式了。④极低的广告制作成本,合理的广告传播成本。包装广告的费用可以计入商品包装费之内,其传播也不需要额外的广告投资。

包装广告的不足之处:广告宣传对象特殊。能接触到广告的消费者仅局限于广告期内正好购买该商品的顾客。因此,包装广告只被用来作为其他广告活动的辅助广告活动。另外,包装的价值不能超过商品自身的价值、印刷的质量等也要引起广告主注意。

### 7. 工商名录广告

工商名录主要是指工商业界使用的书籍，里面列有制造或零售企业的名称和地点（或是服务提供商的名称和地点），除此之外，还有许多有关的服务及产品的资料和描述。工商名录这种媒体的出现，为广告主提供了一个能使其产品和服务引起受传者特别注意的广告信息传递工具。工商名录广告（directories advertising）中最为常见是电话号码簿广告（telephone book advertising），俗称黄页广告（yellow page advertising）。除黄页广告外，还有各式各样的工商名录广告。

工商名录广告具有以下优点：①媒体生命周期长。在一般情况下，生命周期都在一年左右，在其有效期限之内，用户一般都会将其妥善保存，以应不时之需。②查阅方便，反复使用率高。工商名录在编辑体例上都是按照产品或服务内容来进行分类的，随时可查阅，极易查询，反复使用率高。③表现形式自由，灵活性大，针对性强。④高权威性，高认同率。⑤费用低，效益大。

工商名录广告也有其不足之处，这主要表现在其市场覆盖范围有限。

## 11.1.4 新媒体广告的类型和特点

新媒体广告类型较多，而且在不断新生和更新换代，同时也在不断融合、交叉，下面仅简略介绍一些有代表性的新媒体广告类型。

### 1. 互联网广告

互联网广告（Internet advertising），又称网络广告（web advertising）是指通过网站、网页、互联网应用程序等互联网媒介，以文字、图片、音频、视频或者其他形式，直接或者间接地推销商品或者服务的广告。追本溯源，1978年，第一封电子邮件广告出现；1994年10月14日，美国《热线》（*Hotwired*）杂志推出了包括AT&T在内14个广告主的图像和信息，宣告互联网广告的诞生。1997年3月，CHINABYTE网站上出现了我国第一条商业性互联网广告。互联网广告迅速崛起，2007年超越广播，2009年超越杂志，2011年超越报纸，2017年超越电视，成为世界上最大和最活跃的媒体广告形式。

> **相关链接**
>
> **互联网广告的类型**
>
> 互联网广告种类繁多，主要有：①网幅（banner）广告，又名旗帜广告，包括横幅式（horizontal banner）广告、竖式旗帜（vertical banner）广告、按钮式（buttons/icon）广告、通栏广告、竖边广告、巨幅广告等。②文本链接（text link）广告。③搜索引擎广告（search engine advertising，SEA）、关键词广告。④电子邮件（e-mail）广告，包括直邮广告、电子邮件列表（mailing list）广告、每日电子邮件发送（daily e-mail brief）广告。⑤赞助式（sponsorships）广告。⑥插页式广告，又名弹出式广告。⑦富媒体广告。⑧视频广告（video advertising）。⑨其他形式广告，包括互动游戏式（interactive games）广告、屏保式（screen savers）广告、墙纸式广告、指针式（mouse pointer）广告、网上问卷调查（questionnaire）广告、使用新闻组广告、网上商店（shopping）广告、商业服务链接广告、书签广告和工具栏广告。随着技术的发展，新的类型还在不断涌现。

互联网广告的优点：①传播范围广，信息容量大。互联网广告的传播范围广泛，可以通过互联网将广告信息传遍世界的每一个角落。基本不受时间和版面的限制，信息容量大、内容详尽，广告效果持久。②互动性、非强迫性。互联网广告属于"按需广告"，浏览者可以根据喜好获取信息，没有强迫性，不需要彻底浏览，可自由查询。③易统计性、定向性和分类性、广告投放准确性。互联网广告可通过权威公正的访问量统计系统，精确统计出每个广告被多少用户看到、点击、关注，以及这些用户查阅时间分布和地域分布，从而有助于广告主正确评估广告效果，确定广告投放的媒体策略，实现定向广告（targeting advertising）投放、精准广告（precision advertising）投放、个性广告（individualized advertising）投放。④动态实时性、经济性。互联网广告能按照需要及时变更广告内容，更改成本几乎可以忽略不计；广告费用较传统媒体低，广告针对性强，大大提高了广告的投入效率。⑤形式多样和感观性。互联网广告可以最大限度地调动各种艺术表现手段，制作出形式多样、生动活泼，能够激发消费者购买欲望的广告，创造身临其境的感觉。如果消费者满意就在网上预订、交易和结算，大大增强了互联网广告的实效。

互联网广告也有局限性，如广告信息纷繁复杂、网页可供选择的广告位置有限、创意有限、广告可信度差、广告阅读率低、阅读门槛高等。所以，互联网广告不会从根本上完全替代传统广告，而是与传统广告相互补充。

### 2. 社交媒体广告

社交媒体（social media）是指互联网上基于用户关系的内容生产与交换平台，主要用来分享意见、见解、经验和观点。现阶段社交媒体广告主要包括社交网站、微博、微信、博客、播客、网络论坛等。

> **相关链接**
>
> **国内外主要社交媒体**
>
> 国外主要社交媒体可以分成以下 6 类：①知识平台，如 Wikipedia；②博客或轻博客，如 WordPress、Tumblr；③视频博客，如 YouTube、Vimeo；④社交媒体手机软件或服务平台，如 Facebook、Twitter、LinkedIn、Pinterest、Instagram、Snapchat；⑤虚拟现实游戏，如 WOW、LOL；⑥虚拟社会，如 Second Life。
>
> 我国的社交媒体主要有：①微信，基于熟人关系的时下拥有最多用户数量的社交媒体平台；②微博，基于兴趣社交的中国最大的公共信息传播平台；③腾讯 QQ，多平台即时通信软件；④豆瓣，文艺的泛娱乐分享社交平台；⑤小红书，一个以美妆、护肤和保健等日用精品为切入点的"社区＋电商"跨境精品导购平台；⑥抖音，年轻人记录美好生活的短视频社区，Tik Tok 是抖音短视频国际版；⑦知乎，中文互联网最大的知识社交平台。

社交媒体在互联网的沃土上蓬勃发展，爆发出令人眩目的能量，其传播的信息已成为人们浏览互联网的重要内容，不仅制造了人们社交生活中争相讨论的一个又一个热门话题，而且几亿、几十亿的活跃用户量使其迅速成为广告的优质传播平台，可称之为社交媒体广告（social media advertising）。

社交媒体广告除传统互联网广告类型外，又新生了一些新的广告类型，并迅速成为社交媒体广告的主流。

信息流广告（news feed advertising）是位于社交媒体用户的好友动态或者资讯媒体和

视听媒体内容流中的广告，形式有图片、图文、视频等。2006年，社交媒体平台Facebook推出了第一则信息流广告。这种穿插在内容流中的广告，对用户来说体验相对较好，对广告主来说可以利用用户的标签进行精准投放，因此在移动互联网时代到来后迎来了广告爆炸式的增长，几乎所有的社交媒体都推出了信息流广告平台，成为社交媒体平台流量变现的主要模式。

信息流广告的优点：①流量庞大，动辄就是几亿、几十亿的活跃用户。②算法推荐，由计算机自动计算CPC、CPM、CPA、OCPC、OCPM、OCPA等（参见第11.2.2节内容），选择最优投放策略。③形式丰富，有图片、图文、视频等。④定向精准，结合大数据和AI进行定向投放、精准投放，无论是品牌曝光还是获取效果都可满足需求。⑤原生体验，用户体验好。最后的广告效果取决于"创意＋定向＋竞价"三个关键因素。

2012年底有人提出原生广告（native advertising）这个名词，2013年成为全球媒体界爆红的关键词。当广告只能在单独平台中付费投放，比如Facebook，并且此种形式适合此种平台的浏览环境时，此广告称为原生广告。原生广告盈利模式是从网站和App用户体验出发的，由广告内容所驱动，并整合了网站和App本身的可视化设计，简单来说，就是融合了网站、App本身的广告，这种广告会成为网站、App内容的一部分，如Google搜索广告、Facebook的Sponsored Stories及Twitter的tweet式广告都属于这一范畴。

原生广告的特点：①内容的价值性。原生广告为受众提供的是有价值、有意义的内容，而不是单纯的广告信息，该信息能够为用户提供满足其生活形态、生活方式的信息。②内容的原生性。内容的植入和呈现不破坏页面本身的和谐。③用户的主动性。用户乐于阅读，乐于分享，乐于参与其中，不是单纯的"到我为止"的广告传播，而是每个用户都可能成为扩散点的互动分享式的传播。

随着网络社会的发展，消费者受够了和自己不相关的信息，因此内容营销逐渐成为主流的趋势。消费者只寻找和自己相关的信息且通过多种渠道寻找资源。在此种潮流之下，原生广告将广告以内容的形式嵌入到信息流之中，让广告与投放环境完美融合，在保护用户体验的同时，也提升了推广效率。原生广告可以使广告和内容融在一起，使消费者根本没有发现正在阅读一篇广告，就如同有保护色的昆虫一般，在环境中不易被发现真实身份。

### 3. 自媒体广告

自媒体（we media）是指普通大众通过网络等途径向外发布他们本身的事实和新闻的传播方式。自媒体是私人化、平民化、普泛化、自主化的传播者，以现代化、电子化的手段，向不特定的大多数或者特定的单个人传递规范性及非规范性信息的新媒体的总称。

狭义自媒体是指以单个的个体作为新闻制造主体进行内容创造且拥有独立用户号的媒体。以前的传统媒体是把媒体自身看做观察者和传播者，自媒体则是区别于第三方媒体的自己，可以理解为"自我言说者"。因此，在宽泛的语义环境中，广义自媒体不单单是指个人创作，群体创作、企业微博（微信）等都可以算是自媒体。

**相关链接**

#### 自媒体的发展阶段

2003年7月，谢因波曼与克里斯·威理斯明确提出了"we media"，并对其进行了非常严谨的定义，自媒体这一概念真正地进入大众的视野。

自媒体的发展经历了三个阶段：自媒体初始化阶段，它以BBS为代表；自媒体的雏形阶段，主要以博客、个人网站、微博为代表；自媒体意识觉醒时代，主要以微信公众平台、搜狐新闻客户端为代表。就目前来讲，自媒体的发展正处于雏形阶段向自媒体觉醒时代的过渡时期。但是由于自媒体的诞生至今也不过十多年，这三个阶段其实同时存在，只不过现阶段是以微博、微信公众平台为自媒体的主体，其他的相对弱小。

在我国，自媒体发展主要分为四个阶段：2009年新浪微博上线，引起了社交平台自媒体风潮；2012年微信公众号上线，自媒体向移动端发展；2012—2014年门户网站、视频、电商平台等纷纷涉足自媒体领域，平台多元化；2015年至今，直播、短视频等形式成为自媒体内容创业新热点。

自媒体的主要特征：①个性化。这是自媒体最显著的一个特征。②碎片化。这是整个社会信息传播的趋势，受众越来越习惯和乐于接受简短的、直观的信息。③交互性。这是自媒体的根本属性之一，受众使用自媒体的核心目的是满足沟通和交流的需求。④多媒体。有文字、图片、音乐、视频、动漫等多种选择。⑤群体性。受众是以小群体不断聚集和传播信息的，如游戏爱好者、音乐爱好者、影视爱好者、汽车爱好者、学生群体等。

自媒体广告（we media advertising）的商业模式，大致可以分为两类。一类是纯线上经营，即自媒体所有人通过媒体内容经营聚集一定数量的粉丝之后，寻找合适的广告主在平台上做广告，实现广告收益。另一类是效仿明星、名人、大公司CEO等人的做法，依托前期在自媒体上积累的人气和个人影响力，通过线下渠道变现，如出书、演讲培训、企业咨询等，将线上线下资源有机对接，实现经济收益最大化。

自媒体广告存在的问题主要是可信度低。自媒体的门槛较低，各式各样的人都可以建立自媒体平台，自媒体内容是由自媒体人自行决定的，这些内容有流水账式的对生活琐事的记录，有关于人生的感悟，也有关于时事政治的观察评论。自媒体平台良莠不齐，为了追求点击率，常常忽略真实性，挑战道德底线，降低了所传播信息的可信度。

### 4. 移动广告

移动广告（mobile advertising）是指通过移动数字媒体设备访问移动应用或移动网页时显示的广告。广告形式包括图片、文字、插播广告、html5、链接、视频、重力感应广告等。移动数字媒体（mobile digital media）实际上是网络媒体的延伸，包括智能手机、平板计算机、PSP（play station portable）等。由于智能手机是绝对主体，移动广告也称为手机广告。随着智能手机的普及及其携带方便的特点，移动广告已经发展成区别于传统互联网并超越其他移动互联网的广告类型。随着互联网向移动端迁移，原生广告也成为移动广告的标准做法。

移动广告的特点：①精准性。手机广告突破了传统的报纸广告、电视广告乃至网络广告等依靠庞大的覆盖范围来到达广告效果的局限性，而且在受众人数上有了很大超越，传播更广，可以根据用户的实际情况和实时情境将广告直接送到用户的手机上，真正实现"精准传播"。②即时性。手机广告的即时性来自手机的可移动性。手机的随身携带性比其他任何一个媒体都强，手机广告的影响力可以是全天候的，广告信息到达也是最及时、最有效的。③互动性。手机广告为广告商与消费者之间搭建了一个互动交流平台，让广告主能更及时地了解消费者的需求，使消费者的主动性增强，提高了自主地位。④扩散性。手机广告的扩散性即可再传播性，是指用户可以将自认为有用的广告通过微信、短信、微博等方式转发给亲朋好友，直接地向关系人群扩散信息或传播广告。⑤整合性。手机广告可以通过文字、声音、图像、动画等不同的形式展现出来。手机不仅仅是一个实时语音或者文本通信设备，也是一款功能丰富的娱乐工具（影音功能、游戏终端、移动电视等），还是一种及时的金融终端（手机电子钱包、证券操作工具等）。⑥可测性。对于广告主来讲，手机广告的突出特点还在于它的可测性或可追踪性，受众数量可准确统计。

### 5. 短信广告

短信息服务（short message service，SMS）是伴随数字移动通信系统产生的一种电信业务，能传送有限长度的文字，属于一种非实时的、非语音的数据通信业务。短信息服务后来发展成彩信（multimedia message service，MMS），意为多媒体信息服务，支持多媒体功能，能够传递包括文字、图像、声音、数据等各种多媒体格式的信息，可实现即时的手机端到手机端、手机端到互联网或互联网到手机端的多媒体信息传送。

**相关链接**

**短信息服务的发展**

1992 年，世界上第一条短信通过计算机向移动电话发送成功。MSN Messenger 1999 年发布，是一个出自微软的应用于计算机平台的个人实时通信网络，可与他人进行文字聊天、语音对话、视频会议等即时交流，可查看联系人是否联机。1999 年，腾讯公司推出腾讯 QQ，可以认为是 MSN Messenger 的中国扩展版。WhatsApp 2009 年上线，2014 年被 Facebook 收购，是智能手机之间通信的应用程序，可语音通话、发送和接收文字、图片、音频文件和视频信息。2011 年，腾讯公司推出的微信（WeChat）可以认为是 WhatsApp 的中国扩展版，是一个为智能终端提供即时通信服务的应用程序。

短信广告（SMS advertising）就是通过发送短信息的形式发布的广告，目标对象主要是手机用户。

短信广告的优点：①速度快，目标准。广告直达接收者手机是其最大特性，客户即使当时无暇查看，空闲后都必须进行浏览，强制性记忆，阅读率高。②发布形式灵活，发布时间、区域及数量可以自由控制。③投资省，回报高。目前群发短信一般 0.06～0.1 元一条，广告主定好自己的支出预算，定向定条直接发送给目标客户，它的接收者是极具消费力的手机持有者。

短信广告的缺点：①SMS/MMS 广告在用户到达率上太过强大，这种高侵入性（intrusive）的广告形式过度使用必然惹人生厌，无障碍直达的霸道发送引发了扰民问题。②虚假广告及短信诈骗层出不穷，可信度低。

短信广告轰炸反映了一些商家法律意识淡薄，不尊重消费者对信息的自主选择权。为此，WhatsApp 2011 年宣布拒绝刊登广告，腾讯公司也限制用微信直接发布广告，但可以发布朋友圈和公众号自媒体广告。我国《广告法》第四十三条明确规定："任何单位或者个人未经当事人同意或者请求，不得向其住宅、交通工具等发送广告，也不得以电子信息方式向其发送广告。以电子信息方式发送广告的，应当明示发送者的真实身份和联系方式，并向接收者提供拒绝继续接收的方式。"第六十三条规定："违反本法第四十三条规定发送广告的，由有关部门责令停止违法行为，对广告主处五千元以上三万元以下的罚款。"2015 年工业和信息化部发布的《通信短信息服务管理规定》明确规定"短信息服务提供者、短信息内容提供者未经用户同意或者请求，不得向其发送商业性短信息"，违者"由电信管理机构依据职权责令限期改正，予以警告，可以并处一万元以上三万元以下罚款，向社会公告"，"利用互联网向固定电话、移动电话等通信终端用户提供文字、数据、声音、图像等具有短信息特征的信息递送类服务，参照利用电信网提供短信息服务执行"。

### 6. 楼宇电视广告

楼宇电视（office-building TV）是指采用数字电视机为接收终端，把楼、场、堂、馆、所等公共场所作为传播空间，利用局域网、广域网、互联网进行信息发布的新兴电视传播形态。由于出发点不同，其分类和称呼也有差异，又被称为楼宇液晶电视、城市电视、楼宇广告电视、楼宇数字电视等，是一种小范围内的大众传播，属于广告专用媒体。楼宇电视广告（office－building TV advertising）就是利用楼宇电视联播网进行广告信息显示和视频广告播放。

> **相关链接**
>
> **楼宇电视媒体的发展**
>
> 1995 年，加拿大 Captivate Network Inc 公司在北美首次成功地创立了高档场所电视显示媒体。2002 年年末，楼宇电视传入中国，并迅速在上海形成商务楼宇液晶电视网。2003 年年初，中国最大的楼宇电视公司分众传媒（Focus Media）创建，2005 年在纳斯达克成功上市，成为我国楼宇电视发展史上的标志性事件。2006 年，分众传媒高价收购国内最大的竞争对手"聚众传媒"，国内楼宇电视被高度垄断，分众传媒所经营的媒体网已经覆盖 100 余个城市、数以 10 万计的终端场所，甚至延伸到普通居民楼，利用人们等待（等电梯）的时间创造经济价值，日覆盖超过 2 亿的都市主流消费人群，成为中国都市最主流的传播平台之一。

楼宇电视广告的优点：①具有高度的针对性，直接命中目标受众。日渐形成涵盖高尔夫会所、机场贵宾厅的传媒联播网；以写字楼、商务楼为核心的商务白领人士联播网；由航班电视、机场巴士和机场安检、候机厅、宾馆组成的商旅白领人士的联播网系统；覆盖 Shopping Mall、KTV、酒吧、健身会所等休闲娱乐场所的针对时尚人士的联播网系统等，具有高度的针对性，受众群被精确细分，有效锁定年龄在 25～50 岁的高学历、高收入的企业主、经理人与时尚白领等对高档产品具有很强的消费能力的人群。②有效受众的超低千人成本。楼宇电视的网络性特征，为其带来了低廉的传播成本，CPM 成本不到普通大众传媒的 10%，且能精确命中目标，广告投放效率高。③低干扰、高强制性、高关注度、高品位的媒体环境。楼宇电视相对于户外环境来说，环境更为安静，同时人群被动地集结于一个较为封闭的空间，有利于"强制"受众接收信息播放，利用等候时间产生高关注度。高品位的媒体环境容易形成良好的接触度、高品牌提升度。④内容生动性。集合了传统户外媒体（路牌、海报、灯箱等）和传统电视媒体的优点，不仅有着户外媒体反复诉求、环境适应性强的特点，同时又兼具电视媒体图文并茂的冲击力、生动强烈的说服力等特点，强化了受众的感知。⑤内容与渠道上具有高度统一性。楼宇电视联播网使楼宇电视广告具有了网络广告的特征，也具有实时传播、随时修改等特点。

楼宇电视广告的缺点：垄断性经营是楼宇电视广告的一大特征，准入门槛比较高。细分受众的传播方式，人为强化了受众的社会身份，扩大和强化了人际间差异，由此会带来社会分层化问题。

## 11.2 广告媒体计划和媒体选择

### 11.2.1 广告媒体计划的含义和内容

#### 1. 媒体计划的含义

对各种广告媒体进行研究和分析，目的就是为制定广告媒体策略或者媒体计划服务。根据广告目标的要求，在一定的费用内，为把广告信息内容最有效地与目标消费者进行沟通所做出的策划，就是广告媒体计划。媒体计划依赖于广告目标，是广告整体策划中的一个重要组成部分。媒体计划规定着广告媒体目标的制定，指导着广告媒体的选择。

确定媒体目标是广告媒体计划的核心。媒体目标是广告信息经媒体传播后对现实的和潜在的消费者可能传达及影响的程度。媒体目标要和广告整体目标联系起来考虑，通过一些具体的指标，如暴露度、到达率、收视率、影响效果等，来体现和衡量。如何选择传播媒体、怎样进行组合、如何推出广告等，都是围绕着媒体目标来展开的。

媒体计划是广告计划在媒体选择部分的具体展开。由于媒体计划是广告信息传播实施前的运筹，因此要从广告主的整体营销规划、广告目标、广告战略的要求出发，一方面充分地、深入地对各类传播媒体进行研究分析，另一方面也要考察与媒体传播有关联的其他方面的情况，如广告文本的创作、广告费用的预算等，从而准确恰当地选择适用的媒体。

媒体计划的实质是确定媒体的选择方案。广告主投入大量的广告费用，主要是用来购买媒体的时间和空间。广告能否取得效果，首先还是看广告信息是否被广告传播对象接触到，进而才能影响目标消费者，达到预期的目的。这关键在于媒体计划是否周密，媒体选择策略的运用是否得当。在广告活动运行的链条中，媒体计划处于相当重要的环节。

### 相关链接

**广告媒体计划的步骤方法**

日本电通公司提出了围绕拟定广告媒体计划的三个步骤，可供参考。

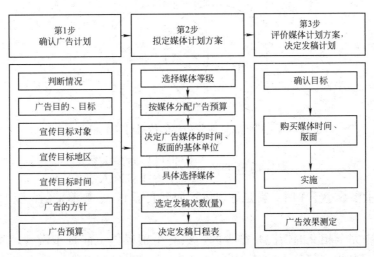

### 2. 媒体计划的内容

媒体计划人员在进行广告媒体策划时，一般要经历了解媒体目标、制定媒体策略、选择媒体技巧和制定媒体购买决策等过程。

**（1）媒体目标**

媒体目标是整个媒体计划的基础，要求做到精确并以数量表示。例如某一广告主可将其媒体目标设定为：在 700 万元媒体预算下，增加产品的知名度，对主要目标市场在一个月内至少达成 75% 的到达率和平均 3.5 的频次，在高潜力地区扩展到达率至 85%，平均频次 4.5。媒体目标的量化主要是为广告运动的评估提供一个标准。当然，媒体目标主要取决于该广告主业已制定的销售目标、市场策略及广告目标。

**（2）媒体策略**

为了制定媒体策略，广告主必须将媒体目标"翻译"成有助于媒体选择与运用的准则。控制、到达率、连续性和覆盖面是决定媒体策略的 4 个重要组成部分。

**（3）媒体技巧（媒体策略执行）**

所谓媒体技巧，就是媒体策略的具体实施方式，主要包括媒体的选择、媒体传播的时机（即广告排期）等。

**（4）媒体购买**

在做出媒体购买决定之前，广告主应首先核实广告经费数额。同时，广告代理在媒体作业中，还负有一种监验（monitoring）的任务，即所谓的监看或监听。

## 11.2.2　广告媒体的评价指标

在媒体选择和组合时，会涉及一些具体的评价指标。

### 1. 广告媒体评价的数量评价指标

**（1）覆盖域**

即广告媒体发挥影响的区域范围，抑或是媒体的普及状况。覆盖域主要是衡量广告信息的传播广度，在制定广告媒体战略时，应使广告的目标市场与广告媒体的覆盖区域相吻合。一般要分析媒体质量参数和广告目标对象与媒体传播对象相交程度（见图 11-1）。

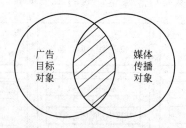

图 11-1　广告目标对象与媒体传播对象的相交程度

$$媒体质量参数 = \frac{广告目标对象人数}{媒体传播对象人数}$$

当媒体质量参数小于 1 时，就是好媒体；如果大于 1，一般不采纳，除非在媒体组合中有特殊作用。

相交程度中完全相交的情况是很少的，只有个别媒体可能真正做到，如杂志和邮政。一般情况下，只要相交部分人数（或户数）能达到广告目标人数，就认为是好媒体。

广告范围、对象的分析在媒体分析中具有特殊重要的意义,如果分析错误会造成极大浪费,甚至导致根本性的失败。

(2) 视听率（rating）

即媒体或某一媒体的特定节目在某一特定时间内吸引或占有的特定对象占总视听人数的百分比。对于电视、广播等,就是收视（听）率,对于报纸、杂志等,就是阅读率。这是反映一种媒体影响力、被接受程度等的重要指标。广告主与广告公司根据视听率资料去购买时间或版面,以决定他们的广告信息将到达多少人,以及计算这些人将暴露于这些信息之下的次数;而媒体也以此作为制定广告价格的依据之一。

(3) 毛评点（gross rating points,GRPs）

又称总视听率,是指在一定时期内视听率的总和,是刊播（播出）次数与每次视听率的乘积的总和。该指标只说明送达的总视听率,而不关心重叠或重复暴露于多个媒体之下的人数,它反映了媒体计划的总强度。

例如,某一广告,在电视台播出 3 次,都获得了 30% 的视听率,在电台播出 5 次,都获得了 30% 的视听率,在报刊上刊出 2 次,都获得了 20% 的视听率,那么这则广告的毛评点是

$$30 \times 3 + 30 \times 5 + 20 \times 2 = 280$$

(4) 视听众暴露度（impressions）

它是指某一特定时期内收听、收看某一媒体或某一媒体特定节目的人数（或户数）总和,实际上是毛评点的绝对值。它是从绝对数角度考察某一媒体或其中的特定节目究竟有多少人（多少户）在收看或收听,其计算公式为

$$视听众暴露度 = 视听众总数 \times 覆盖率 \times 刊播次数$$

或

$$视听众暴露度 = 视听众总数 \times 毛评点$$

在新媒体广告中视听众暴露度一般称为广告展示量（impression）,广告每一次显示,称为一次展示,广告展示量一般为广告投放页面的浏览量,通常反映广告所在媒体的访问热度,是千人成本计费方式的基础。

(5) 到达率（reach）

它是指特定对象在特定时期内看到某一广告的人数占总人数的比率,或指看到某一广告的人数占总人数的百分比,有时也称累积视听众、净量视听众或无重复视听众。其计算公式为

$$到达率 = \frac{广告信息所到达的人（户）数}{总人（户）数} \times 100\%$$

到达率是一个广度指标,可以表示出接触媒体广告一次以上的人数比例。在实际的广告运作中,往往通过媒体组合来增加广告的到达率,但要注意把受众人数的重复部分扣除。

(6) 暴露频次（frequency）

也称频率,是指在一定时期内每人或每户接到同一广告信息的平均次数。其计算公式为

$$暴露频次 = \frac{毛评点}{到达率}$$

(7) 有效暴露频次（effective frequency）

也称有效到达率、有效频度,是指在一定时间内同一广告通过媒体到达同一个人（户）

的数量界限。这是揭示广告效果的一个重要指标。这一指标可以解决"到底要做多少次广告有效"这个重要问题。

> **相关链接**
>
> ### 广告效果饱和理论
>
> 研究发现，广告传播超过一定的次数，它的效果非但不会增加反而会下降。在相关理论中以"三打"理论和重复暴露的二因素理论较为著名。
>
> "三打"理论是 Krugmen 提出的，他认为广告第 1 次出现时，受众会自问："那是什么？"广告第 2 次出现时，他会有"到底是怎么回事"的想法。到广告第 3 次出现时，他则会有"原来如此"的反应。第 4 次以后即使反复出现，也不会有什么额外效果。当然这里所指的 3 次并非指广告仅仅播出 3 次，而是指某一广告信息有效到达某一受众的次数。其他研究表明，"三打"理论较符合理性商品，而对于感性商品则是接触次数越多，其印象越深刻。
>
> 根据重复暴露的二因素理论，广告每一次重复，在心理上有两个因子起作用：积极因子和负面因子。当重复若干次时，积极因子的效果很快上去了。然后，再重复的时候，这个效果基本上就少了。同时，在开始阶段，负面因子的表现作用小，但是重复到一定次数以后，效应就很明显了。重复暴露的二因素理论曲线表明在开始时效果是随着重复的次数往上升的，超过一定次数以后再重复，就会适得其反，而且最后还要产生反面的效果。
>
>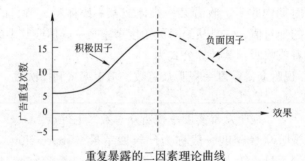
>
> 重复暴露的二因素理论曲线
>
> 经验证明，在一个月（或购买周期）中，有 3 次暴露才能产生传播效果，低于 3 次则无效；最佳暴露频次是 6 次，超过 8 次则可能引起人们的反感。

（8）频次五等分配（quintile distribution）

到达率与暴露频次所体现的都是平均数，它们不能反映最高频次与最低频次及其中间状况的细节。频次五等分配就是分析在一定期间暴露频次最高与最低及中间情况的指标，在一般情况下按五等分配。媒体组合的五等分配方法类似，只是在媒体组合中五次分配可能趋于平缓。

（9）千人成本（cost per mille，CPM）

千人成本是指广告信息到达（听到或者看到）一千个人（户）平均所付出的费用成本，英文缩写为 CPM，其代表"千"字的"M"来自拉丁文 Mille。其计算公式为

千人成本＝（广告媒体的绝对费用/预计传播对象人数）×1 000

这是通过媒体费用和到达效果的相互关系来考察媒体成本效果的指标，是对媒体的效益评价，也是媒体选择的重要参数。传统媒体多采用这种计费方式，它也是新媒体的一种常用计费方式。

新媒体演化出多种广告计费方式：CPM（展示）、CPC（点击）、CPA（行为）、CPS（分成）、CPD（时间）等，其中最常见的是 CPM 和 CPC。这些广告计费方式也是新媒体选择的重要参数。

**相关链接**

新媒体常见的广告计费方式及适用范围

① CPM（cost per mille），千次展示成本，即按每千次广告展示量计费。按此方式计费的广告一般是以品牌展示和产品发布为主，如新闻客户端的 GD（guaranteed delivery，保证交付量）广告，曝光效果通常比较好，多用于品牌类广告。

② CPC（cost per click），每点击成本，根据广告被点击的次数计费。这种计费方法加上点击率限制可以加强作弊的难度。它是新媒体中最常见的一种广告计费方式，在关键词竞价、信息流广告系统中比较常见，多用于效果类广告。

③ CPA（cost per action），每行动成本，以行为（action）作为指标来计费，而不管广告投放量。这个行为是指广告投放的实际效果，可以是注册、咨询、回应的有效问卷或订单等。很多新媒体尝试 CPA 计费方式，但越来越多的新媒体在经过实践后拒绝 CPA。这是因为广告被点击后是否会触发用户的行为，决定性因素不在于媒体，而在于该产品本身的众多因素（如该产品的受关注程度和性价比优势、企业的信誉程度等）、广告本身因素及用户接受状况因素等，因此媒体普遍不愿意拿优质广告位投冷门产品的 CPA 广告。

④ CPS（cost per sales），每销售成本，以成功销售产品的提成来结算。与 CPA 一样，CPS 有利于广告主规避广告费用风险，但 CPS 也有利于调动媒体的积极性。CPS 适用于在互联网中拥有可查看并具有支付功能网页的商品。高质量垂直渠道、返利网站比较喜欢这种方式的计费。在移动互联网领域，不少移动广告平台在使用这种计费。

⑤ CPT（cost per time），每时间段成本，以固定价格买断一段时间内的广告位展示，如开屏广告、富媒体广告或应用市场的下拉关键词等。按天计费也被称为 CPD（cost per day），可简单理解为"按天包位置"，但会保证展示量。

⑥ CPD（cost per download），每下载成本，即按下载量计费。

⑦ CPI（cost per install），每安装成本，即按用户安装激活计费。渠道按这种方式结算的比较少，通常只作为广告主内部衡量广告投放效果的指标之一。

现实中还出现了 OCPC、OCPM、OCPA 等新缩写名词，"O"是英文单词 optimized 的首字母，意思为"优化"。例如 OCPC 即优化点击成本，本质还是按照 CPC 计费，但基于多维度、实时反馈及历史积累的海量数据，采用更科学的转化率预估机制，并根据预估的转化率以及竞争环境智能化地动态调整广告主出价，进而优化广告排序，帮助广告主竞得最适合的流量，在提高转化完成率的同时降低转化成本。

**2. 广告媒体评价的个性评价指标**

（1）媒体的权威性

这项指标主要是衡量媒体的影响力大小，是对媒体的传播效果在质的方面的考察。媒体的权威性对受众接收广告信息有很大影响，这就是媒体选择中的"光环效应"。受众对媒体的认知直接会影响其对媒体中的广告的认知和接受。

(2) 媒体的可得性

这是指媒体是否能够按要求提供特定的时间或版面，也包括服务质量及信誉等。在分析媒体时要认真考虑媒体的可得性，以免影响媒体计划和整个广告运动的进行。

(3) 媒体的适用性

这是指媒体适合进行哪种类型的广告诉求、哪种形式的广告表现。一般来讲，报纸、杂志比较适用于理性诉求和说明性广告，而电视则更适合于感性诉求和印象性广告。

(4) 媒体的灵活性

这是指在某一媒体上推出广告的可以修正调整的程度。不同媒体的灵活性不同，电视的灵活性最低，广播的灵活性较高。促进短期销售、推广的商品多样化、广告中的商品价格多变等，对媒体灵活性的要求要高一些。

(5) 媒体传播信息的寿命

这是指媒体推出广告信息持续触及受众的时间长短。了解各类媒体传播信息的寿命，由此相应地安排在媒体上刊播广告的次数，以保证广告作用的持续影响。媒体传播信息寿命期限较短，就要考虑多次、反复推出广告的方式，以延长广告触及受众的总时间。

(6) 媒体的传真程度

这是指媒体能否对商品实物、图片、画面进行较好的还原。传真程度高，对受众的感染力就大；传真程度低，就限制了某些广告形式，限制了商品外形、商标识别。

(7) 媒体的编辑支持

所谓编辑支持，是指广告媒体通过编辑的合理编排，除广告外还有其他能够吸引受传者的新闻、特写、图片等非广告内容，而不是单纯地依靠自身特点来引起人们的注意并争取受传者。有编辑支持的媒体在吸引受众注意方面具有较强的优势。

(8) 媒体的限制

在媒体的选择中，广告主还必须考虑自己的广告内容是否与媒体要求相符。大多数的广告媒体都对其播出或刊出的广告内容做了相应的限制。

(9) 协调性

主要是看媒体同其他营销环节相互配合的程度。如利用电视推出广告，可与企业开展较大范围的公共关系活动相呼应；在报纸上做赠品广告，可与推销员上门推销商品相配合。

## 11.2.3 广告媒体选择的常用方法

### 1. 影响广告媒体选择的因素

媒体选择就是根据广告目标等因素的要求，选择发布广告的媒体种类和媒体形式。

① 媒体的特点。各类广告媒体的覆盖域、视听率、毛评点、到达率、暴露频次、有效到达率、绝对费用、千人成本等数量指标，以及权威性、可得性、适用性、灵活性、协调性等个性特征，都直接影响着广告媒体的选择，因此必须充分了解各类媒体的评价指标和个性特征，选择最恰当有效的传播媒体。

② 商品的特点。广告商品有什么特性、处于何种生命周期、是名牌还是大路货等，都会影响媒体的选择。

③ 目标市场的特点。不同年龄、性别、职业、文化修养、社会地位、经济状况的消费

者，对广告媒体的接受能力和接收习惯也不相同。因此，在选择广告媒体时，必须充分考虑不同消费群的性质，保证广告信息的有效覆盖。

④ 经销系统的特点。必须充分了解企业的经销方式，如企业和产品的销售方式、销售范围、各销售环节的配合等，使选定的媒体能与之配合。

⑤ 竞争对手的广告策略。掌握了竞争对手的广告费投入、发布频率、表现策略、媒体选择等广告策略，就可以采取相应的广告竞争对策。

⑥ 广告信息与作品的特点。所选择的媒体要能够体现广告作品的创作特色，要有利于表现广告主题，有利于与目标受众沟通。

⑦ 广告预算。对媒体的选择和组合，要符合企业对整个广告活动的总体构想，在预算许可的范围内进行。

其他因素如企业的营销状况、竞争状况、国家法规等，都会影响广告媒体的选择。媒体选择没有固定的模式，有利于广告目标的实现是贯穿整个媒体选择过程的永恒主题。

**2. 传统媒体选择的方法**

（1）尝试法

又叫经验法，是指企业经过使用多种广告媒体后，发现其中某一媒体的效益最好，便在一定时期内选择该媒体进行广告。

（2）筛选法

又叫分析法，是指通过调查、分析、比较，挑选出某一媒体。常用方法有以下几种。

① 媒体接触机会比较法。对广告目标市场内各类媒体的接触机会进行比较，一般以视听率为对比参数，在同类型媒体之间进行纵向比较，在不同类型媒体之间进行横向比较，从中选出视听率比较高的媒体。

② 信息到达程度筛选法。以基本读者量、到达率、毛评点作为比较参数进行纵向或横向比较，从中选择与目标对象吻合度高的媒体。

③ 诉求定位判断法。以广告的诉求定位为判断标准，选择与诉求定位最相适应的媒体，比如理性诉求宜选择印刷媒体、情感诉求宜选择电子媒体。

④ 千人成本效率比较法。广告接收者的人数越多，千人成本越低。千人成本是媒体选择的一个重要标准，一般选择与传播目标吻合度好、千人成本较低的媒体。

**3. 新媒体广告投放——程序化购买**

程序化购买（programmatic buying）就是基于自动化系统（技术）和数据来进行广告投放。传统媒体环境下，如果一个广告主想要把广告投放到媒体上，通常是广告主委托广告公司，广告公司或其所属的媒体购买公司负责采购媒体资源，在这种购买模式下，广告公司和媒体处于主导地位，大多数基本上是由人工操作，媒体的选择、媒体目标的制定、媒体购买决策，包括和媒体谈判的过程、投放的过程，都有很多人工痕迹存在。而程序化购买其实就要把这些其中的很多步骤，通过技术手段完成。通过数据分析和算法，将广告以合适的价格在合适的时间、在合适的媒体环境中推送给合适的目标对象。它与常规的人工购买相比，更简单、更高效，省去了商业谈判的人力成本和时间消耗，最重要的是抛弃了硬广时代的"大水漫灌"，可以提供高度定制化的广告，最优化投放、精准投放，极大地改善了广告效果。在程序化购买模式中，广告主转而居于主导地位。程序化购买模式日益得到广告主的认可，成为新媒体广告购买的主要模式。2014年，美国宝洁公司将75%的数字广告预算用程序化进行购买投放,而美国运通公司甚至把这个比例提高到了100%。这种情况不只发生在数字媒体领域,电视、广播,甚至印刷业也开始采用程序化购买模式,程序化购买的时代已经到来。

程序化购买已经形成了一个完整的产业链,包括DSP(需求方平台)、SSP(销售方平台)、ADX(广告交易平台)、DMP(数据管理平台)、第三方的监测机构等。

① DSP(demand-side platform),需求方平台。DSP是面向广告主的广告投放管理平台,通过开发专业的大数据分析软件,为广告主的广告投放提供科学的决策建议。DSP一般通过一个独立的用户界面,可以与ADX和其他媒体提供者连接,具有自动化的竞标管理功能,具有捕捉和管理广告主品牌数据、确定目标客户群的技术、算法和数据分析能力,可以结合所有媒体资源控制预算和竞争率,帮助广告主进行跨媒介、跨平台、跨终端的广告投放,并对广告投放效果进行实时监测及优化。

② SSP(sell-side platform),供应方平台。SSP为媒体,生产、售卖广告位者服务,SSP通过联盟的形式将新媒体资源汇聚在一起,媒体方可以在SSP上管理自己的广告位,控制广告的展现。

③ ADX(ad exchanger),广告交易平台。ADX就是一个开放的、连接SSP和DSP、能够将媒体和广告主或广告代理撮合在一起的广告交易市场(类似于股票交易所)。ADX可以使广告主实时自动地购买广告位,不必像以前那样一个一个媒体去谈判、购买,可以让媒体自动实时地把广告位售卖给出价最高的潜在广告主,也不用像以前那样寻找、谈判。

④ DMP(data-management platform),数据管理平台。DMP是个数据中心,通过对大数据资源的挖掘和分析,为DSP、ADX提供数据服务。DMP把分散的多方数据进行整合,并对这些数据进行标准化和细分,建立数据标签(给用户画像)。有了DMP,DSP、ADX就可以知道访问广告位的用户是对什么感兴趣了,广告主也乐于出较高的价钱来买这个用户。

⑤ 第三方的监测机构。可以对程序化广告效果和网站流量进行实时监测,为DSP、SSP、DMP、ADX等提供监测数据。

程序化购买的出价方式可以分为以下3种。

① RTB(real time biding),实时竞价。这是一种利用第三方技术在数以百万计的数字媒体上针对每一个用户展示行为进行评估及出价的竞价技术。RTB是一种公开化竞价方式(open auction),正如其名,是所有广告主均可参与竞价采买的方式。当需要大量曝光时,RTB是比较有效的方式。

② PMP(private market place),私有交易市场。PMP类似于RTB,但仅限于被邀请的广告主参与,相当于买断(优质)资源位,广告主可以自主管理所购买的资源位。当一个用户访问媒体时,广告主可根据不同的用户有针对性地选择投放自己不同的产品。这种方式适合自身拥有众多品牌的集团公司。

③ PDB(programmatic direct buying),程序化直采。即媒体以固定的价格,将广告位直接售卖给广告主。它包含保证曝光量的CPM和不保证曝光量的CPT两种方式。

**相关链接**

### 程序化购买的一个通俗易懂的过程

① SSP跟ADX说:我这有一个广告展现机会。

② ADX跟所有DSP说:我这有一个广告展现机会。

③ DMP 说：这个广告要展现的用户是谁、男还是女、哪里人、以前都干过什么、买过什么。

④ DSP1 利用 DSP 平台的算法技术等确定这正是自己的目标受众，说：我出 1 元。

⑤ DSP2 同感，说：我出 0.5 元。

⑥ ADX 说：好，给 DSP1，DSP1 你把广告给我。

⑦ DSP1 把广告内容告诉 ADX。

⑧ ADX 把广告内容给到 SSP。

⑨ SSP 利用 SSP 平台发布广告。

⑩ DSP1 利用 DSP 平台对广告投放效果进行实时监测及优化。

在程序化购买模式下，广告主不是购买媒体资源，而是直接购买目标受众，因而能够做到广告精准投放和广告效果的可视化与可控化。整个流程不再通过人工方式，而是通过实时竞价的方式在很短时间内完成。据调查，整个程序化购买过程大约只需要 0.4 s，浏览者，即目标用户完全感受不到自己的浏览行为在瞬间就被高价出卖了。程序化购买既能保证媒体价值获得最大释放，又能保证广告主只把广告投给自己的目标用户，不但省去了烦琐的工作，还可以做到精准投放，达到了双赢，这是程序化购买的意义。

程序化购买产业链上的各类平台和企业数量众多。在程序化购买中，对于广告主来说，DSP 是重要的一环，广告主在上面完成广告目标的定向设置、数据查看、分析等。这就需要广告主在选择 DSP 平台时，详细了解 DSP 技术、算法、数据分析能力等，这样才能完成更好的广告投放。

## 11.3 广告媒体策略

### 1. 媒体目标策略

广告主都希望将广告信息传送到尽可能大的范围，这就需要根据不同广告目标和广告任务的要求，选择适当的策略，使目标市场范围的受众能尽人皆知。媒体覆盖的策略主要有以下几种。

① 全面覆盖。即覆盖整个目标市场，这就要选择覆盖面广、观众数量多的电视和报纸作为广告媒体。

② 重点覆盖。即选择销售潜力大的市场重点覆盖，这能节省广告费，适宜于新产品上市。

③ 渐次覆盖。即对几个不同地区分阶段逐一覆盖，采用由近及远的策略，它是从重点覆盖开始的。

④ 季节覆盖。主要针对某些季节性强的商品，在临季和当季大量覆盖，大力宣传，过季时有限覆盖，提醒消费者不要忘记该商品，这样有利于来季销售。

⑤ 特殊覆盖。即在特定的环境条件下，对某一地区或某特定的消费群体有针对性地进行覆盖。

### 2. 媒体选择策略

(1) 单一媒体策略

这是指将全部媒体发布费集中投入一种媒体。这种高集中度的媒体投放可以有效提高商品或服务在广告对象中的知名度，获得广告对象的接受，尤其是能得到那些接触媒体有限的广告对象的接受。单一媒体的运用，多是财力有限的小企业。一些大中型企业有时也使用单一媒体，但多数是短期内使用。

（2）媒体组合策略

在现代广告运作过程中，使用单一媒体往往很难达到预期的传播效果，广告信息往往通过多种媒体来传达。媒体组合就是将经过选择的多种广告媒体在时间、版面上进行合理的配置，以增强广告的接触率和到达率，提高广告的传播效率。

媒体组合之所以能产生良好的促销效果，主要是因为它能产生立体传播效应。

① 延伸效应。各种媒体都有各自覆盖范围的局限性，但将其组合运用就可以增加广告传播的广度，延伸广告覆盖面。

② 重复效应。两种以上的媒体传播同一广告内容，其效果比只用一种媒体要好。媒体组合使用能增加广告传播深度，提高受众对商品的注意度、记忆度、理解度。

③ 互补效应。不同媒体各有利弊，组合运用能取长补短，相得益彰。即经混合或组合各媒体所产生的效果之和，肯定大于各种媒体分别相加之总和。

多媒体协同宣传并不是对各种广告媒体的随意凑合，而是根据各种媒体的功能、覆盖面、表现力等方面的特征，从广告宣传的目标和任务出发，对它们进行有机组合，使其能产生出综合立体效应。必须注意的是，由于在不同的媒体上投放广告需要进行不同的创意和制作准备，因此广告的制作费用可能会大幅度增加。

媒体组合有多种方式，大体上可分为同类型媒体组合和不同类型媒体组合两类，其中最常用的有以下几种。

① 说明性媒体与印象性媒体的组合。如利用电视、广播进行印象性广告，同时利用报纸做说明性广告。

② 视觉媒体与听觉媒体的组合。视觉媒体更直观，给人一种真实感，听觉媒体更抽象，给人以丰富的想象，如报纸与广播搭配、电视与广播搭配。

③ 瞬间媒体与长效媒体的组合。瞬间媒体是指广告信息停留时间短暂的媒体，如电视、广播等媒体，这些媒体需要与有保留价值的长效媒体（主要是印刷媒体）组合使用，才能使信息被广告对象长记不忘。

④ 大众媒体与促销媒体的组合。如报纸或电视与售点广告搭配，点面结合，可以起到直接促销的效果。

⑤ 媒体覆盖空间的组合。媒体有各自的覆盖空间，在进行媒体组合时要考虑空间上的互补。如报纸与杂志的搭配，可用报纸广告进行地区性宣传，用杂志广告做全国性宣传。

⑥ "跟随环绕"媒体组合。即随着消费者从早到晚的媒体接触，安排各式媒体以跟随的方式进行随时的说服。

### 3. 广告单位策略

在确定具体媒体后，还要进一步明确在媒体的何种位置上推出广告，也就是确定广告单位。广播、电视等电子媒体主要考虑电视广告或广播广告的长度，如5秒、15秒、30秒等；播出时段，如黄金时段、一般时段；推出方式，如插播、赞助等。报纸主要考虑广告篇幅的大小，如整版、1/2版、通栏等；广告版位，如在哪版、什么位置；色彩，如是全彩、套色还是黑白等。杂志主要考虑广告刊登位置，如封面、封底的1至4版、插页、活版页等；广告面积大小，如全页、折页、连页、1/3页等。户外广告主要考虑位置、高度、面积、周边环境等。网络媒体则以像素、字节等来表示广告单位，如 button（图标）广告的大小一般为 80×30 像素。广告单位不同，所产生的广告效果也不一样，当然广告价格也会相应地有高有低。

如何确定广告单位，首先要考虑的是广告价格问题。广告费用不足，广告单位的选择就会受到限制，要在位置、面积、时段等方面与广告预算相适应。其次，要根据广告战略的总体要求、广告信息量的大小，来考虑广告单位的大小。此外，还可参考同类商品一般经常运用的广告单位。竞争对手使用的广告单位情况，也是需要参考的因素。最后，在广告费用允许的情况下，选择相应的广告单位，尽量提高注目率。比如，在广告面积（时间长度）相同、费用支出相近的条件下，选用广告和编辑环境优良的媒体广告单位，以增强广告传播的质量。

另外，所确定的广告单位，还应与媒体信息服务内容的相关性联系起来。例如在体育节目中选择插播文体用品广告；在娱乐新闻版面选择刊载影视、服务信息方面的广告等。

4. 到达率与频次策略

在确定如何使用和选择不同媒体时，经常会涉及强调到达率还是强调频次的问题。强调不同的问题会收到不同的效果。

以强调到达率为主的情况有：推出新产品，某些正在发展的商品类别，已有一定声誉和一般处于领导者位置的品牌，目标对象较宽的商品或服务，购买次数较少的商品或服务。

以强调频次为主的情况有：处于激烈竞争中的商品或服务，说明性广告，购买次数频繁的商品或服务，新推出的品牌，目标对象狭窄的商品或服务。

5. 广告发布时间策略

广告发布时间相对于商品进入市场的时间而言，一般有 3 种策略。

（1）提前发布策略

又称为拖拉推出策略，即广告推出的时间早于商品进入市场的时间，用广告拖拉出商品，目的在于事先制造声势，先声夺人，一旦商品进入市场马上形成旺销之势。此策略的适用范围比较广泛：一是适用于新产品的推出，即在产品的市场导入阶段先推出广告；二是适用于老产品经更新换代或部分改进后重新上市；三是适用于在销售旺季到来之前的季节性商品。需要注意的是，广告发布的时间与商品上市的时间间隔不可过长，否则将失去拖拉的意义和作用。

（2）同步发布策略

即广告发布的时间与商品推向市场的时间相同。这一策略的最大优势就是利用广告与商品相互影响、相互渗透的效应来增进广告效果，促进产品销售。一些老产品或供求大体平衡的产品往往采用这一策略。对于商业企业来说，这一策略也十分适用，它可以通过广告告知消费者正在销售的商品。但此种方式不适于竞争激烈的情况。

（3）延迟发布策略

即在商品进入市场之后发布广告。此种策略的适用范围一般有两个：一是对于市场销售把握性小的商品，可以先行试销，根据试销情况再决定广告的规模；二是对于刚刚上市的新产品，先做试探性广告，视情况决定广告的内容、媒体选择和规模。

6. 广告时机策略

利用媒体发布广告，还要善于利用和把握各种时机。时机就是时间上的机会。广告的时机，就是在时间上与广告商品、市场行情及人们的注意程度等有关的一系列机会。

> **相关链接**
>
> **地产广告借"拉登"上位**
>
> 2011年5月1日，本·拉登被美军击毙。本·拉登即使在死后仍然是话题中心，他不仅频频出现在新闻中，甚至还能被广告创意使用。一则国内地产广告登上某杂志腰封，广告语为八个字"选择居所，事关重要"。这本来可以只是一条普通的宣传语，可是配合着杂志封面上所印的拉登大头像，人们很难不联想到躲避多年的拉登终被美国情报机关击毙的故事。看上去，似乎拉登和杂志封面，都成了这则地产广告的陪衬。这则"借势"的广告迅速引起关注和讨论。

(1) 商品时机

利用商品与时机的内在联系，巧妙地发布广告信息。例如飞亚达手表的广告选择了中央电视台晚间7时新闻联播前的瞬间时段——"飞亚达为您报时"——就得到了较高的收视率，引起了观众的关注。

(2) 重大活动时机

抓住并利用重大活动的时机推出广告。一般来说，涉及全国甚至全世界注目的重大活动，如体育比赛、文艺演出、会议等，新闻媒体和受众的关注度都比较高，信息量密度空前，是推出广告的良好时机。如奥运会历来都是广告商重点抓住的时机，许多企业都愿意把巨额的广告费投放其间。

(3) 黄金时机

电视和广播均有其"黄金时间"，也就是观（听）众收视（听）电视广播节目的高峰时段。在黄金时间，观（听）众收视（听）节目的注意力比较集中，易于接受信息，记忆率比较高。但此一时段的广告费也相对比较昂贵。

(4) 节令时机

节令时机是节日和季节为商品销售带来的时机。每逢节假日，往往是人们大量消费的时间，会形成销售的旺季，要善于抓住销售旺季前的机会发布广告。属于季节性的商品，也会在季节变换交替之时产生销售旺季，于是销售旺季前的一段时间便是广告的良好时机。抓住节令时机发布广告，在选择时机时，要考虑安排恰当的提前量，但又不要使广告的滞后时间过长。

### 7. 广告时期策略

广告时期策略又称为广告周期策略，主要分为以下三种。

(1) 集中时间策略

又称短周期集中策略，即集中力量在短时间内对目标市场进行突击性的广告攻势，迅速扩大广告影响，提高企业或商品的知名度和美誉度。这种策略适用于需要迅速开拓市场、有明确时间与效果要求的广告，如新企业开张前后、新产品投入市场前后、流行性商品上市前后，或者广告竞争激烈抢占市场之时，以及商品处于衰退期、销量急剧下降之际。运用这一策略时，一般选用多种媒体组合方式，在短期内迅速掀起广告高潮。

(2) 均衡时间策略

又称长周期均衡策略，即有计划地反复对目标市场进行广告宣传的策略，以提醒和保持、加深消费者对企业或商品的印象，同时发掘潜在消费者，扩大产品的市场占有率。此策略适用于处于竞争过程中的商品或服务、经常被购买的商品或服务、目标对象比较狭小的商品或服务，一般是为了配合保牌广告目标的实施。运用此策略时要注意两点：一是广告表现要注意变化，但内容要保持相对稳定，既不断给人以新鲜感和刺激感，又通过反复加深印象，但不要长期地、机械地重复同一广告内容；二是频率要适当，尤其是发布次数要均匀地分布，一定要注意和人们的接受心理相吻合。

（3）间断时间策略

① 季节时间策略。主要用于季节性强的商品，如冰箱、空调、服装等，一般在销售旺季来临之前就要开展广告活动，当销售旺季到来时，广告活动达到高潮，旺季一过便停止。这种策略注重一次性使用，广告效果难以稳定持久，不利于企业树立形象。运用时，要注意掌握好季节性商品的变化规律。广告推出过早，会造成广告费的浪费，推出过迟则会延误销售良机，难以实现促销的目的。

② 节假日时间策略。这是服务行业和零售企业经常采用的广告时间策略，一般在节假日来临之前便推出广告，而节假日一到便停止推出。这类广告主要是为了配合一些临时性销售活动，广告内容应突出不同于平时的商品价格、品种、服务时间等。另外，在广告费用预算较小及长期或战略性广告的情况下也可采用间断时间策略。

**8. 广告频度策略**

频度是指在一定广告时期内广告推出的强度（次数）和频率（间隔）。

（1）固定频度法

这是均衡时间广告常用的频度策略，目的在于有计划地保持广告效果。

① 均匀时间序列。是指在一段时间内以固定的时间间隔和固定的广告强度稳定地做广告，即广告时限周期平均分配。这种广告频度过于平稳，没有侧重，难以与营销活动相配合，一般适用于需要长期不断推出广告的企业，或者销售环境十分稳定、竞争不激烈的商品。

② 延长时间序列。是指每一次的广告强度固定不变，但时间间隔越来越长。这种方式是根据人的遗忘规律设计的，可以发挥较平稳的影响力效果，适用于人们经常要购买的生活必需品，以及药品、电视机、洗衣机等。

（2）变化频度法

变化频度法是指广告周期内用各天广告次数不等的方法推出广告。此法机动灵活，可以根据销售情况的变化来加强或削弱广告声势。变化频度法具体可分为3种类型。

① 波浪序列型。指在一个广告周期内广告频度由低到高，再由高到低变化的策略。一般是在销售期来临之前就推出，频度逐渐加强。当销售期到来之际，广告推出达到高潮，这一时期过后，广告活动仍不停止，而是以渐弱的频度连续地以一定规模推出。这种方式适用于季节性和流行性商品的广告宣传。

② 递升序列型。指广告频度由低到高，至高峰时戛然而止的策略。节日性广告常用此方式。

③ 递降序列型。指广告频度由高到低，直至停止。这种方式适用于文娱广告、企业新开张或优惠酬宾广告。

**9. 广告排期策略**

（1）连续式排期

又称持续广告法，是指在一段时间内匀速投放广告的形式。这种排期方式的优点在于：

广告能持续地出现在消费者面前，不断地累积广告效果，防止消费者对广告记忆下滑，由于其排期行程可能涵盖整个购买周期，因此能持续刺激消费动机。其缺陷在于：竞争品牌如果在某一时间进行大量的广告投放，该品牌可能由于应对不足而陷入困境；在投放上对销售淡旺季没有侧重。

（2）间歇式排期

又称闪动法、起伏式排期，是指在一段时期内大量投放广告（通常为期两周），然后在一段时期内停止全部广告，在下一段时期内又大量投放广告。间歇式排期常用于支持季节性销售与新产品上市，或用于反击竞争对手的活动。这种排期方式的优点在于：可以根据竞争需要，调整最有利的露出时机；可以配合铺货行程及其他传播活动行程；可以集中"火力"，以获得较大的有效到达率；机动且具有弹性。其缺陷在于：如果广告空档过长，可能使广告对象对广告的记忆跌至谷底，增加了再认知的困难度；竞争品牌如果在空档期大量投放广告将会形成严重威胁。

（3）脉冲式排期

又称交互安排广告轻重法，是将连续式排期和起伏式排期结合在一起的一种媒体排期策略。广告主在连续的一段时期内投放广告，但在其中的某些阶段加大投放量。脉冲式排期最适合那些全年销售比较稳定，但又有季节性特征的商品，如服装、饮料等。这种排期方式的优点在于：可以持续累积广告效果；可以依品牌需要加强在重点时期露出的强度。而其缺陷在于广告预算投入比较大。

## 思 考 题

1. 熟悉各种媒体的特性，谈谈你对媒体开发利用的看法。
2. 新媒体广告主要有哪些类型？各自有什么特点？
3. 常用的数量评价指标有哪些？
4. 程序化购买通常会涉及哪几个平台？有几种出价方式？
5. 媒体组合有哪些效应？媒体组合有哪些方式？
6. 试利用学过的媒体知识、策略，选择一个具体商品或企业，为其广告做出媒体策划。

# 第12章 广告效果测评

**学习目标**

- 了解广告效果的含义和意义,掌握广告效果的特征,了解广告效果的种类,掌握广告效果测定原则和步骤;
- 了解广告表现效果测评和广告媒体效果测评;
- 了解广告传播效果测评的模型与方法、广告销售效果测评的模型与方法、广告社会效果测评的原则与方法。

**引言**

## 众说纷纭的脑白金广告奇迹

从2001年起,铺天盖地的脑白金广告,成了一道电视奇观,其广告之密集,创造了中国广告之最。一打开电视,总要跳出三两个人来,在那里反反复复地念叨"今年过节不收礼,收礼只收脑白金",恐怕只要是中国人想不听到都难。不同的人,对脑白金广告的评价不一样。业内广告人评价:没有创意、恶俗,画面缺乏美感;媒体人士评价:影视广告太俗气,缺乏品位,平面广告虚夸严重;老百姓评价:搞笑、自卖自夸,实际效果却一般。在恶心、恶俗、讨厌等排行榜上,脑白金稳居三甲,甚至可以说是绝对的冠军。"今年过节不收礼,收礼只收脑白金",已经成为最让消费者反感的广告语,反对的浪潮一浪高过一浪,但脑白金依旧不为所动,依然年年投入过亿元的广告费在各个电视台密集地播出,收礼的版本一年年地延续。

按照"常规",脑白金是早就应该"断气"的。因为在保健品市场,用"前赴后继,尸横遍野"来形容各类产品之间的竞争是最恰当不过的。可是,已经10多岁的脑白金非但没死,还活得挺不错,每年都保持了数亿元左右的销售额,有时甚至在10亿元以上。当中国的保健品行业在短命怪圈里挣扎的时候,脑白金却创造了这样的奇迹。"我明知大家都很厌烦脑白金广告,但仍将维持广告轰炸。"脑白金的创始人史玉柱说。这么顽固地坚持到底是为了什么?难道厂家真的不明白讨好消费者是产品畅销的最基本原因吗?难道厂家就这么一根筋吗?答案肯定是否定的。厂家的根本目的是产品销售,如果没有销售额,他们再喜欢的广告也会撤下,那么脑白金如此坚持肯定是有其道理的。对于脑白金的广告,尤其是电视广告,没有人不觉得厌烦,但是你逃不掉,除非你远离电视。而且不管你怎么逃,脑白金广告的声音、画面、词语等还是牢牢地铭刻在你的心中,即无论如何，你还是记住了脑白金，而这些正是传播者所追求的效果。史玉柱还说过一句经典的话："中央电视台的很多广告，漂亮得让人记不住。"我们往往记住了一个广告很漂亮，但往往忘记这个广告是卖什么的。相反，我们都觉得脑白金的广告很俗，但都知道它是卖什么的。实际上脑白金的媒体策略还是值得称道的：电视，以感性诉求为主，强调送脑白金有面子，体现孝道，大家都喜欢买它送礼；报纸，以理性诉求为主，强调产品权威、科技含量高、效果好；网络，以产品起源、功效为主，配以"销售火爆"等新闻，制造供不应求的热销产品景象；其他形式还有如宣传手册、墙体广告、车身广告、推拉广告、POP、DM及传单等。此外，还有各种形式的软广告配合。报纸、网络、广告人及消费者对脑白金广告形成社会化的热点争论，也间接扩大了脑白金品牌的知名度。

脑白金的案例说明广告效果实在是一个很复杂的问题，至少涉及广告的销售效果、传播效果、社会效果、目标效果、表现效果、媒体效果等。如何评价这些效果，它们又孰轻孰重？约翰·沃纳梅克曾说："我知道我的广告费有一半浪费掉了，但我不知道是哪一半。"道出了很多广告主对广告效果的迷惑和心声。

# 12.1 广告效果概述

## 12.1.1 广告效果的含义、分类和特点

### 1. 广告效果的含义、分类

广告效果，是指广告信息在传播之后所产生的影响，或者说广告受众对广告宣传的结果性反应。作为一种付费的传播活动，广告主投入大量的广告费用，目的就是要获得比较理想的广告效果。广告效果反映了广告活动目的的实现程度，是衡量广告活动成功与否的重要标志。

广告效果是一个多维的复合型概念，从不同角度可进行不同的分类。

① 根据广告的影响范围，广告效果可分为广告的销售效果，即对广告主经营活动的影响，是企业广告活动最基本、最重要的效果，也是测评广告效果的主要内容；广告的传播效果，即对消费者的影响；广告的社会效果，即对社会的影响。

② 根据影响的作用时间，广告效果可划分为即时效果、短期效果和长期效果。大部分广告的目的是追求短期效果。

③ 根据对消费者的影响程度和表现，广告效果可分为到达效果、认知效果、心理变化效果和促进购买效果。

④ 根据广告宣传活动的整体过程，广告效果可分为事前测评效果、事中测评效果和事后测评效果。这是最常用的划分方式之一，目的是随时了解广告的具体效果，并根据效果的不同，不断调整或修改广告计划。

⑤ 根据广告计划的不同要求，广告效果可以分为目标效果测评、表现效果测评和媒体效果测评等。广告表现效果又称广告原稿效果，可以进一步分为广告标题效果、广告画面效果、广告语言效果和广告口号效果等。

对广告效果进行分类，有利于对广告效果进行更深入的认识，便于根据不同类型的广告

效果采取不同的测评方法，以取得较为理想的测评结果。

### 2. 广告效果的特点

现代广告活动是企业的一项复杂的经营活动，涉及面广，影响因素也多，广告效果形成的原因较为复杂。因此广告效果与其他经济活动的效果不同，广告活动的复杂性决定了其效果的独特性，具体表现如下。

(1) 复合性

复合性是指广告效果的产生是各种复杂因素集合的结果。除了广告之外，还包括商品的价格、开发策略、消费者购买力、竞争环境、公关活动、新闻宣传、CI导入等多种影响因素。在测评广告效果时要分清影响或决定广告效果的主要因素，以确保测评的客观性与真实性。

(2) 累积性

广告信息被消费者接触，形成刺激和反应，最后产生效果，实际上有一个累积的过程。这种累积，一是纵向上时间接触的累加，通过持续不断的一段时间的多次重复性的刺激，才可能产生影响、出现反应。某一时点的广告效果都是这一时点以前的多次广告宣传累积的结果。二是横向上媒体接触的累加，同一广告在不同媒体发布，在效果累加的同时催化、增加累积的效应，促进购买行为的发生。

(3) 滞后性

除了POP外，大多数的广告效果都要经过一段时间才能表现出来，这就是广告效果时间的滞后性。因此，评估广告宣传的效果首先要把握广告产生作用的时间周期，准确地确定效果发生的时间界限，区别广告的即效性和迟效性。在安排广告活动时，必须充分考虑广告效果的滞后性特点，提前一定的时间发布广告，以便在销售旺季引导销售达到高潮，获取最大的广告累积效果。

(4) 间接性

主要表现在两个方面：一方面，受广告宣传影响的消费者，在购买商品之后的使用或消费过程中，会对商品的质量和功能有一个全面的认识。如果商品质量上乘并且价格合理，消费者就会对该商品产生信任感，就会重复购买。另一方面，受广告宣传影响产生信任感的消费者会将该商品推荐给亲朋好友，从而间接地扩大广告效果。广告所具有的这种间接性，要求广告策划时应注意诉求对象在购买行为中扮演的不同角色，有针对性地展开信息传递，扩大广告的间接效果。

(5) 层次性

广告效果不仅仅是指整个活动的最终结果，而是一种呈现多层次的结构。这不仅表现为整体目标完成情况，还表现为不同层面的具体效果，如影响范围层面的经济效果与社会效果，影响作用时间层面的眼前效果与长远效果等。只有将它们很好地综合起来，才能有利于企业的发展，有利于塑造良好的企业形象或品牌形象。不能只顾眼前利益，进行虚假广告，更不能只要经济利益而不顾社会影响。

(6) 两重性

常见的广告效果主要指促进商品销量增加，但当市场疲软或商品进入衰退期时，广告也能有效延缓商品销量下降，这就是两重性。在测定与评估广告效果时，只有充分分析市场的状况及商品生命周期，才能客观、全面地测定广告效果。

(7) 难测定性

主要表现在两个方面：第一，广告效果的累积性和滞后性决定了广告效果的产生往往是无形的、隐含的，因此很难从质和量上予以准确测评；第二，广告效果的复合性又说明广告效果的产生是非常广泛的、分散的，既体现在经济、社会文化、心理等各个层面，又渗透在广大的广告受众之中，因此要迅速、准确地收集受众对广告的反应是很困难的。广告效果的难测定性，对广告效果的评价手段和方法提出了较高的要求。

认识、了解广告效果的这几个特性，可以帮助我们更加准确地制定广告战略和策略，以争取理想的广告效果；也可以使我们能够更加科学、合理地测评广告效果，保证广告活动持续有效地开展下去。

## 12.1.2 广告效果测评的意义、原则和步骤

### 1. 广告效果测评的意义

广告效果的测评虽然比较困难，但却是十分必要的。广告效果测评是衡量现代广告活动质量的一个重要手段，日益受到广告界的重视。其意义主要表现在以下几个方面。

① 总结整个广告活动经验，检验广告活动是否合理。
② 促进广告目标管理，是企业进行广告决策的依据。
③ 促使改进广告的设计与制作，为目前或以后的广告活动提供指南。
④ 增强企业广告意识，促进广告公司的工作水平。

### 2. 广告效果测评应遵循的原则

为了确保广告测评结果的恰当、全面与准确，在测评时必须遵循以下原则。

(1) 针对性原则

又称目标性原则，是指广告效果测评必须有明确而具体的目标。效果的复合性和层次性特点要求对广告效果测评的目标要具体明确。只有这样，才能选择相应的方法与手段，测定的结果也才真实、科学。

(2) 可靠性原则

广告效果的测评只有真实、可靠，才会有助于企业进行决策，提高经营效益。

(3) 综合性原则

影响广告效果的因素复杂多样，不同因素之间相互联系、相互作用，无论是测评广告活动哪个层面的效果，都不能孤立地看待问题，都要综合各种相关因素的影响。

(4) 经常性原则

由于广告效果具有时间上的滞后性、累积性、复合性及间接性，因此不能抱有临时性或一次性测定的观念，必须坚持经常性原则，要定期或不定期地进行测定。

(5) 经济性原则

要搞好广告效果测评的经济核算工作，坚持经济、高效的原则，根据测评目的、要求、经费、技术水平和测评对象等具体情况，选取最经济有效的测评方法，以期用最少的投入，取得尽可能准确、完备的测评结果。

### 3. 广告效果测评的步骤

广告效果测评分为事前测评、事中测评、事后测评3个阶段，每一个阶段的广告效果测评都包括以下4个步骤。

(1) 确定测定目标

广告效果测评人员要把广告宣传中存在的最突出的效果问题作为测定的重点，设立测定目标。

(2) 制订测定计划

测定计划包括：测定目的和要求、测定项目与指标、测定方法、测定时间和地点、测定

范围和对象、调查机构的选择、测定人员的安排、测定费用预算。

（3）实施测定方案，收集资料，分析整理

对已收集的资料进行分类整理，最后汇总，进行统计分析，得出问题和结论。

（4）撰写测评分析报告

报告的内容主要包括：绪言，阐明测定广告效果的背景、目的和意义；企业概况，说明企业人、财、物等资源状况，企业广告促销规模、范围和方式等；广告效果测定的调查内容、范围与基本方法；广告效果测定的实施步骤；广告效果测定的具体结果；改善广告促销的具体意见。

## 12.2 广告表现效果测评和广告媒体效果测评

### 12.2.1 广告表现效果测评

广告表现效果测评主要是测试广告语言效果、广告画面效果、广告标题效果、广告创意效果、广告音响效果等。

**1. 测试调查法**

根据测试对象和方式的不同，有以下几种方法。

（1）专家意见综合法

该方法是在广告文稿设计完成之后，邀请有关广告专家、心理学家和推销专家进行评价，多方面、多层次地对广告文案及媒体组合方式将会产生的效果做出预测，然后综合所有专家的意见，作为预测效果的基础。专家意见综合法是事前测定中比较简便的一种方法。

（2）直接测试法

这种方法是把供选择的广告展露给一组消费者，并请他们对这些广告进行评比打分。这种方法常用于评估消费者对广告的注意力、认识、情绪和行动等方面的强度。虽然这种方法还不够完善，但一则广告如果得分较高，也可说明该广告可能是较为有效的。

**案例示意**

**广告评分表**

| | |
|---|---|
| 本广告吸引读者注意力的能力如何？ | _____ (20) |
| 本广告使读者往下继续阅读的能力如何？ | _____ (20) |
| 本广告主要的信息或利益的鲜明度如何？ | _____ (20) |
| 本广告特有的诉求效能如何？ | _____ (20) |
| 本广告激起实际购买行动的强度如何？ | _____ (20) |
| | 合计 _____ |

```
 0    20    40    60    80   100
 差   中等   一般    好    优秀
```

注：表中每项问题的得分为 0~20 分。

（3）组群测试法

这种方法是让一群消费者观看或收听一组广告，对时间不加限制，然后要求他们回忆所看（或听）到的全部广告及内容，主持人可给予帮助或不予以帮助。他们的回忆水平表明广告的突出性及信息被了解或记忆的程度。在组群测试中，必须用完整的广告，以便能做出系统的评估。组群测试法一次可以测试5～10则广告。

（4）视镜研究法

视镜研究法（one-way mirror）是在特别设计的测试室里进行的。测试室与准备室之间用一面单向视镜相连，准备室内堆放一些供受测者等待时阅读的杂志，主测者在测试室详细记录受测者所阅读该杂志的具体内容，有针对性地进行提问。这种方法取得的信息更为直观、可信。

（5）节目分析法

借助"节目分析器"（program analyzer），多位受测者以按键方式表示自己对所接触广告的喜好程度。根据仪器统计结果，来推断广告效果的好坏。

2. 投射法

广告原稿效果测定常采用实验评估的方式。投射法（projective techniques）是使消费者在间接的、下意识的状态下反映出自己对某一理论中中立的刺激物的印象。这种方法具有间接性和隐蔽性，常用来测定广告受众的深层动机和欲望，多用于测试广告原稿中视觉要素的效果。

① 完成投射法。是指提供部分文句或画面，要求受测者将其补充完整，以分析受众对广告的态度和倾向。

② 文字联想法。是指提供相关广告词句或形容词，要求受测者进行自由联想或限定联想，如心情联想、印象联想、场所联想等。

③ 主题统觉法。是指要求受测者根据广告画面或广告词，想象、描述或解释其中的情景、人物关系等。

④ 比喻推导法。是指要求受测者用比喻的方法想象某一商品或品牌，从而得出他们对该商品或品牌的潜在看法和感觉。

⑤ SD测定法。针对某一商品形象或某一广告的表现，要了解消费者的态度评价或感情好恶时，可用这一方法。SD测定法的通常做法是：排列若干意见相反的形容词，由受测对象加以选择，从中了解受测对象的态度。

## 案例示意

**SD 测定法调查问卷**

| | 非常 | 相当 | 稍微 | 无所谓 | 稍微 | 相当 | 非常 | |
|---|---|---|---|---|---|---|---|---|
| 高级 | | | | | | | | 低级 |
| 明朗 | | | | | | | | 阴暗 |
| 开放的 | | | | | | | | 封闭的 |
| 高雅的 | | | | | | | | 下流的 |
| …… | | | | | | | | …… |

毫无疑问，人们的实验反映的确能映射出某些东西，但这些技巧的可靠性、效度及效用

却仍让人质疑。

### 3. 生理测量法

随着科学技术的进步，伴随人类心理效应变化而产生的生理变化测试仪也在不断地创新和完善。在广告界，作为一种辅助性手段，借助仪器测试广告效果的做法也多了起来。

（1）视觉流程法

视觉流程法（eye camera test）是用一种眼球动向跟踪系统（eye-tracking systems）来监测眼睛在掠过广告作品时，关注广告作品各个部分的时间长短与顺序，以及瞳孔缩放状态和眼球的运动方向，由此分析广告作品的布局、插图及文案的合理性。

（2）皮电测量法

由于外界刺激能引起人的汗量增加，测试员利用皮电测量仪测试受测者在接触广告作品时因情绪卷入导致汗量增加而引起的电阻变化，借以判断其对作品的情绪变化。这种方法的适用范围较广，如广告音响效果、广告画面效果的测定等。

（3）瞬间显露测验法

该方法是利用电源的不断刺激，在短时间（1/2秒或1/10秒）内呈现并测定广告各要素的注目程度。例如测定印刷广告中各广告要素的显眼程度、位置效果，文案的易读程度、品牌的识别程度。

（4）记忆鼓测验法

记忆鼓（memory drum）专门用来研究在一定的阅读时间内，人们对广告品的记忆量，从而估计品牌名称、企业名称、文案的主要内容等易于记忆的程度。

（5）瞳孔计测验法

该方法是用有关设备将瞳孔伸缩情况加以记录统计，以测定瞳孔变化与兴趣反应之间的关系。这种方法多用于对电视广告效果的测定。

除上述实验方法外，还有认知列表、影院测试、调查车测验等，它们都是针对受测者对广告作品的注意和记忆情况进行有关测试，然后根据所取得的相应指标值，对广告作品的效果进行评价。

## 12.2.2 广告媒体效果测评

广告效果与发布广告作品的媒体直接相关。通过对广告媒体效果的测定，可以了解消费者的媒体习惯和有效到达目标消费群的媒体。由于广告可以利用的载体纷繁多样，不同的媒体有各自的特点，因此对不同类型的媒体，应该采用不同的指标和方法进行评估。广告媒体评价指标（参见第11.2节相关内容）中的到达率、暴露频次是评估广告媒体效果的常用指标。以下介绍的是对不同媒体效果测定中常见的测评指标。

① 广播、电视媒体效果测定。主要通过收视（听）率、毛评点来测定。目前电视方面的收视率调查法主要有日记式调查法、电话调查法、机械调查法。

② 报刊广告效果测定。主要通过发行范围、印刷量、发行量和读者结构、阅读状况（注目率、阅读率、精读率）等指标来测定。

③ 网络广告效果测定。主要通过广告展示量、广告点击量、广告到达率、广告二跳率、广告转化率来测定。

网络广告由于具有技术上的优势，在效果评估方面显示出了及时性、方便准确性、广泛性、客观性、经济性等传统广告所无法比拟的优势和特点，这是形成程序化购买的基础。

> **相关链接**
>
> **广告媒体效果测评重视第三方机构测评服务**
>
> 广告媒体效果测评目前一般采用第三方机构进行监测来获得评估数据。广告媒体效果测评特别强调公正性，所以最好由第三方机构独立进行。传统媒体广告在这方面已经形成一套行之有效的审计认证制度，并且也有专门的机构来从事这一工作，如美国的盖洛普、中国的央视—索福瑞等。网络广告效果评估可使用访问统计软件（如 WebTrends、Accesswatch 等）、广告管理软件（如 AdIndex 等）获得评估数据。例如，网络广告监测公司 DoubleClick 和 Netgraphy 就是用网络统计软件来获得广告曝光、点击次数及网民的个人情况等数据的。Web 日志分析模式、JavaScript 标记模式是常用的技术统计方法。

## 12.3　广告整体效果测评

### 12.3.1　广告传播效果测评的模型与方法

广告传播效果，又称广告心理效果或广告沟通效果，其测评就是对广告活动对目标受众心理的影响程度的评估。广告信息作用于消费者后会引起一系列心理效应，许多学者依据这些心理效应，提出了不同的广告传播效果的层次模式。

**1. 广告传播效果模型**

（1）DAGMAR 模型

DAGMAR 模型基于"知名—理解—信服—行动"的传播 4 阶段论（参见第 4.2 节相关内容），认为广告承担的传播任务是向消费者传达广告信息，并使消费者对广告信息在一定程度上有所了解，进而产生好感，采取行动。DAGMAR 模型要求在广告活动开始前，根据上述 4 个项目对消费者进行调查，作为比较参数。在广告活动开展后，定期对 4 个项目进行测定，并与参数进行比较分析，其增减变化便是传播效果。

由于 DAGMAR 模型是围绕广告传播目标提出的，因此在实施目标管理上有着明显优势。但它是关于态度尺度的测评，隐性的不可控因素较多，在量化问题上比较难以掌握。就测评传播效果的总体程度而言，在广告效果评估中确实是一种操作性较强的测评模式。

（2）L&S 模型

L&S 模型是基于一种不同于 DAGMAR 模型的层级模型——"从知名到行动的发展"模式（参见第 4.2 节相关内容）。后来有人对此模型进行了补充修订，提出了消费者最终采用其商品或服务前经过的"知名—了解—态度—认为合理—偏好—试用—采用" 7 阶段模型，又称"采用过程模型"或"采用分级模型"。L&S 模型是 DAGMAR 模型的细化，但比后者更为明确，并提供了一个更好的建立及测定效果的方法。

L&S 模型用于评估广告效果，可以归纳为 4 个项目，即知名与了解、回忆、喜欢、态度改变。

(3) AIDAS 模型

美国广告顾问比德尔（Clyde Bedell）在早期 AIDA 模型基础上提出了 AIDAS 模型，又称"广告因果理论"或"有效广告理论"。比德尔认为广告的效果是由广告主题、广告活动和其他广告以外的多种因素共同作用的结果，即广告效果＝广告主题＋广告活动＋其他外界因素影响。这种理论模型推动了评估广告效果思维方式的进展，但操作性不强。

2. 广告传播效果测评的常用方法

(1) 认知测定法

认知测定主要是测定广告的知名度，并把广告与广告中的品牌信息联系起来，从而判断其效果。它主要针对广告图像、文案、创意、品牌等的认知程度进行测定。认知测定按照不同层次，可细分为以下几个测定项目：注目率（曾经看过或听过该广告的受众人数百分比）、阅读率（包括视听率）（能较清楚地联想出部分广告信息要素的受众人数百分比）、精读率（能清楚回忆广告 50％以上内容的受众人数百分比）。

认知测定一般采用抽样调查，对样本对象进行个别访问或电话询问，定期对广告阶段的传播效果进行监测；或者借助二级数据资源，即借助现有信息资源获得的信息，如闻名遐迩的 Poper Starch 广告阅读调查。

(2) 记忆测定法

广告效果的滞后性和累积性，使得广告传播效果调查的一个重要内容就是针对消费者对广告内容及商品特性、商标等的记忆情况来评估广告传播效果。这是目前最普及的广告传播效果评估方法。

① 自由回忆，即对受测者不提供任何提示，由他们自由回忆，以测试记忆情况。目前运用最广的电视广告传播效果测试法是波克日后回忆法（Burk' dayafter recall），即在电视广告发布 24 小时后，要求受测者回答一系列问题，确定他们记住了哪些广告和广告的哪些内容。

② 引导回忆。最经典的方法是由盖洛普（Gallup）与鲁宾逊（Robinson）发展出来的"盖洛普-鲁宾逊事后效果测定法"，即受测者在接受测试员提示的广告要素或商品的一系列信息的情况下进行回忆测试。

(3) 态度测定法

调查人员从目标市场中请来一些受测者，记录下他们在接触广告前对被测广告的品牌和竞争品牌的态度；然后，让他们接触实验广告和一些广告样本后再次测量他们的态度，以此推测特定广告版本在改变品牌态度方面的能力。

① 语意差异法。其基本原理是：准备几组关于公司或商品的正、反形容词，如喜欢、厌恶、美丽、邪恶等，然后把这些形容词分为 7 个等级，要求受测者在等级标尺上标出自己对该公司或商品形象的态度。这样的调查便于获得受众对调查对象的大概印象，多用于测定商品、品牌、企业标识等。

② 态度标尺法（equal appearing-interval method）。也称为"桑士顿等距间隔法"，其基本工作原理是：人类对社会的态度复杂多变，在两个极端之间还分布着不同程度的态度。按照态度倾向的不同程度，人为地在态度标尺上划分等距离的间隔加以区分。

③ 态度量表法。又称为李嘉图法，是一种被广泛运用的问卷调查方法。其操作原理是：首先设计一份有 20 个左右问题的调查问卷，选项分为非常赞成、赞成、不确定、反对、坚决反对 5 个量度（甚至更多），越正面的意见，分数比重越大，然后统计总分，分析结果时

以总分之高低作为计算标准。

### 12.3.2 广告销售效果测评的模型与方法

广告销售效果，又称广告经济效果，是指广告活动促进商品或者服务的销售，增加企业利润的程度。其测评是指以广告投入费用与广告发布后商品销售额（量）、利润额增加的幅度的比例关系作为衡量标准的测评活动。

**1. 广告销售效果测评模型**

（1）UP 模型

UP（usage pull，使用牵引率）模型是由广告专家瑞夫斯在其1961年出版的《广告现实》中首先提出的。UP 模型的基本原理是：通过在大范围内抽样调查，将所得样本分为两类，一类是未受广告影响却真正在使用本商品的人，计算出该部分人所占的比例为 $X\%$，另一类是受广告影响深刻并且也正在使用该商品的人，计算出该部分人所占的比例为 $Y\%$，通过 $(X-Y)\%$ 的值，即可看出广告引导购买的影响力。这个差值就称为使用牵引率。

（2）PFA 模型

沃尔夫（Wolfe）的 PFA 模型（plus for ad），实际上是把瑞夫斯的 UP 模型进一步细化，通过询问调查的方法，将被调查者划分为接触广告与未接触广告两大群体，进而甄别购买者与未购买者的人数，由此测量因广告带来的销售效果。

PFA 购买率＝（接触广告后购买的人数/接触广告的总人数）×100％－（未接触广告而购买的人数/未接触广告的总人数）×100％

总体 PFA 购买率（即全体人口 PFA 购买率）＝PFA 购买率×（接触广告的总人数/受调查的总人数）

PFA 购买者人数＝总人口数×总体 PFA 购买率

（3）NAPP 模型

即纯广告销售效果模型（net ad produced purchases），是由美国学者斯塔齐（Starch）首创的。它是以销售量作为效果测评的指标，比 UP 模型和 PFA 模型更为精确。斯塔齐认为，阅读广告与购买之间不一定有直接的因果关系。NAPP 模型的操作原理就是在假定未看到广告者中却采取购买行动的百分比与看到广告者"非因广告刺激而购买"比重相等同，依据统计分析结果，计算 NAPP 分值，以此测评广告的销售效果。

**案例示意**

运用 NAPP 模型测评广告效果

例如，测评某商品在某一杂志上的广告效果，可依以下步骤进行。

第一步，通过调查，确定阅读该广告人数的百分比（如 30％）和未阅读过该广告的人数的百分比（如 70％），阅读该广告并购买该商品人数的百分比（如 15％）和未阅读广告却购买该商品人数的百分比（如 10％）。

第二步，计算得出以下数值：阅读广告者中的购买者比例＝30％×15％＝4.5％，未阅读广告者中购买者比例＝70％×10％＝7％，购买者比例＝4.5％＋7％＝11.5％。

第三步，计算得出以下数值：阅读广告但非因广告而购买者比例＝阅读率×未阅读广告而购买比例＝30%×10%＝3%，受广告影响而购买者比例＝阅读广告者中的购买比例－阅读广告但非因广告因素而购买比例＝4.5%－3%＝1.5%。

第四步，最终得出 NAPP 分值：NAPP 分值＝（受广告影响而购买者比例/购买者比例）×100%＝（1.5%/11.5%×100%）＝13%。

(4) AEI 模型

AEI（advertising effectiveness index，广告效果指数）模型，实际上是在综合以上各评估模型的基础上更为一般化、更有涵盖力的综合模型。假定 $a$ 是接触广告而购买的人数，$b$ 是未看过广告而购买的人数，$c$ 是看过广告而未购买的人数，$d$ 是未看过广告也未购买的人数，$N$ 是总人数（见表 12-1）。

表 12-1 AEI 模型指标分解表

| | 接触广告人数 | 未接触广告人数 | 总计 |
| --- | --- | --- | --- |
| 购买者 | $a$ | $b$ | $a+b$ |
| 非购买者 | $c$ | $d$ | $c+d$ |
| 总计 | $a+c$ | $b+d$ | $N=a+b+c+d$ |

从表 12-1 中可以看出，即使没有接触广告也有 $b/(b+d)$ 比例的人购买该商品。所以要从看到广告并购买的人数 $a$ 中，减去因广告以外因素的影响而购买的人数 $(a+c)×b/(b+d)$，才是真正因广告而导致购买的效果，将这个人数以全体人数除之所得的值，称为广告效果指数。通常 AEI 大多是指总体 PFA 购买率，即 AEI＝总体 PFA 购买率＝$[a-(a+c)×b/(b+d)]/N$。

**2. 销售效果测评方法**

(1) 统计法

统计法是运用统计学有关原理与运算方法，推算广告费与商品销售的比率，测评广告的销售效果。常用的有以下几种方法。

① 广告费用比率法。销售（或利润）广告费用率＝[本期广告费用总额/本期广告后销售（或利润）总额]×100%，比例越低，广告的经济效果越好。或者，单位广告费用销售（或利润）率＝[本期广告后销售（或利润）总额/本期广告费用总额]×100%，比例越高，广告的经济效果越好。

② 广告效果比率法。广告销售（或利润）效果比率＝[本期销售（或利润）额增长率/本期广告费用增长率]×100%。广告效果比率越大，广告销售效果越好；反之，则越差。

③ 广告效益法。单位广告费用销售（或利润）增加率＝[本期广告之后的销售（或利润）额－本期广告之前的销售（或利润）额]/本期广告费用总额×100%。广告效益的值越大，则表明广告销售效果越明显。

④ 市场占有率法。市场占有率提高率＝[广告后销售增加量（额）/同行业同类商品销售总量（额）]×100%，市场扩大率＝（本期广告后的市场占有率/本期广告前的市场占有率）×100%。

⑤ 市场占有率与声音占有率比较法。这种方法主要是用来评价广告开支是过多还是过少。广告有效率＝（市场占有率/声音占有率）×100%。声音占有率是指某商品在某种媒体上在一定时间内的广告投放量占同行业同类商品的广告投放总量的比率。

> **相关链接**
>
> **市场占有率与声音占有率的关系**
>
> 广告主的广告费用占有率产生相应的消费者听见声音的占有率，并因此获得他们相应的注意占有率，而最终决定他们的购买行为。理论上，广告费用占有率＝声音占有率＝注意占有率＝市场占有率。美国广告专家派克·汉（Peck Hem）研究了几种消费品的声音占有率和市场占有率之间的关系后，发现老产品的这一比例为1∶1，而新产品的比率为1.5～2.0∶1。

⑥ 盈亏分界点法。盈亏分界点法的关键是确定平均销售广告费用率。平均销售广告费用率＝（广告费用额/销售额）×100%。用符号代入推导：$L=(X+\Delta X)/C \rightarrow L \cdot C = X + \Delta X$，所以 $\Delta X = L \cdot C - X$。式中，$X$ 表示基期广告费用；$\Delta X$ 表示报告期广告费用增加额；$C$ 表示报告期商品销售额；$L$ 表示平均销售广告费用率。若计算结果 $\Delta X > 0$，说明广告费用使用合理，经济效果好；若 $\Delta X < 0$，说明广告费用使用不合理，需调整策略，压缩广告费用开支。

⑦ 广告效果指数法。在广告刊播之后，对部分媒体受众进行调查，调查的问题是：是否看过某广告？是否购买了广告宣传的商品？然后按照 AEI 模型的方法计算。

⑧ 相关系数法。$R=(ad-bc)/[(a+b)(c+d)(a+c)(b+d)]$。式中，$R$ 为相关系数，$a$、$b$、$c$、$d$ 的含义与 AEI 模型中的相同。一般来说，相关系数 $R$ 在 0.2 以下称为低效果，在 0.2～0.4 称为中等效果，在 0.4～0.7 称为较高效果，在 0.7 以上则为高效果。

(2) 历史比较法

又称事前事后法或历史销售效果测定法，这种方法通过测定刊播广告前后销售情况的绝对数量变化来说明广告效果。一般以销售额（量）、利润额的变化作为衡量广告效果的指标，正值越大，显示其效果越好。

(3) 实验比较法

又叫现实销售效果测评法，是研究者有计划地进行实地广告试验，通过控制某一个或某几个自变量（如价格或广告）的变化，来观察这些自变量对因变量（如销售量、品牌态度等）的影响（参见 5.2 节相关内容）。实验比较法包括以下具体方法。

① 区域比较法。选择两个条件类似的地区，只在其中一个地区发放广告，通过比较两个地区销售额的变化来检测广告的经济效果。

② 费用比较法。在几个条件类似的地区中，投入不同规模的广告费用来比较广告经济效果的差异，从而更好地制定广告费用预算。

③ 媒体监测法。这主要是在几个外界条件类似的地区中，运用不同的媒体组合，通过比较各地区的广告效果，从中选择更优化的媒体组合。

此外，还有分割接触法、促销法、销售反应法等，它们都是运用不同实验手段设定不同的参照对象进行比较分析，从而测定何种情况下的广告经济效果更好，并加以选择、运用。

### 12.3.3 广告社会效果测评的原则与方法

广告社会效果是指广告刊播以后对社会产生的影响。广告作为一种大众传播活动，对社会、文化和人们的思想、意识及行为产生影响。人们在接受广告信息的同时，也改变着自身的思想、态度和行为。因此，测定广告的社会效果应该综合考察评估，它涉及社会伦理道德、风俗习惯、宗教信仰等意识形态领域，因此很难用准确的量化指标衡量，而只能依据已经确立的法规或约定俗成的基本法则，定性的事前、事中与事后分析来评价它的社会效果。

1. **广告社会效果测评的原则**

**案例分析**

肯德基老北京鸡肉卷广告"鼓励篇"遭质疑

2006年肯德基发布"鼓励篇"老北京鸡肉卷广告，广告主角是三个读高三的学生，两男一女，讲述的是高考前三人复习备考及发榜后的点滴片断。广告情节中一个喜爱吃肯德基的高三男孩不认真学习，最后考上了大学，而认真读书的学生却落榜了。该广告片播出后在观众中引起了巨大反响。一些人感慨："这个广告让即将高考努力学习的同学看到不是备受打击嘛。"有人认为这则广告对青少年有误导作用，涉嫌违反广告法中"广告宣传要符合社会主义精神文明建设的要求"。还有人认为是否爱吃肯德基和能否考上大学之间没有必然的联系，涉嫌虚假广告。最后，肯德基决定暂停播出并修改广告片，在新版的"鼓励篇"广告中，三人都考上了理想的大学。

（1）真实性原则

发布广告应该以真实诚信为原则，向消费者实事求是地提供企业和商品的有关信息，不能弄虚作假，也不能只提供部分事实，故意隐瞒可能对消费者不利的信息。广告诉求内容的造假，不仅会侵害消费者的利益，而且也背离了社会伦理道德和精神文明的发展方向。所以，检测广告的真实性，是测评广告社会效果最重要的内容。

（2）合法性原则

广告的运作应该符合国家的各项法规政策。广告作为一种思想传播渠道和竞争工具，各个国家都对其设置了相关的法规条例，以确保广告活动在有利于本国稳定发展的轨道上运行。所以，广告的投放应该遵守该国或该地区的法规。当然也有一些国际公约性质的规则条例等，如《国际商业广告从业准则》就是世界各国都要遵守的。

（3）社会规范性原则

即广告宣传的社会效果必须合乎社会规范。由于不同地区、不同民族所体现的文化特征、风俗习惯、伦理道德等会有差异，因而也有不同的广告社会效果评判标准。总体来说，是否继承和弘扬民族文化、是否尊重民族习惯、是否遵循传统伦理道德等都是评判广告社会效果的重要标准。

2. **广告社会效果测评的方法**

广告发布之前，对其产生的社会效果进行测定、评估，可用专家意见综合法。让有关专家或消费者代表（意见领袖）对广告文案、图形、色彩及创意等要素，从社会文化观念、伦理道德、风俗习惯等角度进行评价，以确保广告刊播后能获得正面社会效果。

广告刊播之后，可采用来函、访问、问卷调查等方法，及时收集整理广大消费者的意见，分析、研究社会公众对广告的态度、看法等，以了解广告的社会影响程度，为进一步的广告活动决策提供参考意见。

在具体操作过程中，可参照"社会规范标准－现实＝差距"这一公式，将公式中的项目具体化为一定的估计值。例如正确的消费观念是10分，某广告倡导的消费观念与之相比只能得7分，那么差距就是3分。

## 思 考 题

1. 广告效果的特点有哪些?
2. 广告效果测评的意义和应遵循的原则有哪些?
3. 广告原稿效果测评主要是测试哪些内容? 有哪些方法?
4. 广告传播效果测评的常用方法有哪些?
5. 广告销售效果测评的统计方法有哪些?
6. 广告社会效果测评的原则有哪些? 谈谈你对广告社会效果的看法。

# 管理篇

第 13 章　广告组织
第 14 章　广告管理
第 15 章　国际广告

# 第13章 广告组织

**学习目标**
- 了解广告公司的业务运作流程和组织结构；
- 了解企业广告组织的职能；
- 了解媒体广告组织的职能；
- 了解我国广告团体、国际广告团体；
- 了解广告人应具备的素质。

## 引言

### 品牌至上的奥美文化与奥美经营成就

一切始自广告大师大卫·奥格威。1948年，大卫·奥格威在纽约创立了自己的广告公司奥美（Ogilvy & Mather），矢志建立一个与众不同的品牌：具有非凡创造力，能激发员工与客户强烈的忠诚感，并具有一流的运作。正是这种精神，成就了今天的奥美文化。他以过人的才智和热诚写下了精彩的一生，他对广告不同凡响的见解与理想，造就了奥美的传奇。过去的70多年里，奥美从只有两名员工、没有客户，发展成全球最大的广告集团之一，旗下拥有奥美广告、奥美互动、奥美公关、奥美世纪、奥美红坊、奥美时尚等子公司，在120个国家设有450个分支机构，服务于500多家公司和组织，业务涉及广告、媒体投资管理、一对一传播、顾客关系管理、数码传播、公共关系与公共事务、品牌形象与标识、医药营销与专业传播等。

奥美建立伊始，就笃定品牌是一家公司最有价值的资产，20世纪90年代初奥美提出了"品牌管家"的管理思想，继而提出"360°品牌管理"，全力为品牌服务，在广告界独树一帜。"我们让品牌变得有意义（we make brands matter）"是奥美的核心理念。员工抱持如此的心态：我们不为自己工作，不为公司工作，甚至不为客户工作，我们是为品牌而工作。奥美凝聚众多富有才干和创新思想的专业人士，为众多世界知名品牌提供全方位传播服务，与它们并肩作战，创造了无数市场奇迹，包括：思科、IBM、摩托罗拉、美国运通、西尔斯、福特、壳牌、芭比、旁氏、多芬、雀巢、柯达……。

奥美1972年进入香港，1985年登陆台北，1991年来到上海，1992年设立北京办公室，1993年开设广州办公室……，其在大陆的客户包括IBM、摩托罗拉、宝马、壳牌、中美史克、柯达、肯德基、上海大众、联合利华、统一食品、中粮集团、中国移动、联想等，是大中华地区最大的广告公司。

　　成功的广告源于广告公司与广告主的共同努力，为此广告主必须了解广告公司的文化理念、业务运作流程和组织结构，同时要了解自身广告组织及媒体广告组织的职能和结构，进而集聚业界一批优秀的广告人才高效地为自己服务，这样才能真正利用好广告这一利器。

　　广告作为一种在现代商业社会中越来越重要的经济活动，无论是对于广告主，还是对于广告经营单位，都需要有一定的机构和人员来组织、协调，以便使广告活动能够有序、协调地进行。广告组织便是对广告活动进行计划、组织、指挥、监督和调节的管理机构，它是广告行为的主体，一切广告活动都是由一定的广告组织承担完成的。不同的广告经营活动组织，有不同的性质、作用、任务、职能和工作程序，而认识这些内容在广告的实践活动中具有重要意义。

　　广告主、广告公司、下游公司、媒体组织、广告团体等组成广告组织系统，其中广告主、广告公司、媒体组织是最主要的广告组织，只有它们相互之间保持协调适应、平衡互动的关系（参见第 3.2 节相关内容），广告组织系统的生态环境才可能向良性、健康的方向发展。

# 13.1　广告公司

## 13.1.1　广告公司的角色定位

　　广告公司是现代广告经营的核心力量，它居于广告主和广告媒体之间，为广告主提供广告服务，向媒体购买广告时间和空间（版面）。

　　在经营上，广告公司是独立的企业组织，与广告主和媒体机构不存在从属关系，主要通过双向代理的桥梁式服务，实现其传播信息、沟通产销、引导消费、促进生产的存在价值。

　　对于广告主来说，通过广告公司为其提供广告策划、设计、制作等专业化服务，有利于企业开展市场营销活动，有利于提高企业的经济效益，扩大企业的知名度，树立良好的企业形象。

　　对于媒体机构来说，广告公司是它们的业务来源。从一定意义上讲，广告公司是媒体机构生存、发展的基础。

　　在市场竞争日益激烈的 21 世纪，广告公司的角色将由被动变为主动，广告公司必须是一个观察者、思考者、创造者和行动者，广告公司的功能也必须从单纯的执行层面向全方位的沟通转换，从平面的服务向立体的服务过渡。

## 13.1.2　广告公司的业务运作流程

　　专业的广告公司是为客户提供"广告"这种特殊的商品，其服务内容一般包括以下 5 个部分：行销研究、创意、制作广告、业务沟通及媒体购买。广告公司的业务运作流程便是以完成上述 5 个方面的服务而展开的。其业务运作流程可以用表 13-1 表示。

表 13-1　广告公司业务运作流程

| 阶　段 | 内容说明 | 参与人员 |
|---|---|---|
| （1）客户说明会 | 客户说明：商品特性，渠道状况，市场趋势，营销目的、策略，可能的目标对象、竞争对象等，以协助广告公司迅速进入状态 | 客户人员、公司的高层管理人员、创意人员、市场调研人员 |
| （2）第一次提案会议 | 广告公司相关人员内部讨论：检查资料完整性，决定是否调查或搜集其他资料，排定工作进度、工作项目鉴定及指定专门人员负责 | 客户人员、市场调研人员、创意人员 |
| （3）策略发展 | 发展过程：<br>• 市场分析、看法；<br>• 目标对象、竞争范畴的界定；<br>• 传播功能及角色（广告、公关、促销、活动……）<br>• 相关的营销建议 | 客户人员、市场调研人员、创意人员 |
| （4）广告策略形成 | 广告策略包括：确定目标对象、创意策略、媒体策略<br>执行计划及进度表<br>做出广告预算 | 客户人员、媒体人员、创意人员、营销研究人员 |
| （5）策略委员会审核 | 策略审核委员会由资深人员组成。审核是为了确保策略的精确性及可执行性（每年必须定期审核策略与执行的结果并修正） | 客户总监、创意总监、市场总监、媒体总监 |
| （6）策略提案与决定 | 策略为整体广告活动长期执行的核心。必须是客户与代理公司共同的认定。 | 客户人员、创意人员、媒体人员 |
| （7）创意发展 | 广告公司根据决定的策略发展广告活动相关创意，如电视、报纸、杂志、广播、POP等 | 创意人员、创意总监、客户总监 |
| （8）正式提案 | 提案内容分年度计划或单一活动，任何提案必须以策略为依据（每年年度提案前必须重新检查策略，是否必须修正） | 客户人员、创意人员、公司的高层管理人员 |
| （9）调查与修正 | 沟通性调查：<br>• 概念测试；<br>• 脚本测试；<br>• 效果测试。<br>（调查内容与方法视目的而定，实施时间亦因目的而不同）<br>修正要根据调查结果来进行，考虑修正执行。 | 客户人员、市场调研人员、创意人员 |
| （10）执行制作与评价 | 平面作品由相关作业人员负责制作，由相关人员签署，并经客户最后签认；<br>电视或广播广告由制片人员监督，且至完成交片 | 客户人员、创意人员、制作人员 |

广告活动所要进行的还有媒体的投放、广告效果监测、消费者的反馈等，最后形成一个完整的回路系统，从而保证公司的服务效果更好。

## 13.1.3　广告业务组织的类型

广告公司内部的广告业务组织，是指广告公司内部直接和专门从事广告业务的机构，也是广告公司内部最主要的组织，一般分为职能组织和群体组织。

**1. 职能组织**

职能组织又称部门组织，即按照广告活动的任务与范围，分为各个职能部门，各部门协同为广告客户服务。广告公司最基本的职能部门有 4 个：客户部、市场/调研部、创意部和媒体部，如表 13-2 所示。

表 13-2 职能组织

| 部　　门 | 职　　位 | 英文表述及简称 |
|---|---|---|
| 客户部 | 客户总监 | account director（AD） |
| | 客户经理 | account manager（AM） |
| | 客户主任 | account executive（AE） |
| | 客户主任助理 | assistant account executive（AAE） |
| 市场/调研部 | 市场总监 | marketing director（MD） |
| | 调研经理 | research manager |
| | 调研主管 | research supervisor |
| | 调研助理 | research assistant |
| 创意部 | 执行创意总监 | executive creative director（ECD） |
| | 资深创意总监 | senior creative director（SCD） |
| | 创意总监 | creative director（CD） |
| | 副创意总监 | associated creative director（ACD） |
| | 助理创意总监 | assistant creative director |
| | 资深文案指导 | senior copy director（ScoD） |
| | 文案指导 | copy director（CoD） |
| | 副文案指导 | associated copy director（AcoD） |
| | 助理文案指导 | assistant copy director |
| | 资深文案 | senior copy writer（SCW） |
| | 文案 | copy writer（CW） |
| | 助理文案 | assistant copy writer |
| | 资深美术指导 | senior art director（SAD） |
| | 美术指导（美指） | art director（AD） |
| | 副美术指导 | associated art director（AAD） |
| | 助理美术指导 | assistant art director |
| | 资深设计 | senior designer（SD） |
| | 设计师 | designer |
| | 助理美术设计 | assistant designer |
| | 作业室经理 | studio manager |
| | 制作经理 | production manager |
| | 平面制作经理 | print production manager |
| | 绘图员/视觉设计 | visualizer |
| | 计算机绘图员 | computer visualizer |
| | 正稿员 | finish artist（FA） |
| | 平面制作统筹 | print traffic coordinator |
| | 制片人 | TV producer |

续表

| 部门 | 职位 | 英文表述及简称 |
| --- | --- | --- |
| 媒体部 | 媒体总监 | media director（MD） |
| | 媒体主任 | media supervisor |
| | 媒体策划 | media planner |
| | 媒体购买 | media buyer |
| 其他部门 | 客户策划 | account planning（AP） |
| | 流程员 | traffic control specialist |

(1) 客户部（account service department）

又称营业部，主要职能是联系客户并为客户的广告活动进行策划、管理及支配广告公司的内部资源。客户部是整个广告活动的组织中心。客户部的职位有客户总监、客户经理、客户主任、客户主任助理等。当广告客户要求广告公司为其提供专业服务时，客户部首先要与之接触，了解客户的具体意图，衡量客户要求的可操作性。通过双方协商，代表公司与广告客户签订广告合同，并根据客户提供的有关资料，如商品营销状况、市场态势、广告预算、市场规划等，同有关部门制订广告计划，经广告客户同意后，由有关部门协作执行。在广告计划的实施过程中，客户部要及时地与客户联系并进行信息反馈，转达广告计划的实施进展情况。同时，要代表客户对广告的设计、创意、制作与刊播过程进行监督。

(2) 市场/调研部（marketing/research department）

市场/调研部的工作贯穿广告活动的始终，从广告实施前的有关商品、消费者、市场等的调查分析、制订广告计划和营销计划、进行广告作品的事前测验，到广告实施后的效果调查，市场/调研部都要参与其中。市场/调研部为客户实施的调查一般由商业调查机构实施，广告公司真正实施的大多是广告作品的事前测验调查。市场/调研部通常设有市场/调研总监、调研经理、调研主管及调研助理等职位。其工作还可能包括提供销售推广和活动赞助、直销营销、公共关系等服务，就有关市场问题提供咨询建议。

(3) 创意部（creative department）

创意部包括广告的设计部门和制作部门，是公司广告活动的生产中心，主要任务是将从客户和客户部获取的有关信息发展成广告创意，进而把这些创意制作成完整的广告作品。创意部一般由创意总监、广告文案人员、美术指导、设计师、美工和编导等组成。平面广告的制作多由公司创意部自己完成，广播电视方面的广告往往由创意部提出广告脚本，然后联系专业的广告制作公司完成。有的综合性广告公司的创意部还包括电视制作（TV production）、平面制作（print production）、画房（studio）及平面统筹（traffic）等部门，其中电视制作部设有制片人，负责电视广告的统筹，但实际广告拍摄由广告制作公司负责；平面制作部设有平面制作经理，主要负责跟进平面广告的印制工作；画房设有绘图员、计算机绘图员、正稿员等职位；平面统筹部则负责统筹平面制作事宜。

(4) 媒体部（media department）

媒体部主要负责制订媒体计划，购买媒体的时间或空间，与广告媒体进行联络、交涉、签约等工作。另外，对广告实施后传播效果进行调查、对媒体是否按协议刊播广告进行监测、代理媒体机构收取广告费等业务也是媒体部的工作范围。

职能组织是一般广告公司的常见形式。按职能设置部门有利于公司的系统化运作，调动各职能部门主管的积极性和能动性,使其各负其责、各显其能;有利于充分发挥公司的人力资源优势,提高效率;有利于业务专门化的施行,简化人员培训工作。但是,这种组织结构有时不能满足客户的特殊要求,另外业务人员因工作环境的影响,容易形成狭隘认识,只重视本部门利益而忽视公司整体利益,缺乏全局观念。

### 2. 群体组织

即公司按客户和项目组织若干专门的部门,长期服务于某些客户,由服务客户的主管直接领导,又称小组制度(group system)。每个小组一般由客户服务人员、广告创作人员、广告设计人员组成,单独从事客户联络、策划广告活动、制作广告作品等工作,如同客户所属的小公司,按照客户的要求工作,故也称为"专业制度"。小组规模根据客户的业务量大小而定。

小组作业式的组织结构更能满足客户的特殊要求,人员之间沟通更便利,服务更周到,同时还能节约大量的人员培训成本。但小组与公司内部其他部门的沟通联系不够,协调起来较困难,人员和设施的利用率不高,一旦出现跳槽、挖墙脚或客户流失的情况,往往会给公司业务带来问题。

## 13.1.4 广告公司的组织结构形态

### 1. 按基本职能设置部门

即在广告公司内部,广告业务组织采用职能式组织结构的同时,广告公司的其他辅助活动也采用职能结构,如设置行政部、财务部、人事部等,如图13-1所示。这种组织结构形式多见于综合型的广告公司,其优缺点如同职能式广告业务组织结构。

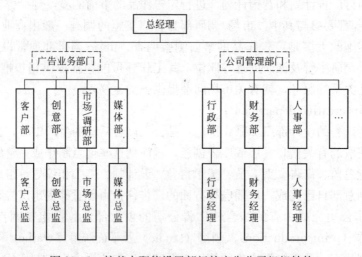

图13-1 按基本职能设置部门的广告公司组织结构

在实际运作过程中,由于广告公司一般都拥有两个以上的客户,广告公司通常在职能式的组织结构中采用矩阵式的管理模式,即每一个专业人员按其专业性质归部门管理,而每一项目(或客户)则由不同部门的人组成项目小组或客户服务小组。

### 2. 按客户设置部门

即除了按职能设置的财务部、人事部等公司管理部门和媒体部、市场/调研部等业务部门外,其他部门都是按照服务的客户设置,即广告业务组织采用小组式组织结构。其优缺点基本与小组式广告业务组织结构相同，如图 13-2 所示。

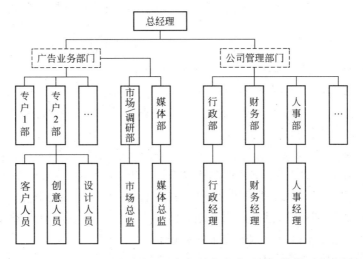

图 13-2　按客户设置部门的广告公司组织结构

**3. 按地区设置部门**

这种形式主要适用于一些地理位置上比较分散的全国性及全球性的广告公司。对于一些规模大的广告公司，通常把按地区设置和按职能设置结合起来，其总部和部门、分公司的设立随业务需要而定。例如，跨国广告公司在国内刚设立合资公司时，在某一大城市注册一个合资公司，然后在其他大城市成立分公司，部门、分公司之间既是一个整体又相对独立，在业务上有所分工。

用这种方法设置组织机构，有利于提高办事效率，能与客户共同感受地区人文特征，彼此容易沟通；方便联络，能够达到较好的交流效果；能够节约运营成本。但这种设置使公司管理增加了难度，业务小组难以快速地面对面商讨有关问题，对各地区的业务主管的素质要求也要更高一些。

**4. 按公司自身状况设置部门**

即不按职能或地区，也不按客户，而是根据公司的实际情况进行组合，按照经营定位来设置部门。例如有的公司仅设立经营中心和创作中心，彼此分工不是很细，机动灵活，减少了沟通成本，效率较高。这种形式适用于规模较小的广告公司。

# 13.2　企业广告组织、媒体广告组织与广告团体

## 13.2.1　企业广告组织

**1. 企业广告组织的地位及其隶属关系**

虽然大部分公司都设有某种形式的广告部门，但广告部门的重要与否还要取决于公司的规模、公司所处的行业、广告在该公司营销组合中的地位及上层管理人员对广告的重视程度等。以下是企业广告组织地位及其隶属关系的主要类型。

① 总经理直辖型。广告部门与其他职能部门地位相同，广告部门经理直接向总经理负

责。这种类型在中小企业或高度重视、依赖广告的企业中较为多见。

② 营销副总经理直辖型。广告部门作为企业的下级机构，直接归负责营销的副总经理领导。

③ 营销经理直辖型。这种类型的广告部门是从属于营销部门的二级部门，广告部门经理向营销经理负责，适用于多种营销方式组合及多种促销手段配合的企业。

④ 广告部门集权型。大型企业在总公司领导下，有多个分公司（子公司、分部），总公司只设立一个广告部门，经营全部广告工作。这种类型适用于设有分公司（子公司、分部）的大型企业，以及组织结构采用事业部的企业。

⑤ 广告部门分权型。大型企业下属各分公司（子公司、分部）都设立广告部门，专司分公司（子公司、分部）的广告工作。这种类型适用于分公司（子公司、分部）规模较大的企业。

⑥ 集权分权混合型。总公司设置企业广告部门，所属分公司（子公司、分部）也各自设立自己的广告部门，承担自己的广告活动，但在业务上接受总公司广告部门的指导、监督与协调。这种类型适用于运行机制较完善的大企业。

**2. 企业广告组织的内部结构**

（1）职能组织模式

此模式是按广告部门的各种职能来分工的。广告部门根据相应的职能，配有调查科（专门负责市场调研、搜集信息）、制作科（从事广告制作）、促销科（从事促销）、媒体科（与媒体单位接触）等。对于很多规模小或对广告不怎么依赖、重视的企业来说，某个职能组织的工作通常由一个人承担，甚至有可能一人同时承担几个职能组织的工作。

（2）产品（品牌）组织模式

这是一种以企业的产品（品牌）来进行内部职能分工和组织划分的模式，也叫品牌经理制。在该模式下，功能性质、定位迥然不同的产品（品牌），可以在品牌经理的组织与计划下，开展广告宣传工作，为每一种主要产品（品牌）提供更多、更好的服务。该模式适用于具有多品牌的企业。

> **相关链接**
>
> ### 品 牌 经 理
>
> 品牌经理（brand manager）的概念诞生于1931年，创始者是美国宝洁公司负责佳美香皂销售的麦克爱尔洛埃。宝洁由此逐步建立了以"品牌经理"为核心的营销管理体系，其品牌管理系统被全世界很多企业继承和演绎。宝洁品牌管理系统的基本原则是：让品牌经理像管理不同的公司一样来管理不同的品牌。宝洁独特的品牌管理系统被认为是其获得成功的重要因素之一。美国《时代》杂志称赞道："宝洁公司保持高速发展的策略其实非常简单：让自己和自己竞争。"

（3）区域市场组织模式

该模式以产品销售地区市场的分布来进行职能分工和组织划分，各自开展工作。产品品种单一而又同时销往各个不同市场的企业，采用这种组织形式最为有效，它可以根据各个不同地区的市场特点而分别施以不同的广告战略与战术，使广告诉求针对性强，效果显著。

（4）广告对象组织模式

该模式是以广告对象来分工的，在企业产品销售对象较为集中、销量大的工业企业与批发商企业中较多采用。因为它们可以根据不同消费对象的消费动机与购买行为而分别采取不同的广告诉求，因而可以收到较好的广告宣传效果。

(5) 广告媒体组织模式

该模式是按不同媒体的要求，对其内部进行职能分工和组织划分的。这种形式有利于广告部门熟悉所使用的各种媒体，便于全面掌握媒体的特点、媒体的效果、与媒体单位的关系，提高媒体的使用效果。

3. 企业广告组织的职能

① 参与企业的广告决策。
② 提出企业的广告目标。
③ 制定广告预算方案，对广告预算精心管理，有效利用。
④ 研究和制定广告策略或委托有关人员组织进行。
⑤ 进行广告调查及广告资料库建设。
⑥ 进行企业内部各部门、各环节的协调和配合工作。
⑦ 有效地选择合适的广告代理公司、广告调查公司、广告制作公司及其他促销机构。
⑧ 协调企业与广告公司之间的关系，并对广告全过程进行监督和控制。
⑨ 审查与确定广告对象、广告主题、广告策划、广告表现创意，组织有关的事前实验调查。
⑩ 进行广告效果测定或委托有关部门测定。
⑪ 培训企业内部广告人员，提高其专业水平。
⑫ 参与协调与广告有关的营销活动。
⑬ 保持与媒体、各类广告组织的良好关系。

## 13.2.2 媒体广告组织

广告组织的雏形就是在媒体中产生的。随着广告组织的分化和分工的完成，以及媒体广告业务活动的增加和广告经营在媒体经营中的重要位置，各类媒体的广告组织逐步健全和完善。

1. **媒体广告组织的职能**

(1) 承接广告刊播业务

把广告版面或时间售卖出去，是媒体广告部门的业务重点。要争取广告公司，积极谋求与其合作，广泛宣传本单位在广告传播、与公众进行信息交流的优势和特点，以便广告公司了解、选择及向广告客户推荐等，争取专业广告公司的支持和广告客户的偏爱。

在得到众多广告公司支持的基础上，媒体广告组织也需要对广告公司进行慎重选择，得到最理想的广告公司的代理。

(2) 设计、制作和发布广告

来源于广告公司或其他机构代理提交的已完成的广告作品，媒体广告部门主要是协助安排广告发布日程，做好广告排期。直接承揽的广告业务，媒体广告部门则要负责策划、设计、制作广告作品的全过程。随着媒体代理的全面实施，媒体设计、制作广告基本上仅限于广播广告和报纸分类广告及临时需要处理的广告。

(3) 审查广告内容

媒体广告部门加强对广告内容的审查把关，自觉抵制和杜绝违法广告与不良广告的传播，是广告行业自律的重要内容，也是该部门的重要职责。

(4) 做好广告经营的财务核算

主要包括：确定广告活动收费范围，计算确定广告价格体系，确定费用结算方式。有些媒体的广告财务直接由财务部门主管，广告部门应予以积极协助。

(5) 做好调研和信息咨询服务

媒体广告部门要向广告公司和广告客户提供系统、详尽的媒体资料，必须开展深入细致的调查研究工作。注意及时收集广告推出后的反应，向广告公司和广告客户反馈并送达有关部门。

**2. 媒体广告组织的内部结构及运营**

一般来说，在市场经济比较发达的国家和地区，媒体广告部门与编辑业务部门、经理部门鼎足而立，处于相当重要的位置。由于媒体经营规模和广告量大小的不同，媒体广告组织的结构也有所不同。

媒体广告组织随其职能需要，一般分外勤和内务两个方面设置相关部门或科室（组）。外勤部门主要是承接广告。其中，报刊的广告部门除加强与广告公司的业务往来外，还有零售版面的任务，安排招揽一些分类广告之类的业务。内务部门主要负责处理收集来的广告、编排发稿的时间和位置、收取广告费等。如果广告业务量较大，广告部门的规模也要相应调整，这两个方面的工作还可进一步分工细化，反之则可简化。

### 13.2.3 广告团体

**1. 综合性广告团体**

(1) 中国广告协会

中国广告协会（China Advertising Association，CAA）成立于1983年12月27日，是中国广告行业组织，是由广告主、广告经营者、广告发布者、广告代言人（经纪公司）、广告（市场）调查机构、广告设备器材供应机构等经营单位，以及地方性广告行业组织、广告教学及研究机构等自愿结成的行业性、全国性、非营利性社会组织，会员均为单位会员。中国广告协会接受国家市场监督管理总局的指导，最高权力机构是会员代表大会，每5年召开一次，执行机构是理事会，常务理事会在理事会闭会期间行使理事会部分职权，秘书长为法定代表人，办事机构为秘书处，下设综合部、会员部等工作机构及《现代广告》杂志社，分支机构包括广告经营者委员会、广告发布者委员会、广告主委员会、广告代言人委员会、学术委员会等和广告公司分会、各种媒体分会等。全国地市级以上的地区也设立广告协会，地方广告协会接受同级工商部门和上级广告协会的指导。

中国广告协会的基本职能是"提供服务、反映诉求、规范行为"，主要任务是：协助政府做好行业管理，制定行业规范，参与广告行业相关的法律法规、产业政策和发展规划的研究、制定，开展行业信用评价工作，建立、完善行业自律约束机制，开展标准化工作，开展广告发布前的咨询服务工作，提供行业信息服务，有效开展行业维权工作，加强广告理论学术研究，广泛开展学术论坛、经验交流等活动，加强对广告从业人员多层次、全方位的培训，举办行业会展活动与中国国际广告节、中国广告论坛、中国大学生广告艺术节等活动，开展国际交流与合作。

中国广告协会陆续制定了一系列广告行业自律规则。

> **相关链接**
>
> **中国对外经济贸易广告协会**
>
> 中国对外经济贸易广告协会于1981年8月21日正式成立，是我国改革开放以后最早成立的广告团体组织。曾承办在国内颇具影响的《国际广告》专业杂志（2010年改版为《国际品牌观察》），先后引进《广告饕餮之夜》《美国莫比奖》在全国巡展，曾举办第三世界广告大会等。2005年经商务部、民政部批准，中国对外经济贸易广告协会更名为"中国商务广告协会"，2005年设立由合资、独资及中国本土综合性广告公司为主的中国商务广告协会综合代理专业委员会（简称中国4A），秉承"传承文化经典，缔造品牌价值，推动消费繁荣，传播善行公益"的宗旨，致力于为品牌建设服务，下设综合代理专业委员会、品牌发展战略委员会等和IAI国际广告研究所、BBI商务品牌战略研究所、CII创意产业研究所及《国际品牌观察》杂志社。

（2）国际广告协会

国际广告协会（International Advertising Association，IAA）创建于1938年，是目前世界上最大和最权威的广告团体，由广告主、广告公司和媒体组织组成。IAA的会员有个人会员、团体会员、组织会员、准会员、院校会员、资深会员和名誉会员7种。

IAA的宗旨是：促进会员之间在学术、经验和思想等方面的交流。

IAA每两年召开一次全体会议，在协会理事会休会期间，由协会的领导人组成执行委员会处理日常事务。IAA中国分会于1987年5月12日在北京成立。

（3）亚洲广告协会联盟

亚洲广告协会联盟（Asian Federation of Advertising Associations，AFAA）简称亚广联，成立于1978年，是亚洲地区广告业的权威行业组织，由亚洲地区的广告公司协会及与广告有关的贸易协会和国际广告协会在亚洲各国、各地区的分会组成。会员分为3种类型：正式会员、准会员和特别会员。其宗旨是：团结亚洲从事广告事业的协会，提高会员单位的业务水平，促进各国对广告作用的认识，收集广告信息，加强广告业自我调节的能力，制订和实施关于广告的教育计划，开发亚洲广告人才。

中国于1987年6月15日在北京成立亚广联中国国家委员会，是亚广联唯一合法的中国代表。我国的香港和台湾作为地区代表参加该组织的活动。该协会的最高权力机构是亚广联国际委员会，各国家委员会选出或指定各自的主席作为国际委员会的代表。亚洲广告协会联盟会议，每两年召开一次。

除以上介绍的之外，综合性广告团体还有很多，如欧洲广告标准联盟（EASA）、美国广告联盟（AAF）、全日本广告联盟等，此处不再一一详述。

**2. 广告公司团体**

广告公司团体中最有名的是美国广告代理商协会（Association of American Advertising Agency，4A）。它成立于1971年，是美国最权威的广告行业组织，由全美1万多家广告公司中的600多家组成。协会会员均是美国广告公司中的佼佼者，共拥有全美70%以上的广告业务量。协会总部设在纽约，在全美拥有28个分委员会和750个其他机构。该协会制定的"行为标准与创意守则"，规定了广告要遵守真实性原则、确凿原则、比较原则、非诱饵原则、保证原则、价格声明原则、证言原则、趣味与庄重原则，为成员公司提供了广告行动方针。

一般来说，美国的4A管理具有如下特点：实行预算制，财务独立，采用区域（如亚太区、欧洲区等）管理，采用树状组织结构，多为上市的控股公司，作业程序化。

**相关链接**

美国4A，国际4A，中国4A

4A这一概念最早是"美国广告代理商协会"的简称，即美国4A。但是，4A后来逐渐演变为国际通用的一种叫法，即国际4A，其含义是"合格的广告代理商协会"（association of accredited advertising agency），而且accredited一词还赋予了"可信赖的"含义。在中国的广告界，不论是美国4A，还是国际4A，其成员通常意味着具有国际化、广告代理水平高、理念先进、人才济济、员工薪酬高等特征。目前，发达国家和地区的广告行业大都成立了自己的4A协会。

早在1996年11月，中国广州就有了自己的4A组织。广州4A是本土广告公司主导的组织。2001年5月26日，中国对外经济贸易广告协会在北京设立"中国4A广告公司委员会"，同年7—9月，"上海4A"和"北京4A"相继组建，其中"北京4A"定位为"具有社会责任感的、专业服务能力较高的广告代理公司组织"。中国4A的会员已由2005年正式成立时的28家发展到目前的93家，几乎包揽了所有在国内运作的大型国际广告公司，以及本土实力最强、规模最大的综合广告代理商。

### 3. 广告主团体

（1）世界广告主联合会

世界广告主联合会（World Federation of Advertisers，WFA）是世界上唯一一个代表营销者共同利益的全球性组织，是拥有较大国际影响力的广告主企业联合体。1953年WFA的前身——广告主协会国际联盟在布鲁塞尔成立，以保护广告主的共同利益、促进全球各地商业信息、贸易信息的顺利流通为目标。1984年更名为"世界广告主联合会"，目前已经发展成拥有遍布五大洲的58个国家广告主协会成员和60多家世界知名跨国企业成员的国际组织，代表了全球大约90%的营销传播活动和投资。WFA有两个重要使命：通过企业会员之间的经验分享，促进有效的市场营销传播活动和投资；通过帮助国家广告主协会制定国家层面的营销传播行为自律准则，推动全球范围内的负责任营销传播，维护广告的正面形象，维护负责任广告主的合法权益，净化营销传播的大环境，恢复消费者对广告的信心。WTO条款中有关企业营销传播条款就是由WFA制定的。

（2）美国全国广告主协会

美国全国广告主协会（Association of National Advertisers，ANA），目前包括400多家美国重要的广告主，其中有不少著名的跨国企业，如P&G、可口可乐等公司，协会会员每年的广告费占全美广告支出的80%以上。该协会代表广告主的利益，为广告主提供信息，进行广告业务培训，介绍和推荐各类审查机构，并代表联邦政府做公益广告。

1899年，ANA单方面成立了一个组织，专门核查报刊的发行量，标志着稽核制度的产生。1914年，北美地区几十家广告主、广告商和报刊社联合成立了世界上第一个发行稽核局（Audit Bureau of Circulations，ABC），随后被世界上一些国家效仿。1963年，国际发行稽核局联合会（International Federation of Audit Bureau of Circulations，IFABC）宣告成立。目前，除稽核报刊的发行量外，IFABC还核实、认证商业展览的观众人次、国际互联网站点的访问人次及免费赠送的出版物和印刷品的净送量。

（3）日本广告主协会

日本广告主协会（Japan Advertisers Association，JAA）于1957年成立，旨在与领先的日本广告主公司和组织合作，为广告活动的健康发展做出贡献。履行使命是：提供对消费者和消费者有用的可靠信息，纠正区域差异，保护包括公众在内的所有各方的合法权利，提高广告主的社会责任和道德意识，建立合理的广告活动模式。

（4）中国广告主协会

中国广告主协会（China Association of National Advertisers，CANA）成立于2005年11月27日，2006年正式加入世界广告主联合会，已经成为全球最重要的五大国家广告主协会之一。中国广告主协会秉承"维权、自律、服务"的宗旨，发挥政府和企业之间的桥梁和纽带作用，促进企业和城市品牌体系建设，维护广告主的合法权益，推动行业自律，不断提升广告主的市场竞争力。2016年与中国广告协会共同发布了"广告主自律宣言"。

**4. 媒体组织团体**

在发达国家，行业协会众多，广告媒体也不例外。例如在美国，绝大部分广告媒体都有自己的媒体协会，如美国商业出版协会、直邮营销协会、直销协会、全国广播电视工作者协会、广播协会、电视协会、户外广告协会等。

## 13.3 广告人才培养

广告业是知识密集、技术密集、人才密集的高新技术产业，它对从事广告工作的广告人有很高的要求。广告公司的核心竞争优势主要表现为人的智力优势。广告公司应通过各种渠道大力培养广告专业人才，提高其整体策划能力和广告制作水平，使自己在竞争中处于不败之地。

### 13.3.1 广告人的概念

凡是从事广告工作的人一般都被泛称为广告人。具体地说，一切从事替广告主购买广告版面、时间者，替媒体进行代理，从事广告策划、创作和各项服务的人一般都被称为广告人。

但是，现代广告业的发展对广告人的素质要求越来越高。有人认为，只有具备一定素质的人才能成为真正的广告人。他们把所谓"真正的广告人"定义为："具有广告知识、技术、经验及洞察力，能为广告主建议最好的广告去实现他们的目标，并能有效地去执行，使广告能达到这些目的的人。"

在国外，广告业是最具有吸引力的行业之一。美国前总统罗斯福就曾讲过："如果我不当总统，就去当广告人。"根据美国广告行业协会对全国广告公司从业人员的抽样调查，在美国广告行业中，75%以上是本科生或硕士研究生，没有受过高等教育的人是难以进入广告界的。

### 13.3.2 广告人应具备的素质

现代广告公司是一个分工协作的系统，对于不同部门、从事不同工作的人员应有不同的素质要求。一般来讲，广告人才应具备以下条件：有较强的事业心和负责任的态度；有一定的专业知识水平和文化水平；有分析问题、综合问题的能力；有明晰的逻辑思维的同时，还要有想象力；有清楚地用语言和文字表达或沟通的能力；能客观地分析问题，并面对现实；有全局及整体观念；有个性，有自己的想法并能付诸实践；有探索精神，不是安于现状。

除上述基本要求外，因工作需要不同，对调查人员、客户服务人员、创作人员、媒体人员、经营管理人员的素质和能力有不同的要求。

**相关链接**

### 一个标准的 AE 要有 5A 能力

Analysis：冷静的分析能力，即分析广告商品、市场情况、消费者及广告主的有关讯息。

Approach：敏锐和密切接触的能力，即 AE 要和公司内部作业人员接触，和广告客户的经营者、广告负责人不断接触，并担当沟通的角色。

Attach：业务联系的能力。

Attack：强烈的进取心，主动向广告主提供营销和广告策略，以争取更多的业务。

Account：争取最大利益的能力。即 AE 要知晓进退，懂得谈判的技巧，使公司为客户服务时不致有拖欠和亏损。

对广告公司来说，广告的策划和创作人员是最重要的。大卫·奥格威对广告创作人员提出了以下看法：创意者具有特别敏锐的观察力；他们对事物的感受力与常人相同，同时又异乎常人；他们头脑发达，能在一瞬间把握住多种观念并进行比较，因此他们有创造更丰富的综合体的杰出能力；他们的世界比较复杂，所以通常生活也较他人复杂；他们比常人更能接触虚无缥缈的东西，那就是幻境、梦幻、幻想；他们具有强健的活力，这使他们的智力、体力较他人更丰富。概括地讲，设计和创作人员要有敏锐的观察力，不凡的陈述力，聪明，具有抽象力、想象力和活力。除了上述要求以外，设计和创作人员还要有整体策略规划能力，有高度的成本效益意识。

**相关链接**

### 赖东明先生对一个广告人的解释

必须是社会风气的领先者；必须是理论观念的实践者；必须是诚实助人的说服者；必须是创意组合的革新者；必须是团结互助的合作者；必须是智慧见解的提供者；必须是自律控己的苦行者；必须是感恩倾情的报答者。

## 13.3.3 广告人才的培养

**1. 广告人才的培养目标**

① 突出创新精神和能力的培养。创新精神主要包括求异精神、冒险精神和献身精神；创新能力主要包括创新思维能力、创新想象能力和创新实践能力。

② 注重智力素质结构的培养。智力是处理信息的能力，包括认知力、记忆力、水平思维能力、汇合思考能力、评鉴力等。

③ 注重非智力素质结构的培养。非智力素质结构是指广告人智力范畴以外的其他有助

于创造性发挥的特性，包括他们的品质、兴趣、态度等。广告人应富有自信心，天真朴素，具有幽默感和好奇心，热情、灵活。

④ 注重职业素质结构的培养。职业素质结构主要体现在道德素质、专业素质、心理素质、学习素质等方面。

### 2. 广告人才的培养途径

① 发展高等广告教育，培养高层次的广告专业人才。

② 开展各种类型的进修及研讨班，加强对广告中新成果的普及，并进一步提高广告教学人员和研究人员水平。

③ 在高等教育中一方面要淡化专业界限，使经济、管理类专业的学生懂广告，也使艺术系、新闻传播专业学生懂得经营与管理。在淡化专业界限的同时，增加专业方向，使广告某一领域的问题得到更深入的研究。

④ 加强中等广告专业的建设，培养操作性人员和广告事务性人员。

⑤ 加强函授教育，进一步普及广告基本知识和对从业广告人员进行回炉再教育。

⑥ 加强广告实际训练。广告与一切实用科学一样，只有"下水"，才能真正学会。

## 思 考 题

1. 广告公司广告业务组织的类型有哪些？
2. 试述广告公司的业务运作流程。为什么说客户部是组织中心？
3. 企业广告组织的主要职能是什么？
4. 你认为广告人应具备什么样的素质？

# 第14章 广告管理

**学习目标**
- 了解广告管理的含义和对象,掌握广告管理方法,了解广告管理的作用;
- 掌握我国广告法规的组成和主要内容,了解我国广告活动中的几项重要制度;
- 了解广告行业自律和广告社会监督;
- 了解国外广告管理概况。

### 引言

## 天堂的广告

一位从事广告业的大亨在车祸中不幸丧生,他的灵魂悠悠荡荡来到天堂门口报到。握有天堂钥匙的圣彼得挡住他,说:"先别急,我带你参观参观后再说。"圣彼得带他来到一个大房子,那里有很多人在里面漫无目标地来回闲荡,一个个百无聊赖地打着呵欠。圣彼得说:"这就是天堂,我再带你去看看地狱。"他们来到一个狂欢热闹的地方,那里每个人脸上都挂着满足的微笑,男男女女都在尽情歌舞。圣彼得问大亨:"这就是地狱,你选择哪一个?"大亨毫不犹豫地说:"那还用问,当然是地狱。"圣彼得说:"好极了。"说完,转身走了。这时,来了两个青面獠牙的小鬼,像老鹰逮小鸡似的拖起大亨,奔向一口滚烫的大油锅,大亨惨叫道:"圣彼得先生,你骗人,我刚才看到的地狱不是这个样子的呀!"越走越远的圣彼得头也不回地说:"大亨先生,刚才你看到的是广告——"

虚假广告是国内外普遍存在的现象。即使在监管严格的美国,虚假广告也是层出不穷。这是因为几乎任何广告如果要引起消费者注意就需要用一定的夸张手法来表现,甚至有人认为"不夸张就不叫广告",何况过度的夸张背后还有惊人的商业利益。区分广告中的夸张和虚假是各国广告管理的重要问题。只有掌握广告法规、广告行业规范,了解广告行业自律及广告社会监督等,才能避免陷入虚假广告的泥潭。

## 14.1 广告管理概述

### 1. 广告管理的含义

广告管理是对广告活动的计划、协调、监督、组织和控制。广告管理是对广告活动全过程的管理,包括广告主的设想、广告经营单位的设计与制作、广告作品在广告媒体上的刊播等整个过程中的人和物的管理。

根据管理主体不同,广告管理可分为企业的广告活动管理、广告公司的经营管理、广告的政府管理、广告行业的自律及广告的消费者和社会舆论监督等。

因此,从管理层次上广告管理大体可分为微观管理和宏观管理两个方面。微观管理是指广告主或广告经营单位对广告活动的内部管理(这部分内容在本书第4至第14章都有涉及),因此也可称为广告的经营管理或广告的企业管理。宏观管理主要是指政府职能部门、消费者组织、社会舆论组织及广告行业自身对广告工作的监督、控制和协调,主要以协调广告活动与社会政治、经济、文化生活的关系为目标,因此也可称为广告的社会管理。广告的宏观管理对于促进广告业的健康发展、规范广告市场行为、维护市场经济秩序、保护消费者权益等方面具有十分重要的作用。人们在讨论广告管理时,一般是指广告的宏观管理,本书前面的章节基本属于微观管理,因此本章以后即把广告管理定位于宏观管理。

广告管理的对象包括:广告经营单位、广告主、广告商品及广告媒体。

### 2. 广告管理方法

所谓广告管理方法,是指为了达到管理目的,在广告管理过程中,由管理系统(管理主体)对被管理系统(管理客体)进行有目的的作用的活动方式。它是广告管理人员执行管理职能的手段,是管理主体对管理客体施加影响和作用的方式,是广告管理机构、管理人员协调管理对象共同活动的各种措施、手段、办法、途径的总和。

> **相关链接**
>
> **谷歌医药广告遭遇美国史上最大罚单**
>
> 依照美国法律,网站需对企业发布的违法广告负责。因在网站上发布违反美国法律规定的医药广告,谷歌曾多次遭到美国政府监管部门和行业监管机构的警告,但这家网络搜索巨头却对警告置若罔闻,致使非法医药广告屡禁不止。2011年5月,经过长达3年的关于网络药物广告的调查之后,谷歌遭遇美国政府一项高达5亿美元的罚单。8月美国司法部宣布,谷歌已经同意支付5亿美元罚款,以了结一项针对该公司在网络上违法发布药品广告的刑事调查。

(1) 行政方法

这是一种依靠广告行政管理机构的职权,通过直接对管理对象下达命令、指示、决议、规定等具有强制性质的行政手段和指令性文件来管理广告活动的方法。它是广告管理机构最常用的管理方法。在我国,广告行政管理机关目前是国家市场监督管理机关和地方各级市场监督管理机关。广告业内各广告经营系统、部门、单位及广告客户也都有自己的行政组织,它们虽不行使国家授权的广告管理权威,但也行使自上而下不同层次的行政领导权威。

行政方法是以鲜明的行政权威和服从为前提的，具有强制、无偿、直接等特点。可以说这是一种最基本、最古老的方法。

(2) 法律方法

这是指根据国家制定或认可的法律、法令、条例等，按严格的司法程序来处理、调解、制裁广告活动中有关方面经济纠纷、经济关系和违法犯法行为的一种强制性方法。这里所说的法律主要是指《中华人民共和国广告法》《广告管理条例》《广告管理条例施行细则》《食品管理条例》《药品管理条例》及其他有关的法律法规。

法律方法具有权威性、规范性、概括性、稳定性和强制性特点，主要适用于处理广告活动中带有共性的问题，以确保政府有关机关对广告主、广告经营者、广告发布者进行监督、检查、控制和指导时有法可依，是保护合法经营、保护用户和消费者合法权益、维护国家和社会公共利益、维护广告经营和广告宣传正常秩序、推动广告事业健康发展的有力保证，也是世界各国特别是广告业发达国家和地区普遍采取的一种广告管理方法。

(3) 经济方法

即根据广告活动规律的要求，利用税收等各种经济手段，对企业或广告经营单位的广告活动进行约束和调节的一种方法。它也是管理广告活动的一种基本方法。

经济方法实质上就是贯彻效益原则，以物质利益作为内在动力和外部压力来管理广告活动。广告经营、广告宣传要实现最佳的经济效益，不能不讲经济利益、经济成果、经济效率和经济责任。实践证明，只有科学地运用经济方法管理广告并使之与行政方法、法律方法有机结合起来，才能实行有效的管理。

(4) 社会监督方法

社会监督方法是指消费者、消费者组织、新闻媒体、社会舆论对广告内容、广告组织、广告客户的广告宣传活动进行监督、管理。社会监督包括消费者组织监督、广大群众的监督和舆论监督3个层次，其中最主要的是消费者组织对于广告的监督。

各种类型的消费者组织是消费者为维护自身合法权益不受侵犯而形成的社会团体，也是实施消费者监督和管理的主体单位。近年来，消费者组织在广告管理中发挥的作用越来越大，成为广告社会监督的重要力量。在西方国家，随着消费者运动的深入，许多国家都建立了民间团体性质的消费者保护组织，美国的商务改善协会、英国的标准委员会和消费者协会、法国的消费者联盟等都是重要的消费者组织。我国的消费者组织是中国消费者协会和各地设立的消费者协会。

舆论监督在社会监督机制中发挥着重要作用。在这个层次，对于消费者投诉的虚假或违法广告，新闻媒体会予以曝光，以防止虚假或违法广告进一步蔓延。对于情节严重的违法广告，则需要广告管理部门、人民法院进行查禁和惩处，以保证社会监督机制的顺利运行。

(5) 自律方法

这是指广告行业组织、经营单位自行制定公约、守则及各种规章进行自我约束，承担责任，保证发布的广告奉公守法及其真实性的一种广告管理方法，是目前世界上通行的一种行之有效的管理方式。很多国家都制定了许多广告法规，但真正起作用的是广告行业的自身管理。如日本广告社团的《日本广告协会代理纲领》、美国广告代理商协会的创意守则、中国广告协会的《中国广告行业自律规则》，这些公约虽然不具有法律性质，但却起着职业道德准则的作用。通过自我协调、自我约束、自我管理、自我负责，使自己的行为更符合国家法律、社会公德和职业道德，确保了广告市场有序运行。

总之，广告管理方法在广告管理中的作用虽有区别，但又相互联系、相互补充。在广告管理实践中，必须注意各种方法的灵活运用，并不断地丰富和完善。

### 3. 广告管理的作用

具体来说，广告管理的作用主要包括以下 3 点。

(1) 维护广告的真实性

广告作为消费者购买的依据，应保证它的真实性，以保护消费者的合法权益，这也是广告管理最基本的内容。从消费者依据广告进行购买的结果来衡量，广告主要分为真实性广告和欺骗性广告两大类。

① 真实性广告。广告必须真实是对广告的最一般要求。各国对真实性广告都有明确规定。我们认为"凡是内容上实事求是，而且作为一个整体不会给人造成误解的广告就是真实性广告。"对企业来说，真实广告是提高企业信誉、树立良好企业形象的关键问题之一。一个欺骗性或不真实的广告对企业形象的损害是不可估量的。

**相关链接**

**中美对真实性广告的规定**

中国的规定是："广告应当真实、合法"，"广告不得含有虚假或引人误解的内容，不得欺骗、误导消费者"，"应当真实、清楚、明白"，"应当真实、准确"。

美国联邦最高法院对广告的真实性的规定如下："作为广告，它不仅每段叙述文字都应是真实的，而且作为一个整体，广告也不应给人以误解的印象。""广告不得模糊或掩盖事实真相。""广告不得巧妙地设法使读者对辞藻的真实含义和对一项保证的实际内容发生忽视和误解。""广告不得施展圈套伎俩来博取人们的购买行动。"

② 欺骗性广告。凡广告内容与事实不符，广告主的许诺没有兑现的广告均属于欺骗性广告。欺骗性广告又可分为诈骗性广告和不真实的或失真的广告两大类。

诈骗性广告是指广告主或广告制作单位或人员有主观上要欺骗消费者的故意，同时广告内容也与事实不符的广告。诈骗性广告一般有承诺虚假、令人误解、片面告知、设置陷阱、利用错觉等几种表现。诈骗性广告一般可以通过民事调解或行政方法来处治，情节严重的，要运用法律手段加以严惩。

不真实的或失真的广告是指虽然广告主和广告制作单位在主观上并无欺骗的意图，但客观上却与事实有违和产生欺骗效果的广告。发布不真实广告，情节严重并造成后果的，也要追究法律责任。不真实或失真的广告很大一部分可以通过主观努力和科学管理来避免。

(2) 正确引导消费者

广告充斥于人们的日常社会生活中，从各个方面对广大消费者的影响越来越大。很多消费者已经对广告产生依赖性。广告不断地向广大消费者提供许多有关生活的信息，为消费者进行消费活动提供便利，从而丰富了消费者的生活，增长了消费者的知识，开阔了消费者的视野；同时广告也影响消费资金的投向，影响消费者价值观念的变化和对生活的态度。因此，如何正确地引导消费者，是广告管理的重要内容之一。

(3) 保护合法的广告宣传

维护正常的社会经济秩序不仅是社会经济活动正常运行的前提，也是社会稳定和繁荣市场的基本保障。保护合法的广告宣传，处罚和取缔非法广告宣传是保护企业合法利益、促进正常的市场竞争、维护正常经济秩序的基本手段。

保护和促进广告竞争，有一个重要的话题需要讨论：如何看待比较广告？所谓比较广告，是指含有对比内容的广告，即通过选取某一个、某一类商品或者服务进行对比，用以说明商品、服务的优点或者特征的广告。美国的比较广告较为盛行，在世界范围内这类广告也有发展的趋势。比较广告使企业更科学地去分析自己所处的市场，更明确地突出自己的优势，获益最大的最终是消费者，它使消费者能获得更多的商品信息，有更充分的比较、挑选的余地。但比较广告同时带来了很多问题，其中最大的难题是公平、公正及广告不产生误导等问题。对比较广告，各国做法不同。我国现行的广告管理规范只允许做任意比较型广告，即比较广告中须含有同所有竞争商品或服务进行比较的意思。随着我国广告业的日益成熟，这种形式的广告应用会更广泛，并将在我国广告信息传播中发挥更大的作用。

## 14.2 广告法规管理与行政监督管理

### 14.2.1 广告法规管理

**1. 我国现行广告管理法规体系**

广告管理法规体系是调整广告主、广告经营者、广告发布者共同参与的广告活动的有关法律、法规、规章的总称，是进行广告监管的法律依据。中国已经形成了以《中华人民共和国广告法》为核心和主干，以《广告管理条例》为补充，以国家市场监督管理总局单独或会同有关部门制定的行政规章和规定为具体操作依据，以地方人大和地方政府的法律法规为针对性措施，以其他法律法规中涉及广告的规定为外围支持的多层次法规体系。

（1）基本法规

第十二届全国人民代表大会常务委员会第十四次会议通过的《中华人民共和国广告法》（2015年9月1日起施行，2018年10月26日修正），国务院颁布的《广告管理条例》（1987年12月1日起施行），是我国广告监督管理的基本法规，是综合性的广告管理法规。

（2）规章

① 特殊商品广告审查规章。主要包括：2006年国家工商行政管理总局、卫生部《医疗广告管理办法》，2015年国家工商行政管理总局《农药广告审查标准》，2015年国家工商行政管理总局《兽药广告审查标准》，2019年国家市场监督管理总局《药品、医疗器械、保健食品、特殊医学用途配方食品广告审查管理暂行办法》。

② 专门类型广告管理规定。主要包括：2009年国家广播电影电视总局《广播电视广告播出管理办法》，2009年国家工商行政管理总局、中国人民银行《关于加强各类纪念章（品）以及人民币相关广告管理的通知》，2016年国家工商行政管理总局《房地产广告发布规定》，2016年国家工商行政管理总局《互联网广告管理暂行办法》，2016年国家工商行政管理总局等六部门《公益广告促进和管理暂行办法》等。

③ 广告经营监督管理规定。主要包括：2012年国家工商行政管理总局《关于推进广告战略实施的意见》，2016年国家工商行政管理总局《广告发布登记管理规定》，2016年国家工商行政管理总局等十七部门《开展互联网金融广告及以投资理财名义从事金融活动风险专项整治工作实施方案》，2018年国家工商行政管理总局《国家广告产业园区管理办法》，

2020年国家工商行政管理总局等十一部门《整治虚假违法广告部际联席会议工作制度》，2020年国家市场监督管理总局《药品、医疗器械、保健食品、特殊医学用途配方食品广告审查文书格式范本》等。

(3) 其他涉及广告管理的法规

例如，《中华人民共和国刑法》《中华人民共和国消费者权益保护法》《中华人民共和国产品质量法》《中华人民共和国反不正当竞争法》《中华人民共和国反垄断法》《中华人民共和国价格法》《中华人民共和国专利法》《中华人民共和国商标法》《中华人民共和国著作权法》《中华人民共和国食品安全法》《中华人民共和国药品管理法》《中华人民共和国民法典》等。《中华人民共和国刑法》专设"虚假广告罪"，《中华人民共和国民法典》规定商业广告和宣传为要约邀请，"商业广告和宣传的内容符合要约条件的，构成要约"等。

> **相关链接**
>
> 虚假广告罪
>
> 虚假广告罪是我国1997年修订的《中华人民共和国刑法》新增加的罪名，2017年修正的现行《中华人民共和国刑法》第二百二十二条规定，"广告主、广告经营者、广告发布者违反国家规定，利用广告对商品或者服务作虚假宣传，情节严重的，处二年以下有期徒刑或者拘役，并处或者单处罚金"。

随着时代的发展，涉及广告管理的法规不断修订和新生，如2015年新修订的《中华人民共和国广告法》、2016年颁布的《公益广告促进和管理暂行办法》等，一些不适应时代要求的法规也大量被废止，如2015年废止《外商投资广告企业管理规定》，2016年废止《广告管理条例施行细则》《广告经营许可证管理办法》《广告经营资格检查办法》《印刷品广告管理办法》《户外广告登记管理规定》《烟草广告管理暂行办法》，2017年废止《兽药广告审查办法》《农药广告审查办法》《化妆品广告管理办法》《酒类广告管理办法》，2020年废止《广告语言文字管理暂行规定》《食品广告发布暂行规定》《药品广告审查发布标准》《药品广告审查办法》《医疗器械广告审查办法》《医疗器械广告审查发布标准》。今后，广告法规体系还将进一步健全和完善。

**2. 现行广告基本法规主要内容**

《中华人民共和国广告法》（以下简称《广告法》）是我国目前关于广告管理的基本法律文件，1994年制定，1995年2月1日施行，2015年修订，2015年9月1日施行，2018年修正，全文共6章75条（具体条文见附录），其调整对象主要是商业广告，主要内容如下。

(1) 总则

共七条，规定了《广告法》的立法宗旨、在地域上的适用范围、管理对象、广告内容的基本要求、广告活动应遵循的基本原则、广告监督管理机关等。《广告法》明确了商业广告活动、广告主、广告经营者、广告发布者、广告代言人的概念。

(2) 广告内容准则

共二十一条，规定了广告发布的一般标准，包括广告内容应当准确、清楚、明白，广告不得有的情形，广告内容涉及事项要求，广告识别性要求；还针对特殊的商品，如医疗、药品、医疗器械，保健食品，婴儿乳制品，饮料和其他食品，农药、兽药、饲料和饲料添加剂，烟草，酒类，教育、培训，房地产，农作物种子、林木种子、草种子、种畜禽、水产苗种和种养殖的广告内容做了特殊规定；具体列出了构成虚假广告的情形。

(3) 广告行为规范

共十七条，规定了广告主、广告经营者、广告发布者进行广告活动的行为规范，包括广告主的主体资格，广告经营者、广告发布者资质标准，广告活动中广告主、广告经营者、广告发布者三方面之间的权利义务关系等；规定了广告代言人的行为规范；对未成年人广告的规定；还对户外广告，利用电子信息方式、互联网从事广告活动进行了规定。

(4) 广告监督管理

共九条，规定了广告的审查制度、审查范围和审查程序；明确了市场监督管理部门广告监督管理职责；确立了消费者协会等的社会监督责任。

(5) 法律责任

共十九条，规定了广告主、广告经营者、广告发布者、广告代言人及广告审查机关和广告监督管理机关的各种违法行为及应承担的法律责任，并原则规定了行政复议与行政诉讼的基本程序。广告违法行为的法律责任，主要包括民事责任、行政责任和刑事责任三种责任形式。

(6) 附则

共二条，鼓励、支持开展公益广告宣传活动，规定《广告法》自2015年9月1日起施行。

**相关链接**

### 新《广告法》的十大亮点

① 充实和细化广告内容准则，修订完善或新增保健食品、药品、医疗、医疗器械、教育培训、招商投资、房地产、农作物种子等广告的准则。

② 明确虚假广告的定义和典型形态，加大对虚假违法广告的惩治力度。

③ 新增关于广告代言人的法律义务和责任的规定，明确规定广告代言人不得为虚假广告代言，不得为未使用过的商品服务代言。

④ 严控烟草广告发布，进一步规定禁止在大众传播媒介或者公共场所、公共交通工具、户外发布烟草广告，同时明确禁止利用其他商品广告变相发布烟草广告。

⑤ 新增关于未成年人广告管理的规定，如不得利用十周岁以下未成年人作为广告代言人，不得在中小学校、幼儿园内开展广告活动或利用教材、教辅材料等发布或者变相发布广告，在针对未成年人的大众传播媒介上不得发布医疗、药品、保健食品、医疗器械、化妆品、酒类、美容广告及不利于未成年人身心健康的网络游戏广告。

⑥ 新增关于互联网广告的规定，未经当事人同意或请求，不得向其住宅、交通工具发送广告，也不得以电子信息方式发送广告，弹出广告应当确保一键关闭等。

⑦ 强化了对大众传播媒介广告发布行为的监管力度。

⑧ 增加公益广告，扩大《广告法》调整范围。

⑨ 明确和强化工商机关及有关部门对广告市场监管的职责职权，明确以工商机关为主、各部门分工配合的管理体制，提高行政执法效能。

⑩ 提高法律责任的震慑力，对发布虚假广告、利用广告推销禁止生产销售的商品或者提供的服务等设定了较重的法律责任，增加了行政处罚种类，包括增加了资格罚，对情节严重的广告违法行为增加吊销营业执照、吊销广告发布登记证件的处罚，增加了信用惩戒，规定有关违法行为信息要记入信用档案。

《广告管理条例》共二十二条，主要内容有：确认了广告管理的范围，规定了广告宣传的原则，确定了广告的管理机关和《广告管理条例》的解释机关，规定了广告发布标准和广告活动制度，规定了经营广告业务必须办理审批登记手续，规定了广告违法行为应承担的法律责任及行政复议和诉讼事项等。《广告管理条例》是《广告法》有益补充，其未将商业广告和非商业广告明确区分，其中的有关管理措施对非商业广告也是有效的。

### 14.2.2 广告行政监督管理

#### 1. 我国广告行政监督管理部门及其职能

广告行政监督管理是指国家的广告监督管理机关依据法律和行政法规，代表国家对广告活动进行监督和管理的国家行政行为。由于广告活动的复杂性和广泛性，世界上绝大多数国家往往采用以政府行政立法管理为主，同时以广告行业自律与广告社会监督作为其必要的辅助与补充，来加强对广告活动的管理。广告行政监督管理具有三个特征：必须依法进行，具有强制性，具有综合性。

根据《广告法》第六条的规定，市场监督管理部门是广告监管的法定部门，充当着主要和领导角色。在现行体制下，国家市场监督管理总局下设广告监督管理司，负责全国的广告监督管理，各省（自治区、直辖市及计划单列市）、地（市、州、盟）、县（区）市场监督管理局分设广告监督管理处、科、股，负责本辖区的广告监督管理，各级有关部门在各自的职责范围内负责广告管理相关工作，形成多层次协同广告行政监督管理体系。

广告监督管理司的职能包括：拟定广告业发展规划、政策并组织实施；拟定实施广告监督管理的制度措施，组织指导药品、保健食品、医疗器械、特殊医学用途配方食品广告审查工作；组织监测各类媒介广告发布情况；组织查处虚假广告等违法行为；指导广告审查机构和广告行业组织的工作。

各级广告监督管理部门的职能包括：特殊商品的广告审查，办理广告发布登记，接受广告违法投诉，实施广告监测并及时发现和依法查处违法广告行为，协调广告监督管理工作中的各方关系，保护消费者的合法权益，促进广告业的健康发展，维护社会经济秩序。

#### 2. 我国广告活动中的几项重要制度

（1）广告审查制度

在广告发布前对广告的内容依照法律、行政法规的规定进行审核的活动，称为广告审查。广告审查的目的是要保证广告的内容真实、合法，防止违法广告危害社会。

《广告法》第三十四条规定，"广告经营者、广告发布者应当按照国家有关规定，建立、健全广告业务的承接登记、审核、档案管理制度。广告经营者、广告发布者依据法律、行政法规查验有关证明文件，核对广告内容。对内容不符或者证明文件不全的广告，广告经营者不得提供设计、制作、代理服务，广告发布者不得发布。"

《广告法》第四十六条规定，"发布医疗、药品、医疗器械、农药、兽药和保健食品广告，以及法律、行政法规规定应当进行审查的其他广告，应当在发布前由有关部门（以下称广告审查机关）对广告内容进行审查；未经审查，不得发布。"

根据《广告法》这两条的规定，我国的广告审查制度包括两种形式的广告审查，一是第三十四条规定的由广告经营者、广告发布者在接受广告主委托时查验有关证明文件、核实广告内容的审查；二是第四十六条规定的由行政主管部门对法律、行政法规规定的特殊商品的广告内容进行的广告审查。

广告审查的范围包括：广告主的主体资格，即审查广告主有无做某项内容广告的权利能力和行为能力；广告的内容和表现形式是否违反广告管理的法律、行政法规的规定；证明文件是否真实、合法、有效。

广告审查申请材料清单：广告样件；申请人主体资格相关材料，包括申请人的主体资格相关材料或者合法有效的登记文件，或者授权文件（产品注册证明文件或者备案凭证持有人同意生产、经营企业作为申请人），申请人委托代理人的委托书及代理人的主体资格相关材料；产品注册备案相关材料，包括产品注册证书或者备案凭证，注册或者备案的产品标签或产品说明书，申请人的生产许可证；广告中涉及的知识产权相关有效证明材料，包括商标注册证明、专利证明、著作权证明或其他知识产权相关证明；其他材料。

《广告法》第四十八条规定，"任何单位或者个人不得伪造、变造或者转让广告审查批准文件。"

《广告法》第六十一条规定，"违反本法第三十四条规定，广告经营者、广告发布者未按照国家有关规定建立、健全广告业务管理制度的，或者未对广告内容进行核对的，由市场监督管理部门责令改正，可以处五万元以下的罚款。"

《广告法》第七十二条规定，"广告审查机关对违法的广告内容作出审查批准决定的，对负有责任的主管人员和直接责任人员，由任免机关或者监察机关依法给予处分；构成犯罪的，依法追究刑事责任。"

（2）广告证明制度

广告证明制度是广告审查制度的基础，是为了保证广告真实、合法而确立的一项重要管理制度。

《广告法》第三十四条规定，"广告经营者、广告发布者依据法律、行政法规查验有关证明文件"；《广告法》第四十七条规定，"广告主申请广告审查，应当依照法律、行政法规向广告审查机关提交有关证明文件。"

广告证明主要分为两类：一类是主体资格证明，指证明广告主具有做广告和某项内容广告的权利能力和行为能力的文件、证件和凭证；另一类是产品注册备案相关材料、广告中涉及的知识产权相关有效证明材料。

广告证明制度的主要内容有：①广告主委托广告经营者、广告发布者承办广告业务时，应当依法向广告经营者、广告发布者提交上述两项证明文件，并保证所提交的广告证明真实、合法、有效。②广告经营者、广告发布者承办广告业务，应要求广告主提交相应证明。③广告主提交的证明必须是国家有关证明机关核发的。广告内容真实、合法性证明出具机关为对口行政主管部门。广告主主体资格的证明机关为国家专门办理各种类型主体资格的审批登记机关。④广告证明必须做到证明出具机关合法、广告内容合法、广告证明与广告有直接关系、广告证明适用的时间和地域范围有效，才具有法律上的证明力。

广告主伪造、涂改、盗用或非法复制广告证明的，要承担相应法律责任；为广告主出具非法或虚假证明的，也要承担相应法律责任。

（3）广告合同制度

广告合同是指广告主、广告经营者、广告发布者之间在广告活动中依法订立的明确各方的权利和义务关系的书面协议。

《广告法》明确要求依法订立书面合同。《广告法》第三十条规定，"广告主、广告经营者、广告发布者之间在广告活动中应当依法订立书面合同。"广告合同应按照《中华人民共和国民法典》第三编合同的相关规定执行。当事人应尽量将合同条款规定得具体、详细，并明确验收标准、办法、期限、保密要求等，以保证合同正确、全面地履行。

（4）广告业务档案制度

广告业务档案是指广告经营者、广告发布者在承办广告业务中形成的、供保存备查的广告文字、图像、证明文件、审查记录及其他有关的各种原始记录，可以作为查考、争辩、研究和处理问题或纠纷的法律依据。《广告法》第三十四条规定，"广告经营者、广告发布者应当按照国家有关规定，建立、健全广告业务的承接登记、审核、档案管理制度。"

广告经营者、广告发布者保存的广告业务档案主要包括：广告样件、收取的广告证明和查验记录、广告审查准予许可决定书、广告合同、其他应当保存的资料。

广告业务档案保存时间一般不少于一年。

## 14.3　广告行业自律与社会监督

### 14.3.1　广告行业自律

广告行业自律，又叫广告行业自我管理，是指广告从业者通过章程、规则、规范等形式进行自我约束和管理，使自己的行为更符合国家法律、社会道德和职业道德要求的一种制度。广告行业自律主要通过建立、实施广告行业规范来实现，行业规范的贯彻和落实主要依靠行业自律组织进行。

**1. 广告行业自律的特点**

（1）自愿性

遵守行业规范，实行行业自律，是广告行业经营者自愿的行为，不需要也没有任何组织或个人的强制，更不像法律、法规，由国家的强制力来保证实施。他们一般是在自愿的基础上组成行业组织，制定组织章程和共同遵守的行为准则，目的是通过维护行业整体的利益来维护各自的利益。

（2）广泛性

广告活动涉及社会生活的方方面面，并不断发展变化，不可能都以法律、法规的形式规定下来，所以法律、法规的调整范围就相对较窄，而广告行业自律公约、准则、规则则比法律、法规调整的范围要广泛得多。对国家法律、法规许多不加以干涉的地方、不能详尽规定的地方，行业自律也能发挥其约束、调整作用。

（3）灵活性

行业自律的公约、准则、规则，特别是个体的或成员较少的团体的自律规则，可以根据情况的变化，及时加以修改和补充，而不需要像国家制定、修改法律、法规那样，经过复杂的程序，体现了较大的灵活性。

（4）道德约束性或舆论规范性

广告行业的自律公约、准则、规则，主要是依靠广告经营者、广告主等自身内在的信念及社会、行业同仁的舆论发挥作用。一般也主要是通过舆论的谴责予以惩戒。

**2. 中国广告行业自律**

《广告法》第七条规定，"广告行业组织依照法律、法规和章程的规定，制定行业规范，加强行业自律，促进行业发展，引导会员依法从事广告活动，推动广告行业诚信建设。"

中国的广告行业自律管理主要由中国广告协会组织实施。中国广告协会及其所属各委员会、分会和地区性广告协会，形成了全国性广告行业自律管理组织系统。

中国广告协会制定的现行的广告行业自律规则有：《中国广告行业自律规则》（2008）、《中国广告协会自律规则》（2008）、《自律劝诫办法》（2008）、《广告行业抵制庸俗低俗、奢靡之风广告自律公约》（2016）、《坚持正确宣传导向　抵制不良广告行为倡议书》（2016）等，还有一些特定行业自律规则，如《中国广告协会卫生巾广告自律规则》（2008）、《中国广告协会乳粉广告自律规则》（2019）、《网络直播营销行为规范》（2020）等。此外，中国广告协会还与中国广告主协会共同发布了《广告主自律宣言》（2016）。

> **相关链接**
>
> **中国广告行业自律规则**
>
> 《中国广告行业自律规则》（中广协〔2008〕59号）分为总则、广告内容、广告行为、自律措施、规则体系、附则6个组成部分，共36条，涉及许多《广告法》未涉及的内容，例如"广告应当尊重他人的知识产权，不抄袭他人的作品"，"采用比稿形式选择广告公司时，应向所有提供策划、创意等方案的公司支付相应的费用"，"代理费的收取不得低于服务的成本费用"，"广告发布者公布的广告刊播价格和折扣条件应当统一、透明，在执行中一视同仁"等。对违反自律规则的会员，协会将采取6种自律措施：自律劝诫，通报批评，取消协会颁发的荣誉称号，取消会员资格，降低或取消协会认定的中国广告业企业资质等级，报请政府有关部门处理。

另外，在广告行业内部，许多广告主、广告经营者和广告发布者根据自身的特点，分别制定了各自的自律规则，成为其进行自律的依据。

广告行业自律作为一种现实的需要，是广告监督管理工作的必要补充。在增强广告业的社会责任感、抵制不正当竞争、促进广告业的健康发展上，广告行业自律起到了重要作用。但我国广告行业自律还存在很多问题，如广告自律组织数量不多、规模不大、制度不健全、自律意识不强等。

## 14.3.2　广告社会监督

广告的社会监督，是指社会组织或团体、社会舆论或者公民个人对广告活动进行日常监督，对违法广告和虚假广告向政府广告管理机关进行举报与投诉，或者由新闻媒体给予曝光，以及向政府立法机关提出立法请求与建议。其目的在于制止或者限制虚假广告、违法广告对消费者权益的侵害，以维护广大消费者的正当权益，确保广告市场健康有序发展。社会监督是广告监管依靠社会和消费者主动参与的重要手段，是广告监管公开化、透明化的具体体现。

**1. 广告社会监督的特点**

（1）广告社会监督主体的广泛性

广告的社会监督主要是指公民个人及其团体或组织对广告活动进行的监督。从这个意义上来说，社会的每一个成员都可以说是广告活动的监督主体。

（2）广告社会监督行为的自发性

所谓自发性，是指广大公民对广告的社会监督是一种完全自发和自愿的行为，并不是依据政府广告管理机关的指令所进行的行为。公民监督广告的自发性，受其自身素质水平高低和自我保护意识强弱的影响。

(3) 广告社会监督结果的无形权威性

广告信息是否真实、广告主的承诺是否可信，将直接影响广告受众对它的认可与接受，并决定其购买愿望和行为的产生。

#### 2. 广告社会监督的主要途径

(1) 消费者组织监督

消费者组织监督是指消费者组织从保护消费者的利益出发，对广告进行日常监督，向有关部门投诉违法广告，同时针对广告活动中存在的问题向有关管理部门提出建议。

各种类型的消费者组织是消费者为维护自身合法权益不受侵犯而形成的社会团体。消费者组织的形成和发展使原本分散的力量形成了集合力量，正是这种集合力量对广告活动产生了巨大的约束力，形成了对广告活动的监督、控制和间接管理。消费者组织代表消费者利益，是公众进行广告监督的主要工具，在广告管理中发挥的作用越来越大，成为广告社会监督的重要力量。

在我国，消费者组织主要是指中国消费者协会和各地设立的消费者协会。现在，全国县级以上的消费者组织有2万多个，形成了一个全国性的消费者组织网络。1987年9月中国消费者协会加入国际消费者联盟组织（International Organization Consumers Unions, IOCU），成为正式会员。IOCU在联合国有关机构中具有咨询地位，任务是：交流各国消费者工作情况，协助建立新的消费者组织；向联合国等国际性组织陈述消费者的利益；监督多国公司，是对抗国际商业集团的一种力量。

---

**相关链接**

### 消费者协会的职能

《中华人民共和国消费者权益保护法》第三十六条规定："消费者协会和其他消费者组织是依法成立的对商品和服务进行社会监督的保护消费者合法权益的社会组织。"第三十七规定："消费者协会履行下列公益性职责：（一）向消费者提供消费信息和咨询服务，提高消费者维护自身合法权益的能力，引导文明、健康、节约资源和保护环境的消费方式；（二）参与制定有关消费者权益的法律、法规、规章和强制性标准；（三）参与有关行政部门对商品和服务的监督、检查；（四）就有关消费者合法权益的问题，向有关部门反映、查询，提出建议；（五）受理消费者的投诉，并对投诉事项进行调查、调解；（六）投诉事项涉及商品和服务质量问题的，可以委托具备资格的鉴定人鉴定，鉴定人应当告知鉴定意见；（七）就损害消费者合法权益的行为，支持受损害的消费者提起诉讼或者依照本法提起诉讼；（八）对损害消费者合法权益的行为，通过大众传播媒介予以揭露、批评。"

---

(2) 新闻舆论的监督

随着大众传播事业的发展，新闻舆论的社会作用越来越重要，它在揭露虚假广告、促进广告健康发展方面具有极其重要的作用。尤其是当它和消费者协会、工商管理部门联合起来后，对广告的监督作用就更加强大。对违法广告行为，通过新闻媒体的报道和揭露，使之公之于众，第一，可以为广告管理机关提供线索；第二，可以使消费者了解真相，避免上当受骗；第三，使这些违法广告行为的制造者受到舆论压力，迅速采取措施，改正错误，防止虚假或违法广告进一步蔓延；第四，广告主、广告经营者、广告发布者如果因违法广告被揭露而失去市场将得不偿失，自然不敢贸然策划、制作、发布违法广告。因此，及时有效的新闻舆论监督对于净化广告市场是极其有益的。

(3) 公民举报投诉

每个公民都有责任和义务对违反法律的行为进行揭露。同时，在公民个人的合法权益受到不法侵犯时，可以向政府主管部门反映和投诉，也可以通过法律途径提起法律诉讼。当公民发现某一广告行为违反法律、法规或侵犯了自己的合法权益时，可以向广告管制机关举报和投诉，或者向司法机关提起法律诉讼，以保障社会公共利益和自己的合法权益不被侵犯。

## 14.4　国外广告管理概况

为了更好地发挥广告的社会效果，保护消费者免受违法广告的侵害，许多国家都建立了适合自身国情的广告管理体系，对广告内容、广告制作和广告刊播等实行管理。

### 14.4.1　美国的广告管理

美国是世界广告业最发达的国家。美国的广告管理机构有联邦政府和地方政府、行业监督组织、媒体、消费者团体及广告业本身，主要实行政府管理和行业自律的管理方式。

**1. 政府对广告的管理**

美国政府涉及广告管理的机构有数十个，主要有联邦贸易委员会、联邦通讯委员会、食品和药品管理局等。

> **相关链接**
>
> **美国政府涉及广告管理的主要机构**
>
> 联邦贸易委员会（FTC）是美国管理广告最综合、最权威的机构，下设6个局，其中欺诈行为局下设食品药物广告处、一般广告处，对全国广告进行管理。FTC的日常工作是制定广告规章，接受关于虚假广告的申诉，并进行实地调查。FTC虽然没有司法权，但在处理虚假和不道德的广告方面，有权发布禁止或修改命令、公布处理决定、罚款、冻结银行存款、封存商品、责令发布更正或认错广告。
>
> 联邦通讯委员会（FCC）主要是对广播电视广告的内容、数量和播出时间进行管理。FCC对广播电视广告内容实行全面审查，可采取要求停止播放、罚款或更正广告等措施，还可请求法院强制执行。FCC还规定了广播电视广告的播放数量及播出时间。对于严重违反规定的电视台，FCC有权吊销其执照。
>
> 此外，食品和药品管理局（FDA）专门负责管理食品和药品广告；邮政管理局负责查验邮递广告中的欺诈行为，并可向当地法院起诉；烟酒税务局负责检查烟酒广告；证券交易委员会负责股份和证券广告；专利与商标局负责检查商标广告；粮食局负责管理种子广告；国会图书馆管理涉及版权的图书和资料的广告。

美国有关广告的法规很多，全国性的法律有：《联邦贸易委员会法》及《克莱顿法案》

(1914)、《罗宾逊-帕特曼法案》(1936)、《食品、药品与化妆品法案》(1938)、《维勒-李法案》(1938)、《联邦公路美化法案》(1965) 等。美国各州都有自己的法规,用于禁止不公平或者欺骗性的贸易行为,其中对广告也有较为详细的规定。美国法律在保护广告商和广告主的利益方面也有详细的规定,如果广告商或广告主对FTC或FCC的处罚不服,可以向法院起诉,法院有权推翻FTC和FCC的决定。

在新媒体环境下,美国广告规制架构重心从原有的"维护市场竞争"转向"消费者权益保护"。例如,2003年美国国会通过《反垃圾邮件法》,要求企业或广告商必须保证用户有随时退订电子邮件广告的自由,邮件中要包含稳定的邮件回复地址、拒收邮件的链接等;2009年FTC对《广告推荐与见证使用指南》进行了首次修订,规定媒体机构必须对媒介信息中会出现的推荐性或建议性的内容给予解释,并披露该信息与相关产品或服务供应商之间可能存在的"物质联系";2011年美国国会颁布《不要在网上跟踪我法案》,规定要保护网络用户的个人隐私;2012年FTC专门发起保护消费者隐私的提案,确保消费者的选择权和信息的透明度。法律规制涉及网络营销方式、电子邮件广告、手机广告、植入式广告等。

### 2. 广告行业自律

美国广告业包括广告公司、媒体、行业协会及经营规模较大的广告主,都建立了比较完善的自我管理、自我约束的机制,行业自律比较强。广告刊播之前要经过广告主、广告公司及其法律顾问或律师事务所、媒体等几道审查,称为广告许可程序。

美国广告业的行业管理组织很多,如美国广告代理商协会(4A)、美国广告同盟(AAF)和美国广告主协会(ANA)等。这些组织协调各方面的关系,为协会会员制定行为规范,对会员单位的广告进行审查,制定各种自律规范。影响比较大的有1965年美国广告主协会拟定的《美国工商界广告信条》,1975年美国广播事业协会制定的《美国电视广告规范》,美国广告同盟、美国广告学会(AAA)、美国广告代理协会共同制定的《广告业务准则》等。

国家广告审查委员会(NARC)是美国最大的广告自律机构,1971年成立,由改善商务协议会(CBBB)、AAF、4A、ANA选派的4个代表组成,主要任务是对有关广告的投诉进行调查,对政府制定的法律提出建议,对不实广告进行审理并督促其改正,还将一些虚假广告提交FTC和其他政府机关处理。NARC下设3个部门:儿童广告审查部(CARU)、全国广告处(NAD)和国家广告审查局(NARB)。

### 3. 消费者的监督

美国消费者监督广告活动的最主要团体是改善商务协会(BBB),其前身是全国广告监督委员会,1915年改现名。改善商务协会拥有130多个地方协会,接受消费者的诉愿和质询,提供详细解答,调查虚伪与欺骗性广告并予以揭发,保护消费者利益。1970年8月,全国改善商务协会和国际改善商务协会合并,成立了改善商务协议会(CBBB),除对广告业和广告主进行监督外,还对国家的广告管理提出建议。美国消费者联盟是美国消费者最大的组织,进行经常性的商品比较实验,将实验结果向消费者公布,以便消费者购买商品时识别。它们还设立了最差广告奖,每年评选一次。

## 14.4.2 日本的广告管理

### 1. 涉及广告管理的法律体系

日本没有专门的广告法,但是有许多相关法律、条例、规约、标准等,它们对广告行为和广告活动进行了直接或者间接的限制与规范。日本政府管理广告主要通过法律来规范广告行为，协调广告活动所产生的各种社会关系。这些法律可以分为6类：公法（《宪法》）、民事法（《民法》）等、刑事法（《轻微犯罪法》《刑法》等）、社会法（《消费者保护基本法》《药物法》《食品卫生法》等）、经济法（《独禁法》《不正当竞争防止法》《赠品表示法》《户外广告物法》等）、无形资产法（《商标法》《图案设计（专利）法》《新产品专利法》《版权法》等）。此外，还颁布了多个法规对不同形式的互联网交易进行多方面的监管，如针对垃圾邮件的《特定电子邮件送信适当化法》和保护个人隐私的《个人信息保护法》等。这些法律法规从广告的张贴、广告的安放、广告的内容等方面对广告活动进行了限制，可以明确广告活动沿着什么样的法制体系进行。

### 2. 广告行业自律

日本广告界建立了各种各样的行业组织，如全日本广告联盟、日本广告业协会、日本广告主协会、日本杂志广告协会、东京户外广告协会、全日本户外广告业团体联合会、国铁广告协同组合等。每个组织都制定了各种广告伦理纲领、业务准则、条例、公约等，作为自己的行为规范，进行自我约束。这些广告界称之为具有"半法"效力的伦理纲领和准则等，严谨、细致、全面、具体，约束力很强，它在广告活动计划期内就产生影响，使得日本广告业一直能健康发展，走在世界的前列。

全日本广告联盟制定的《广告伦理纲领》是广告界必须遵守的最高准则。此外，日本广告主协会制定了《日本公正真实广告的协定》《企业与消费者之间关系纲领》，日本广告业协会、日本广告主协会分别制定了《业界自治规则》《广告团体规则》《公平竞争制约》《媒介登载标准》等限制性规则，以保证行业自律的有效实施。

### 3. 消费者监督和广告审查

据统计，全日本大约有消费者组织近3 600个，主要的是消费者协会和主妇联合会。它们的主要职责是：确保公正的竞争，保证消费者自由选择商品，保证正确的商品知识的传播和普及，尊重消费者的意志和保证消费者的社会责任。

日本还通过广告审查机构（JARO）、国民活动中心和消费生活中心的工作，进一步加强广告的自主限制体系。成立于1974年的日本广告审查机构被称为"广告行业自律的中央机构"，组成包括广告主、广告公司和广告媒体三方成员，负责审查广告内容和实际商品或服务内容的一致性，受理对广告的任何投诉，有权停止某广告的继续发布，或者要求其刊载更正广告、道歉广告等。

## 14.4.3 英国的广告管理

### 1. 对广告的法律控制

英国在广告的各个环节都有严格的监督管理，1907年就颁布了世界上第一部《广告法》。英国独立广播局制定的《广告标准和实务法》是专门的广告管理法规，此外还专门制定了《广告与儿童》《财政金融广告》《卫生和医疗广告》3个单项广告管理规则。英国涉及广告的关联法规还有《销售促进法典》《商标法》等40多种。英国颁布的关于广告管理方面的法律、法规非常多，使广告活动从一开始就被纳入了法制的轨道。

> **相关链接**
>
> **英国对面向儿童的广告实施最严格的管理**
>
> 英国《广告与儿童》规定：广告不得有意使用广大儿童喜闻乐见的，但其结果却有害儿童身心健康的方式；任何方式的广告不得利用儿童的轻信和模仿的意识；广告不得鼓励儿童进入生疏地区；不得直接吸引或劝诱儿童购买；不得使儿童相信，如果得不到广告中的商品，同其他儿童相比，他们就是低下的，或者由于没有得到这种商品而被人轻蔑和嘲笑等。

### 2. 广告行业自律

英国是世界上最早成立广告行业自律组织的国家之一，英国的广告自我管理体系目前是世界上最完善的，对美国和日本的行业自律都有较大的影响。英国的广告行业自律主要体现在4个方面：18个签约专业广告组织的管理；广告实践准则委员会的指导；独立的广告标准局的监督；广告主、广告公司和媒体单位的自我约束。

英国1926年最早成立广告协会（AA）。20世纪60年代初，英国制定了《英国广告实践准则》（BCAP），以此为基础，英国广告行业的20个协会组织加入了广告实践准则委员会（CAPC）。1962年CAPC组建了广告标准局（ASA），这是英国广告行业自律的最高机构，职责是统一对英国广告行业自律的主要法则BCAP进行解释，代表公众的利益，仲裁和处理所有广告申诉事件；与政府保持密切联系，向其通报广告行业的自律进展状况。CAPC下设18个有关的广告团体，形成了有机的自我管理体系。这些团体在活动中和职能上是完全独立的，各自制定自我限制的标准，同时参与广告标准局的活动。

BCAP是英国广告业自我管理中的主要法则，主要限于印刷广告、电影广告的管理。基本原则是：一切广告应合法、正派、诚恳、真实。另一个重要规则是《英国促销职业行为准则》（BCSPP），它是BCAP的补充准则，确保各种促销广告做到合法、正当、诚实与可信。

ASA管制的是所有通过非广播媒体途径进行的广告和促销活动，而以广播形式发布的广告由独立电视委员会管辖。自2011年起，ASA的监管范围扩大至对网络广告的监管，负责监管在网络社交平台上做广告的商业网站和企业。任何公司在自己的网站上发布广告和声明，只要属于营销活动的范畴，就得接受ASA的监管。互联网用户若在网上发现任何不良或误导性信息，都可以进行投诉。

# 思 考 题

1. 广告管理的主体和对象有哪些？
2. 简述广告管理的基本方法。
3. 试举例说明诈骗性广告和不真实广告的区别。
4. 简述我国广告法规组成。
5. 我国广告活动中有哪几项重要制度？
6. 请运用我国广告法分析某些实际违法案例。
7. 什么是广告行业自律？其特点如何？
8. 什么是广告社会监督？其特点如何？
9. 与广告业发达国家相比，我国广告管理体系还需要进行哪些改进？

# 第15章

# 国际广告

> **学习目标**
> - 了解国际广告的概念和特点，了解国际广告的发展趋势；
> - 了解国际广告调查的意义和内容，了解国际广告调查的方法和途径；
> - 掌握广告的国际化策略；
> - 了解国际广告代理商的选择和国际广告媒体的选择。

## 引言

### 微软公司网站广告换头事件

2009年，微软公司的美国网站上有一张广告照片，照片中有一名白人妇女、一名非洲裔男性和一名亚裔男性在热烈地讨论某个问题，然而在微软公司波兰网站上非洲裔男性的头变成了一名白人男子，但手的颜色没有改变。这张照片在互联网上流传后引发了较大争议。有些人认为波兰绝大多数是白人，在波兰遇到黑人的概率极低，所以让一个黑人出现在广告里看上去很奇怪，微软改换人物是因地制宜的市场战略，可以称之为"本土化"。但也有人指责微软迎合东欧地区存在的种族主义观念，涉嫌种族歧视。还有人认为针对目标消费者没什么问题，但是像这样修改照片可不行，这牵扯到广告真实性的问题。微软公司不得不发表声明道歉，称"我们公司内有各个种族的员工，我们任何人都不会是种族主义者"，撤换了有问题的照片并调查详细情况，称广告照片制作人员已经离职，尚不清楚问题出在哪里。据网友称微软公司虽然在波兰的网站上去掉了该广告，但在澳大利亚的网站用的仍然是"换头"版的照片。

随着国际贸易的发展和全球经济一体化的加快，越来越多的公司进入国际市场，伴随而来的是国际广告。但从微软公司网站广告换头事件可以看出，即使像微软这样的大跨国公司，也不免在国际广告中出现问题。国际广告与国内广告相比有什么特点？在哪些环节容易出现问题？面临全球性与本土化的矛盾时，应该采用什么样的国际广告策略？

## 15.1　国际广告概论

### 1. 国际广告的概念

国际广告（international advertising）是指为了配合广告主国际营销的需要，通过跨国传播媒介，对国外特定消费者所进行的有关商品、服务或企业形象的信息传播活动，也可称为跨国广告（multinational advertising）或者全球广告（global advertising）。

国际广告是随着国际贸易的发展而成长并逐渐发展起来的，是国际营销活动发展的产物。在经济全球化时代，对于各国的企业来说，目前大都面临国际营销的问题，即在国外市场上推销自己的商品。国际广告是出口商品的先遣队和必不可少的桥梁。通过国际广告，可以使商品进口国的消费者了解出口国的有关情况，了解出口商品企业的情况及商品情况，引起他们的兴趣，提高知名度，建立品牌形象，从而开拓国外市场。可以这样认为，国际广告对于国际行销的成功具有至关重要的战略意义，尤其在国际竞争越来越激烈的形势下更是如此。世界上很多跨国公司均是在广告先行的条件下打开别国市场大门的。据统计，目前世界百强品牌企业均有 50% 以上的销售收入来自本国以外的市场，国际广告成为促进企业在广阔的国际市场上实现销售的重要力量。

### 2. 国际广告的特点

作为跨越国境的广告传播活动，国际广告具有不同于一般国内广告的特点，有其自身的广告运作规律和机制。

① 国际广告比国内广告更加困难。广告主可能面临的是自己所不甚熟悉甚至一无所知的市场环境，不了解消费者的消费心理，也不了解其消费方式和生活方式；对于厂家和消费者来说，相互之间都是陌生的，存在认识和沟通上的困难，使得国际广告的运作注定比国内广告困难。

② 国际广告比国内广告更具复杂性。各国的政治、经济、文化、科技发展状况不同，其生产方式、生活方式、文化习俗、宗教信仰等有极大的差异性。在一个广大而又复杂的国际市场范围内进行广告运作，是国际广告的一大特点。如何兼顾国际一体化市场和跨文化沟通与交流，解决全球性与本土化的矛盾是国际广告面临的一个基本矛盾和核心问题。

③ 国际广告调查在国际广告中占有特别重要的地位。不同的国家和地区在社会制度、政策法令、消费水平和结构、风俗习惯、自然环境、宗教信仰及由此形成的消费观念及市场特征等方面都存在极大差异，充分调查国际广告面临的具体市场环境，是成功开展国际广告活动的前提和基础。

④ 从广告传播来看，语言和文化习俗是进行国际广告最大、最难的两个障碍。语言是广告信息传播的主体符号，但由于不同语言在表义、组合和修辞等方面的差异，广告信息很难准确地对外传播，经常产生歧义。广告作为一种文化产品，与当地的文化和风俗习惯相冲突在国际广告中也屡见不鲜。

> **应用案例**　　　　　　　　**Fashion Shoes**
>
> 　　多年前,一家美国皮鞋厂要把产品销往德国,在产品说明和促销广告里使用"Fashion Shoes"(时装皮鞋)这样的字眼,负责广告和促销的公司要求把"Fashion"这个词改一改,皮鞋公司百思不得其解,广告公司费了好大劲才把他们说服。这个广告公司的负责人这样评说:"很显然,皮鞋公司负责市场营销的人对如下道理缺乏了解:如果对另一种文化背景根本不了解,你别指望卖东西给他们。在美国用'Fashion Shoes'来促销是绝对正确的,但在德语里,Fashion这个词却是华而不实、质地不佳的意思,德国人最恨华而不实、引人上当的东西,这不是说德国人不看重时尚,而是说德国人更注重产品质量。因此我说服皮鞋公司的市场营销负责人,他需要的不是美国版广告的直译,而是需要一个适合德国国情的广告。"

　　⑤ 从广告内容来看,国际广告在广告宣传重点上更加注重宣传企业形象和商品形象,而国内广告直接宣传商品功能的较为普遍。这是因为外国人对国际广告主的国情了解不多,对出口企业情况更是知之甚少,而且有时还会有偏见或误解。为此,国际广告主要使其商品被外国消费者接受,首先在广告宣传上应重点塑造企业和品牌形象,使外国人了解出口国和出口企业的真面目和基本情况。

> **应用案例**　　　　**可口可乐以"一杯饮料"独步天下**
>
> 　　可口可乐自1886年问世以来,在其各种广告中始终贯穿着一条主线——用一种"世界性语言"与不同国家、不同种族、不同文化的消费者沟通。"口渴的感觉使四海成为一家""口渴没有季节""尽情尽欢,可口可乐""永远的可口可乐""挡不住的诱惑""畅爽开怀""品味感觉"……,这些广告铺天盖地、风卷残云般地席卷全球,使可口可乐这一饮料在全球范围内广泛流行。据统计,可口可乐在全球的日销售量多达三亿杯,该品牌同时也成为世界范围内的时尚品牌。可口可乐以"一杯饮料"独步天下,并成为世界上最大的碳酸饮料公司和该行业最有价值的品牌,与其利用广告在全球塑造的全球统一品牌形象不无关系。

　　⑥ 从广告对象来看,国际广告以工商业者为广告对象的比重比国内广告大。虽然国际广告也主要以消费者为广告对象,但以工商业者为广告对象的比重要大些。这是因为无论是生产资料还是日用消费品,必须首先由外国的进口商、代理商、经销商等采购后,直接消费者才能购买,所以在国际广告中向工商业者进行广告宣传的比重比国内广告要大。

　　⑦ 国际广告的实施大都需要通过国际广告代理机构。这些机构既可以是国内兼营国际广告业务的,也可以专营国际广告业务的,还可以是国外当地的广告代理商,而通过广告主自己实施国际广告的微乎其微。因此,广告主对国际广告代理商的选择至关重要,要求必须根据自身情况对代理商的情况进行分析研究,慎重选择。

　　⑧ 国际广告一般直接为国际行销服务,其目的性和针对性更强。进行国际广告,要么是向商品输入国或未来可能的输入国直接宣传,促进商品的销售,要么是树立企业形象和商品形象,不能盲目地乱做广告。从发达国家进行国际广告的经验来看,它们所实施的广告行为,大都与其他的促销手段结合在一起。尽管那些大型企业的广告主

都有雄厚的实力，但它们从不做无效益的广告。其中的原因也许是国际广告的费用比国内广告要高得多。

### 3. 国际广告的发展趋势

20世纪70年代发展进入国际营销和国际广告的时代，国际市场亦形成大量生产、大量消费、大量传播三大支柱。在国际市场上，所谓"大量传播"的支柱就是国际广告的大规模发展。市场扩大化、贸易自由化和经济集团化发展，对于国际广告的传播技术和代理经营水平的要求也越来越高。有些跨国公司倾向于选择一两个广告代理集团，而不是像通常那样同时选用多个代理商，极大地鼓励了广告公司乃至广告集团之间的合并，同时广告业的社会分工也越来越细，即使作为集团里的一个成员公司的单个广告公司，也无疑必须具备国际性的执行能力，由此导致世界广告业经营不断整合与分化，以适应企业经营全球化的要求。

全球广告业掀起的兼并、收购与联合、整合热潮，一方面造就了许多大型的广告集团，另一方面也使很多广告公司不断整合与分化。例如，英国的跨国传播集团WPP 1987年以5.66亿美元买下了著名的J. Walter Thompson（智威汤逊）广告公司，震惊业界；1989年以8.64亿美元买下了世界上最大的跨国广告公司Ogilvy & Mather（奥美广告），一举成为全球最大的广告集团；2000年以47亿美元收购全球第七大广告公司Y&R（扬罗必凯）集团，这个惊人的数字引起业界一声惊叹；2002年收购世界十大广告集团之列的博报堂（拥有该集团25%的股份）、旭通（拥有该集团20%的股份）；2003年以4.43亿英镑收购旗下拥有Bates（达彼斯）广告的世界第八大广告集团Cordiant Communications（科戴安特传播）集团；2004年收购世界第七大广告集团Grey Global Group（葛瑞环球）集团；2012年以5.4亿美元收购数字广告公司AKQA……除了这些大动作以外，WPP多次采取措施调整自身组织架构，例如2017年7月，WPP旗下数字代理商Possible被并入Wunderman（伟门）；2017年9月，将媒体公司Maxus和MEC合并，成立了Wavemaker；2018年1月，将旗下5家设计咨询公司合并成Superunion，旗下的公关公司博雅公关和凯维公关也已经合并；2018年9月，WPP将旗下著名的创办于1923年、2000年被WPP收购的传统广告公司Y&R与2001年收购的以数字创意而知名的VML合并，组建了一家新的品牌体验代理商VMLY&R，形成了"传统广告公司＋数字营销公司"的组合，全球拥有7 000多名员工，主要运营城市包括堪萨斯城、纽约、伦敦、圣保罗、上海、新加坡和悉尼，为高露洁－棕榄、戴尔、Wendy's、辉瑞和福特等大客户提供服务；2018年11月，又将成立于1864年、跻身于世界四大顶尖广告公司之列的传统广告公司智威汤逊和数字营销公司伟门合并，组建了新的公司Wunderman Thompson，新公司定位于"端到端解决方案供应商"，在全球90个城市中拥有超过20 000名员工，通过创意、数据、商业、咨询和技术服务在全球范围内服务客户。再如，1999年，世界第二大广告集团Omnicom（宏盟）广告集团将旗下著名的DDB（恒美）、BBDO（天联）和TBWA（李岱艾）广告公司的媒体部组成OMD（浩腾媒体），迅速成长为全球最大的媒体购买公司，目前在全球80多个国家拥有140个分支机构，在北京、上海、广州均设有分公司，为大量著名跨国公司承担各种形式的媒体计划和媒体购买工作。

近年来,国际广告经营额急剧增加,国际广告量大幅度提高。目前世界上许多跨国公司广告开支中用于海外市场的占一半以上。例如,早在1996年美国宝洁公司在美国境内的广告开支为24.79亿美元,海外的26.23亿美元;在2000年77个国家的广告市场中,宝洁公司是其中48个国家的10大广告主之一,而且它还是其中28个国家中唯一最大的广告主;2010年宝洁公司全球广告支出达到93亿美元,占全球总收入826亿美元的11.3%,刷新了历史纪录;虽然此后广告支出持续下降,但2018年花费71.03亿美元广告费的宝洁公司依然是全球最大的广告主,全球总收入668亿美元,其中在美国本土收入273亿美元,海外收入395亿美元,其美国市场广告支出42.81亿美元。

从广告代理的营业收入也可见一斑。例如,Omnicom(宏盟)广告集团旗下的全球最大的媒体购买公司OMD(浩腾媒体),2005年全球营业总额达216亿美元,本土营业额为103亿美元。WPP集团2018年营收128亿英镑(约170亿美元),营收来自全球各地,英国约占20%。世界最大的社交媒体平台Facebook 2018年全球收入总额558亿美元,仅仅从中国广告主获得的广告收入就达50亿美元,约占其收入总额的10%,中国成为Facebook除美国本土以外最大的广告市场。有数据显示,Facebook中国合作伙伴官方广告经销商Meet Social每天在Facebook上发布大约2万个中国广告,由此可以看出中国企业为了能够赢得国际关注度,不惜血本在海外平台上进行营销。

据国际广告专家分析,国际广告激增的原因:一是国际市场的扩大,使国际广告的费用额逐年上升;二是贸易的自由化、经济的联合化及广告技术水平的国际平均化等;三是互联网尤其是移动互联网越来越深入地改变着传媒、市场和营销,新媒体变革席卷全球,国际广告拥有了越来越广阔的国际媒体传播平台。特别值得指出的是,在互联网新媒体阶段,任何在互联网新媒体上的广告都具有了国际广告的性质,增加了广告的复杂性。

**应用案例** **大众撤回在Instagram和Twitter上发布的短视频广告**

2020年5月,德国大众在Instagram和Twitter上发布一段意在推广最新款第八代高尔夫车型的视频广告片段,在这段10秒钟的视频中,一名强壮、深色皮肤的男子像木偶一样被一只巨大的疑似白人女性的手指引着,直到来到一款停在大街上的黄色全新大众第八代高尔夫旁边,然后被推进一家法国咖啡馆里。而这家咖啡馆的名字叫Petit Colon,在法语里的字面意思是"小殖民者"。一些社交媒体用户认为,随着视频广告中的德语字母"Der NeueGolf"逐渐淡出人们的视线,这些杂乱无章的字母可以在短时间内被解读为种族歧视。在网民的声讨下,大众最终删除了这则短视频,并就广告中涉及的种族主义道歉。据悉,这段短视频是委托一家创意机构制作的,取景地位于阿根廷首都布宜诺斯艾利斯,本意是讲述对不同肤色情侣坠入爱河的故事。

## 15.2 国际广告策划和实施

### 15.2.1 国际广告调查

**1. 国际广告调查的意义和内容**

与国内广告相比,由于国际广告的诉求对象和目标市场是国际性的,广告代理是世界性的，同时由于不同的国家和地区在社会制度、政策法令、消费水平和结构、风俗习惯、自然环境、宗教信仰及由此形成的消费观念及市场特征等方面都存在极大差异，因此国际广告比国内广告更具复杂性。国际广告调查在整个国际广告活动中占有重要地位，它是开展国际广告的前提和基础，是确定国际广告的对象、战略、策略、目标等基础性工作。国际广告调查的内容一般主要包括以下方面。

(1) 政治情况

主要包括政治制度、政府行政机构、政治局势、政治信仰和意识形态，以及政府对经济的管理体制、政府对经济的干预情况、政治上的排外情况等。

(2) 法规情况

主要包括海关法、税法、商品进出口法、广告法及其他市场竞争方面的法律法规。

### 应用案例　美国谷类食品加工公司在英国遇到的法律麻烦

美国一家大的谷类食品加工公司在英国运用和美国同样的宣传手法来做早餐食物广告，结果遇到法律麻烦。在美国，促销甜麦圈之类的广告往往以儿童作为主要诉求对象，所以广告里的人物是红头发、带雀斑的典型美国儿童。该公司在英国促销时如法炮制，把美国的广告照搬过来，英国人却对该公司用儿童做广告和企图用广告来影响儿童的做法不满，因为英国对此有严格的法律规定。他们认为广告促销针对儿童是不合适的，迫使该公司放弃原有广告，制作了新的广告。

(3) 经济情况

这是国际广告调查的重点，主要包括：经济发展水平，如国民生产总值、人均国民生产总值、经济发展速度、科技发展水平、通货膨胀率等；自然资源情况，如天然资源、地理环境、气候、交通运输、能源等；产业结构、产品结构、主导产业、工业绩效、商业系统的发展水平、劳动力就业情况及结构；市场容量，如人口规模、消费水平、性别、年龄、文化结构、收入水平等；市场竞争情况，如竞争激烈程度、对手情况等；经济政策及走向；货币、度量衡情况。

(4) 语言、文化与风俗习惯情况

① 进口国的忌讳。各国对颜色、商品、语言等都有忌讳，比如绿色在日本被认为是不吉祥颜色。

### 应用案例　中国的"兔牌"樟脑在澳洲遇冷

樟脑在澳大利亚有很大的需求市场，但中国的"兔牌"樟脑却备受冷落。主要原因是在广阔的澳大利亚草原上，兔子少天敌，繁殖快，吃掉大量牧草，已成为当地的一大公害。澳大利亚每年因兔子付出了相当大的代价。这种情况下，"兔牌"怎能受欢迎呢！

② 该国更喜欢什么。即在颜色、商品造型、装饰、语言等方面的偏好特点，比如美国人喜欢绿色、日本人喜欢互赠白色毛巾。

③ 宗教信仰情况。

> **应用案例**　　**日本索尼公司在泰国用佛祖释迦牟尼做广告**
>
> 　　1988年，日本索尼公司为了在泰国推销收录机，用佛祖释迦牟尼做广告。在这则电视广告中，释迦牟尼双目紧闭，安详侧卧，进入物我两忘的境界。不一会儿，索尼收录机播放出了美妙的音乐，佛祖失去定力为音乐所诱惑，竟然全身随音乐有节奏地摆动，最后睁开了慧眼。日本企业的广告创意，无非是用夸张的手法来说明其产品的魅力。岂料佛教是泰国的国教，佛祖释迦牟尼更是全国崇拜的偶像。这则广告是对泰国国教的极大不敬，是对泰国人民的公然挑衅。在举国的愤怒声中，泰国当局向日本政府提出了强烈的抗议。此时，索尼公司才醒悟过来，立即停播了这则广告并向泰国人民公开道歉。

　　④ 该国的民族性格。比如西欧人更容易接受幽默的广告。

　　⑤ 该国的购买习惯和消费习惯。比如，交通发达国家以一次性大量购买为特点；有的国家喜欢小包装，以一次性小量购买为特点。

　　(5) 自然环境情况

　　应注意了解所在国经济地理情况、自然资源分布情况、主要城市和商业分布情况及气候和季节变化情况。

　　(6) 商业广告条件情况

　　① 所在国的广告传播媒体情况。应了解所在国有什么媒体、常用媒体是什么、最容易被接受的媒体是什么、所在国对媒体的使用有何限制等。

　　② 所在国商业广告经营业发展情况。国际广告一般都得委托当地商业广告经营者经办，因此应特别重视这些被委托公司的经营水平、价格及广告费用等。

　　③ 所在国广告普及程度及国民的文化教育水平。在广告竞争激烈的国家和在广告并不多的国家进行广告活动的情况显然是不同的。文化水平不同的人，对广告表现的认识和理解是截然不同的。

　　④ 所在国调查广告媒体发行数量的公共调查机构的情况。有些国家无这类调查机构，造成发行数量被夸大而使广告相对费用增大，且达不到应有的广告效果。

　　(7) 该国市场同类商品的竞争状况

　　① 主要竞争对手的基本情况。了解和分析竞争对手的同类商品品质、价格、成本、经营地点与分销渠道的设置，查明竞争对手的企业规模、实力、广告宣传和市场营销策略、对市场的控制能力等。

　　② 主要竞争对手广告商品的竞争能力。主要通过对广告商品的品质分析、价格分析、市场分析和分销渠道分析来进行。

　　上述内容只是国际广告调查的主要内容，具体应根据不同的需要和不同广告个案而定。

　　**2. 国际广告调查的方法和途径**

　　国际广告调查的方法与国内广告调查的方法基本相同（见第6章），但在调查技巧上必须因地制宜、随机应变。对于调查地区人们的宗教信仰、民族性格等，调查人员均应了如指掌。一般而言，日本和欧美等发达国家的市场调查较易进行，但发展中国家，如非洲、南美、印度等则较困难。有些地区连人口统计等基本资料，甚至连电话簿与市区行政图都没有，所以不易用随机抽样法进行调查。一些文盲率较高的国家，文字问卷调查完全无法开展。此外，复杂的语言也成为国际市场调查的最大障碍。

　　国际广告调查的途径一般有4种形式：广告主自设国际市场调查机构，通过长期调查准确地把握市场趋势；广告主委托本企业国外分支机构进行调查，这种方法操作简单，费用少，但是由于分支机构力量有限，专业调查人员不多，因此这种调查结果很多难以令人满意；委托经办本企业广告业务的广告公司调查，这种效果较好；委托专门的国际市场调查机构进行调查，它们能为客户提供完善的市场调研服务。

其他途径如委托驻外使馆、领事馆的商务代办机构、外经贸研究部门，但这类机构由于职能的限制，调查结果常常不尽如人意；派出业务人员实地考察，若时间较长则费用较大，若时间较短则会蜻蜓点水、走马观花，不能深入问题的实质，而且由于语言的障碍，往往不能取得满意的调查结果，因此很少用。

### 15.2.2 国际广告策划和策略

经过全面系统的国际广告调查后，就可以开始国际广告的策划工作。国际广告策划的方法、程序与国内广告策划基本相同。但由于各个国家在政治、经济、社会、文化等方面的情况不同，形成了不同的市场特性，因而必须在广告主题确定与表现创作、媒体策略等方面充分注意这些特征，以适应国际市场的需要，取得满意的营销效果。例如采用民族化还是跨国策略，采用形象广告策略还是商品广告策略，采用满足基本需求策略还是选择需求策略，采用推动需求策略还是拉引需求策略，采用情感诉求策略还是理性诉求策略，采用对比策略还是陈述策略，采用正面叙述策略还是全面叙述策略等，都需要认真对待，因具体情况而异，在此不再赘述（参见前面有关章节）。在国际广告中，所要解决的核心问题是如何兼顾国际一体化市场和跨文化沟通与交流，简单地说，就是全球性与本土化的矛盾。对比有 3 种策略，我们称之为广告国际化策略。

#### 1. 当地化广告策略

当地化广告策略是指根据世界各国的文化、市场、经济发展水平、消费者的需求、生活习惯、法律规范等的不同，各地分公司因地制宜地设计不同风格、不同主题的广告作品进行宣传。例如，美国斯文公司在美国以生活乐趣作为其自行车广告的主题，而在斯堪的那维亚则用安全作为广告主题，这是因为消费者不同的购买动机来自不同的价值观、风俗习惯、消费偏好。当地化广告能够较好地考虑到当地的禁忌，反映当地的社会价值观念，能取得较好的广告效果。

> **应用案例**　　　　　　　　　　**可口可乐的当地化广告策略**
>
> 可口可乐已经成为一种全球性的文化标志。但是，在风靡全球的同时，可口可乐没有一味传达、销售美国观念，而是在不同的地区、不同的文化背景下、不同的宗教团体和种族中采取分而治之的策略，比如可口可乐公司的广告口号"无法抓住那种感觉"（Can't beat that feeling），在日本改为"我感受可乐"（I feel Cola），在意大利改为"独一无二的感受"（Unique sensation），在智利又改成了"生活的感受"（The feeling of life）。
>
> 中美建交后可口可乐重返中国，以最典型化的美国风格和个性来打动中国消费者，广告宣传基本上采用配上中文解说的美国电视广告版本，中国的消费者看到的总是可口可乐那鲜红的颜色和充满活力的造型，这种全球标准化策略一直沿用到1998年。1999年，是可口可乐广告传播由"标准化"向"本土化"转变的一个里程碑，可口可乐根据中国的风土人情对其传统的广告策略进行了调整，中国的当红明星、传统图腾与吉祥物出现在屏幕上，以适应20多年来中国人生活形态和价值观的巨大变化，紧紧贴住中国的时代脉搏。20多年下来，以致很多孩子以为可口可乐是本土品牌，已经成为其生活的一部分。

很多大型的跨国公司和出口商都采用了广告当地化策略,经过多年的实践经验,广告当地化策略对于促进商品在特定的目标市场销售功不可没,但是形象不统一、不清晰、成本高也是其不可避免的缺憾。同时在当今这个现代科技高度发达的信息化社会,互联网、卫星电视等各种先进的广告媒体的相继出现,交通业的飞速发展拉近了人们的距离,尤其是在全球经济一体化浪潮的冲击下,广告当地化策略显然不能满足各个公司追求统一形象、降低成本的要求。

### 2. 标准化广告策略

标准化广告策略是指针对世界不同市场采取同样或类似的广告策略。消费者近乎趋同的品位、需求、生活方式将超越民族、地域、文化的限制,廉价的航空旅行和高新电子通信技术正使世界成为一个共同市场。生产标准化产品并在全世界销售将成为各个跨国公司追求最大利润的一种趋势。产品的标准化带来的是公司营销的标准化,作为营销一部分的广告宣传也将实现标准化,即针对世界不同市场采取同样或类似的广告策略。

**应用案例　　　　　高露洁牙膏的标准化广告策略**

为了在全球范围内树立和维护"口腔护理专家"的品牌形象,高露洁棕榄公司的知名品牌高露洁牙膏一直采取在全球统一投放广告的做法。它在中国市场使用的儿童代言广告和对比式广告与欧洲市场使用的广告几乎没有什么差别,只是相应地将英文转换为中文。这种做法不但维护了高露洁全球统一的品牌形象,同时节省了广告成本。该公司在40多个国家中销售高露洁牙膏,在每个国家采用统一的广告,广告制作成本能够降低100万~200万美元。

标准化广告具有以下优点:实现了生产与分销的规模经济;大大降低了广告的制作与宣传成本;可以形成一个清晰的品牌形象,克服了当地化广告策略带来的不同市场不同品牌形象的尴尬;有利于产品迅速进入不同市场。

目前,各个跨国公司纷纷探索走国际广告标准化的途径,并希望通过统一的标准把产品介绍给全世界。采用标准化广告策略,一般有两种方式。

(1) 出口式广告

即直接使用国内广告。例如法国香水在国际市场上促销时常采用出口式广告策略。采取这种策略可以避免因语言翻译上的障碍导致的风险,把广告的信息准确地传递给顾客,从而顺利打进各国市场。但这种方法使用范围有限。

(2) 翻译式广告

即根据在国内使用过的广告,图像、色彩、音乐、标识等基本保持不变,用目标国的语言翻译过来后在目标市场上刊播。这样做不仅保持了原广告的原汁原味,而且通过语言上精心的翻译,适合当地的语言特点和美感,更加让人易于接受。

但是,对广告实行标准化是有条件的,并非任何产品都适合广告的标准化,适合广告标准化的产品,必须是各地消费者的需求与期望一致的产品。

为了实施广告标准化,许多跨国公司把广告业务集中交给某一两家大型跨国广告公司,由它们全权负责公司全球的广告宣传任务。这样,把公司从复杂的广告宣传中解脱出来,不仅能够充分利用这些跨国广告公司庞大的宣传网络,而且再也不必为广告的创意等问题大伤脑筋,大大节省了人力、物力与财力。

### 3. "策略标准化，创意制作当地化"广告策略

这种策略是指事先制定一种全球统一的广告宣传策略，再以它为中心针对当地情况灵活实施。由于世界各国的文化、市场、经济发展水平、消费者的需求、法律规范等的不同，对大多数商品来说，很难确定一个适合于世界各国的广告，再加上如果当地政府对产品成分、包装、商标等因素进行控制，这些都将严重阻碍公司各项标准化策略的实施。无数的成功与失败案例表明，"策略标准化，创意制作当地化"既保持了广告的全球统一性，又考虑到了各地区的不同要求，克服了广告完全的标准化带来的诸多问题，已成为国际广告宣传的一种趋势。最近的调查表明，美国的跨国公司只有9%采用了完全的全球标准化的广告策略，37%为完全的当地化，剩下的54%采用了二者结合的策略，即"策略标准化，创意制作当地化"。

**应用案例**　　　　　　　　**绝对伏特加集中创意、本地表现**

绝对牌伏特加1879年产自瑞典北部的一个小山村。在1978年进入美国市场时，TBWA公司为它创作了以绝对牌伏特加特有的酒瓶为中心的广告"绝对完美"篇，此后数十年间无论在美国、在欧洲、在亚洲或是在中东地区，绝对牌伏特加都一直延续这种广告风格，伏特加的酒瓶和当地的建筑、文化、习惯相结合，演绎了上百种精美广告。

采用"策略标准化，创意制作当地化"广告策略一般有两种形式。

（1）模板式广告

即总部根据从广告市场调查中了解到的国际市场的共性，明确规定广告的基本模式和适合当地情况的要求，各地的分公司则据此设计、制作具有地方特色的广告作品。这种广告的成功之处在于，它牢牢抓住了当地顾客的消费心理，通过某种他们所向往事物的表述，引起人们的共鸣，拉近了与消费者的距离，博得了消费者的好感。同时，广告为适应当地市场，只对模板的很小细节进行改变，并不影响广告的标准化特点。

（2）指导式广告

此类广告首先由总部对广告的策略、运行、预算及目标提出指导性意见，然后由地区经理或广告商遵照执行。在执行过程中，这些地区经理和广告商有很大的自由度，他们可以根据总部的要求自主设计符合当地要求的广告。这种广告比模板式广告有更大的灵活性。各个子公司可以充分发挥自己的创造性和主观能动性，创作更能适合当地需求的广告，最大限度地发挥广告宣传的作用，但不能与总公司的总的广告指令相违背。

需要注意的是，国际广告策略不是一成不变的，要随着企业的需要和时代的变化进行调整，有时甚至是混合运用。

## 15.2.3　国际广告的实施

国际广告经过周密的策划之后，便进入了广告实施阶段。国际广告的实施主要涉及国际广告代理商的选择和国际广告媒体的选择两个问题。

### 1. 国际广告代理商的选择

在开展国际广告活动时，有些广告主通过进口国当地的商业广告媒体直接进行国际广告业务。这种方法比较简单，但必须拥有熟悉进口国情况和广告方法的人才，这种方法具有较大的难度，在国际商业广告中较为少见，一般都要通过选择广告代理商进行。

国际广告代理商的选择，主要有两大类型：一是本国的广告代理商；二是外国当地的广告代理商，它们又各自具有不同的形式。

(1) 本国广告代理商兼营国际广告业务

① 无国外分支机构的本国广告代理商。这类代理商必须具有强有力的国际广告策划能力、创作能力与发布能力，否则就无法胜任国际广告业务。

② 有国外分支机构的本国广告代理商。这类广告代理商必须具有雄厚的财力、人力和设备，而且必须具备丰富的国际广告经验。

(2) 本国专业国际广告代理商

① 部分国际广告业务代理商。这类广告代理商，其人员、资金及设备有限，只能承担企业国际广告中的部分业务，如代购媒体、承担部分广告制作或部分国家与地区的广告业务。

② 全面国际广告业务代理商。这类广告代理商具有充分的国际广告实施的条件、经验和能力，能为企业提供全面的服务。此外，它们之中多数有国外广告分支机构，并和国外的广告代理商、经销商有着经常性的密切联系，因而更有利于国际广告业务的开展。

(3) 国外当地广告代理商

① 部分国际广告进口国广告代理商。这种广告代理商只能为企业提供部分国际广告业务服务，如代购媒体、广告设计及制作。

② 全面国际广告进口国广告代理商。这种广告代理商规模庞大、设备完善、人才济济，能为企业提供全面性的较高水平的广告服务。

(4) 合作式广告代理商

① 本国广告代理商与专业国际广告代理商合作。这种代理形式是以本国广告代理商为主体，专业国际广告代理商作为本国广告代理商的国外代表从事广告活动。这种合作形式，既可为企业提供国际广告的专门技术与知识，又可节约广告开支，充分利用了两种代理商的优势。

② 本国广告代理商与进口国代理商合作。这是国际广告之间互通有无的方式，两国代理商互相代办各自的广告业务，通过契约达成短期或长期合作。

③ 本国专业国际广告代理商与进口国代理商合作。这种合作方式适用于专业国际广告代理商无国外分支机构，或国外分支机构不健全尚需进口国广告代理商配合的情况。但是，目前即使是具有强大的分支机构的国际广告代理商也多与进口国广告代理商合作，以便制作出高水平的广告。

对国际广告代理商的选择关系到企业国际广告的成败，企业应根据自身的情况及广告代理商的情况充分研究，谨慎选择。

### 2. 国际广告媒体的选择

国际广告媒体的选择与国内广告媒体的选择大同小异。可以说广告媒体的选择和组合是直接影响国际广告宣传效果的关键因素，因此必须认真分析和了解不同国家和地区的实际情况，谨慎选择广告媒体，在此不再展开。

## 思 考 题

1. 简述国际广告的概念、特点。
2. 国际广告调查的内容有哪些？要特别注意哪些问题？
3. 广告国际化策略有哪几种？你对此有何看法？
4. 国际广告代理的类型主要有哪些？

# 附录A
# 中华人民共和国广告法

（1994年10月27日第八届全国人民代表大会常务委员会第十次会议通过，1995年2月1日起施行，2015年4月24日第十二届全国人民代表大会常务委员会第十四次会议修订，自2015年9月1日施行，2018年10月26日第十三届全国人民代表大会常务委员会第六次会议修正）

## 第一章 总则

**第一条** 为了规范广告活动，保护消费者的合法权益，促进广告业的健康发展，维护社会经济秩序，制定本法。

**第二条** 在中华人民共和国境内，商品经营者或者服务提供者通过一定媒介和形式直接或者间接地介绍自己所推销的商品或者服务的商业广告活动，适用本法。

本法所称广告主，是指为推销商品或者服务，自行或者委托他人设计、制作、发布广告的自然人、法人或者其他组织。

本法所称广告经营者，是指接受委托提供广告设计、制作、代理服务的自然人、法人或者其他组织。

本法所称广告发布者，是指为广告主或者广告主委托的广告经营者发布广告的自然人、法人或者其他组织。

本法所称广告代言人，是指广告主以外的，在广告中以自己的名义或者形象对商品、服务作推荐、证明的自然人、法人或者其他组织。

**第三条** 广告应当真实、合法，以健康的表现形式表达广告内容，符合社会主义精神文明建设和弘扬中华民族优秀传统文化的要求。

**第四条** 广告不得含有虚假或者引人误解的内容，不得欺骗、误导消费者。

广告主应当对广告内容的真实性负责。

**第五条** 广告主、广告经营者、广告发布者从事广告活动，应当遵守法律、法规，诚实信用，公平竞争。

**第六条** 国务院市场监督管理部门主管全国的广告监督管理工作，国务院有关部门在各自的职责范围内负责广告管理相关工作。

县级以上地方市场监督管理部门主管本行政区域的广告监督管理工作，县级以上地方人民政府有关部门在各自的职责范围内负责广告管理相关工作。

**第七条** 广告行业组织依照法律、法规和章程的规定，制定行业规范，加强行业自律，促进行业发展，引导会员依法从事广告活动，推动广告行业诚信建设。

## 第二章 广告内容准则

**第八条** 广告中对商品的性能、功能、产地、用途、质量、成分、价格、生产者、有效期限、允诺等或者对服务的内容、提供者、形式、质量、价格、允诺等有表示的，应当准确、清楚、明白。

广告中表明推销的商品或者服务附带赠送的，应当明示所附带赠送商品或者服务的品种、规格、数量、期限和方式。

法律、行政法规规定广告中应当明示的内容，应当显著、清晰表示。

**第九条** 广告不得有下列情形：

（一）使用或者变相使用中华人民共和国的国旗、国歌、国徽，军旗、军歌、军徽；

（二）使用或者变相使用国家机关、国家机关工作人员的名义或者形象；

（三）使用"国家级"、"最高级"、"最佳"等用语；

（四）损害国家的尊严或者利益，泄露国家秘密；

（五）妨碍社会安定，损害社会公共利益；

（六）危害人身、财产安全，泄露个人隐私；

（七）妨碍社会公共秩序或者违背社会良好风尚；

（八）含有淫秽、色情、赌博、迷信、恐怖、暴力的内容；

（九）含有民族、种族、宗教、性别歧视的内容；

（十）妨碍环境、自然资源或者文化遗产保护；

（十一）法律、行政法规规定禁止的其他情形。

**第十条** 广告不得损害未成年人和残疾人的身心健康。

**第十一条** 广告内容涉及的事项需要取得行政许可的，应当与许可的内容相符合。

广告使用数据、统计资料、调查结果、文摘、引用语等引证内容的，应当真实、准确，并表明出处。引证内容有适用范围和有效期限的，应当明确表示。

**第十二条** 广告中涉及专利产品或者专利方法的，应当标明专利号和专利种类。

未取得专利权的，不得在广告中谎称取得专利权。

禁止使用未授予专利权的专利申请和已经终止、撤销、无效的专利作广告。

**第十三条** 广告不得贬低其他生产经营者的商品或者服务。

**第十四条** 广告应当具有可识别性，能够使消费者辨明其为广告。

大众传播媒介不得以新闻报道形式变相发布广告。通过大众传播媒介发布的广告应当显著标明"广告"，与其他非广告信息相区别，不得使消费者产生误解。

广播电台、电视台发布广告，应当遵守国务院有关部门关于时长、方式的规定，并应当对广告时长作出明显提示。

**第十五条** 麻醉药品、精神药品、医疗用毒性药品、放射性药品等特殊药品，药品类易制毒化学品，以及戒毒治疗的药品、医疗器械和治疗方法，不得作广告。

前款规定以外的处方药，只能在国务院卫生行政部门和国务院药品监督管理部门共同指定的医学、药学专业刊物上作广告。

**第十六条** 医疗、药品、医疗器械广告不得含有下列内容：

（一）表示功效、安全性的断言或者保证；

（二）说明治愈率或者有效率；

（三）与其他药品、医疗器械的功效和安全性或者其他医疗机构比较；
（四）利用广告代言人作推荐、证明；
（五）法律、行政法规规定禁止的其他内容。

药品广告的内容不得与国务院药品监督管理部门批准的说明书不一致，并应当显著标明禁忌、不良反应。处方药广告应当显著标明"本广告仅供医学药学专业人士阅读"，非处方药广告应当显著标明"请按药品说明书或者在药师指导下购买和使用"。

推荐给个人自用的医疗器械的广告，应当显著标明"请仔细阅读产品说明书或者在医务人员的指导下购买和使用"。医疗器械产品注册证明文件中有禁忌内容、注意事项的，广告中应当显著标明"禁忌内容或者注意事项详见说明书"。

**第十七条** 除医疗、药品、医疗器械广告外，禁止其他任何广告涉及疾病治疗功能，并不得使用医疗用语或者易使推销的商品与药品、医疗器械相混淆的用语。

**第十八条** 保健食品广告不得含有下列内容：
（一）表示功效、安全性的断言或者保证；
（二）涉及疾病预防、治疗功能；
（三）声称或者暗示广告商品为保障健康所必需；
（四）与药品、其他保健食品进行比较；
（五）利用广告代言人作推荐、证明；
（六）法律、行政法规规定禁止的其他内容。

保健食品广告应当显著标明"本品不能代替药物"。

**第十九条** 广播电台、电视台、报刊音像出版单位、互联网信息服务提供者不得以介绍健康、养生知识等形式变相发布医疗、药品、医疗器械、保健食品广告。

**第二十条** 禁止在大众传播媒介或者公共场所发布声称全部或者部分替代母乳的婴儿乳制品、饮料和其他食品广告。

**第二十一条** 农药、兽药、饲料和饲料添加剂广告不得含有下列内容：
（一）表示功效、安全性的断言或者保证；
（二）利用科研单位、学术机构、技术推广机构、行业协会或者专业人士、用户的名义或者形象作推荐、证明；
（三）说明有效率；
（四）违反安全使用规程的文字、语言或者画面；
（五）法律、行政法规规定禁止的其他内容。

**第二十二条** 禁止在大众传播媒介或者公共场所、公共交通工具、户外发布烟草广告。禁止向未成年人发送任何形式的烟草广告。

禁止利用其他商品或者服务的广告、公益广告，宣传烟草制品名称、商标、包装、装潢以及类似内容。

烟草制品生产者或者销售者发布的迁址、更名、招聘等启事中，不得含有烟草制品名称、商标、包装、装潢以及类似内容。

**第二十三条** 酒类广告不得含有下列内容：
（一）诱导、怂恿饮酒或者宣传无节制饮酒；
（二）出现饮酒的动作；
（三）表现驾驶车、船、飞机等活动；

（四）明示或者暗示饮酒有消除紧张和焦虑、增加体力等功效。

第二十四条　教育、培训广告不得含有下列内容：

（一）对升学、通过考试、获得学位学历或者合格证书，或者对教育、培训的效果作出明示或者暗示的保证性承诺；

（二）明示或者暗示有相关考试｜机构或者其工作人员、考试命题人员参与教育、培训；

（三）利用科研单位、学术机构、教育机构、行业协会、专业人士、受益者的名义或者形象作推荐、证明。

第二十五条　招商等有投资回报预期的商品或者服务广告，应当对可能存在的风险以及风险责任承担有合理提示或者警示，并不得含有下列内容：

（一）对未来效果、收益或者与其相关的情况作出保证性承诺，明示或者暗示保本、无风险或者保收益等，国家另有规定的除外；

（二）利用学术机构、行业协会、专业人士、受益者的名义或者形象作推荐、证明。

第二十六条　房地产广告，房源信息应当真实，面积应当表明为建筑面积或者套内建筑面积，并不得含有下列内容：

（一）升值或者投资回报的承诺；

（二）以项目到达某一具体参照物的所需时间表示项目位置；

（三）违反国家有关价格管理的规定；

（四）对规划或者建设中的交通、商业、文化教育设施以及其他市政条件作误导宣传。

第二十七条　农作物种子、林木种子、草种子、种畜禽、水产苗种和种养殖广告关于品种名称、生产性能、生长量或者产量、品质、抗性、特殊使用价值、经济价值、适宜种植或者养殖的范围和条件等方面的表述应当真实、清楚、明白，并不得含有下列内容：

（一）作科学上无法验证的断言；

（二）表示功效的断言或者保证；

（三）对经济效益进行分析、预测或者作保证性承诺；

（四）利用科研单位、学术机构、技术推广机构、行业协会或者专业人士、用户的名义或者形象作推荐、证明。

第二十八条　广告以虚假或者引人误解的内容欺骗、误导消费者的，构成虚假广告。

广告有下列情形之一的，为虚假广告：

（一）商品或者服务不存在的；

（二）商品的性能、功能、产地、用途、质量、规格、成分、价格、生产者、有效期限、销售状况、曾获荣誉等信息，或者服务的内容、提供者、形式、质量、价格、销售状况、曾获荣誉等信息，以及与商品或者服务有关的允诺等信息与实际情况不符，对购买行为有实质性影响的；

（三）使用虚构、伪造或者无法验证的科研成果、统计资料、调查结果、文摘、引用语等信息作证明材料的；

（四）虚构使用商品或者接受服务的效果的；

（五）以虚假或者引人误解的内容欺骗、误导消费者的其他情形。

## 第三章　广告行为规范

第二十九条　广播电台、电视台、报刊出版单位从事广告发布业务的，应当设有专门从事广告业务的机构，配备必要的人员，具有与发布广告相适应的场所、设备，并向县级以上地方市场监督管理部门办理广告发布登记。

第三十条　广告主、广告经营者、广告发布者之间在广告活动中应当依法订立书面合同。

第三十一条　广告主、广告经营者、广告发布者不得在广告活动中进行任何形式的不正当竞争。

第三十二条　广告主委托设计、制作、发布广告，应当委托具有合法经营资格的广告经营者、广告发布者。

第三十三条　广告主或者广告经营者在广告中使用他人名义或者形象的，应当事先取得其书面同意；使用无民事行为能力人、限制民事行为能力人的名义或者形象的，应当事先取得其监护人的书面同意。

第三十四条　广告经营者、广告发布者应当按照国家有关规定，建立、健全广告业务的承接登记、审核、档案管理制度。

广告经营者、广告发布者依据法律、行政法规查验有关证明文件，核对广告内容。对内容不符或者证明文件不全的广告，广告经营者不得提供设计、制作、代理服务，广告发布者不得发布。

第三十五条　广告经营者、广告发布者应当公布其收费标准和收费办法。

第三十六条　广告发布者向广告主、广告经营者提供的覆盖率、收视率、点击率、发行量等资料应当真实。

第三十七条　法律、行政法规规定禁止生产、销售的产品或者提供的服务，以及禁止发布广告的商品或者服务，任何单位或者个人不得设计、制作、代理、发布广告。

第三十八条　广告代言人在广告中对商品、服务作推荐、证明，应当依据事实，符合本法和有关法律、行政法规规定，并不得为其未使用过的商品或未接受过的服务作推荐、证明。

不得利用不满十周岁的未成年人作为广告代言人。

对在虚假广告中作推荐、证明受到行政处罚未满三年的自然人、法人或者其他组织，不得利用其作为广告代言人。

第三十九条　不得在中小学校、幼儿园内开展广告活动，不得利用中小学生和幼儿的教材、教辅材料、练习册、文具、教具、校服、校车等发布或者变相发布广告，但公益广告除外。

第四十条　在针对未成年人的大众传播媒介上不得发布医疗、药品、保健食品、医疗器械、化妆品、酒类、美容广告，以及不利于未成年人身心健康的网络游戏广告。

针对不满十四周岁的未成年人的商品或者服务的广告不得含有下列内容：

（一）劝诱其要求家长购买广告商品或者服务；

（二）可能引发其模仿不安全行为。

第四十一条　县级以上地方人民政府应当组织有关部门加强对利用户外场所、空间、设施等发布户外广告的监督管理，制定户外广告设置规划和安全要求。

户外广告的管理办法，由地方性法规、地方政府规章规定。

第四十二条　有下列情形之一的，不得设置户外广告：

（一）利用交通安全设施、交通标志的；

（二）影响市政公共设施、交通安全设施、交通标志、消防设施、消防安全标志使用的；

（三）妨碍生产或者人民生活，损害市容市貌的；

（四）在国家机关、文物保护单位、风景名胜区等的建筑控制地带，或者县级以上地方人民政府禁止设置户外广告的区域设置的。

**第四十三条** 任何单位或者个人未经当事人同意或者请求，不得向其住宅、交通工具等发送广告，也不得以电子信息方式向其发送广告。

以电子信息方式发送广告的，应当明示发送者的真实身份和联系方式，并向接收者提供拒绝继续接收的方式。

**第四十四条** 利用互联网从事广告活动，适用本法的各项规定。

利用互联网发布、发送广告，不得影响用户正常使用网络。在互联网页面以弹出等形式发布的广告，应当显著标明关闭标志，确保一键关闭。

**第四十五条** 公共场所的管理者或者电信业务经营者、互联网信息服务提供者对其明知或者应知的利用其场所或者信息传输、发布平台发送、发布违法广告的，应当予以制止。

## 第四章 监督管理

**第四十六条** 发布医疗、药品、医疗器械、农药、兽药和保健食品广告，以及法律、行政法规规定应当进行审查的其他广告，应当在发布前由有关部门（以下称广告审查机关）对广告内容进行审查；未经审查，不得发布。

**第四十七条** 广告主申请广告审查，应当依照法律、行政法规向广告审查机关提交有关证明文件。

广告审查机关应当依照法律、行政法规规定作出审查决定，并应当将审查批准文件抄送同级市场监督管理部门。广告审查机关应当及时向社会公布批准的广告。

**第四十八条** 任何单位或者个人不得伪造、变造或者转让广告审查批准文件。

**第四十九条** 市场监督管理部门履行广告监督管理职责，可以行使下列职权：

（一）对涉嫌从事违法广告活动的场所实施现场检查；

（二）询问涉嫌违法当事人或者其法定代表人、主要负责人和其他有关人员，对有关单位或者个人进行调查；

（三）要求涉嫌违法当事人限期提供有关证明文件；

（四）查阅、复制与涉嫌违法广告有关的合同、票据、账簿、广告作品和其他有关资料；

（五）查封、扣押与涉嫌违法广告直接相关的广告物品、经营工具、设备等财物；

（六）责令暂停发布可能造成严重后果的涉嫌违法广告；

（七）法律、行政法规规定的其他职权。

市场监督管理部门应当建立健全广告监测制度，完善监测措施，及时发现和依法查处违法广告行为。

**第五十条** 国务院市场监督管理部门会同国务院有关部门，制定大众传播媒介广告发布行为规范。

**第五十一条** 市场监督管理部门依照本法规定行使职权，当事人应当协助、配合，不得拒绝、阻挠。

**第五十二条** 市场监督管理部门和有关部门及其工作人员对其在广告监督管理活动中知悉的商业秘密负有保密义务。

第五十三条　任何单位或者个人有权向市场监督管理部门和有关部门投诉、举报违反本法的行为。市场监督管理部门和有关部门应当向社会公开受理投诉、举报的电话、信箱或者电子邮件地址，接到投诉、举报的部门应当自收到投诉之日起七个工作日内，予以处理并告知投诉、举报人。

市场监督管理部门和有关部门不依法履行职责的，任何单位或者个人有权向其上级机关或者监察机关举报。接到举报的机关应当依法作出处理，并将处理结果及时告知举报人。

有关部门应当为投诉、举报人保密。

第五十四条　消费者协会和其他消费者组织对违反本法规定，发布虚假广告侵害消费者合法权益，以及其他损害社会公共利益的行为，依法进行社会监督。

## 第五章　法律责任

第五十五条　违反本法规定，发布虚假广告的，由市场监督管理部门责令停止发布广告，责令广告主在相应范围内消除影响，处广告费用三倍以上五倍以下的罚款，广告费用无法计算或者明显偏低的，处二十万元以上一百万元以下的罚款；两年内有三次以上违法行为或者有其他严重情节的，处广告费用五倍以上十倍以下的罚款，广告费用无法计算或者明显偏低的，处一百万元以上二百万元以下的罚款，可以吊销营业执照，并由广告审查机关撤销广告审查批准文件、一年内不受理其广告审查申请。

医疗机构有前款规定违法行为，情节严重的，除由市场监督管理部门依照本法处罚外，卫生行政部门可以吊销诊疗科目或者吊销医疗机构执业许可证。

广告经营者、广告发布者明知或者应知广告虚假仍设计、制作、代理、发布的，由市场监督管理部门没收广告费用，并处广告费用三倍以上五倍以下的罚款，广告费用无法计算或者明显偏低的，处二十万元以上一百万元以下的罚款；两年内有三次以上违法行为或者有其他严重情节的，处广告费用五倍以上十倍以下的罚款，广告费用无法计算或者明显偏低的，处一百万元以上二百万元以下的罚款，并可以由有关部门暂停广告发布业务、吊销营业执照、吊销广告发布登记证件。

广告主、广告经营者、广告发布者有本条第一款、第三款规定行为，构成犯罪的，依法追究刑事责任。

第五十六条　违反本法规定，发布虚假广告，欺骗、误导消费者，使购买商品或者接受服务的消费者的合法权益受到损害的，由广告主依法承担民事责任。广告经营者、广告发布者不能提供广告主的真实名称、地址和有效联系方式的，消费者可以要求广告经营者、广告发布者先行赔偿。

关系消费者生命健康的商品或者服务的虚假广告，造成消费者损害的，其广告经营者、广告发布者、广告代言人应当与广告主承担连带责任。

前款规定以外的商品或者服务的虚假广告，造成消费者损害的，其广告经营者、广告发布者、广告代言人，明知或者应知广告虚假仍设计、制作、代理、发布或者作推荐、证明的，应当与广告主承担连带责任。

第五十七条　有下列行为之一的，由市场监督管理部门责令停止发布广告，对广告主处二十万元以上一百万元以下的罚款，情节严重的，并可以吊销营业执照，由广告审查机关撤销广告审查批准文件、一年内不受理其广告审查申请；对广告经营者、广告发布者，由市场监督管理部门没收广告费用，处二十万元以上一百万元以下的罚款，情节严重的，并可以吊销营业执照、吊销广告发布登记证件：

（一）发布有本法第九条、第十条规定的禁止情形的广告的；

（二）违反本法第十五条规定发布处方药广告、药品类易制毒化学品广告、戒毒治疗的医疗器械和治疗方法广告的；

（三）违反本法第二十条规定，发布声称全部或者部分替代母乳的婴儿乳制品、饮料和其他食品广告的；

（四）违反本法第二十二条规定发布烟草广告的；

（五）违反本法第三十七条规定，利用广告推销禁止生产、销售的产品或者提供的服务，或者禁止发布广告的商品或者服务的；

（六）违反本法第四十条第一款规定，在针对未成年人的大众传播媒介上发布医疗、药品、保健食品、医疗器械、化妆品、酒类、美容广告，以及不利于未成年人身心健康的网络游戏广告的。

**第五十八条** 有下列行为之一的，由市场监督管理部门责令停止发布广告，责令广告主在相应范围内消除影响，处广告费用一倍以上三倍以下的罚款，广告费用无法计算或者明显偏低的，处十万元以上二十万元以下的罚款；情节严重的，处广告费用三倍以上五倍以下的罚款，广告费用无法计算或者明显偏低的，处二十万元以上一百万元以下的罚款，可以吊销营业执照，并由广告审查机关撤销广告审查批准文件、一年内不受理其广告审查申请：

（一）违反本法第十六条规定发布医疗、药品、医疗器械广告的；

（二）违反本法第十七条规定，在广告中涉及疾病治疗功能，以及使用医疗用语或者易使推销的商品与药品、医疗器械相混淆的用语的；

（三）违反本法第十八条规定发布保健食品广告的；

（四）违反本法第二十一条规定发布农药、兽药、饲料和饲料添加剂广告的；

（五）违反本法第二十三条规定发布酒类广告的；

（六）违反本法第二十四条规定发布教育、培训广告的；

（七）违反本法第二十五条规定发布招商等有投资回报预期的商品或者服务广告的；

（八）违反本法第二十六条规定发布房地产广告的；

（九）违反本法第二十七条规定发布农作物种子、林木种子、草种子、种畜禽、水产苗种和种养殖广告的；

（十）违反本法第三十八条第二款规定，利用不满十周岁的未成年人作为广告代言人的；

（十一）违反本法第三十八条第三款规定，利用自然人、法人或者其他组织作为广告代言人的；

（十二）违反本法第三十九条规定，在中小学校、幼儿园内或者利用与中小学生、幼儿有关的物品发布广告的；

（十三）违反本法第四十条第二款规定，发布针对不满十四周岁的未成年人的商品或者服务的广告的；

（十四）违反本法第四十六条规定，未经审查发布广告的。

医疗机构有前款规定违法行为，情节严重的，除由市场监督管理部门依照本法处罚外，卫生行政部门可以吊销诊疗科目或者吊销医疗机构执业许可证。

广告经营者、广告发布者明知或者应知有本条第一款规定违法行为仍设计、制作、代理、发布的,由市场监督管理部门没收广告费用,并处广告费用一倍以上三倍以下的罚款,广告费用无法计算或者明显偏低的,处十万元以上二十万元以下的罚款;情节严重的,处广告费用三倍以上五倍以下的罚款,广告费用无法计算或者明显偏低的,处二十万元以上一百万元以下的罚款,并可以由有关部门暂停广告发布业务、吊销营业执照、吊销广告发布登记证件。

第五十九条　有下列行为之一的,由市场监督管理部门责令停止发布广告,对广告主处十万元以下的罚款:

(一) 广告内容违反本法第八条规定的;

(二) 广告引证内容违反本法第十一条规定的;

(三) 涉及专利的广告违反本法第十二条规定的;

(四) 违反本法第十三条规定,广告贬低其他生产经营者的商品或者服务的。

广告经营者、广告发布者明知或者应知有前款规定违法行为仍设计、制作、代理、发布的,由市场监督管理部门处十万元以下的罚款。

广告违反本法第十四条规定,不具有可识别性的,或者违反本法第十九条规定,变相发布医疗、药品、医疗器械、保健食品广告的,由市场监督管理部门责令改正,对广告发布者处十万元以下的罚款。

第六十条　违反本法第二十九条规定,广播电台、电视台、报刊出版单位未办理广告发布登记,擅自从事广告发布业务的,由市场监督管理部门责令改正,没收违法所得,违法所得一万元以上的,并处违法所得一倍以上三倍以下的罚款;违法所得不足一万元的,并处五千元以上三万元以下的罚款。

第六十一条　违反本法第三十四条规定,广告经营者、广告发布者未按照国家有关规定建立、健全广告业务管理制度的,或者未对广告内容进行核对的,由市场监督管理部门责令改正,可以处五万元以下的罚款。

违反本法第三十五条规定,广告经营者、广告发布者未公布其收费标准和收费办法的,由价格主管部门责令改正,可以处五万元以下的罚款。

第六十二条　广告代言人有下列情形之一的,由市场监督管理部门没收违法所得,并处违法所得一倍以上二倍以下的罚款:

(一) 违反本法第十六条第一款第四项规定,在医疗、药品、医疗器械广告中作推荐、证明的;

(二) 违反本法第十八条第一款第五项规定,在保健食品广告中作推荐、证明的;

(三) 违反本法第三十八条第一款规定,为其未使用过的商品或者未接受过的服务作推荐、证明的;

(四) 明知或者应知广告虚假仍在广告中对商品、服务作推荐、证明的。

第六十三条　违反本法第四十三条规定发送广告的,由有关部门责令停止违法行为,对广告主处五千元以上三万元以下的罚款。

违反本法第四十四条第二款规定,利用互联网发布广告,未显著标明关闭标志,确保一键关闭的,由市场监督管理部门责令改正,对广告主处五千元以上三万元以下的罚款。

第六十四条　违反本法第四十五条规定,公共场所的管理者和电信业务经营者、互联网信息服务提供者,明知或者应知广告活动违法不予制止的,由市场监督管理部门没收违法所得,违法所得五万元以上的,并处违法所得一倍以上三倍以下的罚款,违法所得不足五万元的，并处一万元以上五万元以下的罚款；情节严重的，由有关部门依法停止相关业务。

第六十五条　违反本法规定，隐瞒真实情况或者提供虚假材料申请广告审查的，广告审查机关不予受理或者不予批准，予以警告，一年内不受理该申请人的广告审查申请；以欺骗、贿赂等不正当手段取得广告审查批准的，广告审查机关予以撤销，处十万元以上二十万元以下的罚款，三年内不受理该申请人的广告审查申请。

第六十六条　违反本法规定，伪造、变造或者转让广告审查批准文件的，由市场监督管理部门没收违法所得，并处一万元以上十万元以下的罚款。

第六十七条　有本法规定的违法行为的，由市场监督管理部门记入信用档案，并依照有关法律、行政法规规定予以公示。

第六十八条　广播电台、电视台、报刊音像出版单位发布违法广告，或者以新闻报道形式变相发布广告，或者以介绍健康、养生知识等形式变相发布医疗、药品、医疗器械、保健食品广告，市场监督管理部门依照本法给予处罚的，应当通报新闻出版、广播电视主管部门以及其他有关部门。新闻出版、广播电视主管部门以及其他有关部门应当依法对负有责任的主管人员和直接责任人员给予处分；情节严重的，并可以暂停媒体的广告发布业务。

新闻出版、广播电视主管部门以及其他有关部门未依照前款规定对广播电台、电视台、报刊音像出版单位进行处理的，对负有责任的主管人员和直接责任人员，依法给予处分。

第六十九条　广告主、广告经营者、广告发布者违反本法规定，有下列侵权行为之一的，依法承担民事责任：

（一）在广告中损害未成年人或者残疾人的身心健康的；

（二）假冒他人专利的；

（三）贬低其他生产经营者的商品、服务的；

（四）在广告中未经同意使用他人名义或者形象的；

（五）其他侵犯他人合法民事权益的。

第七十条　因发布虚假广告，或者有其他本法规定的违法行为，被吊销营业执照的公司、企业的法定代表人，对违法行为负有个人责任的，自该公司、企业被吊销营业执照之日起三年内不得担任公司、企业的董事、监事、高级管理人员。

第七十一条　违反本法规定，拒绝、阻挠市场监督管理部门监督检查，或者有其他构成违反治安管理行为的，依法给予治安管理处罚；构成犯罪的，依法追究刑事责任。

第七十二条　广告审查机关对违法的广告内容作出审查批准决定的，对负有责任的主管人员和直接责任人员，由任免机关或者监察机关依法给予处分；构成犯罪的，依法追究刑事责任。

第七十三条　市场监督管理部门对在履行广告监测职责中发现的违法广告行为或者对经投诉、举报的违法广告行为，不依法予以查处的，对负有责任的主管人员和直接责任人员，依法给予处分。

市场监督管理部门和负责广告管理相关工作的有关部门的工作人员玩忽职守、滥用职权、徇私舞弊的，依法给予处分。

有前两款行为，构成犯罪的，依法追究刑事责任。

## 第六章　附则

**第七十四条**　国家鼓励、支持开展公益广告宣传活动，传播社会主义核心价值观，倡导文明风尚。

大众传播媒介有义务发布公益广告。广播电台、电视台、报刊出版单位应当按照规定的版面、时段、时长发布公益广告。公益广告的管理办法，由国务院市场监督管理部门会同有关部门制定。

**第七十五条**　本法自 2015 年 9 月 1 日起施行。

# 参 考 文 献

[1] 《广告学概论》编写组. 广告学概论. 北京：高等教育出版社，2018.
[2] 陈俊宁. 广告策划与品牌管理. 广州：暨南大学出版社，2020.
[3] 陈培爱. 广告学概论. 3版. 北京：高等教育出版社，2014.
[4] 陈培爱. 广告学原理. 2版. 上海：复旦大学出版社，2010.
[5] 陈培爱. 现代广告学概论. 4版. 北京：首都经济贸易大学出版社，2017.
[6] 陈胜光. 关于广告学的100个故事. 南京：南京大学出版社，2009.
[7] 丁俊杰，康瑾. 现代广告通论. 4版. 北京：中国传媒大学出版社，2019.
[8] 何修猛. 现代广告学. 8版. 上海：复旦大学出版社，2016.
[9] 李宝元. 广告学教程. 3版. 北京：人民邮电出版社，2010.
[10] 里斯，特劳特. 定位. 北京：中国财政经济出版社，2002.
[11] 苗杰. 现代广告学. 6版. 北京：中国人民大学出版社，2015.
[12] 倪宁. 广告学教程. 4版. 北京：中国人民大学出版社，2014.
[13] 邱颖. 现代广告学. 北京：. 北京交通大学出版社，2011.
[14] 尚徐光. 广告原理与实务. 2版. 北京：电子工业出版社，2012.
[15] 特劳特，瑞维金. 新定位. 北京：中国财政经济出版社，2002.
[16] 田明华，陈建成，赵先军. 现代广告理论与实务. 北京：中国林业出版社，1999.
[17] 田明华. 广告学. 北京：. 北京交通大学出版社，2013.
[18] 田明华. 现代广告理论与实务. 北京：中国林业出版社，2007.
[19] 汪涛. 广告学通论. 北京：北京大学出版社，2004.
[20] 严学军，汪涛. 广告策划与管理. 4版. 北京：高等教育出版社，2017.
[21] 张金海，余晓莉. 现代广告学教程. 北京：高等教育出版社，2010.
[22] 赵寰. 广告基础与实务. 大连：东北财经大学出版社，2019.
[23] 赵兴元，仲晓密. 广告原理与实务. 6版. 大连：东北财经大学出版社，2019.
[24] 周立公. 现代广告学教程. 2版. 上海：上海财经大学出版社，2010.